印象·中国历史

元朝卷

重建大一统

李治安
杨印民／著

人民教育出版社

·北京·

图书在版编目（CIP）数据

印象·中国历史.元朝卷：重建大一统/李治安，杨印民著.—北京：人民教育出版社，2021.5

ISBN 978-7-107-35832-6

Ⅰ.①印… Ⅱ.①李…②杨… Ⅲ.①中国历史—研究—元代 Ⅳ.① K207

中国版本图书馆 CIP 数据核字（2021）第 103322 号

印象·中国历史［元朝卷］ 重建大一统

著　　者／李治安　杨印民

责任编辑／李　倩

装帧设计／李宏庆

出版发行　人民教育出版社
　　　　　（北京市海淀区中关村南大街 17 号院 1 号楼　邮编：100081）

网　　址　http://www.pep.com.cn

经　　销　全国新华书店

印　　刷　北京恒艺博缘印务有限公司

版　　次　2021 年 5 月第 1 版

印　　次　2021 年 7 月第 1 次印刷

开　　本　787 毫米 ×1092 毫米　1/16

印　　张　28.5

字　　数　343 千字

定　　价　80.00 元

目　录

卷首语：从华夏一统到华夷大一统

两千多年来，我们的统一多民族国家曾经历一场包括基本疆域、族群成分、文化基因及政策机制等内容的巨变——从华夏一统逐渐走向华夷大一统。而元王朝就是正式迈入华夷大一统的关键历史时期。

公元前221年，秦始皇并吞六国，结束了夏、商特别是周代"诸侯有其国，君其民，制其治，盖与天子迭为进退"[1]的松散政体，创立了以皇帝为首的中央集权国家。秦朝废罢诸侯封国，分天下为三十六郡，设置丞相、六卿、郡守县令等官职，直接治理编户。又颁《秦律》行于全国，统一文字、货币和度量衡，修驰道和直道。还北击匈奴，修筑长城，从而使统一多民族国家的疆域"东至海暨朝鲜，西至临洮、羌中，南至北向户，北据河为塞，并阴山至辽东"[2]。

汉承秦制，继续实行编户授田和军功爵奖励耕战。汉武帝又不断完善郡县制及刺史监察，推行官铸五铢钱及盐铁榷卖，尊崇儒术，经略闽越和南越，拓土西南夷，对匈奴兼用攻略与和亲，凿通西域，设立都护府，使天山南北地区第一次与内地连成一体。清雍正帝言"中国之一统始于秦"[3]，基本不差。此处的"中国"，严格地说是两千年前以汉人农耕区域为主的"华夏"的代

---

[1] 王夫之著，舒士彦点校：《读通鉴论》卷7《明帝》，中华书局，2013年。

[2] 司马迁：《史记》卷6《秦始皇本纪》，中华书局，1959年。

[3] 鄂尔泰、张廷玉纂修：《清世宗实录》卷83，"雍正七年七月丙午"条，（台北）新文丰出版公司，1978年。

名词。华夏郡县制大一统，正是由秦汉所奠定和基本完成的。

而后，隋唐结束了近三百年的南北分裂，相继藉均田制、府兵制和租庸调制等重新实现政治上的华夏一统，还创立科举制，开凿大运河，设置安西四镇等，进一步巩固和发展了华夏一统。此时期在塞外少数民族区域业已较多设置羁縻州和羁縻都督，还出现李世民"自古皆贵中华，贱夷、狄，朕独爱之如一"等开明思想及"天可汗"[1]称谓，华夷一统的尝试或见端倪。

然而，随着唐末契丹南下和燕云十六州丧失，北宋王朝自雍熙战争后不得不放弃"华夷一统"的政治话语，后退到"华夏一统"的汉民族国家及"汉唐旧疆"等框架范畴。[2]

13世纪，蒙古贵族南下入主中原和忽必烈肇建元朝，"起朔漠，并西域，平西夏，灭女真，臣高丽，定南诏，遂下江南，而天下为一。故其地北逾阴山，西极流沙，东尽辽左，南越海表"[3]。这就结束了近四百年的南北分裂对峙，奠定了长城内外大一统的疆域基石。"混一华夷，至此为盛"[4]。元王朝首次以少数民族统一中国，将塞外草原、黄河流域、长江流域纳入统一版图，且在吐蕃、云南、岭北、辽阳等边疆地区放弃羁縻制，一概实行行省及宣政院等直接治理，完成政治上的华夷大一统。

以忽必烈为代表的蒙古贵族，在汉族士大夫精英的辅佐下，转而"奄四海以宅尊"[5]，重视汉地，实行汉法，迁都开平和燕京，颁正朔，劝课农桑，兴办儒学，罢世侯，置牧守，重建中书省、枢密院、御史台等官僚机构。特别是将都城自和林迁至上都

---

[1] 司马光：《资治通鉴》卷198《唐纪十四》、卷193《唐纪九》，中华书局，1956年。

[2] 黄纯艳：《"汉唐旧疆"话语下的宋神宗开边》，《历史研究》2016年第1期。

[3] 宋濂等：《元史》卷58《地理志一》，中华书局，1976年。

[4] 熊梦祥著，北京图书馆善本组辑：《析津志辑佚·岁纪》，北京古籍出版社，1983年。

[5] 《元史》卷7《世祖纪四》。

和大都，元朝的政治文化中心及经济中心显著南移，更便于"南控江淮，北连朔漠"[1]，统辖塞外和中土两大区域。同时，选择性吸收汉地先进文明，不更改其语言及文化习俗。无论中央、地方官制，军事制度，投下分封，都城宫室，户计户役及"视朝"等，都是蒙汉杂糅，很大程度上蒙古旧俗占据内核，汉法因素多为外围，可谓蒙汉杂糅治天下。

忽必烈在建立元朝统一全国过程中，自北而南，陆续设立了陕西、四川、甘肃、云南、湖广、江西、江浙、河南、辽阳、岭北、征东十一行省。行省具有两重性质，长期代表中央分取各地，主要为中央收权兼替地方分留部分权力，所握权力大而不专。行省分寄为朝廷集权服务，朝廷集权始终主宰着行省分寄。元行省制创建的中央与地方权力结构的新模式，不仅对明清及近代影响至深且重，而且又是华夷大一统赖以支撑的基本行政区划和机构。

唐宋等王朝治理边疆，实行羁縻政策。少数民族所在塞外边地的羁縻州及都督府只是名义上的府州区划，一般不呈报户籍，不承担贡赋。[2]元行省制下因俗设"土官"，通过宣慰司、宣抚司、安抚司、长官司等机构，实行强制性的检括户籍，设立驿站，比较固定地缴税和贡献，强制征调土官土军等。[3]正如忽必烈对播州宣抚司的诏谕："阅实户数，乃有司当知之事，诸郡皆然，非独尔播。"阅户缴税和设驿站，似乎成了归附元朝廷的基本尺度。迫于元廷的强硬政策，土官们或早或晚"括户口租税籍以进"[4]。

---

[1] 《元史》卷119《木华黎传·霸突鲁附传》。

[2] 参阅马大正：《中国边疆经略史》第4、5编，中州古籍出版社，2000年，第102—193页。

[3] 参阅方铁：《西南通史》第6编第3章，中州古籍出版社，2003年，第526—535页。

[4] 《元史》卷63《地理志六》；袁桷《清容居士集》卷26《资德大夫绍庆珍俐南平沿边宣慰使播州安抚使侍卫亲军都指挥使上护军杨公神道碑铭》，《四部丛刊》初编本。

蒙古统治者是将汉地和其他少数民族居住地一概当作被征服地区，而与中原王朝将边疆视作蛮夷之地的传统观念迥然不同。在他们看来，少数民族并非汉人心目中的蛮夷，而是和汉地一样，无一例外都是被征服的对象。因此，括户缴税等应当一视同仁，这是非常重要的理念转变。他们不去理会唐宋羁縻政策，而是出于治理被征服地区的习惯，独辟行省制军、政、财等较直接管辖的模式。吐蕃地区比较特殊而略有变通。基于忽必烈和萨迦派帝师八思巴结成的施主与福田的特殊关系，元代首次在吐蕃实行"政教合一"和宣政院统辖的制度，但括户缴税的原则依然如故。因萨迦派尚未行"活佛转世"，"政教合一"和宣政院统辖比后世对吐蕃的控制似乎更直接些。

行省制和直接治理边疆政策，对于13世纪华夷大一统局面的奠定及发展具有战略意义。云南、吐蕃等均首次进入中国版图，中央权力凭借行省深入到西南、西北、漠北、东北等边疆地区，开始对塞外和中土同时实施有效而较直接的统治。

辽阔的版图疆域，史无前例的华夷大一统环境，诱发了空前规模的人口迁徙和族群融汇。"洎于世祖皇帝，四海为家，声教渐被，无此疆彼界。朔南名利之相往来，适千里者如在户庭，之万里者如出邻家"[1]。平定南宋后的南北统一，带来了大规模的南北向人口迁徙。"南人求名赴北都，北人徇利多南趋"[2]。随着中西之间陆路交通的通畅，西域和中亚地区生活的多个民族，如波斯人、阿拉伯人、突厥人乃至阿速人、斡罗思人的军士、工匠等跟随蒙古大军东来，这又是蒙、元时代东西向的大规模人口迁徙。入居内地的各少数民族人员，大多和汉人、南人相邻杂居，

---

[1]　王礼：《麟原文集》前集卷6《义塚记》，清文渊阁《四库全书》本。

[2]　萨都拉著，殷孟伦、朱广祁校点：《雁门集》卷1《芒鞋》，上海古籍出版社，1982年。

"今日黄粱炊灶畔，戎夷胡越共为邻"[1]"不出户而八蛮九夷"[2]等情形，司空见惯。族群间的隔膜界限随之较多淡化，民族或族群之间的融合也在悄然进行。元中叶后，越来越多的江南士人言必称"我元"，津津乐道于"南北一家"，且对幅员疆域大一统充满自豪感。汉人和南人间因近三百年南北政权对峙而造成的地域文化畛域逐渐被拆除。大批女真人、契丹人、唐兀人及定居内地的高丽人等率先较快融入汉人，扩充了汉人成分与总量。"海内混一"鼓舞下的汉民族恋土意识与蒙古、色目游牧、行商等习俗相互影响，潜移默化。传统的"天下"概念与游牧帝国体制交汇而成的"华夷一体""一元独尊"等，越来越深入人心。那些入居中土的少数民族，特别是西域各族人员，"仕于中朝，学于南夏，乐江湖而忘乡国者众矣"[3]。除宗教信仰外，来华的回回及西域人的语言和姓氏亦部分或全部华化。大约在元朝后期，"回回教"普遍传播，"回回之人遍天下"[4]，以伊斯兰教信仰为纽带且采取大分散和小聚居的回回民族共同体基本雏形。此外，在河湟地区，蒙古和色目人借助政治优势，与原住民广泛交融，而后逐渐形成土族、东乡族、保安族、撒拉族等新的民族共同体。

元中叶以后，天下承平日久，部分因军功或仕宦而入居内地的蒙古和色目人，被博大精深的汉文化所吸引，特别注重家族子弟的汉文化教育。他们中的一些人因儒化程度较深，逐渐步入士人集团。这些少数民族士人并非孤立于数量庞大的汉族士人群体

[1]　胡祗遹著，魏崇武、周思成校点：《胡祗遹集》卷6《重午前一日新居写怀》，吉林文史出版社，2008年。

[2]　周南瑞：《天下同文集》卷16《黄文仲：大都赋》，清文渊阁《四库全书》补配清文津阁《四库全书》本。

[3]　《麟原文集》前集卷6《义塚记》。

[4]　孙贯文：《重建礼拜寺记碑跋》，《文物》1961年第8期。

之外，而是以师生、同年、同僚、文友、姻戚等为关系纽带，在同一时空下，与汉族士人群体频繁互动，逐渐形成了一个超越族群的"多族士人圈"。[1]多族士人圈的形成，是元朝族群间文化互动中一个十分重要的现象。以多族士人圈为先导，元代多元文化体系内的交流影响，并非局限于汉文化对少数民族文化的单向输出，而是蒙、汉、色目不同文化之间的相互"涵化"。在部分蒙古人和西域人陆续汉化的同时，也有部分汉人不同程度地接受了蒙古文化。部分蒙古人和色目人汉化，部分汉人不同程度地接受蒙古文化，同时并存、相互激荡，实际上也构成了元代多民族文化之间的涵化和互动的特色。诚然，由于汉人数量多，分布地域广，汉文化较为成熟和先进，其社会影响度相对较大。

八思巴字的创制和使用，也是元代华夷大一统的文化举措之一。元朝直辖疆域内语言文字的使用呈现多样化，通常在不同族群中使用蒙古语、汉语、藏语、畏兀儿语、西夏语和波斯语等。至元六年（1269年），元世祖命帝师八思巴创制一套新的蒙古字，后简称八思巴字，用以"译写一切文字""凡有玺书颁降者，并用蒙古新字，仍各以其国字副之"[2]。忽必烈的宏大构想首先是用藏文字母来拼写蒙古语，创制一种新蒙古文，以替代成吉思汗令塔塔统阿原造的畏兀儿体蒙古文。其次，用来译写和统一元帝国统治区域内的旧蒙古文、汉文、波斯文等所有文字，以实现崭新的"书同文"或"一代同文"。八思巴字的面世，确实为元朝华夷大一统国家内部的语言交流提供了便利。许多儒学代表人物对八思巴字竞相推崇，评价很高。程钜夫说八思巴字与《周易》卦画相表里，"变动周流，天造神化"，还强调"制蒙古字，与

---

[1] 参阅萧启庆：《内北国而外中国：蒙元史研究》，中华书局，2007年，第477页。

[2] 《元史》卷202《释老传·八思巴》。

正朔同被"，即文字统一与政治统一的同步。[1]吴澄则从语言文
字类别特征的层面，对比八思巴字与汉字的优劣长短。他认为汉
字"主于形"，而八思巴字"主于声"。汉字数目繁多，但"字
虽繁而声不备"。八思巴字"字不盈千，而唇齿舌牙喉所出之音
无不该"。进而赞扬八思巴字是"国音之舟车""无无字之音，
无不可书之言""欲达一方之音于日月所照之地""以开皇朝一代
同文之治者也"[2]。

尽管八思巴字只是在元朝的官方文书中大量使用，元朝灭亡
后，连蒙古人都不再使用，但忽必烈推广八思巴字，当为中国文
字史上一次创造性的改革方案。其立足"混一区宇"的蒙、汉、
藏、波斯等多语种的"译写一切文字"，比起秦小篆"书同文"
仅针对华夏单语种的"言语异声，文字异形"[3]，又堪称华夷大
一统秩序下"一代同文"的积极尝试。

在13—14世纪国内华夷大一统的基础上，连接亚欧非的海
上、陆路"丝绸之路"全面拓通，实现了西北与东南两大商贸出
口的开放格局。"皇元混一声教，无远弗届，区宇之广，旷古所
未闻。海外岛夷无虑数千国，莫不执玉贡琛，以修民职；梯山航
海，以通互市。中国之往复商贩于殊庭异域之中者，如东西州
焉"[4]。在这种欧亚海陆交通畅达的背景下，东、西方经贸往来
和多种文明广泛交流臻于鼎盛，元代文化也相应呈现从多源归一
到多元竞胜的鲜明时代特色，具有华夷相生共存、各绽姿彩的独
特魅力。

[1] 程钜夫著，王齐洲、温庆新点校：《程钜夫集》卷11《同文堂记》，湖北人民出版社，
2018年。
[2] 吴澄：《吴文正公集》卷14《送杜教授北归序》、卷26《南安路帝师殿碑》，元人文集珍本
丛刊本。
[3] 许慎：《说文解字·叙》卷15上，中华书局，1963年。
[4] 汪大渊著、苏继顾校释：《岛夷志略校释·岛夷志后序》，中华书局，1981年。

历史进程有时好像做游戏，本欲走进一间房子，结果却意外走进另一间。蒙古征服虽不乏血与火的杀掠破坏，但在13世纪的中国反倒阴差阳错地顺应历史潮流，造就了华夷大一统。与秦汉隋唐的"华夏一统"比较，元代所奠定的华夷大一统具有如下四个特点：

第一，疆域空前扩大，不仅囊括黄河中下游、长江中下游在内的中土汉地，还涵盖云南、吐蕃、新疆、漠北、东北等塞外地区。

第二，在上述广阔区域内一概实施行省制等有效而较直接的统治。

第三，名副其实地包容蒙、汉、色目等华夷多民族或多族群，上述多个民族之间、族群之间的杂居与互动涵化影响乃至交融更为频繁，且具有较为强烈一致的国家认同感。首次初步汇聚成为以蒙、汉、色目为代表的华夷政治文化共同体。

第四，主导者由汉族演进为蒙古族，且首次以内蒙外汉或蒙汉杂糅模式君临天下，还由此拉开了中国历史上汉族和蒙古、满族轮流充当华夷大一统主导者的序幕。

清雍正帝"夫中国之一统始于秦，塞外之一统始于元，而极盛于我朝"[1]之言并不十分准确。严格地说，应该是华夏之一统始于秦，包括中土和塞外的华夷之大一统始于元而盛于清，更盛于辛亥革命"五族共和"，乃至新中国诞生后的现代中华多民族统一国家。元代的华夷大一统虽存在某些局限或不足，但筚路蓝缕，功不可没，毕竟为清代"外满内汉"的华夷大一统开辟了路径，提供了样板和经验。

---

[1] 《清世宗实录》卷83，"雍正七年七月丙午条"。不过，雍正帝此句之后又接着说："自古中外一家，幅员极广，未有如我朝者也。"所谓"中"，即"中国"或"中土"，所谓"外"，即"塞外"。足见，雍正在强调清朝实现内地塞外大一统"幅员极广"及满洲地处塞外的同时，也承认和肯定"自古中外一家"、不分彼此的历史事实。

　　元朝首次实现的华夷大一统，有力地促进了我们统一多民族国家的繁荣发展进程，既显现元王朝的独特风采，也是对中国历史作出的巨大贡献。

成吉思汗留给后世的重要遗产，就是他和他的继承者们建立起来的一个横跨欧亚的蒙古大帝国，改变了亚洲及欧洲的面貌与历史，震撼了全世界。忽必烈时期，又完成了中国历史上第一次涵盖塞外、中土的华夷大一统，对我国统一多民族国家的发展和当今中国疆域版图的奠定作出了积极贡献。

"四方下上沛流泽，列圣相承缵不绩"。世祖以降的元朝历代皇帝在治理国家的手段方面，虽然在蒙古旧俗和汉法之间不断调整，但是在维持国家疆域和帝国声望方面却始终没有松懈。顺帝时期，由于自然灾害的频繁发生和统治集团内部的矛盾斗争，农民起义此起彼伏，最后在明军的强大攻势下，不得不北遁草原，结束了元朝在中原的统治。

一 太祖雄姿自圣神

1. 成吉思汗统一蒙古诸部

蒙古是一个古老的部族。它的祖先是与鲜卑、契丹人属同一语族的室韦各部落。蒙古人的族源发祥地在今天的呼伦贝尔地区，后西迁至斡难河、土兀剌河、怯绿连河三河源头的不儿罕山地区。不儿罕山就是现在的肯特山。

10—12世纪，蒙古高原上诸部林立，蒙古、塔塔儿、乃蛮、克烈、蔑儿乞、汪古等部族为了争夺牧场、牛羊和奴隶，上演着一幕幕血族复仇、争霸称雄的剧集。

> 有星的天空旋转，
> 诸部落混战，
> 没有人进入自己的卧室，
> 都去互相抢劫。
> 有草皮的大地翻转，
> 诸部落纷战，
> 没有人睡进自己的被窝，
> 都去互相攻杀。[1]

铁木真出身于蒙古乞颜部孛儿只斤氏的贵族家庭。父亲也

---

[1] 余大钧译注：《蒙古秘史》第254节，河北人民出版社，2001年。

速该是乞颜部的首领，同时负责整个蒙古部的军事，"并吞诸部落，势愈盛大"。1162年秋，在一场与塔塔儿部的战争中，也速该俘获了一名叫铁木真·兀格的塔塔儿部酋长，此时正逢夫人诃额仑诞下一名"右手握着髀石般一块血"的男孩，为"志武功"，也速该遂为男孩取名铁木真。[1] 这就是后来的"一代天骄"成吉思汗。

铁木真的青少年时代充满了艰辛与坎坷，大灾小祸接踵而至。先是，九岁那一年，父亲也速该被塔塔儿人毒死。一时部众离散，只有母亲诃额仑带着几名幼子、老仆和九匹银合马艰难度日。接着，从乞颜部出走的泰赤乌氏首领担心铁木真长大后会复仇，屡次追剿铁木真，并将他捕获，带上木枷示众。幸而得到泰赤乌氏属民的锁儿罕失剌暗中救助，才得侥幸逃脱。后来，新婚妻子孛儿帖又被蔑儿乞人掳走。

杀父之仇，夺妻之恨，这些不共戴天的仇恨以及众叛亲离、饱受磨难的苦痛，一起叠加到尚且稚嫩的铁木真身上。然而，这个"目中有火，面上有光"的年轻人，没有向厄运低头，而是用艰难抗争奋力扭转着命运的不公。20岁左右，铁木真开始着手复兴乞颜部族的势力及首领地位。

铁木真十分清楚以自己的单薄实力，无法战胜蔑儿乞、泰赤乌氏等敌对者的进攻。他采取了十分明智的策略，就是利用蒙古各部之间的矛盾，联合一些部族首领，与他们结成"安答"（义兄弟）、"父子"或"忽答"（姻亲）等各种形式的政治联盟，然后一一击败对手。

妻子孛儿帖被蔑儿乞人抢走之前，铁木真曾把孛儿帖的嫁妆——一件珍贵的黑貂端罩赠送给父亲生前的"安答"、克烈部首领王罕，王罕当即承诺："你离了的百姓，我与你收拾。漫散

---

[1] 《元史》卷1《太祖纪》；《蒙古秘史》第59节。

了的百姓，我与你完聚。"孛儿帖被抢走之后，铁木真再次找到"义父"王罕，王罕答应履行之前的诺言，把蔑儿乞人全部消灭，救出孛儿帖。

铁木真接着又向早年结拜的"安答"札只剌氏首领札木合求援。札木合义愤填膺地誓言道："得知帖木真安答的家被洗劫一空，我的心都疼了！得知他心爱的妻子被夺走了，我的肝都疼了！要报此仇，消灭兀都亦惕人、兀洼思·篾（蔑）儿乞惕人，救出咱们的孛儿帖夫人！"

于是，三方约定：由王罕出兵两万，札木合出兵一万，铁木真带领住在鄂嫩河上源属于他的百姓一万，总共四万军队，共同会师。最终，三方联军打败了蔑儿乞人，夺回了孛儿帖，铁木真也逐步聚拢起自己的部众。1189年，铁木真重新被推举为蒙古乞颜部的可汗。[1]

> 我们立你做汗！
> 帖木真你做了汗啊，
> 众敌在前，
> 我们愿做先锋冲上去
> 把美貌的姑娘、贵妇（合屯），
> 把宫帐（斡儿朵）、帐房（格儿），
> 拿来给你！
> 我们要把异邦百姓的美丽贵妇和美女，
> 把臀节好的骟马，
> 掳掠来给你！[2]

---

[1] 《蒙古秘史》第62节、第96节、第104节、第105节、第110节、第123节。

[2] 《蒙古秘史》第123节。

　　铁木真的壮大引起了札木合的不快，恰巧札木合的弟弟给察儿因掠夺铁木真部下的马群而被杀，札木合便纠集所属的札答剌的十三部三万之众进攻铁木真，铁木真也将他自己的三万士兵分成十三个古列延（营地、圈子）迎战札木合。双方战于克鲁伦河畔的答兰巴勒主惕之地，这就是蒙古历史上著名的"十三翼之战"。

　　这次战役，铁木真并没有占上风，被迫退到鄂嫩河去，札木合联合泰赤乌氏贵族等暂时取胜。但是，札木合对待俘虏野蛮残忍，下令架起七十多口大锅，把众多被俘的捏古思氏的王子们给烹煮了。如此行事，引起了本阵营部分贵族首领的不满和离心。战役之后，照烈、兀鲁、忙兀等部转而投靠铁木真阵营，铁木真麾下聚集的部众反而增多了，势力益发壮大。[1]

　　1196年，铁木真以"为父祖复仇"之名召集蒙古部众，协助金朝军队，攻打东邻的塔塔儿部，且获取金朝授予的"札兀惕忽里"（诸乣统领）封职。这样，铁木真在蒙古尼伦各部中的威信更高，权力更大了。在抢掠塔塔儿部的一个村寨时，蒙古军还捡到一个戴着金项圈，穿着貂皮金缎肚兜的贵族男孩。铁木真把这个男孩送给母亲诃额仑作养子，这就是后来著名的蒙古国大断事官失吉·忽秃忽。

　　成吉思汗"四杰"之一的木华黎，也是在这时由他的父亲古温·兀阿送给铁木真做"那可儿"（门户奴隶）的。古温·兀阿对铁木真发誓：

　　　　我让他们做你的家门内的奴隶，
　　　　他们若敢离开你的门限，
　　　　就挑断他们的脚筋！

[1]　《蒙古秘史》第129节、第130节。

我让他们做你的私属奴隶，

他们若敢离开你的家门，

就割掉他们的肝，抛弃掉他们！[1]

有了木华黎等无比忠诚的"那可儿"的辅佐，铁木真如虎添翼。1201年前后，铁木真击溃了札木合纠集的塔塔儿、泰赤乌等部族的联盟军队。次年春，彻底灭掉了塔塔儿部，为父亲复了仇。蒙古崛起以前，塔塔儿部是漠北草原最强大的部落，铁木真攻灭了塔塔儿部，取而代之，成为漠北草原东部的最强盛者。

塔塔儿覆灭以后，漠北草原只剩下两个强大的部族——克烈部和乃蛮部，二者都是突厥遗民。已见前说，克烈部王罕曾经是铁木真父亲的"安答"，也是铁木真的"义父"和从前的盟友。《蒙古秘史》载，铁木真欲与王罕关系更加亲厚，于是求娶王罕之女察兀儿·别乞嫁与自己的长子术赤，又欲将自己的女儿豁真嫁与王罕之孙、桑昆之子秃撒合，"互相换亲嫁娶"。但是由于桑昆的反对，事不果行。铁木真心生怨念，与王罕关系出现裂隙。

王罕父子欲谋害铁木真，便以答应之前的提婚为由，让铁木真来吃"不兀勒札儿"，即"许婚筵席"，顺便将其捉拿。铁木真在赴宴途中，识破王罕父子诡计，于是借口春季马瘦，要饲养马群，不能前去，只派了不合台、乞剌台两个人去吃"不兀勒札儿"[2]。

最终，铁木真与王罕的关系破裂到不可调和。1203年，双方大战于合兰真沙陀之地，铁木真仓促应战，队伍溃散，从行者

---

[1] 《蒙古秘史》第137节。

[2] 《蒙古秘史》第165节、第168节。

仅余19人。行至班朱尼河，粮食俱尽，不得不煮野马、饮河水以解饥渴。铁木真举手仰天而誓："使我克定大业，当与诸人同甘苦，苟渝此言，有如河水。"[1]将士莫不感泣。后同饮班朱尼河水者皆封开国功臣。

合兰真沙陀之战后，由于王罕实力雄厚，铁木真不得不采取以退为进的策略，撤军的同时，又派人向王罕求和。同时抓紧时机扩充力量，养精蓄锐，准备伺机决战。当他发现王罕思想麻痹，失去警惕时，突然率军偷袭，占领了王罕的金帐。王罕败逃，在鄂尔浑河畔被乃蛮人所杀。他的儿子桑昆一直逃到合失合儿，为当地人所杀。从此，强大的克烈部完全瓦解，铁木真统一蒙古部落的最大障碍被扫除。

克烈部解体后，漠北草原西部的乃蛮部成为铁木真唯一强大的对手。那些曾经败于铁木真的各部贵族先后会集乃蛮汗廷，企图借助太阳汗的势力夺回失去的牛羊和牧场。1204年，双方决战于杭爱山的纳忽崖，经过一天一夜的战斗，铁木真大获全胜，乃蛮部的百姓、属民都做了铁木真的俘虏。太阳汗的后母兼宠妃古儿别速平素十分嫌弃蒙古人浑身膻气，衣服油污，此时也被铁木真纳为妃子。铁木真故意揶揄她："你不是说蒙古人有恶臭气味吗？如今你怎么来了？"[2]

纳忽崖之战后，投靠太阳汗的札答兰、合答斤、山只昆、朵儿边、泰赤乌、弘吉剌等部余众纷纷投降铁木真，只有札木合和蔑儿乞部脱脱父子等少数人西逃到阿尔泰山一带。1205年，蔑儿乞部遭到重击后土崩瓦解。

众叛亲离的札木合则被自己的五个那可儿擒住送给铁木真。铁木真念及昔日曾经情同手足的安答之情，有意宽宥札木合：

---

[1]　《元史》卷120《札八儿火者传》。
[2]　《蒙古秘史》第196节。

"如今咱俩又相会了，咱俩仍还相伴为友吧？"[1]札木合愧疚难当，只求速死。最后，铁木真不得已下令，按贵族之礼将札木合装入袋中以不流血的方式处死，并予以厚葬。

蒙古诸部的统一最终得以实现。

漠北草原自古以来就有这样的惯例：哪个部落强盛，就以其部族名称来概称草原诸部。在铁木真崛起以前，塔塔儿部最强盛，整个漠北诸部概称"鞑靼"（实即塔塔儿）。而铁木真为首的蒙古部崛起和统一漠北草原诸部后，整个漠北草原又概称"蒙古"。直到现在，人们还经常把"蒙古"和"鞑靼"混称，就是因为二者之间曾经存在这样一种强弱兴替的历史联系。

2. 开国肇基　规摹闳远

1206年春天，铁木真召集蒙古各部贵族在斡难河源头举行"忽里台"（会议、聚会）会议。在这次会议上，乞颜部"可汗"铁木真被拥戴为蒙古诸部的大汗，号"成吉思汗"。"成吉思"的含义，有多种解释。有人认为是海洋；有人认为是天，与"腾格里"相通；有人主张是可怕、有力、强健的意思。后一说已为突厥语碑文所证实，比较可靠。

铁木真所建国家名曰"也客·蒙古·兀鲁思"。"也客"是蒙古语"大"的意思，"兀鲁思"是国家、人民。"也客蒙古兀鲁思"，即大蒙古国。还树立起九斿白旗，蒙古人崇尚白色，"以白为吉"[2]，故为白旗。九斿白旗相当于大蒙古国的国旗。

蒙古建国后，成吉思汗相继制定颁布了如下六项重要制度：

一是立九十五千户。

---

[1]　《蒙古秘史》第200节。

[2]　陶宗仪：《南村辍耕录》卷1《白道子》，中华书局，2004年。

关于所设千户的数量，中西史书记载略有不同。《蒙古秘史》及汉文史籍中都记载是九十五个，拉施特《史集》则说一百多个，估计是来自前后不同时间段的统计数。千户制，是以十进位制统一编组草原牧民的兵民合一的组织。最基本的是千户，千户之下有百户和十户。千户划分有相应的牧地，"上马则备战斗，下马则屯聚牧养"[1]。千户之上又设有左、右翼两个万户，各自统辖节制所属的几十个千户。

千户长称为"那颜"（官人、长官），由大汗亲自任命。能够被任命为千户长的，通常有以下三种情形：一是那些始终忠诚于成吉思汗，并与之共同浴血奋战过的功臣或部族首领；二是少数功勋卓著的那可儿（伴当、同伴），其原先地位不高，并非部族首领，这时被提拔为千户长那颜，统领本部或混编的千户；三是部分姻亲部族或主动归附的部族首领，被任命为千户长，以统领其族人部众，如弘吉剌、汪古、斡亦剌等是姻亲部族，忙兀、兀鲁兀等是较早追随或归附铁木真的部族。

千户制度既是军事组织，也是行政机构。作为全体蒙古人军民合一的组织，结束了蒙古诸部林立的氏族部落旧体制，构建起大蒙古国新的基本统治秩序，也为成吉思汗提供了强大的战争机器。

二是组建万人怯薛护卫军。

"怯薛"是蒙古语、突厥语"番值宿卫"的意思，怯薛军就是禁卫军、护卫军。源于草原部落贵族亲兵，带有浓厚的父权制色彩。成吉思汗在原有550名怯薛护卫的基础上，扩建起万人大怯薛，包括1000名宿卫，1000名箭筒士，8000名散班。大多从千户、百户、十户长的子弟中选拔，可携带若干伴当。部分平民子弟也应征入充宿卫。

---

[1] 《元史》卷98《兵志一》。

怯薛集中了草原游牧帝国最精锐的部队，号称"大中军"。其职司主要是轮番护卫，充当大汗官帐警卫；其次是随从出征打仗，这与汉、唐、宋传统的御林军、神策军、禁军大同小异。通常，怯薛人员分为四班，每班当值三天，故而有"四怯薛"之说。

四怯薛的长官是成吉思汗最亲信的那可儿博尔忽、博尔术、木华黎和赤老温"四杰"，他们的后代世袭充任怯薛长。四怯薛长之下还有一些怯薛执事，比如火儿赤（带弓箭者）、云都赤（带刀者）、昔宝赤（养鹰隼者）、札里赤（书写圣旨者）、博儿赤（烹饪饮食者）等。这些怯薛执事的地位通常要高于在外的九十五千户那颜。

怯薛还有两项重要而特殊的职能：掌管汗廷机务及行使部分政府职能；分掌汗廷生活服侍事务。这两项职能和汉地王朝不太一样，尤其是后者。汉地王朝掌宫廷服侍事务的是宦官。元朝虽有少量从南宋和高丽输入的宦官阉人，但宫廷生活服侍事务一般由怯薛执掌。鉴于此，万人怯薛在大蒙古国军政事务中扮演着非常重要的角色。

三是设置大断事官。

大断事官，蒙古语为札鲁忽赤。主要分管户口和司法，是蒙古国的最高司法行政长官。成吉思汗的养弟失吉·忽秃忽被任命为第一任大断事官，汉文文献中俗称"胡丞相"。"在全国百姓中，你可惩治盗贼和欺诈者，按道理应该处死的处死，应该惩罚的惩罚！""把全国领民的分配情况和所断的案件都写在青册上面……直到子子孙孙，永远不得更改，更改的人要治罪"[1]。

四是制订札撒。

"札撒"是蒙古语"命令""法令"的意思。早在1203年攻灭克烈部后，成吉思汗就制订过初步的法令、条文。1219年西

―――――――――――
[1]《蒙古秘史》第203节。

征前夕举行忽里台大会时，成吉思汗又命令把以前的一些训言、律令和古来的体例汇总起来，写在纸卷上，编成了"大札撒"。其原文已经散佚，只剩下部分条款散见于中外典籍中。如那颜们不得背离君主而投靠他人，不得擅离职守，违者处死；挑拨是非，构乱皇室者处死；收留逃奴而拒不归还主人者处死；盗窃牲畜者九倍偿还，否则偿以子女；强盗寇掠者处死，籍没其家赔偿受寇方；等等。

"札撒"实乃大蒙古国的法典，对蒙古社会乃至中国、波斯等影响都比较大。后来凡举行拥戴新汗或大征伐等忽里台大会，都要奉读"大札撒"以为训。元人有诗为证：

> 至元典礼当朝会，宗戚前将祖训开。
> 圣子神孙千万世，俾知文业此中来。[1]

五是分封子弟。

成吉思汗建国后不久，就按照蒙古草原家产分配的习俗，把九十五千户中的三十多个以及蒙古国东、西两翼之地，分封给他的四个兄弟和四个儿子。四个兄弟，合撒儿、合赤温、铁木哥及别勒古台，封授今东北及内蒙古的大兴安岭一带，称为"东道诸王"。四个儿子，术赤、察合台和窝阔台封授阿勒台山以西，幼子拖雷的封地靠东一点，在吉尔吉思一带，合称"西道诸王"。拖雷因为是幼子，还继承管领成吉思汗四大斡耳朵和中央兀鲁思所属千户。这样，成吉思汗的诸弟、诸子就各自拥有了"兀鲁思"封国领地。领地中管领游牧民的千户那颜，又成为其家臣。

成吉思汗分封，使大蒙古国的政治结构由原来九十五千户的

---

[1] 张昱：《张光弼诗集》卷3《辇下曲》，《四部丛刊》续编本。

一元体系，演变为大汗直辖和"黄金家族"子弟分领的复合体系。东、西道以外的中央兀鲁思是由大汗直辖，大约有六十多千户。东道和西道诸王兀鲁思封国的三十多千户，则是诸弟、诸子分领。

分封让诸子诸弟封地充当着向东向西扩张的跳板，从而为蒙古征服注入了巨大的驱动力，然而也给大蒙古国的发展与管辖，带来不少难以克服的麻烦。

六是创制蒙古文字。

蒙古人原来没有文字，只有口头语言，或为东胡语和突厥语的混合。即使是发布命令和传递信息，也只能用手指刻记的原始办法。成吉思汗攻灭乃蛮部时，俘虏了该部的掌印官畏兀儿人塔塔统阿，塔塔统阿向成吉思汗禀告了印章的功用："出纳钱谷，委任人材，一切事皆用之，以为信验耳。"[1] 之后凡有制旨，皆用印章。成吉思汗又命塔塔统阿用畏兀儿字母书写蒙古口头语言，创制了流传至今的畏兀儿字蒙古文，并要求皇子和宗王率先学习这种文字。

蒙古文字的面世，是蒙古民族共同体形成的标志之一，也意味着蒙古族文化的进步。其后的成吉思汗"札撒"和历史文学巨著《蒙古秘史》等，均是用畏兀儿字蒙古文书写的。

3. 南攻金夏　西征异域

随着千户制、怯薛制和分封制的相继确立，成吉思汗的战争机器也日渐完备。蒙古建国后不久，成吉思汗就发动了震惊世界的对外征服战争。

成吉思汗首先把征服的目光对准了大蒙古国南面的西夏和金

---

[1]《元史》卷124《塔塔统阿传》。

两个政权。目的是掠夺财物，扩大统治区，并为其祖先复仇。

1205年，成吉思汗首先率军抄掠西夏，满载而归。随后的几次征伐，不仅攻城略地，还要求西夏纳贡、称臣、内属、征调等。西夏国力被大大削弱，夏襄宗不得不纳女请和。

1226年春，成吉思汗以西夏拒绝派兵参加西征和迟迟不履行交纳质子为由，再次发动对西夏的两路进攻，连克黑水城、沙州、肃州、甘州、西凉、应理、灵州，包围西夏都城中兴府。中兴府被围半年，粮尽援绝，又逢地震，城内房屋倒塌，瘟疫流行，西夏末主李睍被迫请降。1227年7月，成吉思汗病死于清水县西江。临终前，嘱咐死后秘不发丧，待西夏国主出城来降时，执而杀之。[1] 不久，李睍投降，被杀，兴庆府惨遭屠城。蒙古军甚至还焚毁了雄壮富丽的西夏王陵，如今只留得一些土筑陵台。

金朝是成吉思汗对外征服的第二个对象。蒙金战争开始时带有反抗民族压迫的正义性。金统治者为加强对蒙古地区的统治，对蒙古各部采取分化瓦解、挑拨离间等伎俩，并不断派兵屠杀蒙古民众，掠夺子女，"每三岁遣兵向北剿杀，谓之减丁"。金沿边各州县官吏还从蒙古诸部强取马、驼、鹰鹘进献朝廷。"鞑人逃遁沙漠，怨入骨髓"[2]。1210年，即位不久的卫绍王完颜允济遣使到蒙古下诏，要成吉思汗拜受。成吉思汗询问金使："新君为谁？"当得知是此前有过嫌隙的卫绍王后，成吉思汗"遽南面唾曰：'我谓中原皇帝是天上人做，此等庸懦亦为之耶？何以拜为！'"[3] 即刻乘马北去。两家绝交。

———————————

[1] ［波斯］拉施特主编，余大钧、周建奇译：《史集》第1卷第2分册，商务印书馆，1983年，第353页。

[2] 赵珙撰，王国维笺证：《蒙鞑备录笺证·征伐》，载王国维：《王国维遗书》第13册，上海古籍书店，1983年。

[3] 《元史》卷1《太祖纪》。

成吉思汗先祖俺巴孩曾被金人俘虏后钉死在木驴上。征金国之初，成吉思汗率领术赤、察合台、窝阔台、拖雷四子和木华黎等将领登上克鲁伦河畔的一座高山，祈求长生天辅助他打败金朝皇帝，为俺巴孩复仇。

成吉思汗对金朝的进攻，先后有四次，分别在1211年、1213年、1214年和1215年。其中有两次战役发生在金中都燕京以北。第一次是1211年九月在今张家口以北二三十公里的野狐岭，成吉思汗挥师和金朝完颜承裕所率30万军队展开激战。金兵溃败，"死者蔽野塞川"[1]。第二次是1213年在居庸关北与金将完颜纲、术虎高琪激战，歼敌无数。这两次战斗，成吉思汗以少胜多，歼灭了金朝主力部队。两次激战之后，金朝政治军事实力严重削弱，金宣宗被迫把都城从中都燕京迁到南京汴梁。1215年，蒙古军占领中都。若干年后，河北州郡纷纷纳土归降，金朝尽失黄河以北之地，其最终灭亡也只是时间问题了。

成吉思汗的军事征服，最辉煌和最残酷的，应该是对西面的中亚、西亚和东欧的征伐，这就是历史上有名的"西征"。

西征的缘起，纯属事出偶然。成吉思汗统一蒙古诸部后，鉴于蒙古人不擅经商的特点，曾派遣一些回回商贾为代理人到西域进行贸易。早在成吉思汗统一蒙古诸部的时候，就曾得到过一名叫阿散的回回人的帮助，阿散是"饮班朱尼河十八功臣"之一。成吉思汗此举可能就是受到阿散的影响而做出的。

1218年，成吉思汗吩咐从后妃、宗王和千户麾下抽出一些会经商的回回人，组成一支450人的商队，带上若干金银货物，到花剌子模国去做生意。花剌子模在今阿富汗以西的地方，在当

---

[1] 宇文懋昭撰，崔文印校证：《大金国志校证》卷22《纪年·东海郡侯上》，中华书局，2011年。

时是中亚国力强盛的国家之一。始料未及的是，花剌子模的守城将领竟将这支商队当作间谍扣留，并报告给国王摩诃末。摩诃末贪图钱财，下令将商队成员全部处死，财货没收。仅有一名商队的驮夫侥幸逃脱，并把消息报告给成吉思汗。成吉思汗又派三名使者前去问罪，结果一名使者被杀，两名使者的胡子和头发被剃掉后驱逐东回。成吉思汗勃然大怒，断然决定复仇，于是引发了震惊世界的蒙古西征。

1219年秋，成吉思汗率领20万大军分四路攻打花剌子模。讹答剌、不花剌和都城撒麻儿干、玉龙杰赤等城相继被攻陷，蒙古军乘胜向西追杀摩诃末国王及其子扎兰丁。从花剌子模开始，蒙古大军不停顿地向西进攻。1220年，又攻占了波斯的呼罗珊等地，入侵到印度河。所到之处都是大肆屠杀和掳掠，许多西域名城被夷为废墟。

这场西征是有史以来游牧民族发动的规模最为空前的军事征服，其本来的目标是向花剌子模复仇。战争的结果，虽未完全击灭花剌子模，但蒙古军深入到高加索地区和钦察草原，进而击败斡罗思联军。《元史·太祖本纪》云"灭国四十"，即是成吉思汗对外征服的赫赫战功。

那么，成吉思汗的军事征服缘何能够取得如此辉煌的成功呢？

就内部情况而言，此时大蒙古国建立伊始，蒙古诸部政治统一刚刚完成，正处于勃兴阶段，草原父权制军事封建国家的对外扩张掠夺动力非常强劲。而由千户、怯薛、分封三大制度构筑起来的战争机器，杀伤力尤其巨大，几乎无人能敌。此外，成吉思汗杰出的军事才能，也是不可或缺的重要因素。

"帝深沉有大略，用兵如神"[1]。成吉思汗堪称世界一流的军

---

[1] 《元史》卷1《太祖纪》。

事家，他的很多军事战略战术都是军事学上的重要遗产，诸如杀伤力强大的蒙古骑兵闪电袭击战；适合远距离军事作战的一兵二马和取粮于敌等后勤保障方式；高明的大包抄战术；等等。

就外部情况看，当时蒙古的周边国家和政权都处于疲弱状态。大漠以南，西夏、金朝和南宋三政权鼎立，互为掣肘，便于各个击破。西域诸国的军事抵御，大都偏弱，像西辽、花剌子模、波斯、钦察等，多半不堪一击。周围没有太强的国家和政权，这也是上天赐予的良机。

成吉思汗留给后世的重要遗产，就是他和他的继承者们建立起来的一个横跨欧亚的蒙古大帝国，改变了亚洲及欧洲的面貌与历史，震撼了全世界。同时完成了中国历史上第一次涵盖塞外、中土的华夷大一统，对我国统一多民族国家的发展和当今疆域版图的奠定作出了积极贡献。

成吉思汗的对外征服战争，还带来了一个副产品，那就是贯通和拓展了中西交通。版图辽阔的蒙古帝国，把东、西方首次连成了一片。在横跨欧亚大陆的蒙古帝国支配下，无论是海上丝绸之路，还是传统的陆上丝绸之路，都变得畅通无阻，中西方经济、文化交流达到了前所未有的开放局面。

二 "治平"合罕窝阔台

　　成吉思汗共有四个嫡子：术赤、察合台、窝阔台、拖雷。术赤虽身为长子，但系母亲孛儿帖被蔑儿乞人掠去时所生，察合台等斥之为"蔑儿乞种"，故无继承汗位之可能。四子之中，三子窝阔台虽有好酒贪杯的小毛病，但是足智多谋，最具雄才大略，是"治理朝政和卫国御敌"的最佳人选，所以成吉思汗最属意窝阔台做自己的接班人。

　　经过父子五人协商后，成吉思汗立下文书：

　　　　我死后你们要承认窝阔台为汗，把他的话当作肉体内的灵魂，不许更改今天当着我的面决定的事，更不许违反我的法令。[1]

　　1229年八月二十四日，察合台拉着窝阔台的右手，拖雷拉着左手，成吉思汗幼弟铁木哥抱腰，共同把窝阔台扶上了大蒙古国第二任大汗的宝座。[2]

　　得益于契丹人耶律楚材、花剌子模人牙剌瓦赤、克烈人（一说畏兀儿人）镇海等一帮卓有才干的良臣辅佐，窝阔台在位十三年，积极致力于大蒙古国统治的巩固与完善，并卓有成效地推

---

[1] ［伊朗］志费尼著，何高济译：《世界征服者史》第1部《29.世界的皇帝合罕登上汗位和世界帝国的威力》，商务印书馆，2004年，第200—202页。

[2] 《史集》第2卷，第30页。

进了成吉思汗的对外征服事业，一时"政归台阁，朝野欢娱"[1]
"华夏富庶，羊马成群，旅不赍粮，时称治平"[2]。

1. 缵绪立制　治平有术

第一，定礼仪，制法令，立官制。

为树立新汗威仪，在窝阔台的登基典礼上，耶律楚材说服察
合台率领黄金家族成员和臣僚百官依照中原王朝礼仪行跪拜大
礼，"九次以首叩地"。他对察合台说："王虽兄，位则臣也，礼
当拜。王拜，则莫敢不拜。"察合台依其言而行，由此，蒙古国
开始有了君臣礼仪制度。

《史集》记载了这样一件事：窝阔台和察合台各骑一匹快马
而行，醉酒的察合台向窝阔台提议"打赌赛马"，并且跑到了窝
阔台马的前头。到了夜晚，察合台在家中开始懊悔："怎么能容
许我与合罕打赌并让我的马超过他呢。这是一件大不敬的行为。
别人见到这件事，也会粗鲁无礼起来，这就会造成有害的后果。"
第二天一大早，察合台就带着一群将领到皇宫赔罪，请求窝阔台
赐他一命，并虔诚地进献了九匹马。于是，其他宗亲们也都对窝
阔台俯首听命，选择了顺从之道。[3]

窝阔台即位后，首先颁告《大札撒》，宣布谨遵成吉思汗成
宪；对以前犯罪者概予赦免，今后有违犯法令者必依法严惩不
贷。在1234年的忽里台大会上，他又宣布众多条令，进一步规
范参加忽里台大会的诸王、贵族的礼仪和纪律。占领华北地区
后，窝阔台采纳耶律楚材的建议，有效抑制蒙古权贵和官吏不纳

[1]　王恽：《秋涧集》卷44《杂著》，《四部丛刊》初编本。

[2]　《元史》卷2《太宗纪》。

[3]　《史集》第2卷，第174—176页；《元史》卷146《耶律楚材传》。

税、贪赃枉法以及豪强兼并等社会问题，起到了安定社会秩序的
作用。

1231年，附会汉制，设立中书省，以耶律楚材为中书令、
女真人粘合重山为右丞相、镇海为左丞相。虽然此时的中书省只
是大汗侍从官中主管文书的必阇赤班子，但由于掌管发放文书、
处理文件等重要事务，实际权力还是较大的。

第二，建都哈剌和林。

窝阔台即位后不久，开始把自己的驻地移于斡耳寒河上游。
1234年夏五月，他在该地的达兰达葩建起了行宫，并举行了一
次忽里台会议。翌年春，窝阔台从中原汉地调集一批各种技能的
工匠，动工兴建和林的城郭宫阙，主持这项工程的是燕京工匠大
总管汉人刘敏。

和林城创建后，大蒙古国开始有了固定的都城及宫殿，政治
中心也由怯绿连河上游移至斡耳寒河上游。由于和林的地理位置
处于蒙古国中心，大大便利了汗廷对整个疆域的有效统治。

第三，设立站赤。

鉴于蒙古国的疆土越来越大，使臣来往频繁，沿途既骚扰百
姓又耽误公事，窝阔台汗命令各千户抽出人马，专门充任站赤之
役，供使臣乘用。站赤遍布全国，包括察合台领地和术赤子拔都
领地，均设站赤与和林相连。和林与汉地相连的驿路，号曰"纳
邻"，共设37站。每站设马夫20人，使臣所用马匹、车辆及廪
给羊马，均有规定的则例，不许欠缺。[1]站赤的定制，为庞大帝
国的政令传递与交通联络，提供了很大的方便。

第四，初步订立征科税则，在中原汉地设十路征收课税所。

在蒙古草原地区，窝阔台汗规定每年让百姓从每群羊中缴纳
一只二岁羊作汤羊，马牛亦百者取一。一百只羊缴纳一只羊救济

---

[1] 《史集》第2卷，第69页；《蒙古秘史》第279节、第280节。

贫穷者。[1]禁止诸王驸马参与忽里台大会时随意科敛。

在河中地区（今锡尔河、阿姆河之间），主政此地的牙剌瓦赤推出"以丁计，出赋调"的忽卜绰儿税，"每人一年的缴纳是按他的财富和交纳能力来决定，并且在缴纳了这个规定的数目后，在同一年内不得再找他，也不得给他别的摊派"[2]。规定一个富人每年征收十个的那，一个穷人每年征收一个的那。主要用于支付签军、驿站和使臣生活的开销。

中原地区的税制主要分地税、丁税和户税。地税，上田每亩三升，中田每亩二升半，下田二升，水田五升。丁税，验民户成丁之数，每丁每年缴纳粟一石，驱丁五升，新户驱丁各半，老幼不纳税。凡田多人少者按地税计，田少人多者按丁税计。户税以户为单位缴纳科差，有丝料、包银两种。丝料是每两户出丝一斤缴官府，每五户出丝一斤缴受封之主。包银之法最初为史天泽在真定路为应对蒙古官员索取而推行，正式推行于中原汉地始于1251年，规定每户出包银六两，后减为四两，二两输银，二两折收丝绢等物。除上述三项外，还有商税和杂税，大体上商税三十取一。

窝阔台汗即位不久，大臣别迭等提议："汉人无补于国，可悉空其人以为牧地。"别迭等人显然是在固守蒙古草原游牧文化本位和成吉思汗对汉地的野蛮杀掠政策。耶律楚材却对窝阔台说："陛下将南伐，军需宜有所资，诚均定中原地税、商税、盐、酒、铁冶、山泽之利，岁可得银五十万两、帛八万匹、粟四十余万石，足以供给，何谓无补哉？"窝阔台汗采纳了耶律楚材收其税而留其民的建议，在中原汉地的燕京、宣德、西京、太原、平

[1]《蒙古秘史》第279节、第280节。
[2]《元史》卷2《太宗纪》；《世界征服者史》第2部《31.异密阿儿浑赴大忽邻勒塔》，第577页。

阳、真定、东平、北京、平州、济南试设十路征收课税所，每路
置正副课税使二员，如陈时可、刘中、赵昉等，皆为宽厚汉儒，
他们专掌钱谷，不受地方官管辖。1231年秋，窝阔台到云中，
十路课税使"咸进廪籍及金帛陈于廷中"，窝阔台十分欣喜，自
然愿意容许和保留中原农耕文明了，并接受耶律楚材"天下虽得
之马上，不可以马上治"的观念，向耶律楚材表达了多用汉地士
人的愿望："汝不去朕左右，而能使国用充足，南国之臣，复有
如卿者乎？"[1]

耶律楚材是最先影响和促使窝阔台等蒙古统治者部分改变汉
地统治旧法的重要人物。虽然他的主张没有能全部实现，后期又
遭到回回人奥都剌合蛮的排挤，抑郁而亡，但窝阔台等蒙古统治
者毕竟在重视汉地文明的价值、吸收汉法等方面，比起乃父成吉
思汗进步了许多。耶律楚材以汉法治汉地的主张，还为后来忽必
烈及其臣僚提供了十分宝贵的参考和借鉴。

第五，置汉地万户世侯，对汉地实行间接统治和管辖。

木华黎国王负责经营中原汉地之际，就开始对纳土归降的汉
族地主武装头目授予行省、都元帅、州尹、县令等官衔，利用他
们治理新征服区域。窝阔台汗即位后，参照蒙古兵民合一的制
度，正式设立汉地万户世侯。起初仅立刘黑马、史天泽、萧札剌
三万户，1232年之后增至七万户以上。1236年又实行"画境之
制"，调整和确定汉世侯的辖区疆界。于是，这些汉族万户就成
为军民兼领，有土有民，世袭罔替的世侯军阀。蒙古统治者正是
通过这批万户世侯，间接地治理管辖汉地农耕区。汉世侯的统治
方式，是对战国以来传统的中央集权制度的倒退。然而，比起与
农耕文明隔阂尚深的蒙古游牧贵族，毕竟要好很多。

---

[1]　《元史》卷146《耶律楚材传》；苏天爵：《元文类》卷57《宋子贞：中书令耶律公神道碑》，
　　　上海古籍出版社，1993年。

第六，改裂土分封为五户丝食邑制。

1236年，窝阔台汗将七十六万余户中原农耕民封授给蒙古诸王、贵戚和功臣。这次分封是漠北分封的继续，开始也是要沿用漠北制度，裂土分民，各治其邑。后来，窝阔台汗听取耶律楚材的建议，改而实行五户丝食邑制。内容包括：各投下封君只在分地设达鲁花赤，朝廷置官统一征收赋税，按其应得封户颁给五户丝，未奉大汗诏令，不得擅征兵赋。[1]这在汉地王朝不算什么新制度，但较之漠北蒙古分封，又进步了许多。

第七，尊重儒学，选拔儒士。

1232年，蒙古军进攻汴京，耶律楚材请求派人入城，找到孔子五十一代孙孔元措，奏请袭封为衍圣公。攻破汴京后，招收金朝的太常礼乐生，赡养流散在各地的儒生，召名儒梁陟、王万庆、赵著等注释儒家经典，到东宫进讲。又让百官大臣子弟读儒家经书，晓孔孟之道。1235年，姚枢奉窝阔台之命，到中原各地招募儒士，在阔端太子的俘虏营中找到南方大儒赵复，送至燕京，开办太极书院讲学，使程朱理学开始在北方传播。1236年，又在燕京设编修所，在平阳设经籍所，编纂出版经史。1238年，窝阔台采纳耶律楚材建议，通过考试从儒生中选拔官吏，确定儒户，结果得儒生4030人。他们当中不少人原是战俘、驱口，中试后可以免去赋税，优秀者得官，史称"戊戌选试"。

2. 师武臣力　拓土有功

第一，部署探马赤军，镇戍征服地区。

成吉思汗时期已开始从各千户抽调一定比例的兵员混编为探

---

[1]　《元史》卷2《太宗纪》；《元文类》卷57《宋子贞：中书令耶律公神道碑》。

马赤军,充当军事征战中的先锋。窝阔台汗进而将此种军队部署
于已征服的地区,负责当地的军事镇戍。例如绰儿马罕等西路探
马赤镇守巴黑塔惕、阿速等处,五投下探马赤镇守汴梁、燕京等
处,也速迭儿率探马赤军镇守高丽及女真等地。[1]探马赤军用
于镇戍,对大汗直接控制新征服区域和稳定支配更多的军队,都
有重要意义。

第二,"长子出征"。

蒙古军虽曾于1223年在迦勒河击败过斡罗思诸大公和钦察
人的联军,但并没有征服钦察人,更没有使斡罗思人屈服。"那
边的敌人众多,敌国很多,兵锋坚锐""如果派长子出征,则军
多势盛,力量强大"[2]。在1235年的忽里台大会上,窝阔台决定
派出各支宗室长子、长孙率领军队征讨未臣服的钦察、斡罗思等
国,万户长及以下各级那颜亦遣长子从征,还包括公主、驸马的
长子,史称"长子出征"。宗王长子分别是术赤次子(以长子身
份)拔都、察合台长子拜答儿、孙子不里,窝阔台长子贵由、拖
雷长子蒙哥等,以长房的拔都为统帅。[3]

西征军一路势如破竹,击败了钦察、波尔塔斯、斡罗思等各
公国,进入昔烈儿、马札儿,最远到达今奥地利和亚德里亚海东
岸。1239年秋,贵由、蒙哥奉命返回蒙古。1241年底窝阔台去
世,次年春季消息传到西征前线,拔都率军东撤。1243年,拔
都在亦的勒河下游东岸,建筑萨莱城,并以此为都城统治其领
地,称钦察汗国,又称金帐汗国。其疆域东起也儿的石河,西包
斡罗思诸公国。

第三,南下灭金。

[1] 《蒙古秘史》第273节、第274节、第280节;《元史》卷2《太宗纪》。
[2] 《蒙古秘史》第270节。
[3] 《史集》第2卷,第61—62页。

　　成吉思汗时期，蒙古对金朝已经发起过多次进攻，占领了金中都和黄河以北大部分地区。窝阔台践位后，派人去与兄长察合台商议：

　　　　朕坐在父汗成吉思汗的现成的大位上，岂不要被人说：凭什么能力坐上大位？咱们的父汗尚未把汉地百姓的金帝完全征服，如果察阿歹兄长同意，朕如今去出征金国。

　　1231年，窝阔台出征金国，派者别为先锋，"杀得金军积尸如烂木堆"[1]。蒙古军越过居庸关，占领金中都燕京。1232年，窝阔台开始向金朝的南京汴梁发起进攻。汴梁是金朝最后一个都城，金朝的皇帝、官僚和主要的军队都逃至这里，沿黄河一线部署了重兵固守，蒙古军从正面进攻显然不易取胜。所以，窝阔台就偕同幼弟拖雷去实施成吉思汗临终前交代的包抄战略。为何要偕同拖雷呢？因为大汗直属的六十多千户实际上由拖雷掌管，此时窝阔台即位未久，根基尚浅，不偕同拖雷，似乎难以指挥调度。

　　窝阔台偕拖雷所率蒙古军分为左中右三路向汴梁进发。拖雷亲统右路军绕道陕西及甘肃、四川边境，破大散关东来，再经邓州东攻汴梁。在三峰山之地，拖雷率四万军队与金朝完颜合达的20万大军展开激战。金朝方面孤注一掷，把精锐军队悉数投入此次战役。拖雷方面仿佛得到天助一般，突然天降大雪。四万蒙古军不畏寒冷，越战越勇，金朝军士却几乎全被冻僵，20万大军惨败收场。不久，蒙古军攻下汴梁，金哀宗出逃，先逃归德，后逃蔡州。1234年，蒙古军又和南宋联手，攻破了蔡州，金哀宗自杀，金朝就此灭亡。

---

[1] 《蒙古秘史》第271节、第272节。

清代学者魏源评价窝阔台说："帝有宽宏之量，淳朴之质，乘开国之运，师武臣力，继志述事，席卷西域，奄有中原"[1]。通过"长子西征"和南下灭金，蒙古军事征服得以继续向外推进，大蒙古国的版图和势力范围遂扩张到钦察草原和黄河以南地区。

3. 贵由汗的短暂施政

1241年底，窝阔台去世。不久，六皇后乃马真氏脱列哥那称制摄政，她宠信重用回回妇人法提玛、提领诸路课税所官奥都刺合蛮，排挤冷落或撤换了一批窝阔台旧臣如耶律楚材、镇海、牙剌瓦赤等重要官员。故《元史》云："然自壬寅（1242年）以来，法度不一，内外离心，而太宗之政衰矣。"[2]

贵由是窝阔台汗的长子，"在合罕的所有儿子中，贵由以他的英武、严峻、刚毅和驭下而最知名"。本来，窝阔台生前曾指定皇孙失烈门（第三子阔出之子）为继承人，但失烈门太年幼，"仅为一孩童"[3]。于是贵由之母六皇后脱列哥那利用其临朝称制之便，极力活动，于1246年七月将儿子贵由推上了蒙古第三任大汗的宝座。

（1）惩嬖幸，用旧臣

《世界征服者史》一书中说，贵由汗"处理危难最富实践，而且对祸福最有经验"[4]。他即位后的第一件事，就是处死法提玛和奥都剌合蛮。

法提玛原为来自呼罗珊徒思的一名女俘虏，靠着狡黠和干练，成了脱列哥那宠爱的近臣。她干预朝政，任意发号施令，导

[1] 魏源：《元史新编》卷3《太宗本纪》，清光绪三十一年（1905）邵阳魏氏慎微堂刻本。
[2] 《元史》卷2《定宗纪》。
[3] 《世界征服者史》第1部《36.贵由汗登上汗位》，第276页。
[4] 《世界征服者史》第1部《36.贵由汗登上汗位》，第276页。

致重要旧臣被撤换，并被揭发用巫术蛊害皇弟阔端。贵由逼其母亲交出法提玛，命令手下用棍棒严刑拷打，法提玛承认罪行后，"她的上下孔都被缝上，然后她被裹在一张毡子中，给扔进河里"[1]。

提领诸路课税所官奥都剌合蛮本回回商贾出身，因为善于曲意逢迎，被窝阔台和乃马真后脱列哥那所宠信，在中原实行扑买法，科榷并行，掠夺财富，权倾一时。贵由即位后，先被任命与刘敏同行燕京省事，不久以奸利事发，亦被处死。

惩处嬖幸的同时，贵由重新重用被六皇后脱列哥那罢黜的镇海、牙剌瓦赤等官员。任命镇海为燕京行尚书省丞相，牙剌瓦赤为燕京行省断事官。1247年，贵由任命窝阔台时的大断事官野只吉带为征西军统帅，命诸王各于所属军队中签发十分之二从征，并授予野只吉带统辖阿姆河以西各地区和所驻探马赤军的全权，他人不得干预。前此除木华黎外，尚无第二人拥有如此大的权力。贵由此举明显是"项庄舞剑，意在沛公"，实为对付拔都之意。因为此时拔都势力已扩展至高加索地区，贵由则特别指明这个地区应归野只吉带管辖。

（2）处理皇室内部纷争

接着，就是追究铁木哥阴谋夺汗位事件。

铁木哥是成吉思汗幼弟，他以灶主身份继承了其母所封千户，故在东道诸王中占有的蒙古千户最多，实力最雄厚。窝阔台汗去世后，他曾率领大军前往窝阔台汗的斡耳朵官帐，企图凭武力染指汗位。六皇后脱列哥那派遣使者卑辞质问他的行为及用意。铁木哥事后悔恨其夺位图谋，匆匆率军队撤回自己的营地。贵由即汗后，命令从兄弟蒙哥和斡儿答审讯铁木哥，最后将他处死。

---

[1] 《世界征服者史》第1部《35.法迪玛哈敦》，第271页。

贵由汗还拘收在汗位空虚期间诸王擅自颁发的牌符命令，责备他们的不法行为，禁止无限制搜括。

贵由还一度以大汗的身份，出面干预察合台兀鲁思的君位继承。察合台生前曾指定孙子哈剌旭烈兀为他的继承人。因贵由汗与察合台第五子也速蒙哥关系亲密，于是，强调"立子不立孙"，把君主大位转而授予也速蒙哥。

贵由汗本来体弱多病，却"大部分日子里昼夜纵情酒色。由于纵情酒色成习，致使他的疾病加重"。1248年初，贵由因在"长子西征"过程中和术赤之子拔都结怨较深，于是亲率大军秘密征讨拔都。大军行至撒麻耳干境内时，贵由突然去世。[1]

贵由汗在位时间不足两年，主要精力用在了打击政敌、处理皇室内部纷争上，在治理国家方面则无甚作为。去世之时，"是岁大旱，河水尽涸，野草自焚，牛马十死八九，人不聊生。诸王及各部又遣使于燕京迤南诸郡，征求货财、弓矢、鞍辔之物，或于西域回鹘索取珠玑，或于海东楼取鹰鹘，驲骑络绎，昼夜不绝，民力益困"[2]。大蒙古国的政局面临一次重新洗牌的机遇。

[1] 《史集》第2卷，第221、224页。

[2] 《元史》卷2《定宗纪》。

三 "刚明雄毅"蒙哥汗

蒙哥是拖雷的嫡长子，幼年被伯父窝阔台"养以为子"，由昂灰皇后抚育。窝阔台对蒙哥十分钟爱和器重，认为他才堪大用，并为他迎娶妻室，分配部民。蒙哥骁勇善战，"从征伐，屡立奇功"。拖雷去世后，窝阔台"乃命归藩邸"，蒙哥这才又重新回到母亲唆鲁禾帖尼身边。

蒙哥汗在位九年，始终严格按照乃祖成吉思汗的札撒治理大蒙古国，"自谓遵祖宗之法，不蹈袭他国所为"[1]，不愿意接受任何来自被征服国家和民族的文化影响。继续开拓疆域，而且颇多建树和作为。游牧君主和蒙古大汗的属性，始终在蒙哥身上得到了完全的体现和延续。

1. 汗位的争夺和帝系的移转

贵由汗死后，拖雷之妻唆鲁禾帖尼认为拖雷系问鼎蒙古汗位的机会来了，她主动让长子蒙哥以探病的名义赶赴拔都所在的钦察草原营地。

拔都是术赤之子，也是术赤兀鲁思的继承人。他曾因长子西征时与贵由结怨甚深，在推选贵由汗的忽里台会议举行之际，便以脚疾为由拒不出席，导致前述贵由汗的兴师问罪。此时，拔都公开反对窝阔台后裔继承汗位，而实心属意拖雷系的蒙哥能承继

[1] 《元史》卷3《宪宗纪》。

大统。

拔都在自己的营地举行了一次小型忽里台会议。参加这次会议的窝阔台系、察合台系宗王较少，他们或者只派出自己的代表，或者借口萨满巫师不允许久留，旋即离去。拔都亲自提议应推选蒙哥为新的大汗，他的理由是：

> 在[所有的]宗王之中，[只有]蒙哥合罕具有一个汗所必需的禀赋和才能，因为他见过世上的善恶，尝过一切事情的甘苦，不止一次率领军队到[各]方作战，并且才智出众；他在窝阔台合罕、其他宗王们、异密们和战士们的眼中，都受到最充分的尊重。……成吉思汗家族中另外还有哪一个宗王，能够凭借正确的判断和清晰的思想掌管国家和军队？

定宗皇后海迷失的使者八剌站出来发难说："昔太宗命以皇孙失烈门为嗣，诸王百官皆与闻之。今失烈门故在，而议欲他属，将置之何地耶？"因窝阔台和贵由即汗位时，都曾让出席忽里台的宗王贵族立下日后汗位必须在窝阔台后裔内传承的誓言："只要你的家族中还留下哪怕是裹在油脂和草中，牛狗都不会吃的一块肉，我们都不会把汗位给别人。"

蒙哥庶弟末哥当即反驳八剌："太宗有命，谁敢违之。然前议立定宗，由皇后脱列忽乃与汝辈为之，是则违太宗之命者汝等也，今尚谁咎耶？"八剌无言以对。

拔都也向窝阔台系阐明自己不推举年少的失烈门的一个重要理由是："因为要安排从东到西如此广大的一个国家的事，不是孩子们的能力所办得到的。"[1]

与会者遂议定：来年在怯绿连河的蒙古本土召开全体宗王参

---

[1] 《元史》卷3《宪宗纪》；《史集》第2卷，第217页、第237—238页、第240页。

加的忽里台会议，正式拥戴蒙哥登汗位。会后，拔都又特意命令其弟别儿哥带领一支大军护送蒙哥返回蒙古本土。

由于窝阔台后王的抵制，新的忽里台大会两年后才于阔帖兀阿阑之地举行。这次忽里台会议，正式推选和拥戴蒙哥为大汗。蒙哥的三位弟弟分别担当了维持忽里台大会秩序的任务：忽必烈负责指挥全体与会宗王贵族的行动，末哥负责守卫帐殿门户，阻拦宗王那颜们的出入，旭烈兀则站在司膳和卫士们前面，禁止与会人员喧哗和交头接耳。

凭借拖雷系强大的军事实力，以及唆鲁禾帖尼母子的机智干练，还有拔都大王的全力支持，蒙哥最终登上了蒙古第四任大汗的宝座。

大蒙古国的汗位从此由窝阔台系转移到了拖雷系。然而，实现这个转移的代价十分沉重，那就是地跨欧亚的庞大蒙古帝国内部从此出现分裂，成吉思汗诸子孙之间开始了无休止的内讧乃至血腥杀戮。

2. 强化汗权　铁腕驭下

蒙哥即汗位后，严加追究抗拒忽里台大会和阴谋武力袭击新汗的窝阔台、察合台后王，处死了贵由正妻斡兀立·海迷失、窝阔台孙失烈门、察合台第五子也速蒙哥及70多名谋叛臣僚。

窝阔台未登汗位以前，他的草原领地在叶迷立和霍博一带。窝阔台即汗位后，以上分地授予长子贵由。窝阔台其他子孙（阔端除外）或驻牧于漠北窝阔台汗四季行宫附近。

另，成吉思汗给诸子封授千户军队时，三子窝阔台受封五千户。连同窝阔台自拖雷系拨付皇子阔端的逊都思二千户和雪你惕一千户，窝阔台系宗王拥有的蒙古千户数总计应在八千户以上。

此时，蒙哥汗下令将窝阔台系宗王大多迁徙至本位下原分地一带。具体是窝阔台第六子合丹迁于别失八里，第七子灭里迁于也儿的石河，第五子合失之子海都迁于海押立，第四子哈刺察儿之子脱脱迁于叶迷立，蒙哥都也奉命迁往其父阔端所居地之西。也速、孛里、和只、纳忽、也孙脱等，则被贬谪禁锢。窝阔台诸后妃的家赀，也被蒙哥汗分赐拖雷系等"亲王"。[1]

据拉施特《史集》载："当窝阔台合罕家族的成员谋叛蒙哥合罕时，他们的军队都被夺走了，除阔端诸子的［军队］以外，全都被分配掉了。"[2]如果这一记载可信的话，蒙哥汗是将窝阔台系宗王的千户军队由原先的八千户削减至三千户。阔端诸子的三千户军队之所以被保留，是因为所属的逊都思等军团与拖雷家族关系密切，致使阔端诸子对蒙哥汗等一直十分友好。

此外，蒙哥汗又以违抗命令为由，杀掉了贵由汗的亲信、镇守波斯军队最高统帅宴只吉带，并籍没其家。[3]

上述做法，不仅把窝阔台系宗王彻底驱逐出蒙古本土，还进一步扩大了窝阔台系与拖雷系占有军队的差距。这对巩固蒙哥汗的绝对权力，自然是有益的。而对窝阔台系宗王来说，无疑是十分沉重的打击。若干年后，窝阔台之孙海都发动了旷日持久的反对忽必烈政权的战争，一心想把汗位从拖雷系重新夺回，正是出于对拖雷系积怨甚深而作出的报复性反击。

在清除贵由朝异己诸臣的同时，蒙哥汗还对中央和地方统治机构进行了整顿。以原藩邸断事官长忙哥撒儿为全国大断事官，以孛鲁合为大必阇赤，"掌宣发号令、朝觐贡献及内外闻奏诸事"[4]。以晃兀儿留守和林官阙、帑藏，阿蓝答儿副之。同时还设置了斡脱、祭祀、医巫、卜筮、驿传等部门官员，意在加强中

［1］《元史》卷3《宪宗纪》。
［2］《史集》第2卷，第13页。
［3］《元史》卷3《宪宗纪》。
［4］《元史》卷3《宪宗纪》。

央政权。

蒙古本土以外诸地，划分为三大区域，并设置行政机构，以牙剌瓦赤、不只儿、斡鲁不等掌燕京等处行尚书省事，回回人赛典赤、匿咎马丁佐之，管理中原汉地；以讷怀、塔剌海、麻速忽等掌别失八里等处行尚书省事，管理畏兀儿地至河中地区；以阿儿浑掌阿母河等处行尚书省事，管理阿姆河以西波斯诸州。他们的蒙古职名实为各大区的"也可札鲁忽赤"，即大断事官，并置多员必阇赤为副佐，与大汗朝廷的组织机构相仿。

窝阔台汗对臣民一味宽厚放纵，结果群臣擅权，政出多门。而对宗王贵族和境内外商人的慷慨赏赐，又直接导致宫廷欠债和财政收支失衡。贵由汗在位时间较短，体弱多病，类似的朝政紊乱，仍在继续。

蒙哥崇尚节俭，"不乐燕饮，不好侈靡"[1]，严格限制后妃们的衣食消费，不许肆意挥霍。同时力求平衡财政收支，避免国库亏空。下令偿还了贵由汗以来宫廷购买珍宝所欠的50万银巴里失巨款。[2]1253年，拔都大王遣使者脱必察奏请颁赐中买珠宝银一万锭，蒙哥汗没有全部满足拔都的请求，仅拨赐白银1000锭，还诏谕拔都大王说："太祖、太宗之财，若此费用，何以给诸王之赐，王宜详审之。此银就充今后岁赐之数。"[3]蒙哥汗连鼎力支持他夺得汗位的拔都大王的赏赐奏请，也要大打折扣和训诫劝谕，可见，他对窝阔台以来宫廷的滥赐是有所节制和约束的。

蒙哥汗性格"刚明雄毅"，不喜宽纵，很快恢复了成吉思汗"札撒"所规定的秩序。他"御群臣甚严"，曾经谕旨训诫

---

[1]《元史》卷3《宪宗纪》。

[2]《世界征服者史》第3部《4.登上帝国宝座后世界皇帝蒙哥可汗陛下的德行一例》，第674页。

[3]《元史》卷3《宪宗纪》。

身旁的大臣："尔辈若得朕奖谕之言，即志气骄逸，志气骄逸，而灾祸有不随至者乎？尔辈其戒之。"凡有诏旨，"必亲起草，更易数四，然后行之"[1]。这种严谨作风，在蒙元诸帝中是绝无仅有的。

壬子年（1252年），蒙哥汗遣使籍汉地民户，对窝阔台汗时期的乙未分封之投下户数重新核对，均以现居登记入籍，与本地民户一体当差；重申"诸王、公主、驸马并诸投下不得擅行文字招收户计"[2]。这次"壬子括户"，比乙未年增加了20余万户。1257年，又进行了一次户口编籍，称"丁巳户籍"。括户之后，先后多次在宗亲贵族中分土分民。

在保障诸王贵族利益的前提下，蒙哥汗也发布了一系列限制诸王权利的敕令以革除弊政，如凡朝廷及诸王滥发的牌印、诏旨、宣命，一律收回；对诸王、使臣驰驿限定马匹数目，不许沿途夺要民马和索取超过规定的供应；诸王不得擅招民户；诸官属不得以朝觐为名赋敛民财；等等。

3. 整肃汉地　钩考钱谷

蒙哥汗即位后，将漠南汉地军国庶事委托皇弟忽必烈掌管。当时，牙剌瓦赤虽为燕京行尚书省长官，但不久即不复用，"汉地不治"的情况十分严重。后来，蒙哥汗把关中和河南怀孟地区赐给忽必烈作封地。忽必烈任用部分中原士大夫，以汉法成功治理邢州、河南和陕西三地，取得了明显成效。

邢州地处交通要冲，驿站祗应负担沉重，民不堪命。加

---

[1]　《元史》卷3《宪宗纪》。
[2]　陈高华、张帆、刘晓、党宝海点校：《元典章》17《户部卷三·籍册·户口条画》，中华书局、天津古籍出版社，2011年。

上地方官吏"肆为峻剥",百姓四散逃亡,户口最低跌至五、七百户。邢州境内有"盗区"之称,官府也败落为昼伏夜出的"鬼衙"。[1]

邢州是刘秉忠、张文谦等的故乡,刘、张二人合辞向忽必烈建议:"今民生困弊,莫邢为甚。盍择人往治之,责其成效,使四方取法,则天下均受赐矣。"[2]忽必烈欣然采纳,奏请蒙哥汗,任命近臣脱兀脱、张耕为安抚使,刘肃为商榷使,治理邢州。

三人到任后,"兴铁冶,以足公用,造楮币,以通民货。车编甲乙,受顾而传;马给圈户,恒养而驿;官舍既修,宾馆有所。川梁仓庾,簿书期会,群吏法守惟谨"。又在邢州北郭新建石桥,以便官民通行。于是,"四方传其新政焉"[3]。百姓安居乐业,流亡民众纷纷归返,一月之内,增户二万。诸路州政绩考课时,邢州为最,一跃而成中原地方官府的楷模。

邢州新政是蒙古汗国以汉法治汉地的一次成功试验,也使蒙古统治者开始明白,统治汉地,使用草原游牧经验模式是行不通的,藉中原士大夫以汉法治汉地,才是最佳出路。

河南境内属于蒙古最新征服的地区,又与南宋王朝的疆域毗邻。民心不稳,无所依恃,差役急迫,流亡颇多。蒙古军队既无纪律,又无固定屯戍地点,秋去春来,暴掠平民,无人管束。南部边境备御不严,南宋军队时而骚扰,民众多被杀伤掳掠。

在姚枢的建议下,经蒙哥汗批准,忽必烈在汴梁设立河南屯田经略司,任命忙哥、史天泽、杨惟中、赵璧为经略使。史、赵等人在所属州县派设提领,严察奸弊,均平赋税,以纾民力,更新钞法,以通贸易。在边境地带,又修筑城堡,保全边民。

---

[1] 唐执玉、李卫修,陈仪纂:《[雍正]畿辅通志》卷97《宋子真:改邢州为顺德府记》,清乾隆刻本。

[2] 《元史》卷157《张文谦传》。

[3] 苏天爵著,姚景安点校:《元朝名臣事略》卷10《尚书刘文献公》,中华书局,1996年。

又在唐、邓等河南诸州大兴军屯,官府授给兵器和耕牛,且耕且战。在诛杀奸恶,整肃吏治方面,也毫不手软。二三年间,兴利除害,民安兵强,河南大治,为日后大举攻宋作了必要的准备。

蒙哥汗三年(1253年)开始,忽必烈相继设置了宣抚司、从宜所、行部等,负责其京兆分地和陕西地区的统辖管理。宣抚司之下还有交钞提举司、提学、劝农使、榷课所等设置。

孛兰和杨惟中任宣抚使后,提拔贤良,锄暴黜贪,制定规程,印制纸币,颁发俸禄,薄税劝农。诸军帅"横侈病民",郭千户杀人而夺其妻,杨惟中戮之以徇,关中群吏震慑。杨惟中曾对他的重典政策解释道:"吾非好杀,国家纲纪不立,致此辈贼虐良民,无所控告。不去不仁,何以为仁乎?"[1]1254年六月,廉希宪继任宣抚使,扶贫弱,摧奸强,去"羊羔利"征取之弊,推行本息对偿。又延访宿儒,荐许衡为京兆提学,自辟智仲可参议幕府,释为奴文士而附之儒籍。

大蒙古国运用汉法对邢州、河南、陕西三地的成功治理,受到汉地士大夫的普遍赞誉。世祖至元间,中书左丞姚枢追忆这段经历时说:"选人以居职,颁俸以养廉,去污滥以清政,劝农桑以富民。不及三年,号称大治。诸路之民,望陛下之治,已如赤子求母。"[2]

蒙古贵族守旧势力对忽必烈的亲和汉法倾向甚是不满,蒙哥汗也对他猜忌日深。1257年春,在忽必烈南征大理胜利归来不久,蒙古汗即解除了忽必烈的兵权。几乎与此同时,蒙哥汗派遣亲信阿蓝答儿、刘太平、脱因、囊家台等前往钩考京兆、河南

---

[1] 郝经:《陵川集》卷35《故中书令江淮京湖南北等路宣抚大使杨公神道碑铭》,清文渊阁《四库全书》本。

[2] 姚燧:《牧庵集》卷15《中书左丞姚文献公神道碑》,《四部丛刊》初编本。

财赋出入盈亏，实际上是对忽必烈所治理的上述区域的一场大整肃。

阿蓝答儿在关中设置钩考局，以各路酷吏分领其事，招集经略司、都转运司、宣抚司、从宜府等官吏，开列142条，大开告讦，锻炼罗织，无所不至。包括征商细务，皆被撤拾无遗，大多数官吏难以逃祸。还扬言："俟终局日，入此罪者，惟刘（黑马）、史（天泽）两万户以闻，余悉不请以诛。"[1]其目的自然是要从忽必烈手中夺回陕西、河南等地的财政大权。

京兆宣抚使廉希宪、副使商挺、郎中赵良弼、从宜使李德辉等均受到追查。榷课所长官马亨则被阿蓝答儿派遣使者从忽必烈王府逮捕南归，长期关押，穷治百端。阿蓝答儿还在盛夏将被钩考的官吏械系于烈日之中，顷刻之间，人即毙命，被威逼折磨而死的，多至20余人。

阿蓝答儿钩考，对忽必烈是一次沉重打击。在王府侍臣姚枢的建议下，1257年十二月，忽必烈主动去也可迭烈孙之地觐见蒙哥汗，化解与大汗的误会、冲突。朝会之上，蒙哥汗两次为忽必烈斟酒，忽必烈则拜退如礼。手足之情油然而起，兄弟相对泫然涕下。蒙哥汗下令停止钩考，同时也撤销了河南经略司、都转运司、京兆宣抚司、从宜府、行部等官署。这也意味着忽必烈便宜治理河南和关中授权被废止。

4. 征伐波斯和南部中国

蒙哥汗曾经是"长子西征"的主要参加者之一，具有一定的临战经验。御极之后，为巩固从窝阔台家族夺取而来的汗位，确保全国权力掌控在拖雷家族手中，于是部署两个同母弟分别控制

---

[1] 《牧庵集》卷15《中书左丞姚文献公神道碑》。

帝国两翼：忽必烈总领漠南军国庶事，专征南宋；旭烈兀镇波斯并统兵征讨未服诸国。雄心勃勃的蒙哥汗，欲将成吉思汗的对外征服继续向最遥远的东方和西方推进。

（1）旭烈兀西征

花剌子模算端札兰丁被消灭后，阿姆河以西至叙利亚边境大部分地区都归入蒙古统治之下，唯有木剌夷国和报达的"哈里发国"尚未征服。

1252年，蒙哥命旭烈兀出镇波斯，并统兵征讨未服诸国。蒙哥汗特意从蒙古东、西翼诸千户中每十人抽取两人，交付旭烈兀统一指挥，声势浩大。先锋元帅怯第不花率部先行。次年十月，旭烈兀从蒙古出发，1256年渡阿姆河，会同怯的不花攻打担寒山要塞吉儿都怯堡，亦思马因国教主鲁克奴丁出降。

1257年，旭烈兀进兵报达，命波斯镇戍军统帅拜住为右翼南下合围。先遣使谕降，遭到哈里发谟斯塔辛拒绝。1258年初，蒙古军抵报达，四面攻城，谟斯塔辛不得已率诸子及大臣们出降，蒙古军入城焚掠，哈里发父子被处死。之后，旭烈兀从报达回驻哈马丹。是年秋，移驻桃里寺，后建都于此。

1259年，旭烈兀分兵三路攻入叙利亚，次年初，破阿勒颇城。叙利亚算端纳昔儿弃大马士革，打算逃亡埃及，后被捕获。大马士革长官献城投降。这时，使者送来蒙哥死讯，旭烈兀率军回波斯，留先锋官怯的不花统率两万军队继续征进。之后，怯的不花与密昔儿马木鲁克朝算端忽秃思战于阿音札鲁德，怯的不花战死，两万蒙古军全军覆灭。密昔儿乘胜占领大马士革、阿勒颇和叙利亚全境，杀蒙古所置官吏，蒙古西征势头被阻止。

（2）忽必烈远征大理和围攻鄂州

1252年，蒙哥汗命令忽必烈远征大理。这是忽必烈总领漠南后承担的第一项重大军事任务。大理国，即今云南。汉武帝征服西南夷后，在此地东部设立过几个郡。但是到了唐宋时期，这里的南诏和大理国，又是与唐宋并立的政权。

由于阔端大王对吐蕃的用兵进展比较顺利，乌斯藏已基本纳入蒙古军队的控制之下。所以，忽必烈远征大理，可借道吐蕃。攻下大理之后，便可从西南包抄夹攻南宋控制的长江中下游，从而实现对南部中国的征服计划。雄踞西南三百余年的段氏大理国，因国君段兴智孱弱，大臣高氏专权，国势业已衰落，正是蒙古军进攻的良好时机。

忽必烈接受了汗兄的命令，当年七月份从漠北祃牙祭旗出发。遵照蒙哥汗的旨意，出征的十万大军由兀良合台节制管领，皇弟忽必烈负责居上统辖。

"诏出甘泉总六军，渡泸深入建元勋"[1]。1253年，忽必烈率领的征云南大军途经临洮，开始分兵三路：兀良合台领西路军，宗王抄合、也只烈领东路军，忽必烈亲自率领中路军。

由于四川中南部的大部分地区还在南宋军队的控制之下，三路大军只能取道吐蕃东部。艰难跋涉数千里，爬雪山，过大渡河，乘革囊和木筏渡金沙江，非常艰险。随同出征的刘秉忠曾赋诗以志路途之艰险：

> 鞍马生平四远游，又经绝域入蛮陬。
> 荒寒风土人皆怆，险恶关山鸟亦愁。[2]

1253年十二月，忽必烈率领中路军包围了大理城。忽必烈先派三名使者入城谕降，不料三人有去无还。于是，忽必烈下令攻城。当天夜晚，大理城守军溃败，国王段兴智逃跑，权臣高祥

---

[1] 耶律铸：《双溪醉隐集》卷4《贤王有云南之捷》，清文渊阁《四库全书》本。

[2] 刘秉忠：《藏春集》卷1《西番道中》，明刻本。

被擒杀,大理国就此灭亡。

忽必烈安抚逃跑后被俘的国王段兴智,命令他北觐蒙哥汗。在段氏的帮助之下,蒙古军队很快平定了云南全境。后来,大理地区的总管仍由段氏后代世袭担任。云南行省的治所,则从大理迁到了昆明,当时叫中庆府。刘秉忠有《下南诏》诗:

> 天王号令迅如雷,百里长城四合围。
>
> 龙尾关前儿作戏,虎贲阵上象惊威。
>
> 开疆弧矢无人敌,空壁蛮酋何处归。
>
> 南诏江山皆我有,新民日月再光辉。[1]

远征大理的成功,对元王朝政治统一、疆域扩展及忽必烈本人都很有意义。

首先,它使大蒙古国的疆域向西南扩张了一大块,而这一块是此前的中原王朝长期没能直接统治的。远征大理的成功,使云南"衣被皇朝,同于方夏"[2],纳入元王朝的直接统治,加强了云南"新民"与蒙、汉等民族的联系,促进了统一多民族国家的发展壮大。

同时,还完成了对南宋的迂回包抄。从成吉思汗开始,还有三峰山大战迂回灭金,到忽必烈平大理,蒙古军很擅长这种大迂回、大包抄的战术。此举也称得上是蒙古征服南部中国的一次不小的胜利。

其次,平大理又让忽必烈成了蒙古东方征服的赢家。通过此战,忽必烈向黄金家族和整个大蒙古国展示了他卓越的军事才能,使他在后来汗位争夺中能够赢得相当多的蒙古宗王贵族的拥

---

[1]《藏春集》卷1。

[2]《程钜夫集》卷5《平云南碑》。

戴，故而具有深远的政治意义。

忽必烈南征大理凯旋不久，蒙哥汗即于1257年解除了他的兵权。但是由于跟随蒙哥汗亲征南宋的塔察儿东路军进攻襄樊不克，毫无战功，蒙哥汗不得不命令忽必烈重新出山统率东路军攻宋。

1258年十一月，忽必烈自开平出发，翌年七月到达蔡州，与木华黎之孙霸突鲁等所率军队会合。忽必烈命令霸突鲁等先行至汉水之畔，准备军粮，告诫南征军将不得妄自杀戮。又奏请三朝旧臣杨惟中和藩邸侍从郝经任江淮荆湖南北等路正、副宣抚使，率领归德一带的军队，先行南下，至长江北岸，设立行台，宣布恩信，招纳降附，约束蒙古、汉军诸将帅。[1]

八月十五日，忽必烈率军渡过淮河。二十日，攻入大散关，南宋戍兵纷纷溃退。二十一日，进抵黄陂。与此同时，张柔奉命进攻南宋五关之首——虎头关，与宋军战于沙窝，张柔之子张弘彦击败之，继而夺取虎头关。严忠济、严忠嗣兄弟所率军渡淮以后，出挂车岭，与宋兵激战三昼夜，杀获其众，进抵蕲州。

忽必烈麾下的东路军，已全部突破宋军的淮西防线，直逼长江北岸。

九月一日，正当忽必烈准备渡江时，随从蒙哥汗征蜀的异母弟末哥，自合州钓鱼山派遣使者报告蒙哥汗猝亡的消息，并且请忽必烈北归以定国家大计。但忽必烈却掷地有声地说："吾奉命南来，岂可无功遽还？"[2]亲自指挥诸军由阳逻堡附近强渡长江。

"渡江不杀降，百姓皆按堵"[3]。蒙古军渡江后，忽必烈驻扎

[1]《元史》卷4《世祖纪一》、卷119《霸突鲁传》；《元朝名臣事略》卷5《中书杨忠肃公》。
[2]《元史》卷4《世祖纪一》。
[3]《陵川集》卷3《青山矶市》。

于长江北岸的浒黄州，颁布了严肃军纪的命令：军士有擅入民家者，以军法从事。凡是俘获人口，全部释放。对于俘虏中的儒士，忽必烈又接受侍臣廉希宪的建议，予以"官钱购遣还家"的特殊优待，所放还的江南儒士有五百余人。[1]

越日，进围鄂州，南宋守将张胜、高达奋勇抵抗，吕文德率援军从重庆东下，突围入城，鄂州防守益坚。右丞相贾似道节制各路军马援鄂，统一指挥守御。蒙古军围攻近俩月，不能破。

十一月，忽必烈王妃察必遣使至军前，报告阿里不哥派亲信大臣征兵于大漠南北，并以脱里赤为断事官行尚书省事于燕京，意图夺取汗位。察必特意叮嘱使者转达己意："大鱼的头被砍断了，在小鱼中除了你和阿里不哥以外，还剩下谁呢？你回来好不好？"[2]恳请忽必烈速速北返。

恰在此时，南宋右丞相贾似道秘密派遣宋京为使前来求和，愿割江为界，岁奉银绢各二十万。

南宋方面急于议和，也是不得已而为之。忽必烈渡江攻鄂，突破了南宋在长江中游的军事防线。当是时，鄂州陷入重围，危在旦夕。霸突鲁率军攻击岳州，郑鼎等率兵骚扰江西兴国、瑞州、抚州等地，兀良合台由云南入广西转湖南围攻潭州，均使蒙古的军事进攻深入到南宋统治的腹地，开始威胁到宋都临安的安全。

忽必烈顺势许和，撤围北还。留霸突鲁统领一部分军队驻江北待命。两万江南降民也遵循忽必烈的命令被带回江北。

忽必烈撤军北还时，特派兵接应围攻潭州的兀良合台军随后渡江北撤，蒙古攻宋战争至此暂时告一段落。

[1] 《元朝名臣事略》卷7《平章廉文正王》。
[2] 《史集》第2卷，第290页。

（3）兀良合台攻入安南

忽必烈自大理北返后，大帅兀良合台留镇大理。1257年十一月，兀良合台率兵至安南以北，先派遣两名使者前往诏谕，被安南国主陈日煚拘留入狱。翌年初，兀良合台与其子阿术攻入安南，占领都城升龙，陈日煚逃窜。蒙古军在其国停留九日，因气候郁热匆匆撤回。

其年，陈日煚子光昺继位，主动派人到云南持方物谒见兀良合台，兀良合台奏禀蒙哥汗及镇守云南的宗王不花，遂遣使命其纳款内附。

（4）蒙哥汗亲征川蜀

1256年春，在蒙古中部的豁儿豁纳黑主不儿之地举行的一次忽里台会议上，诸王也孙哥、驸马帖里干等提议尽快征伐南宋，蒙哥汗深表赞同，并慷慨陈词："我们的父兄们，过去的君主们，每一个都建立了功业，攻占过某个地区，在人们中间提高了自己的名声。我也要亲自出征，去攻打南家思。"[1]

"南家思"就是南宋。第二年，停罢阿蓝答儿钩考不久，随着忽必烈总领漠南军国重事权力的解除，蒙哥汗即宣布亲征南宋，继续光大父祖辈的征伐荣光，同时也暗含夺回中原军政大权的目的。

1258年二月，蒙哥汗亲率大军渡黄河，拉开了亲征南宋的序幕。这是蒙古政权第一次大规模征服南宋的军事行动。

出征之前，他把留守和林的任务交给了幼弟阿里不哥和皇子玉龙答失。攻宋蒙古军队则分东、西、南三路：

东路军主要由东道宗王贵族组成，包括也孙哥、察忽剌、忽林池、阿勒赤、纳陈驸马、帖里干驸马、怯台、不只儿、忙哥—忽勒察儿、察罕等，由塔察儿率领。塔察儿是成吉思汗幼弟铁木

---

[1] 《史集》第2卷，第265—266页。

哥的孙子。铁木哥因系幼子,分到的军队最多,世代为东道宗王之长。东路军的主攻方向是襄樊,这是个很关键的军事要塞。

西路军跟随蒙哥汗攻川蜀。早在窝阔台时期,蒙古军已开始进攻川蜀了,时隔十余年,蒙古军攻下了成都等城池,包括川北等处地盘。蒙、宋军队攻守双方展开了拉锯战,旷日持久。蒙哥汗率领的西路军,目标就是全部攻占川蜀,沿江而下,灭掉南宋。

蒙哥汗所率领的军队,除了合答黑、秃塔黑、忽失海、阿必失合、纳邻—合丹、合答黑赤薛禅、末哥、阿速带等宗王贵族、诸千户军团和怯薛护卫军外,还有史天泽等汉军和甘肃、陕西一带汪总帅的军队。此前一直征战于川蜀的刘黑马的军队、纽璘的探马赤军,此时也加入了西路军。

南路军是由兀良合台率领的云南蒙古军及蛮僰军13 000人,进攻路线是经现在的广西、贵州,进入潭州。

三路大军总数十余万,原本约定在1260年的正月会师潭州,然后顺江而下,直逼南宋都城临安。这显然是一次旨在灭亡南宋的战略性大进军。

蒙哥汗是1258年十月取道汉中抵达利州的。在巩昌总帅汪德臣的协助下,蒙哥所率军渡嘉陵江和白水,攻取地势险要的苦竹隘。又沿嘉陵江东下,拔宋潼川府治长宁山城,招降阆州大获城及运山、青居、大良等城。年底,蒙古军顺嘉陵江南下,欲进攻南宋在四川的大本营重庆。

然而,始料未及的是,蒙哥汗在重庆北一百多里的钓鱼城,遭遇到了宋军的殊死抵抗。

钓鱼城位于嘉陵江、渠江、涪江的交会之冲,东、南、北三面据江,皆峭壁悬崖,陡然阻绝,西依华蓥山。自淳祐三年(1243年)宋四川制置使余玠等筑城其上,钓鱼城就成为藩屏重庆的军事重镇。

1259年二月，蒙哥汗在扫清外围之后，亲自督促蒙古军和汉军对钓鱼城展开强攻。先攻至江边的"一字城"，而后轮番进攻东、西、北三面的城门。但宋军在高处还击，防御工事都是用石头砌起来的城墙。而蒙古军在江面和低洼开阔地带，用炮和箭仰攻，难以奏效，云梯等也不能发挥效用。从二月到七月，连续攻打五个月，损兵折将，连御前先锋汪德臣也重伤而亡。[1]

到了七月，灾难降临。川蜀夏季暑热难耐，令惯于温凉气候的蒙古军队苦不堪言。此时军中又瘟疫大起，蒙哥本人也染上了赤痢。伤亡疾病交加，损失惨重。拉施特《史集》记述了这段令蒙古军队痛苦不堪的经历："当蒙哥合罕正在围攻上述城堡时，随着夏天的到来和炎热的加剧，由于那个地区的气候［恶劣］，他得起赤痢来了，在蒙古军中也出现了霍乱，他们中间死了很多人。世界的君主用酒来对付霍乱，并坚持饮酒。但突然，［他的］健康状况恶化，病已到了危急之时。"[2]

蒙古军只好暂时停止对钓鱼城的进攻，转而南攻重庆。而蒙哥汗竟在转移营地途中，死于金剑山温汤峡。据宋人记载，蒙哥汗在督军攻城中间，中了宋军炮火而负伤，不久死于重庆郊外。而元人史籍则说是病死的。所以蒙哥汗的死因直到今天仍是个谜案。可能是他既受了伤，也染了病。

蒙哥汗"猝亡"后，群臣奉丧北还，葬于漠北成吉思汗家族陵地起辇谷。征川蜀的蒙古军和汉军，除汪总帅和纽璘部外，大部分北撤到六盘山。

蒙哥把对南宋主攻战场错误地安排在了有利于宋军防御却不利于蒙古军进攻的川蜀地区。同时，蒙哥身为大汗，却亲临前线指挥攻城，犯了"万乘之尊"不宜轻动的大忌。他抛弃蒙古军灵

---

[1]《元文类》卷62《姚燧：便宜副总帅汪公神道碑》。

[2]《史集》第2卷，第270页。

活机动的野战长技，违背蒙古骑兵喜寒恶热的习性，聚数万之众，冒盛暑，强攻防御坚固而范围有限的钓鱼城，累月不下，兵老师钝，直至以身殉阵。蒙哥汗的猝亡，暂时中断了蒙古贵族灭亡南宋的战争进程，客观上延长了南宋王朝的统治时间。

蒙哥汗之死，对于蒙古帝国来说，无疑是个噩耗和灾难，但对一度被解除总领漠南军权的忽必烈而言，又算是个福音。它使尚未规范化的蒙古汗位继承波澜再起，也为忽必烈问鼎蒙古国汗位提供了绝佳的机会。

此后，忽必烈以主角的身份伴着耀眼的光芒登上了历史舞台的中央，大蒙古国开始进入忽必烈时代。

四 忽必烈开平定鼎

1. 开平称汗

中统元年（1260年）三月初，忽必烈在开平举行了一次忽里台大会。西道诸王合丹（窝阔台子）、阿只吉（察合台孙）、只必帖木儿（阔端子）等，东道诸王塔察儿、也孙哥（合撒儿子）、忽剌忽儿（哈赤温孙）、爪都（别勒古台孙）等，皆来与会。与会的还有其他功臣贵戚，如木华黎国王曾孙忽林池、纳陈驸马、帖里垓驸马、孛里察（宿敦子）、亦只里（秃儿赤子）、启昔礼、八答二答剌罕后裔等。

忽必烈藩邸旧臣孟速思、廉希宪、商挺等率先劝进："（蒙哥）皇帝奄弃臣民，神器不可以久旷。太祖嫡孙，惟大王最长且贤，宜即皇帝位。"诸王勋贵亦随之附和，合辞拥戴："殿下太祖嫡孙，大行母弟，以贤以长，当有天下。"

忽必烈推让一番，然后说："汝等能叶心辅翼，吾意已决。"于是，登上大汗之位。依照惯例，全体与会诸王那颜立下誓约，向新大汗下跪。因为旧有大汗印玺由阿里不哥掌握，忽必烈不得不新绾印玺，以发号施令。[1]四月，忽必烈颁布即位诏书于天下。

---

[1] 《程钜夫集》卷6《武都智敏王述德之碑》；《元朝名臣事略》卷7《平章廉文正王》、卷11《参政商文定公》；《史集》第2卷，第294—295页；元明善：《清河集》卷6《参政商文定公墓碑》，清光绪刻藕香零拾本。

朕惟祖宗肇造区宇，奄有四方，武功迭兴，文治多缺，五十余年于此矣。盖时有先后，事有缓急，天下大业，非一圣一朝所能兼备也。先皇帝即位之初，风飞雷厉，将大有为。忧国爱民之心虽切于己，尊贤使能之道未得其人。方董夔门之师，遽遗鼎湖之泣。岂期遗恨，竟勿克终。

肆予冲人，渡江之后，盖将深入焉。乃闻国中重以签军之扰，黎民惊骇，若不能一朝居者。予为此惧，驲骑驰归。目前之急虽纾，境外之兵未戢。乃会群议，以集良规。不意宗盟，辄先推戴。左右万里，名王巨臣，不召而来者有之，不谋而同者皆是。咸谓国家之大统不可久旷，神人之重寄不可暂虚。求之今日，太祖嫡孙之中，先皇母弟之列，以贤以长，止予一人。虽在征伐之间，每存仁爱之念，博施济众，实可为天下主。天道助顺，人谟与能。祖训传国大典，于是乎在，孰敢不从。朕峻辞固让，至于再三，祈恳益坚，誓以死请。于是俯徇舆情，勉登大宝。自惟寡昧，属时多艰，若涉渊冰，罔知攸济。爰当临御之始，宜新弘远之规。祖述变通，正在今日。务施实德，不尚虚文。虽承平未易遽臻，而饥渴所当先务。呜呼！历数攸归，钦应上天之命；勋亲斯托，敢忘烈祖之规？建极体元，与民更始。朕所不逮，更赖我远近宗族、中外文武，同心协力，献可替否之助也。诞告多方，体予至意！[1]

诏书中心内容有二：一是自述从鄂州前线北还的原因和被拥戴为大汗的由来、过程，抨击阿里不哥乱政，阐明忽必烈继承大统的合理性；二是指出成吉思汗以来"武功迭兴，文治多缺"和蒙哥汗"尊贤使能之道，未得其人"等不足，疾呼在"祖述变

[1]　《元史》卷4《世祖纪一》。

通"的原则下,"宜新弘远之规",建立一种适合于帝国广阔疆域的蒙、汉二元政治文化秩序。

2. 与阿里不哥的汗位之争

四月稍晚些时候,阿里不哥在和林西按坦河也被拥立为大汗。参与拥立的诸王有:蒙哥子阿速带、玉龙答失,察合台侄阿鲁忽、塔察儿子乃蛮台、合丹子忽鲁迷失和纳臣,斡儿答子合刺察儿等。[1]

这样,大蒙古国就前所未有地出现了南北并立的两位大汗,一场同胞兄弟阋墙的战争不可避免。这场战争不仅是蒙古皇室成员围绕汗位继承而发生的内部争夺斗争,而且是在新形势下统治集团内部革新与守旧等不同政治倾向、不同统治方针的斗争。[2]这场战争不可避免地影响着忽必烈的政治生涯和蒙古帝国的前途命运。

在与阿里不哥的作战中,忽必烈制定了一套正确的战略战术,那就是以漠北为主,秦陇为辅,两战场南北配合,集中优势兵力,主动出击漠北,确保蒙古本土作战的胜利。经过秦陇鏖战和昔木土等战役,中统五年(1264年)七月,走投无路的阿里不哥不得不南下归降兄长忽必烈。

为庆祝阿里不哥归降和大蒙古国的重新统一,是年八月,忽必烈特意将中统五年改为至元元年,喻义否极泰来和革故鼎新。

在双方旗鼓相当、各有短长的情况下,忽必烈最终能够战胜阿里不哥,夺得汗位,靠的是与漠南蒙古诸王、那颜的联盟,与汉族地主阶层的政治联合以及漠南汉地雄厚的人力物力支持。其

---

[1]《史集》第2卷,第293页。
[2] 参阅孟繁清:《试论忽必烈与阿里不哥之争》,《元史论丛》第2辑,中华书局,1983年。

间，忽必烈个人显露出较为高超的政治谋略和军事才能。无论是在政治还是军事方面，忽必烈都要高出幼弟阿里不哥一大截。

需要强调的是，在漠北与阿里不哥的作战中，双方往往互有胜负，难分伯仲。尤其是在阿里不哥乘忽必烈南归，以诈降突然袭击移相哥并重新占领和林的危急时刻，忽必烈及时组织"昔土木"新会战，歼其精锐，反败为胜。其原因除忽必烈果断决策和二次亲征外，调用漠南汉地雄厚的人力财力，也成为忽必烈手中的一张"王牌"。有了这张"王牌"，忽必烈就可以不计一时胜败，连续持久作战，直至最后胜利。这一点，在后来对付海都等叛王的作战中，始终是元朝方面长期发挥效用的"王牌"和优势。

忽必烈战胜幼弟阿里不哥，结束了四年时间里两汗并立的局面，维护了大蒙古国的统一。更有意义的是，由于忽必烈的胜利，蒙古贵族统治集团中的革新派占据了主导地位，忽必烈和他的元王朝走上了部分改变旧有统治方式，以汉法治汉地的道路，走上了缔造蒙、汉政治文化二元结构的道路。应该说，这条道路十分曲折艰难。忽必烈和他的元王朝，遇到了许多新的困惑和挑战。

五 从成宗"守成"到武宗"宽滥"

1. 成宗的"守成"之治

忽必烈登基后，采用中原王朝的嫡传世袭制，于至元十年（1273年）立真金为皇太子。众所周知，蒙古汗位的确定，主要是通过忽里台大会的推选而产生，这是蒙古旧俗，包括成吉思汗本人，也是经过这样的程序被推选出来的。而忽必烈立太子之举，明显是受到了汉法的影响，可以有助于减少因汗位继承引发的纷争周折。

从成吉思汗开始，大蒙古国的汗位继承虽然增加了前任大汗指定的程序，但新汗在即位前仍需经过忽里台大会的拥戴。窝阔台、贵由、蒙哥，以及忽必烈和阿里不哥的即位，概莫能外。

然而天不假年，至元二十二年（1285年）太子真金英年早逝。暮年的忽必烈，开始有意识地在真金的两个儿子甘麻剌和铁穆耳兄弟之间挑选汗位继承人。

晋王甘麻剌是真金长子，幼年为忽必烈和察必所鞠养，深得宠爱。后负责镇守蒙古诸大千户和蒙古本土，还守护着成吉思汗四大斡耳朵。但甘麻剌的军事才能远不及弟弟铁穆耳，铁穆耳曾受命平定乃颜余党合丹。至元三十年（1293年），忽必烈把真金的"皇太子宝"印玺授给了铁穆耳。表面看来，是赋予其"抚军"总兵之权，但实际上也有预立铁穆耳为皇储的倾向。

至元三十一年（1294年）正月二十二日夜，元世祖忽必烈驾崩，甘麻剌、铁穆耳兄弟二人在皇位继承上展开角逐。幸运的是，铁穆耳得到了母亲阔阔真妃以及忽必烈临终托付的三位“顾命”大臣伯颜、玉昔帖木儿和不忽木的支持，晋王甘麻剌很快处于不利地位。

四月初，决定下一任汗位继承权的忽里台大会在上都举行。据拉施特《史集》记载，阔阔真妃知道甘麻剌有口吃的毛病，而铁穆耳口齿伶俐，于是想出了一条妙计。她说：忽必烈汗曾经吩咐过，要让精通成吉思汗宝训的人登上大位。于是，提议让兄弟俩在忽里台大会上讲述成吉思汗的大札撒。面对极富口才，又声音美妙的铁穆耳，口吃又辞令乏味的甘麻剌立刻相形见绌。[1]

但甘麻剌不想退让，“有违言”，欲掀风浪。伯颜于是“按剑陈祖宗宝训，述所以立成宗之意，辞色俱厉”。甘麻剌等诸王“股栗”，只得“趋殿下拜”[2]。四月十四日，铁穆耳在上都大安阁即皇帝位，是为元成宗，蒙古语完泽笃皇帝。

史官云成宗“承天下混一之后，垂拱而治”，以“善于守成”而知名。[3]其在位时朝政情况大体如下：

第一，前期继续任用世祖朝末宰相班底主政理财。

中书省右丞相完泽出身“大根脚”，是宿卫大臣线真之子，曾任真金太子詹事府首任长官，为人“小心缜密”“能处之以安静”“恪守成宪”[4]。中书省实际权利掌握在几名善于理财的回回人及同党手中。赛典赤·赡思丁之孙、纳速剌丁之子伯颜长期位居首席平章政事。成宗不顾台察官多次奏劾，以“朕所信任”为由，让曾被忽必烈誉为“年少亦精敏”的阿

---

[1]　《史集》第2卷，第376页。

[2]　《清河集》卷3《丞相淮安忠武王碑》。

[3]　《元史》卷21《成宗纪四》。

[4]　《元史》卷130《完泽传》。

合马余党、回回人阿里担任中书右丞，使其"执政如故"[1]。另一名平章政事梁德珪，原籍良乡，通晓蒙古语，又学西域法，取回回名梁暗都剌。他谙熟行政法规，擅长理财，娴熟"钱谷出纳"[2]。伯颜和梁德珪号称"赛梁"[3]。赛梁秉政长达十年，在节约支出、减少赏赐、增加岁课、清理江南户籍、减少漕粮运输额、安定政局、改善财政和民生等方面颇有政绩。

第二，后期任用哈剌哈孙整顿吏治。

完泽丞相主持下的宽和守成政治，容易造成政事懈怠、吏治败坏和纲纪废弛等消极后果。大德七年（1303年），海运万户朱清、张瑄结交权贵，豪富东南，多行不法案被揭发，朱清自杀，张瑄父子被处死。中书省宰执大多因收受朱、张贿赂事而遭弹劾。成宗下令清洗宰执班子，一日之内罢黜伯颜、梁德珪、段贞等八名正副宰相，转而任用"雅重儒术"的哈剌哈孙为右丞相。哈剌哈孙"斥言利之徒，一以节用爱民为务"。在其推动下，朝廷派遣使臣巡行七道，宣抚天下，罢免贪官污吏18 473人。又精加遴选路州守令，更定官吏赃罪十二章，[4]较大规模地整顿了官场吏治。

第三，停止海外征伐与平定西南。

世祖忽必烈曾几次出兵征伐日本和安南，损兵折将，劳民伤财，难获成功。在一些汉族儒臣的劝诫之下，成宗审时度势，从国力和成功系数方面考虑，果断停止了重新远征日本和安南的计划，这是相当英明的决策。

自世祖朝后期，西南八百媳妇国一直叛服不常。大德五年（1301年），成宗先是委派刘深率湖广、江西等五省军两万前往

[1] 《元史》卷10《世祖纪七》、卷18《成宗纪一》、卷21《成宗纪四》。
[2] 《元史》卷170《梁德珪传》。
[3] 方龄贵校注：《通制条格校注》卷6《选举·举保》，中华书局，2001年，第298页。
[4] 《元史》卷136《哈剌哈孙传》、卷21《成宗纪四》。

征讨，又命令荆湖行省调集百姓为其运送军粮。结果不但刘深军队损失严重，半途退败，还引发土官宋隆济和蛇节的反叛，整个西南陷入骚动。成宗迫于朝臣众怒诛杀刘深，改用久戍南方的宿将刘国杰率兵平定。直至两年后才先后杀掉宋隆济和蛇节，镇压了西南的叛乱。[1]

第四，起用海山总兵称海，平息与西北叛王的多年战事。

大德三年（1299年），成宗委派皇侄海山代替宁远王阔阔出，总兵称海。经过大德五年（1301年）铁坚古山等多次激战，成功抵御了海都和笃哇的进犯。之后，海山率兵越过了阿尔泰山西部，进入到窝阔台兀鲁思，在军事上取得明显优势，又采取重兵征戍与谈判议和两手并用的策略。此其时，双方打得两败俱伤，加上海都病死，笃哇、察八儿的势力日趋衰落，已没有力量继续这场战争。元朝同西北的察合台汗国、窝阔台汗国终于达成了和平协议，对西北的战事基本平息，漠北也实现了相对的安宁。[2]

成宗铁穆耳在位13年，始终奉行世祖成规，基本是照搬忽必烈吸收汉法、以汉法治汉地的政策，也参用一些回回法和蒙古法。虽无大的建树，然"以简重守成功"[3]，无论漠北和内地都趋于安定。大德末，成宗疾病缠身，"凡国家政事，内则决于宫壸，外则委于宰臣"[4]。皇后卜鲁罕居中用事，依靠相臣哈剌哈孙，"大德之政，人称平允，皆后处决"[5]。

---

[1]　《元史》卷19《成宗纪二》、卷20《成宗纪三》。

[2]　《元史》卷22《武宗纪一》、卷128《土土哈传·附床兀儿》。

[3]　张养浩著，李鸣、马振奎校点：《张养浩集》卷11《时政书》，吉林文史出版社，2008年。

[4]　《元史》卷21《成宗纪四》。

[5]　《元史》卷114《后妃传一》。

2. 武宗朝政的宽滥

大德九年（1305年）成宗病重之际，立独子德寿为皇太子，但半年后德寿先亡。大德十一年（1307年）正月，成宗病死。元朝的皇位继承人出现空缺，于是再起波澜。参与皇位角逐的一边是卜鲁罕皇后联手嗣安西王阿难答，另一边是皇侄怀宁王海山兄弟。

成宗朝后期把持朝政的卜鲁罕皇后，在左丞相阿忽台和平章政事伯颜等大臣的怂恿下，有意临朝称制，由已皈依伊斯兰教的嗣安西王阿难答辅政，嗣后再传大位于他。阿难答是世祖第三子安西王忙哥剌之子，成宗堂弟，负责掌管西部重兵。

时任中书右丞相哈剌哈孙却倾向于让成宗二兄答剌麻八剌之子海山和爱育黎拔力八达两兄弟继承皇位。特别是海山，颇有军事才能，善于统御诸将，在漠北军中威望极高。哈剌哈孙于是秘密遣使分别告信怀宁王海山和爱育黎拔力八达。

海山因远在漠北，来不及赶回大都。爱育黎拔力八达当时在怀孟，遂与老师李孟商议，孟曰："支子不嗣，世祖之典训也。今宫车晏驾，大太子远在万里，宗庙社稷危疑之秋，殿下当奉大母，急还宫庭，以折奸谋、固人心。不然，国家安危，未可保也。"[1]

于是爱育黎拔力八达和母亲答己火速从怀孟入大都，不待海山军至，与哈剌哈孙等先行举事，拘捕左丞相阿忽台并平章伯颜等，"责以乱祖宗家法"而杀之。[2] 随后，海山率漠北三万精兵南下，兄弟俩里应外合，夺位成功。海山在元上都即位，是为元武宗。废卜鲁罕后并赐死，诛杀阿难答及同党。

---

[1] 《元史》卷175《李孟传》。
[2] 《元史》卷24《仁宗纪一》。

作为对夺位有功的报偿，武宗在登基九天后即封母弟爱育黎拔力八达为皇太子，实际上应该是皇太弟。又约定"兄弟叔侄世世相承"[1]，按此办法传递皇位。尊母亲答己为皇太后。武宗朝的政局，号称"三宫"体制，皇帝圣旨、皇太后懿旨和皇太子令旨并行不悖。

先是，武宗即位前，答己太后将两子星命付阴阳家推算。阴阳家言："重光大荒落有灾，游蒙作噩长久。"重光为武宗生年，游蒙为仁宗生年。太后遣近臣谕旨武宗："阴阳家所言，运祚修短，不容不思也。"武宗默然不悦，对近臣康里脱脱抱怨："我捍北边十年，又胤次居长，太后以星命为言，茫昧难信。使我设施合于天心民望，虽一日之短，亦足垂名万世。何可以阴阳家言，而乖祖宗之托哉！"[2]执意登基。

武宗一朝在政治上主要有以下作为和动向。

第一，设和林行省治理漠北。此前，和林一带设有宣慰司，由中书省直辖。海山自漠北入继大统之后，在和林正式设立行省。任命太师淇阳王月赤察儿为和林行省右丞相，哈剌哈孙为左丞相，重在统辖漠北军政，抚治自西北大批归来的蒙古大千户部众。这是管辖漠北的一项非常重要的举措。此外，武宗还调集人力物力，在忽必烈等诸帝秋狝地附近的旺兀察都，建造了元中都。

第二，置尚书省理财。至大二年（1309年）八月，武宗正式设置尚书省，以亲信脱虎脱、三宝奴、乐实等主持理财。首先是发行"至大银钞"，以新币一两准至元钞五两，又废止中统钞流通，以应付纸币贬值。其次，大幅度提高海运粮数量，并增加盐引价格等，以弥补巨大的财政亏空。

---

[1]　《元史》卷138《康里脱脱传》。
[2]　《元史》卷116《后妃传二》。

第三，重用漠北旧部。从大德三年到十一年（1299—1307年），海山一直镇守漠北，他手下有一群蒙古、色目军将，像床兀儿、燕铁木儿、伯颜等，还有骁勇善战的钦察人、阿速人的军队。武宗朝军政官员的班底，以蒙古人和色目人为主。其入统后重组的中书省，平章以上基本为蒙古人所任。整个武宗朝中书省臣中，汉人绝少，仅有乐实一人曾担任过尚书省平章。而对于回回官员，亦有排斥倾向。跟随武宗南归的漠北旧部，则多被安插在省、院、台等各个机构，各地方行省的长官也主要由他原来的部将担任。虽然在形式上，武宗采用了很多世祖朝行汉法的旧例，但带入的蒙古草原旧俗更多。

第四，在政策倾向上，武宗海山标榜"溥从宽大"[1]，实行"三滥"，就是滥行赏赐、滥封王爵和滥授官职。这与乃祖忽必烈的制度大不相同。对于财物赏赐，忽必烈总是比较节制，从没有像窝阔台汗那样慷慨地打开国库任人取用。这一点甚至被一些蒙古宗王指责为吝啬。忽必烈深知国家治理，对外征服，需要丰盈的国库积储，这也是他接受汉法的一种表现。但是到了乃孙海山这里，仿佛窝阔台汗附体，几乎到了无节制滥赐的地步。

传统上，中原王朝认为官职和王爵是名器，不可以随意轻授。故而接受汉法较多的忽必烈对王爵的封赏也很慎重，明确规定共六等，只有一些黄金家族亲近子弟的支系，并且和忽必烈政权交好的，才能够受封较高的王爵。比如所谓"一字王"如燕王、秦王、梁王、晋王等，都只封给忽必烈的嫡系子孙，旁支别系无权染指。但到了武宗朝，晋封一字王的多达十五六人，几乎所有的黄金家族宗室支系都有受封一字王的，甚至驸马也受封一字王。通常情况下，驸马是黄金家族成员之下的一个等级，一般不能封王爵，多封郡王，且多在四等以下。此外，少量的功臣也

---

[1] 《元史》卷22《武宗纪一》。

封授二三等王爵。这种现象在世祖朝简直不可想象。

滥授官爵，主要是满足武宗提拔旧部的需要。即位仅三个月，降旨与官者就有880余人。中书省、枢密院和御史台的大臣员额较前朝大增。譬如，枢密院由世祖朝大臣6员，增加至32员。还有更多的"遥授"官衔。因为海山长期总兵漠北，汉化的程度不深，他不懂官职为何物，也不理解官职意味着权力，意味着名器。在他看来，封给属下的官职名爵，也不过是赏赐物。

监察御史张养浩面对"时政"痛心疾首，疏上万余言，列数十宗罪："一曰赏赐太侈，二曰刑禁太疏，三曰名爵太轻，四曰台纲太弱，五曰土木太盛，六曰号令太浮，七曰幸门太多，八曰风俗太靡，九曰异端太横，十曰取相之术太宽。"句句针砭时弊，"当国者不能容"[1]。

武宗朝的宽弛滥漫，在一定程度上改变了忽必烈时期的汉法体制，导致"帑藏空竭"[2]，朝政混乱，给社会带来了不安定局面。

武宗海山身体本就不够健壮，即位后又沉湎酒色，"惟曲蘖是沉，姬嫔是好"[3]。所以在位不足五年就去世了，享祚极短，果然被阴阳家言中。

---

[1] 《元史》卷175《张养浩传》。

[2] 《元史》卷22《武宗纪一》。

[3] 《元史》卷136《阿沙不花传》。

六 元中后期的"崇文右儒"

1. 仁宗再行"汉法"与延祐复科

武宗海山去世后，爱育黎拔力八达依照"兄终弟及"的约定，承继大统，是为仁宗。仁宗自十岁左右同兄长海山师从名儒李孟，受到儒学熏染。大德九年（1305年），他同母亲答己被成宗后卜鲁罕谪居怀州（今河南沁阳），"有暇，则就孟（李孟）讲论古先帝王得失成败，及君君臣臣父父子子之义"。仁宗对儒释道皆有深研，被公认为元朝诸帝儒化最深者。曾言："明心见性，佛教为深；修身治国，儒道为切。"又说："儒者可尚，以能维持三纲五常之道也。"故《元史》称他"天性慈孝，聪明恭俭，通达儒术，妙悟释典"[1]。

仁宗即位后，力图改变武宗朝政制混乱、财政枯竭的状况，从整顿朝政入手，全面推行"汉法"。他也是继忽必烈之后第二位积极推行"汉法"的元朝皇帝。

第一，铲除武宗旧臣，废除武宗旧政。

仁宗以"变乱旧章，流毒百姓"[2]的罪名，诛杀脱虎脱、三宝奴、乐实、保八等尚书省主要官员，并废尚书省，改行尚书省为行中书省，组建了以原云南行省左丞相铁木迭儿为中书省右丞相，完泽和李孟为平章政事的中书省班底。罢武宗在旺兀察都营

---

[1] 《元史》卷175《李孟传》、卷26《仁宗纪三》。

[2] 《元史》卷24《仁宗纪一》。

建的中都城，撤中都留守司，并归还中都霸占的民田。罢总统所
及各处僧官，裁撤冗司。废除至大银钞，罢资国院及各处泉货监
提举司，恢复使用中统钞。

通过以上措施，仁宗迅速纠正了武宗朝滥赐、滥封官爵等变
更世祖定制的过失，在简化官职、压低王爵方面做了一定努力。
又废止蒙古诸王所设断事官和投下达鲁花赤自辟等特权，在改革
分封制上有所进取。对减少海山带回的蒙古草原旧俗影响发挥了
积极作用。

第二，重用汉儒及回回官员。

李孟为仁宗老师，拜中书省平章政事后，"以国事为己任，
节赐与，重名爵，核太官之滥费，汰宿卫之冗员"[1]，对仁宗朝以
儒术治国起到了极为重要的作用。仁宗又征召世祖朝谙知政务、
素有声望的老臣如平章程鹏飞、董士选，太子少傅李谦、少保张
驴，右丞陈天祥、尚文、刘正，左丞郝天挺、中丞董士珍、参政
刘敏中、廉访使程钜夫等"同议庶务"。

重用汉儒的同时，仁宗也十分倚重回回官员。他将被武宗贬
出的合散和乌伯都剌召回，两次任命合散为中书省右丞相。元
朝故事，"丞相必用蒙古勋臣"，故甚少有非蒙古官员出任此职。
合散是继祃祃、阿合马之后唯一出任中书丞相的回回政治家。乌
伯都剌精通回回财务管理，武宗朝出为陕西行尚书省左丞，仁宗
即位后被召入朝，先任中书右丞，旋升平章政事。

第三，推崇儒学，延祐开科。

仁宗为皇太子时，即命詹事王约等节译《大学衍义》，说：
"治天下，此一书足矣。"命与《图象孝经》《列女传》并刊行颁
赐臣下。即位后，更大力倡导儒学。皇庆二年（1313年）下令
以周敦颐、二程、张载、朱熹、许衡等从祀孔子庙。延祐年间，

---

[1] 《元史》卷175《李孟传》。

敕中书省议，孔子五十三代孙袭封衍圣公；封孟子父母为邾国公、邾国夫人。仁宗还一再将儒家经史译成蒙文，使蒙古官员、子弟诵读，并重视国子监建设，亲定国子生额为300人，增陪堂生20人，"通一经者，以次补伴读，著为定式"[1]。元人有诗赞曰：

> 胄监诸生盛国容，大官羊膳两厨供。
> 六经尽是君臣事，卿相才多在辟雍。[2]

仁宗在儒学方面最大的贡献就是恢复了元朝立国以来被停罢数十年的科举取士。他直言："朕所愿者，安百姓以图至治，然匪用儒士，何以致此。设科取士，庶几得真儒之用，而治道可兴也。"[3]皇庆二年（1313年）十一月以行科举诏天下。确定明年（延祐元年）八月令天下郡县举其贤者，充贡有司。规定每三年科考一次，分乡试、会试、殿试。"两榜复科新大比"[4]，以蒙古、色目人为右榜，汉人、南人为左榜。科目为经义、古赋、策问。一概以程朱理学家对儒学经典阐释来指导经问和经疑的出题和判卷。延祐二年（1315年）廷试进士，赐护都沓儿、张启岩等56人及第、出身有差。

延祐复科，对于广大士子来说，无疑是喜从天降，他们内心的欢悦之情溢于言表：

> 文明天子念孤寒，科举人材两榜宽。别殿下帘亲策试，唱名才了便除官。

---

[1] 《元史》卷24《仁宗纪一》、卷26《仁宗纪三》。

[2] 《张光弼诗集》卷3《辇下曲》。

[3] 《元史》卷24《仁宗纪一》。

[4] 欧阳玄：《圭斋文集》卷2《试院倡和》，《四部丛刊》初编本。

> 宫锦裁衣锡圣恩，朝来金榜揭天门。老娥元是南州女，
> 私喜南人擢殿元。[1]

元代科举虽然取士规模和授官品级远不及唐宋，但对仕
进无门而饱受压抑的士人不啻是一种福音，其激励作用自不
待言："自科举之兴，诸部子弟类多感励奋发，以读书稽古为
事。"[2]同时，科举在依行省为乡试单位和经义遵循程朱之学方
面，开风气之先，尤其是后者推动了理学的官学化和理学在全
国的传播。这意味着仁宗在实行汉法上比忽必烈又向前迈进了
一大步。

第四，经理田粮。

经理即查核田土顷亩、理算租税钱粮，并对隐漏田产追征租
赋。时江南富豪和诸王、寺观等大量隐占官、民田产，强者田多
税少，弱者产去税存，赋役不均，严重影响政府的财政收入。

延祐元年（1314年），鉴于当时田亩"欺隐尚多，未能尽
实"，造成国家"岁入不增，小民告病"，仁宗采纳中书平章政
事章闾的建议，行经理之法。遂以章闾、你咱马丁、陈士英等分
别前往河南、江浙、江西督办，"先期揭榜示民，限四十日，以
其家所有田，自实于官"[3]。令百姓于限期内向官府申报本户的
田亩数量，重新登记，作为征收租税的依据；如有欺隐作弊者，
许知情者告发，依法治罪。

实施经理的过程中，由于各级官吏贪刻，且与地方富豪互相
勾结，以无为有，妄增亩数，一些富民却因贿赂官吏隐瞒田产，
人民深受其害，至有逼死人命及拆毁民屋、发掘民墓以虚张顷亩

---

[1] 《张光弼诗集》卷3《辇下曲》；杨维桢：《复古诗集》卷4《宫词》，明成化刊本。

[2] 顾嗣立编：《元诗选》初集庚集《忠介公泰不华》，中华书局，1987年，第1729页。

[3] 《元史》卷93《食货志一·经理》。

之事。延祐二年（1315年）四月，江西宁都州民蔡五九聚众起事，受害农民纷起反抗。同年九月，起义被镇压。仁宗迫于形势下诏，凡在三省经理中查出的漏隐田土，免征租税三年。五年，又下诏罢河南新括民田，依旧例输税。江西部分地区，因民众反抗，亦曾诏免新税。延祐经理遂以失败告终。但实际上，许多地方都以这次经理确定的田土亩积登入籍册，作为征收赋税的依据。

除上述措施外，仁宗还采取了许多有利于发展农业生产，改善政治体制等措施。如多次蠲免田租，刊印《栽桑图说》《农桑辑要》等颁发有司和民间劝课，开下番市舶之禁等。

延祐七年（1320年）正月，仁宗崩于大都的光天宫。史称仁宗："平居服御质素，澹然无欲，不事游畋，不喜征伐，不崇货利……其孜孜为治，一遵世祖之成宪云。"[1]

元人称扬他说："国家以神武不杀奄有四海，而典章文物，至仁皇而大备。"[2]又有人说，仁宗之世"人乐升平之治，官无风埃之虞，政简吏清，家给人足"[3]。虽有溢美之嫌，但考虑到他重儒术，行汉法，孜孜为治，仍不失为公允之论。

2. 英宗"新政"

仁宗驾崩后，子硕德八剌继位，年仅17岁，是为英宗。英宗是元朝唯一按照立太子的方式完成皇位继承的皇帝。但英宗的即位，违背了武宗、仁宗和答己太后约定的"兄弟叔侄，世世相承受"的皇位继承秩序，因而引发武宗旧部势力对仁宗、英宗支

---

[1] 《元史》卷26《仁宗纪三》。

[2] 陈基：《夷白斋稿》外集《书中书除目御书散官后》，《四部丛刊》三编本。

[3] 《析津志辑佚·岁纪》。

系的不满。

英宗是在祖母答己太后的扶持之下顺利登基的，然而御极之后，并没有听任祖母答己太后的摆布。他任用木华黎后裔拜住为右丞相。拜住出身功臣世家，也是木华黎一系中汉化较深的代表人物，素有"蒙古儒者"之称。英宗在拜住的辅佐下，不顾祖母的反对，推行了一系列激进的新政。主要内容有如下几点：

一是大量提拔和任用张珪、吴元珪、王结、王约、赵居信、宋本等汉族官僚士人充实省、台及集贤院、翰林院、中书六部等官职。平章政事张珪是汉世侯张柔的后代，也是士大夫在官僚系统中的一个重要代表。英宗特别强调举荐人才，至治三年（1323年）正月，发布《振举台纲制》，称"举善荐贤，为治之要"[1]，虞集等文臣儒士皆被搜罗征召。

二是实行助役法。至治三年四月，英宗下诏行助役法，"遣使考视税籍高下，出田若干亩，使应役之人更掌之，收其岁入以助役费，官不得与"[2]。具体做法是百亩抽三，在一百亩土地中抽出三亩来，用其收入来补贴差役和劳役。助役法主要在江南推行，有助于减轻差役对江南农民的沉重负担。

三是完善法制法律，命令整理编定仁宗时编纂的累朝格例，增补新颁相关内容，定名《大元通制》，颁布天下。《大元通制》所收断例、条格、诏敕、制令共2539条，"其于古律，暗用而明不用，名废而实不废"[3]。其中的很多条款，形式上虽然是临时的指令和公文，但它们对处理类似的事务具有普遍的法律效能。因此，《大元通制》是具有法典性质和权威的官方政书，对统一元朝的法律制度有积极的作用。

---

[1]　刘孟琛：《南台备要》，明《永乐大典》本。

[2]　《元史》卷28《英宗纪二》。

[3]　《吴文正公集》卷19《大元通制条例纲目后序》。

四是罢黜冗官，澄清吏治，打击答己太后的不法党羽。英宗即位伊始，即罢回回国子监、行通政院。至治二年（1322年）十一月，又命"罢世祖以后冗置官""锐然减罢崇祥、寿福院之属十有三署，徽政院断事官、江淮财赋之属六十余署"。不少答己太后的党羽先后被诛杀，"群幸伏诛，而后势焰顿息焉"[1]。

"英宗新政"是针对元中期暴露出的种种社会问题而采取的挽救时局的措施，强调遵守世祖创制的各项制度，具有明显的行汉法倾向，对于安定社会秩序，抑制权臣枉法，保持统治的长治久安是有作用的。因此，英宗是将仁宗汉法政治又往前推进了一步。但是，"新政"中的某些偏激政策，严重触犯蒙古权贵的利益，引来很多蒙古贵族的强烈不满和反对。

反对英宗阵营的构成比较复杂，既有在"新政"中受到打击的诸王、大臣和答己太后的残余势力，也有对英宗继任皇位不满的武宗旧部人等。至治三年（1323年），英宗下令追查铁木迭儿贪污案，并处死了一批有牵连官员，同时追夺铁木迭儿官爵，抄没其家产。铁木迭儿的余党们十分恐慌，加紧联络晋王也孙铁木儿的心腹、王府内史回回人倒剌沙，策划政变阴谋。

八月五日晚，在英宗从上都南返大都途中，驻跸距离上都30里的南坡时，铁木迭儿的义子御史大夫铁失，与知枢密院事也先铁木儿等勾结诸王、权贵、部分宿卫和阿速卫军等发动了政变，刺杀了英宗和右丞相拜住，史称"南坡之变"。在位不足四年的少年天子英宗，死时年仅21岁。英宗"新政"亦戛然而止。九月，晋王也孙铁木儿在龙居河即皇帝位，是为泰定帝。

---

[1] 《元史》卷28《英宗纪二》、卷175《张珪传》、卷116《后妃传二》。

3. 泰定帝继统

泰定帝为忽必烈之孙、太子真金长子甘麻剌之子。与忽必烈等诸帝不同的是，泰定帝是在漠北的怯绿连河畔成吉思汗大帐殿即皇帝位的，而且颁布了有名的用元朝汉文口语硬译蒙古语的特殊文体书写的"白话诏书"，声称自己历事武宗、仁宗、英宗三朝，"不谋异心，不图位次，依本分与国家出力气行来"。"惟我是薛禅皇帝嫡派，裕宗皇帝长孙，大位次里合坐地的体例有；其余争立的哥哥兄弟也无有""于成吉思皇帝的大斡耳朵里，大位次里坐了也"[1]。以此彰显皇位转移至晋王支系实非其本意，具有正当合法性以及蒙古本位特质。

虽然泰定帝被铁失等所拥立，但在蒙古法中，所有臣民都是成吉思汗家族的"奴仆"，都必须要无条件地服从于大汗；而在汉法中，弑君更是十恶不赦之首。英宗即使有再多的过错，也是大汗和君主，而铁失等是家奴和臣下。刺杀英宗既违背成吉思汗"札撒"，又为汉法纲常天理所难容。所以，泰定帝南归大都后，迫于蒙、汉官员的压力，处死了刺杀英宗和拜住的直接凶手，包括铁失、前太师月赤察儿之子嗣淇阳王也先帖木儿、铁失弟锁南、宿卫士秃满等，诸王按梯不花则被流放。

针对汉族官僚士人对仁、英二帝汉法政治的怀念情绪，泰定帝采取了虚崇儒学的策略。他保留了大臣代祀太庙的世祖旧制，以及仁宗刚刚恢复的被汉人视为文治根本的科举取士，又对仁宗、英宗遗留的汉人旧臣张珪、王约等给予一定的礼遇，还把名儒向皇帝进讲帝王之道定制为正式的"经筵"。此外，他还增加江南海运粮食数量，平抑京畿粮价，减少印钞和降低盐引价格，来改善社会经济状况。

---

[1] 《元史》卷29《泰定纪一》。

泰定帝是从漠北南归继位的，其蒙古政治文化本位比较突出。泰定帝优抚厚待仁宗、英宗二朝受削权或抑制的蒙古宗王，先后将贬谪的宗王图帖睦尔、阿木哥等召还京师；擅杀宗亲百余人的辽王脱脱受台察官奏劾，却被他厚赐放还；在内地增设宣靖王、威顺王、靖安王等出镇宗王。其恢复扩大蒙古诸王封藩势力的意图，昭然若揭。泰定帝真正倚重的还是蒙古、色目勋贵官员。左丞相倒剌沙等晋邸回回大臣在庙堂之上拥有显赫的权势。

4. 文宗"文治"与奎章阁之设

致和元年（1328年）七月，泰定帝病逝于上都。权臣倒剌沙拥立皇太子阿剌吉八即位，是为天顺帝。留守大都的武宗旧部钦察军将燕铁木儿会同西安王阿剌忒纳失里等，于八月初四在大都发动政变，誓众曰："祖宗正统属在武皇帝之子，敢有不顺者斩。"[1]谓皇位大统应归属于武宗海山的长子和世㻋和次子图帖睦尔。

燕铁木儿先派人将图帖睦尔从江陵迅速迎回至大都。九月初八，在大明殿即皇帝位，改元天历，是为文宗。

燕铁木儿又率兵与上都天顺帝方面的军队作战，两都之间争夺帝位的战争几乎席卷了整个北方。最后，大都方面获胜，倒剌沙被迫献出了皇帝玉玺，后被诛。天顺帝阿剌吉八不知所终。

虽然图帖睦尔已在大都即位，但天历二年（1329年）正月末，漠北诸王和原武宗旧部等却拥戴和世㻋在和林登上皇位，是为元明宗。因为和世㻋是武宗长子，又是在漠北登皇位，颇合蒙古祖制，且暂时弄不清楚和世㻋的军政实力大小，所以文宗图帖睦尔和燕铁木儿被迫让步，图帖睦尔随而退位。不久，燕

[1]《元史》卷138《燕铁木儿传》。

铁木儿奉皇帝玉玺北上迎接和世㻋。八月初二，图帖睦尔自上
都赴旺忽察都会见兄长和世㻋。初五，和世㻋被燕铁木儿毒杀
于旺忽察都之地。燕铁木儿辅佐图帖睦尔在上都第二次登基。

　　文宗朝政局的一个显著的特点就是权臣燕铁木儿当国。功
高盖世的燕铁木儿，加答剌罕、太师，封太平王，兼任右丞相、
怯薛长官和侍卫亲军的统帅，集相权、宿卫和军权于一身，权
势之盛，炙手可热。燕铁木儿还恃宠强娶泰定帝皇后和宗室女
40多人。

　　在元朝诸帝中，文宗和顺帝的汉文化水平堪称翘楚。文宗生
长于汉地，并长时间生活于文化发达的江南地区。四岁即从王士
弘学习经史图书，[1]娶鲁国大长公主祥哥剌吉之女卜答失里为后。
鲁国大长公主是著名的书画艺术收藏家，至治三年（1323年）
曾以其所藏书画在大都南城天庆寺雅集，"中书议事执政官，翰
林、集贤、成均之在位者"，皆来与会，"出图画若干卷，命随
其所能，俾识于后。礼成，复命能文词者叙其岁月，以昭示来
世"[2]。文宗现有两首诗作传世：《自集庆路入正大统途中偶吟》
《望九华》[3]；书法"甚有晋人法度"[4]；绘画"意匠经营，格法
遒整，虽积学专工，所莫能及"[5]。

　　文宗诗书画兼能，或与姑母兼岳母的鲁国大长公主的艺术熏
染有直接关系。天历二年（1329年）端午节，文宗赏赐鲁国大
长公主的节礼甚为丰厚，并亲题御诗送之。奎章阁官员柯九思作
《宫词》专记此事：

[1]　释大䜣：《蒲室集》卷10《王可毅尚书历任记》，清文渊阁《四库全书》本。
[2]　《清容居士集》卷45《鲁国大长公主图画记》。
[3]　《元诗选》初集卷首，第1页。
[4]　陶宗仪：《书史会要》卷7《元》，清文渊阁《四库全书》本。
[5]　《南村辍耕录》卷26《文宗能画》。

玉椀调冰涌雪花，金丝缠扇绣红纱。

彩笺御制题端午，敕送皇姑公主家。[1]

    文宗较高的汉文化素养直接影响到他即位后实施的一系列崇文右儒措施。其中最主要的是在天历二年（1329年）三月设奎章阁学士院，初秩正三品，后升正二品，"置大学士五员，并知经筵事；侍书学士二员，承制学士二员，供奉学士二员，并兼经筵官"。幕职置参书、典签、照磨、内掾、宣使、知印、译史、典书等。[2]

    "经筵进讲天人喜，宣索金缯赐讲臣。已觉圣躬忘所倦，教将古训更前陈"[3]。设立奎章阁的目的，就是要"尊德性，进儒臣，以延问经术，修文明之治"[4]。用文宗自己的话说："日以祖宗明训、古昔治乱得失陈说于前，使朕乐于听闻。"[5]经筵官虞集也阐明了同样道理："俾颂乎祖宗之成训，毋忘乎创业之艰难，而守成之不易也；又俾陈夫内圣外王之道、兴亡得失之故，而以自儆焉。"[6]

    由此可见，奎章阁设立的初衷，就是儒臣们为皇帝进讲经筵并参与议事，从而实现士大夫"致君尧舜"的最高理想抱负。

    "圣心资启沃，旷典开经筵。大臣领其职，诸儒进翩翩。讲成尧舜道，庶使皇风宣。恭惟帝王学，继统垂万千。方将

[1] 柯九思：《丹邱生集》卷3《宫词十五首》，清光绪三十四年（1908年）柯逢时刻本。
[2] 杨瑀：《山居新话》，载《宋元笔记小说大观》第6册，上海古籍出版社，2001年，第6067页。
[3] 《张光弼诗集》卷3《辇下曲》。
[4] 虞集：《道园学古录》卷10《跋礼部尚书哈剌拔都儿充奎章阁捧案官圣旨》，《四部丛刊》初编本。
[5] 《元史》卷34《文宗纪三》。
[6] 《道园学古录》卷22《奎章阁记》。

耀稽古，宠遇光属联"[1]。但这一目的明显无法达到。文宗朝政局的一个显著的特点就是权臣燕铁木儿当国，乾纲独断，威权自柄。文宗在政治上趋于畸形，难以有积极作为。作为文宗私人侍从机构的奎章阁，充其量只能做一些搜集经史典籍、编纂翻译皇室典章、保管整理并鉴定内府文物书画的工作。

"儒臣春直奎章阁，玉陛牙牌报未时。仙仗已回东内去，牡丹花畔得围棋"[2]。奎章阁是文宗每日活动的主要场所，未时才回内殿。"非有朝会、祠享、时巡之事，几无一日而不御于斯"[3]。可见每日是与经筵官们密切接触的，但是真实的景象不过是纠集一帮文士"讨论法书名画"[4]而已。

"四海升平一事无，常参已散集诸儒。传宣群玉看名画，先进开元纳谏图"[5]。这首宫词的作者柯九思是奎章官员中文宗最宠幸的两个人之一，另一位是虞集。二人整天忙着陪文宗作画题诗，时人王逢作诗讥讽柯九思说："帝作奎章拟石渠，花明长日幸銮舆。丹丘词气凌司马，封禅何如谏猎书。"[6]

清人秦蕙田曾一针见血地指出："元之文宗可称右文。然其时奎章阁诸臣如虞伯生、欧阳原功、揭曼硕、黄晋卿辈乃一时能文之士，以检校图籍等事为上所宠礼，与古启心沃心之道殊矣。"[7]

顺帝即位后，"寻诏奎章儒臣侍讲《六经》禁中"[8]，可见基

［1］ 胡助：《纯白斋类稿》卷2《京华杂兴诗二十首·其四》，清文渊阁《四库全书》补配清文津阁《四库全书》本。

［2］ 《丹邱生集》卷3《宫词十五首》。

［3］ 《道园学古录》卷22《奎章阁记》。

［4］ 《南村辍耕录》卷7《奎章政要》。

［5］ 《丹邱生集》卷3《宫词十五首》。

［6］ 王逢：《梧溪集》卷5《题柯博士敬仲宫词后》，清知不足斋丛书本。

［7］ 秦蕙田：《五礼通考》卷172《嘉礼四十五·学礼·经筵日讲》，清文渊阁《四库全书》本。

［8］ 苏天爵著，陈高华、孟繁清点校：《滋溪文稿》卷28《题松厅章疏后》，中华书局，1997年。

本沿袭了文宗朝的经筵旧规。至正元年（1341年），改奎章阁为宣文阁，继续承担经筵进讲事务。

奎章阁的成立，对于完成《经世大典》的编纂起了很大作用。天历二年（1329年）九月，刚刚复位才一月之久的文宗就急切地命翰林国史院官同奎章阁学士采辑本朝典故，仿唐、宋《会要》，著大型政书《经世大典》。至顺元年（1330年）二月，又以大典的修撰"久无成功"[1]，乃撇开翰林国史院，命奎章阁学士院专任此事，燕铁木儿总监其事，阿怜帖木儿等充提调，由赵世延、虞集及艺文监分局修撰。全书于至顺二年（1331年）五月完成，凡帝号、帝训、帝制、帝系、治典、赋典、礼典、政典、宪典、工典10篇，共880卷、目录12卷、公牍1卷、纂修通议1卷。规模宏大，是元代典章制度的集大成作。

文宗令其私人侍从性质的奎章阁学士院来编纂这部卷帙浩繁的《经世大典》，其背后有着强烈的个人政治动机。

众所周知，文宗的皇位是通过天历政变和暗杀兄长明宗夺来的。从法理和程序上说，汗位继承的合法性明显与蒙古贵族的普遍共识相距甚远。其在统治集团内部所造成的裂痕，也不是仅凭草原政治的运作就能够弥合的。作为一个具有显著二元结构特征的朝代，元朝政治史上有一个颇为耐人寻味的现象：当统治者的上位从蒙古旧制的角度看来属"得国不正"的时候，他们便热衷于从"汉法"中去汲取政治资源来巩固政权。[2]

关于这一点，还可以从违背"叔侄相继"誓约的英宗上台后，热衷于大搞恢复太庙四时祭享、亲享太庙的汉式礼仪改革等手段，来增强其皇位合法性中得到佐证。[3]

---

[1] 《元史》卷34《文宗纪三》。

[2] 参阅陈新元：《〈元史〉列传史源新探》，《中国史研究》2020年第2期。

[3] 参阅刘晓：《"南坡之变"刍议——从"武仁授受"谈起》，《元史论丛》第12辑，内蒙古教育出版社，2010年。

　　简言之，文宗希望通过在《经世大典》这部官修政书中论证天历政权的合法性和正当性，提升个人施政威望。用相同的思维，我们就更不难理解文宗的"崇儒"行动了。至顺元年（1330年）闰七月，文宗加封孔子父母，并封颜子兖国复圣公、曾子郕国宗圣公、子思沂国述圣公、孟子邹国亚圣公、河南伯程颢豫国公、伊阳伯程颐洛国公。十二月，以董仲舒从祀孔子庙。

　　通用上述活动，文宗不仅大大宣示了其大兴"文治"的政治形象，同时也成功构建了其继位合法性的政治话语权。然而文宗的文治并不能解决当时严重的社会问题，他听任燕铁木儿擅权用事，佛事、赏赐无度，国家财政空虚，社会矛盾尖锐。

　　文宗"天历之变"连续两次强行夺位，遭到了泰定帝残余势力与拥戴和世瓎者的质疑反对。云南的秃坚不花、四川的囊加台等先后发动叛乱，统治阶层内讧加剧，社会更加动荡。又兼灾害频发，朝廷财政困难日益严重，一大堆弊政问题已是积重难返。

七 顺帝北遁与帝国中原统治的终结

文宗在位期间，曾立长子阿剌忒纳答剌为太子，不料太子早亡。经此打击，文宗一病不起。弥留之际，痛悔旺忽察都弑兄之平生大错："朕尝中夜思之，悔之无及。燕帖古思虽为朕子，朕固爱之，然今大位乃明宗之大位也。"[1]决意把皇位传给明宗长子妥欢帖睦尔。

然而文宗薨后，权臣燕铁木儿谋划再三，决定让明宗次子、年仅七岁的懿璘质班即位，是为宁宗。宁宗在位仅月余即驾崩。这时，燕铁木儿仍想册立文宗次子燕帖古思为帝，文宗皇后卜答失里以年幼为由再次拒绝。迫于无奈，只好从静江（今广西桂林）接回长期流放在外的明宗长子妥欢帖睦尔。

由于燕铁木儿对妥欢帖睦尔颇为猜忌，且太史又有"不可立，立则天下乱"之谶语，故册立一事迁延数月犹未决。恰逢燕铁木儿因荒淫纵欲"体羸溺血而薨"[2]，至顺四年（1333年）六月，13岁的妥欢帖睦尔在上都即位，即元惠宗，蒙古语曰乌哈笃皇帝，元亡后明太祖朱元璋加号顺帝。

1．伯颜擅权

顺帝即位之初，实际上相当于傀儡。朝政由中书右丞相伯

---

[1] 任崇岳著：《庚申外史笺证》卷上，中州古籍出版社，1991年。

[2] 《元史》卷38《顺帝纪一》，卷138《燕铁木儿传》。

颜、左丞相燕铁木儿弟撒敦以及御史大夫燕铁木儿养子唐其势
把持。

蔑儿乞氏伯颜和燕铁木儿一样，亦为武宗在漠北的旧部，曾
任武宗朝尚书省平章政事，泰定末转任河南行省平章。"天历之
变"时，伯颜在河南行省起事应和燕铁木儿，又护送文宗图帖睦
尔从河南行省到大都，是文宗夺位的第二大功臣，地位仅次于燕
铁木儿。

后至元元年（1335年），撒敦去世，唐其势升中书左丞相。
与权倾朝野的伯颜渐生龃龉，曾公开扬言："天下本我家天下也，
伯颜何人而位居吾上！"[1]乃潜蓄异心，勾结诸王并撒敦之弟答
里谋划兵变，事不成功，为伯颜所杀。

伯颜诛杀唐其势后，"独秉国钧，专权自恣，变乱祖宗成宪，
虐害天下，渐有奸谋"[2]。顺帝羽翼未丰，对其所请总是百依百
顺，伯颜官职为右丞相、太师，封秦王，兼领侍卫亲军诸卫精
兵，所署官衔长达246字，而燕铁木儿才53字。秦王是一字王，
旧时只有黄金家族少数子孙才能获封，虽说武宗时已有滥封王爵
的先例，但一般功臣绝对不能染指一字王。

伯颜秉国期间，为制止汉人、南人、高丽人的反抗，推行更
为严厉的民族压迫政策，采取刷马匹、禁军器等防范措施，甚至
禁止汉人、南人习蒙古、色目文字，废除科举，以阻止他们入
仕。他也不想让蒙古贵族学习汉文书籍，曾奏言顺帝："陛下有
太子，休教读汉儿人书，其间好生欺负人。"

伯颜还大肆聚敛财富，仅赐田一项，加起来有一万余顷。
"时天下贡赋多入伯颜家"。又卖官鬻爵，"台宪官皆谐价而得，
往往至数千缗"，致使当时的官场风气极坏，纪纲全无，"上下

---

[1] 《元史》卷138《燕铁木儿传》。

[2] 《元史》卷138《伯颜传》。

贿赂，公行如市"[1]。伯颜被贬后，卒于路途，寄棺驿舍，有人题
诗于驿舍壁云：

> 百千万锭犹嫌少，垛积金银北斗边。
> 可惜太师无运智，不将些子到黄泉。

　　为了维护其位极人臣的至高地位，伯颜在蒙古统治集团内部
对异己者竭尽排斥、打击之能事。贬斥宣让王帖木儿不花和威顺
王宽彻不花，又诬杀原主人、镇守漠北的郯王彻彻秃及王子数
人，致其"妻女流离"。伯颜骄奢淫逸，竟到了与文宗皇后卜答
失里私通的地步，"数往太皇太后宫，或通宵不出。京师为语曰：
上把君欺，下把民虐，太皇太后倚恃着"[2]。其势焰熏天，恣肆枉
为可见一斑。

　　伯颜擅政长达七年之久，其倒行逆施行为，引起了部分蒙古
贵族的强烈不满和社会的极大动荡，各地农民起义和少数民族起
义不断发生。由于深感事态严重，在顺帝的支持下，伯颜的侄子
脱脱大义灭亲，乘伯颜去柳林春猎的时机，发动政变，免除伯颜
中书右丞相之职，贬为河南行省左丞相，又徙今广东安置。伯颜
行至龙兴路病卒。顺帝终于"拔去大憝，如剔朽蠹"[3]。

2. 脱脱"更化"

　　伯颜倒台后，顺帝亲政，"图治之意甚切"[4]。后至元六年
（1340 年）十一月，任命脱脱为中书右丞相。脱脱的老师是汉儒

---

[1]　叶子奇：《草木子》卷4下《杂俎篇》，中华书局，1959年。

[2]　《元史》卷187《逯鲁曾传》；《庚申外史笺证》卷上；《南村辍耕录》卷27《讥伯颜太师》。

[3]　杨维桢：《东维子文集》卷24《元故中奉大夫浙东宣慰杨公神道碑》，《四部丛刊》初编本。

[4]　《元史》卷183《苏天爵传》。

吴直方，每有大事、上命，脱脱皆咨于直方，而直方亦"慨然以泽被斯民为己任，有知无不言，言之，丞相无不行"[1]。脱脱出任右丞相后，开始大刀阔斧地废除伯颜"旧政"，推行一系列新政，史称"更化"[2]。

第一，恢复科举取士制度，国子监积分生员三年一次，依科举例入会试，中者取18名。[3]又大兴国子监，"蒙古、回回、汉儿人三监生员凡千余"。置宣文阁开"经筵"，遴选儒臣欧阳玄、李好文、黄溍、许有壬等数人"五日一进讲，读五经、四书，写大字、操琴弹古调"[4]。又恢复太庙四时祭。由此笼络汉族士大夫，消弭伯颜重蒙古排汉儒的民族歧视偏向。

第二，维护蒙古贵族集团内部的团结关系。正式为郯王彻彻秃平冤昭雪。召还宣让王帖木儿不花和威顺王宽彻不花回归各自领地，恢复其出镇权力。功臣博尔术四世孙阿鲁图正广平王之位。

第三，组织汉儒和蒙古、色目知识分子组成修史班子，主持修撰《宋史》《金史》和《辽史》，并确定宋、辽、金各为正统。如此多的少数民族文士参与修史，在二十四史中极为罕见，对于克服汉儒的民族偏见和较好地撰写少数民族历史起了重要作用。特别是《金史》的修撰质量之高，向为后人称道。

第四，开马禁，减盐额，蠲逋负，减轻对人民的控制和剥削。先后减免河间、两浙和福建盐场余盐十六万引，又蠲免天下民租，赐高年之帛，立常平仓。整顿吏治，对地方官制定《守令黜陟之法》，规定："六事备者升一等，四事备者减一资，三事

---

[1]　宋濂：《宋濂全集·潜溪后集》卷9《元故集贤大学士荣禄大夫致仕吴公行状》，浙江古籍出版社，2014年。

[2]　黄溍：《金华黄先生文集》卷26《集贤大学士荣禄大夫史公神道碑》，元抄本。

[3]　《元史》卷40《顺帝纪三》。

[4]　《庚申外史笺证》卷上。

备者平迁，六事俱不备者降一等。"[1]

脱脱在顺帝支持下推行的一系列新政，使朝政局面大为改观，顺帝本人的生活作风也出现明显变化，译《贞观政要》，读古圣贤书；裁减宫女和宦官；走出厚载门躬耕籍田，体会稼穑之辛；又日减御膳一羊，御靴刺花舍金银而用铜，倡行节俭；因水旱盗贼下罪己诏。当时社会也较安定，水旱灾荒能够得到较为及时的赈济，农民起义虽有爆发，但规模不大。"至正群兴郡国贤"[2]，人们将顺帝的后至元之治比拟作忽必烈时期较为清明的前至元。脱脱本人也赢得了极高赞誉，"中外翕然称为贤相"。

但此时元朝的社会危机已是积重难返，各种矛盾日益激化。脱脱"更化"充其量不过是对行将倾圮的帝国大厦的一次治标不治本的修补而已。至正四年（1344年）五月，脱脱以体弱多病为由请辞相位，"表凡十七上"[3]，顺帝始允。继任的几位右丞相平庸无能，治国无方，元朝的统治江河日下。

3. 开河变钞祸根源

至正四年夏，大雨二十余日，黄河暴溢，白茅堤和金堤相继决口，沿河郡邑数十州县均遭水患，洪水南夺淮河河道，北侵会通运河，黄河下游民众被灾惨重，房屋冲塌，农田被毁，人口淹溺，饥荒和瘟疫接踵而至，"民之死者半"[4]。

河患引起严重的财政危机，也加剧了社会的动荡不安，各地盗贼蜂起，尤以水患严重的河南、山东为甚。与此同时，全国各地饥民和流民起义此起彼伏，声势日涨。

---

[1] 《元史》卷41《顺帝纪四》。

[2] 《圭斋文集》卷2《试院倡和》。

[3] 《元史》卷138《脱脱传》。

[4] 余阙：《青阳先生文集》卷8《书合鲁易之作颍川老翁请后续集》，《四部丛刊》续编本。

至正九年（1349年）闰九月，顺帝迫于危局，复命脱脱为中书右丞相。脱脱复相后的第一件大事就是变更钞法，挽救财政危机。

元朝是第一个在全国范围内推行纸币的王朝，马可·波罗称其为"点金术"。这在世界范围内都是非常超前的，也是现代银行制度的先驱。但是元朝实行的毕竟不是现代的银行制度，存在着许多弊端。

元朝的纸钞发行，实行的是"银本位制"。起初，朝廷对钞本的管理很严格，较为稳定。但到后来，由于财政混乱和入不敷出，就仅靠印钞来搜刮民财，以弥补财政的不足。到成宗朝，又大量动用国库的白银，触动钞本，钞法渐坏。武宗朝发行"至大银钞"，最初也是想整顿财政，但是收效甚微。到顺帝统治时期，元朝的财政状况更加恶化，钞虚物贵的状况日益突出。

至正十年（1350年），脱脱在顺帝的支持下开始更造"至正交钞"。发行的新钞一贯相当于至元钞二贯，两种钞并行通用。"昔时至元为母，中统为子，后子反居母上，亦下陵上之象"[1]，实际上就是"钞买钞"。同时发行"至正通宝钱"，形成钱钞通行局面，并以铜钱来实钞法。

由于发钞的目的是为了摆脱财政危机、增加财政收入，于是元朝廷就一味地用新钞来压低旧钞，结果使得物价上涨了数十倍，发生了恶性通货膨胀。

> 行之未久，物价腾踊，价逾十倍。又值海内大乱，军储供给，赏赐犒劳，每日印造，不可数计。舟车装运，轴轳相接，交料之散满人间者，无处无之。昏软者不复行用。京师料钞十锭，易斗粟不可得。既而所在郡县，皆以物货相贸

---

[1] 长谷真逸:《农田余话》卷上，明宝颜堂秘籍本。

易，公私所积之钞，遂俱不行，人视之若弊楮，而国用由是遂乏矣。[1]

可以说，变钞是失败的，所引起的社会效果十分恶劣。

至正十一年（1351年）四月，顺帝正式批准治河，下诏中外，命贾鲁以工部尚书为总治河防使，发汴梁、大名13路民15万人，庐州等地戍军两万人供役。贾鲁采用"疏塞并举，挽河东行，使复故道"的方案，"七月凿河成，八月决水故河，九月舟楫通，十一月诸埽诸堤成，水土工毕，河复故道"[2]，最终汇淮入海。贾鲁治河后，20余年间黄河未发生大的决溢，证明是成功的。

脱脱和贾鲁都是把治河这一浩大工程作为制止当时"盗贼滋蔓"的重要手段来认识的。然而事与愿违，红巾军起义的策划者白莲教主韩山童决定利用政府治河时机，预先在黄陵岗河底埋好一个镌有"莫道石人一只眼，此物一出天下反"字样的独眼石人，以呼应此前一年在黄河南北流传的童谣："石人一只眼，挑动黄河天下反。"[3]四月下旬，开河民工挖出独眼石人，"遂相为惊诧而谋乱"[4]。

五月初，韩山童与刘福通等聚众3000人于颍州颍上县（今属安徽），杀黑牛白马，誓告天地，宣布起义。由此揭开了元末红巾军大起义的序幕，并最终推翻了元朝统治。

开河和变钞是两件功罪参半的事情，但人们往往将这两件事视作压垮元朝统治的最后一根稻草。当时民间有诗讽刺曰："丞

---

[1] 《元史》卷97《食货志五·钞法》。

[2] 《元史》卷187《贾鲁传》。

[3] 《元史》卷66《河渠志三·黄河》。

[4] 《草木子》卷3上《克谨篇》。

相造假钞，舍人做强盗。贾鲁要开河，搅得天下闹。"[1] 还有一首当时即已妇孺皆知的《醉太平》小令：

> 堂堂大元，奸佞专权。开河变钞祸根源，惹红巾万千。官法滥，刑法重，黎民怨。人吃人，钞买钞，何曾见。贼做官，官做贼，混贤愚，哀哉可怜。[2]

然而明初史官在纂修《元史》时，议论说："议者往往以谓天下之乱，皆由贾鲁治河之役，劳民动众之所致。殊不知元之所以亡者，实基于上下因循，狃于宴安之习，纪纲废弛，风俗偷薄，其致乱之阶，非一朝一夕之故，所由来久矣。不此之察，乃独归咎于是役，是徒以成败论事，非通论也。设使贾鲁不兴是役，天下之乱，讵无从而起乎？"[3] 实际指出了元朝覆亡的根本原因并不在于贾鲁治河，可谓公允之论。用今人的视角分析，元朝短时间内速亡的原因，不外三点：一是皇位争夺、权臣当国等朝廷权力争斗；二是民族矛盾和阶级矛盾的激化；三是吏治的混乱和败坏。而开河和变钞不过是两根交缠在一起的"导火线"，在短时期内直接引燃了官逼民反的火药桶，从而埋葬了元王朝。

至正十四年（1354年），脱脱统领各路大军围攻高邮张士诚，眼见大获全胜之际，顺帝听信近侍哈麻谗言，临阵削夺脱脱兵权，后又杀脱脱于云南贬所。可怜百万元军，一时四散而溃。从此，元廷丧失了对农民起义军的优势，张士诚等红巾军借机扭转了衰败之势，进而转守为攻，使得元朝错过了一次镇压农民军

---

[1] 《草木子》卷4上《谈薮篇》。

[2] 《南村辍耕录》卷23《醉太平小令》。

[3] 《元史》卷66《河渠志三·黄河》。

的关键时机，这也是元朝迅速败亡的原因之一。

自至正十五年（1355年）脱脱被害，到至正二十八年（1368年）退出大都，十余年间，顺帝起用右、左丞相凡十余人，或为奸佞小人，或为平庸无能之辈，或为军阀武夫，面对乱局束手无策，亦无力回天，而"上下诸司，其滥愈甚"[1]。

顺帝本人早期"不嗜酒，善画，又善观天象"，留意政治，颇有雄心想成为一代明君。但随着在位日久，越来越"怠于政事，荒于游宴""终无卓越之志，自溺于倚纳，大喜乐事，耽嗜酒色，尽变前所为"。《庚申外史》作者权衡曾惋惜地说："向使庚申帝持其心常如至正之初，则终保天下，何至于远遁而为亡虏哉！"[2]

高邮之战后，"天下处处盗起"，各据州郡。举其大者，有陕西金花娘子、江西欧道人、山东田丰、襄阳莽张、岳州泼张、安庆双刀赵、四川旻眼子。而以江淮张士诚、湖广徐寿辉"两枝为盛"[3]。在红巾军势力越来越强大的情况下，顺帝主要依靠扩廓帖木儿和孛罗帖木儿等人的地主军阀武装来苦撑危局。但是不久之后，这两个军阀在顺帝和皇太子爱猷识理达腊之间各为其主，发生了严重内讧，势同水火，直到朱元璋北伐之时仍在互相攻伐。

至正二十八年闰七月二十八日夜半，顺帝与皇太子、后妃及100多名大臣开大都健德门出奔上都。八月二日，大明兵入京师，元朝在中原统治结束。

元朝是大蒙古帝国的宗主国，它的败亡也宣告了世界范围内整个蒙古时代的基本终结。

---

[1]《草木子》卷4上《谈薮篇》。
[2] 陶宗仪：《元氏掖庭记》，《香艳丛书》本；《庚申外史笺证》卷下。
[3]《草木子》卷3上《克谨篇》。

历史经验一再证明，统一是大势所趋，也是历史的必然。元朝结束了中国自五代以来三百多年政权并立或对峙的局面，实现了国家统一，"南北一家今又见，乾坤再造古曾闻"。元朝的统一直接奠定了元明清以来中国版图长达数百年的大一统格局，影响至为深远。

忽必烈令丞相伯颜效仿曹彬不嗜杀、以招降为主的策略，很大程度上减少了南宋百姓的抵触与反抗，保护了江南的农商经济秩序。南北统一后，元朝政府在江南实施"安业力农"和"重商"、重"市舶"政策，发展和繁荣了江南富民主导的经济实体，维持了中国在世界经济的中心地位。

南北混一后，以大运河为纽带，南北方经济、文化交流空前活跃，促进了运河沿岸地区农业、手工业、商业的发展。与此同时，大规模的海运漕粮，为元朝政府支撑大都等地官民消费和漠北粮食供应提供了保障，也为南北贸易和物资交流提供了更为便利的途径。可以说，大运河的凿通和海漕的开发，进一步加强和巩固了元朝的统治和国家的统一。

一 渡江平宋 混一南北

1. 穷海累臣有帛书

中统元年（1260年）四月，忽必烈采纳廉希宪"遣信使谕以息兵讲好"[1]的建议，派翰林侍读学士郝经为国信使，出使南宋，告以忽必烈即大汗之位，且就履行昔日鄂州和议中宋方割地纳币等承诺展开谈判。

郝经为中州名士和政论家，也是忽必烈潜邸的重要谋臣之一。进入宋境后，适逢山东世侯李璮擅自进犯南宋淮安军，被击败，宋两淮制置使李庭芝因之责怪郝经议和无诚意。

专制国事的宋丞相贾似道则一直隐瞒昔日鄂州城下许以割地、纳币的媾和真相，反而令其门客廖莹中等杜撰贾在鄂州的扞城之功，蒙蔽和欺骗宋理宗和其他朝廷大臣。此时，郝经的到来令贾似道惊慌不已，于是下令将郝经秘密拘留于真州（今江苏仪征）忠勇军营新馆，[2]致使郝经滞留宋境长达16年之久。

被禁锢的郝经数次上书李庭芝、贾似道和南宋皇帝，极陈战和利害及祸福存亡之理，请求入见或归国，前后累计数十万言。贾似道因为心怀鬼胎，只一味瞒报拖延，从不给予郝经正面答复。

---

[1] 《元朝名臣事略》卷7《平章廉文正王》。

[2] 《元朝名臣事略》卷15《国信使郝文忠公》；脱脱等撰：《宋史》卷474《贾似道传》，中华书局，1985年。

忽必烈见郝经使宋后一去不返，又音信全无，十分焦急，先后于中统二年（1261年）五月和中统四年二月两次遣使，诘问南宋稽留郝经的原因。[1]

相传14年后郝经在受禁锢军营新馆中蓄养了一只大雁。大雁每次见到郝经，都会兴奋地鼓翼引吭，若有所诉。或许是出于对求得自由的渴望，郝经亲手题诗于尺帛：

霜落风高恣所如，归期回首是春初。

上林天子援弓缴，穷海累臣有帛书。

诗后附言："中统十五年九月一日放雁。获者勿杀。国信大使郝经书于真州忠勇军营新馆。"其系年写作"中统十五年"，明显是羁留南宋期间全然不知中统五年已改至元年号的缘故。

郝经选择吉日，率从者具香案，北向而拜，然后将蜡丸帛书系于大雁足上，纵放而去。

第二年三月，此雁书果然为负责养鹰蓄兽的虞人在汴梁金明池获取。当年二月，迫于伯颜率大军渡江的压力，郝经终于被贾似道释放回朝。

或许是因为郝经已经北归，虞人并未将雁书及时上奏元世祖忽必烈。至元十三年（1276年）正月，雁书暂时为安丰教授王时中收藏。直到40年后的仁宗延祐五年（1318年），集贤院学士郭贯出任淮西廉访使之际才上奏朝廷，并由中使取回京师。仁宗皇帝命令将雁书装潢成卷，又令翰林集贤文臣缀文题记，然后藏于秘书监。当时有名的文臣王约、吴澄、袁桷、邓文原、虞集等均有题作。

郝经至元十一年（1274年）自真州北归时，业已沉疴在身。

[1]《元史》卷4《世祖纪一》、卷5《世祖纪二》。

翌年夏，抵大都，觐见忽必烈于巡幸上都途中。忽必烈赐宴行殿，赏赐有差，命其留居家中治病。惜天不假年，时至七月，溘然病逝，年仅53岁。[1]

王恽有《哭郝内翰奉使》诗，将郝经比作西汉持节出使匈奴被扣留的苏武："义契重于平昔友，斯文公与后来盟。苦心问学唐韩愈，全节归来汉子卿。"[2]

郝经使宋议和如若成功，或许能给双方带来较长时间的和平与休战。然而，竟被贾似道掩过报功之术一手破坏，元政权与南宋继续南北分治的可能性亦随之葬送。忽必烈武力平定南宋，统一中国，遂成必然之势。

2. 见说襄樊投拜了

随着大元政权的日益巩固以及对宋议和的失败，南攻赵宋，完成蒙哥汗未竟的统一南北事业，很快被忽必烈提上了议事日程。

至元四年（1267年）十一月，原南宋降将刘整借朝觐之机向忽必烈进言献策："自古帝王，非四海一家，不为正统。圣朝有天下十七八，何置一隅不问，而自弃正统邪！""宋主弱臣悖，立国一隅，今天启混一之机。臣愿效犬马劳，先攻襄阳，撤其扞蔽。"[3]"攻蜀不若攻襄，无襄则无淮，无淮则江南可唾手下也。"[4]

忽必烈欣然采纳了刘整的建议，在对宋用兵主攻方向上，做出了颇为明智的战略改变：搁置川蜀，先图襄樊。

---

[1] 《元史》卷157《郝经传》。

[2] 《秋涧集》卷15《送王子初总管奉诏北上》。

[3] 《元史》卷161《刘整传》。

[4] 周密著，吴企明校：《癸辛杂识》别集下《襄阳始末》，中华书局，1988年。

襄樊位于南阳盆地的南端，由汉水南岸的襄阳和北岸的樊城组成。它"跨连荆豫，控扼南北"[1]，两城之间又可以夹汉水互相支援，历来是易守难攻的兵家必争之地。"中原有之，可以并东南；东南得之，亦可以图西北者也"[2]。

在围攻襄樊战役中，忽必烈选定了两名统帅：蒙古军都元帅阿术和汉军都元帅刘整。阿术系国族名将兀良合台子，"沉几有智略，临阵勇决，气盖万人"[3]。无论是威望和个人军事才能，都无可挑剔。刘整骁勇善战，素有"赛存孝"[4]（唐名将李存孝——引者）之美名，在元军围攻襄樊战役中厥功至伟。

在襄樊战役拉开帷幕之际，阿术和刘整实施了三项重要举措。一是筑城围襄樊。元军在牛首、安阳、古城、红岩、沙河等十处构筑城堡，切断了宋军的东西南北之援，实现了对襄樊的长期围困。二是造船练水军。当时训练水军七万余人，造战舰五千艘。三是在汉水江面布列撒星桩，封锁数十里，围困襄樊。

与此同时，南宋方面也多次派遣重要将领范文虎、李庭芝、张顺、张贵、吕文焕等增援襄樊。宋元双方在此地形成对峙局面。

至元九年（1272年）十一月前后，针对襄樊围困长达五年、久攻不下的形势，行省参政阿里海牙及刘整、张禧、张弘范等纷纷建议：襄阳、樊城互为唇齿，宜先攻樊城，断其声援。

忽必烈审时度势，批准了这一总攻计划，又命令把亦思马因所献回回巨石炮运至襄樊军前使用。此种回回炮出自西域，攻击力猛烈于一般火炮，连最大的树木，也能就地摧毁。炮石直径数

[1] 顾祖禹著，贺次君、施和金点校：《读史方舆纪要》卷79《湖广五·襄阳府》，中华书局，2019年。
[2] 《读史方舆纪要·湖广方舆纪要序》。
[3] 《元史》卷128《阿术传》。
[4] 《元史》卷161《刘整传》。

尺，坠地可陷入三四尺。

随后，元军开始强攻樊城。阿术和刘整命令善水性兵士锯掉汉水中的木桩，砍断铁索，焚烧连接襄阳、樊城间的浮桥，切断襄阳守军前来救援的通道。然后分五道猛攻樊城，樊城城破。襄阳孤立无援，危在旦夕。

至元十年（1273年）二月，阿里海牙调集火炮等战具瞄准襄阳，一炮击中该城谯楼，声如雷霆，全城震动，军心大乱，诸将纷纷踰城逃命，如鸟兽散。

阿里海牙亲自到襄阳城下再三劝降守将吕文焕："君以孤军御我数年，今鸟飞路绝。帝实嘉能忠而主信。降必尊官重赐，以劝方来，终不仇汝，置死所也。"[1] 还折断箭支向吕发誓，吕文焕最终感悟出城投降。元廷任命吕文焕为昭勇大将军、侍卫亲军都指挥使、襄汉大都督和行省参政，其麾下军将士卒也得到赏赐与安置。

　　　　援兵不遣事堪哀，食肉权臣大不才。
　　　　见说襄樊投拜了，千军万马过江来。[2]

襄樊战役，是忽必烈起用南宋降将和造战舰、习水军的成功试验场。借此，元军"夺彼所长"，取得了包括水军舰船在内的战略战术的优势。襄樊战役的胜利，使得元军在中路攻宋方面取得了突破性进展，破坏了南宋在长江上、中、下游的三道防御体系，使之丧失了苟安东南的军事屏障。同时由于一批南宋降将的归附和加盟，忽必烈混一南北的步伐大大加快了。

---

[1]　《牧庵集》卷13《湖广行省左丞相神道碑》。
[2]　汪元量撰，孔凡理辑校：《增订湖山类稿》卷1《醉歌·其二》，中华书局，1984年。原书"襄樊"作"襄阳"，今据《水云集》（清武林往哲遗著本）改。

3. 江南若破，百雁来过

"圣人之兵仁而威，无远不服；天下之势离必合，有险即平。方期四海之会同，岂许一江之限隔。"[1] 攻克襄樊以后，元朝对南宋的大规模军事进攻和渡江战役，随即拉开了序幕。

关于征伐南宋的统帅人选，姚枢、史天泽、帝师八思巴等一致向忽必烈推举中书省左丞相、同知枢密院事伯颜担此大任。伯颜是蒙古八邻部人，处理政务明智果断，谋划国事常常高出廷臣一筹，素为忽必烈所倚重。八思巴曾当着世祖面夸赞他："英杰中之英杰，正是此人。"[2]

伯颜离京陛辞时，忽必烈嘱咐道："曹彬不嗜杀人，一举而定江南。汝其今体朕心，古法彬事，毋使吾赤子横罹锋刃。"[3] 忽必烈的叮嘱，对减少平宋战争的杀戮破坏及加快进军速度，作用不可低估。

至元十一年（1274年）九月，伯颜所率蒙古军和汉军，自襄阳分三路南下，水陆并进，仅用一个多月，就迅速兵临长江北岸。

阳罗堡大捷。

鉴于宋军在阳罗堡屯驻重兵，据险死守，伯颜和阿术议定，采用捣虚之策。十二月十三日，伯颜命令阿里海牙督张弘范等继续攻击阳罗堡，示以志在必得。当晚，又让阿术率晏彻儿等四翼军，乘夜色出其不意，溯流西上40里，突然在南岸青山矶登陆，击败宋军，追击至鄂州东门。

伯颜接到阿术的报告后，立即派遣数万步骑对阳罗堡展开猛

[1] 《元文类》卷16《徐世隆：东昌路贺平宋表》。
[2] 仓宗巴·班觉桑布著，陈庆英译：《汉藏史集》，西藏人民出版社，1999年，第153页。
[3] 《元文类》卷24《元明善：丞相淮安忠武王碑》。

攻，又命令数万舟师与宋将夏贵激战于江中。阳罗堡守军闻元军渡江已获成功，军心瓦解，旋被攻克。数十万宋军死伤殆尽，浮尸蔽江。耶律铸《江南平》诗云："横野万艘金翅舰，总戎一册《玉钤》篇。长江岂限天南北，万劫坤灵戴一天。"[1]伯颜指挥的渡江战役大获全胜。

伯颜、阿术又不失时机地分别率兵直逼长江南岸重镇鄂州、汉阳，二城守将听从劝谕，闻风纳款。元军进入鄂州。伯颜留阿里海牙以四万兵马守卫鄂州，继续经略荆湖。而后，他和阿术统领大军沿长江水陆东下。

> 淮南西畔草离离，万舳千艘水上飞。
> 旗帜蔽江金鼓震，伯颜丞相过江时。[2]

据说，南宋长江防线未攻破时，江南盛传民谣云："江南若破，百雁来过。"[3]理学家刘因又有《白雁行》诗一首：

> 北风初起易水寒，北风再起吹江干。
> 北风三吹白雁来，寒气直薄朱崖山。
> 乾坤噫气三百年，一风扫地无留残。
> 万里江湖想潇洒，伫看春水雁来还。[4]

碰巧的是，意大利旅行家马可·波罗也有相关记载：

> 基督诞生后1268年时，现今在位之大汗决定征服此国，

---

[1] 耶律铸：《双溪醉隐集》卷2《江南平》，清文渊阁《四库全书》本。

[2] 《增订湖山类稿》卷2《越州歌二十首·其一》。

[3] 《秋涧集》卷96《玉堂嘉话卷四》。

[4] 刘因：《静修集》卷5，《四部丛刊》初编本。

命其男爵一人名伯颜丞相者奉命前往，伯颜丞相，犹言百眼
之伯颜也。先是，蛮子国王卜其国运，知其国只能亡于一百
眼人之手，其心遂安。盖世上绝无百眼之人，缘其不知此人
之名，因而自误。[1]

这些歌谣、诗词或传说，大抵属于谶纬迷信，也许是元军事
先有意制作的平宋舆论。后来与白雁、百雁、百眼谐音的伯颜丞
相，果然受忽必烈派遣充当攻灭南宋的统帅。很像是天意注定，
届时应验。它也委婉表达了江南民众对元灭南宋的无奈和消极
认同。

丁家洲决战。

元军渡江，特别是鄂州的失陷，震撼了南宋朝廷。此时宋度
宗刚刚去世，四岁的皇子赵㬎即位于灵柩前，是为恭宗，祖母谢
氏被尊为太皇太后，临朝称制。南宋朝廷的大权仍然掌握在贾似
道手中。

至元十二年（1275年）正月，贾似道率13万精兵屯驻芜
湖，但他并没有积极备战部阵，而是急不可待地派遣计议官宋京
去元军大营议和，请求归还已降州郡，表示可称臣贡纳岁币。

伯颜的答复是："未渡江，议和入贡则可。今沿江诸郡皆内
附，欲和，则当来面议也。"又声色俱厉道："我奉旨举兵渡江，
为尔失信之故，安敢退兵。如彼君臣相率纳土归附，即遣使闻
奏。若此不从，备尔坚甲利兵，以决胜负。"[2]

对这样强令纳土投降的苛刻要求，贾似道当然不敢接受，宋
京请和遂告失败。二月十八日，丁家洲战役首先打响。

---

[1] 冯承钧译：《马可波罗行纪》第138章《大汗之侵略蛮子地域》，上海书店出版社，
    2001年，第326—327页。
[2] 《元史》卷127《伯颜传》；刘敏中：《平宋录》卷上，清守山阁丛书本。

贾似道以步军指挥使孙虎臣为先锋，淮西制置使夏贵率战舰2500艘布列长江中，军队总数13万，略占优势。

伯颜命令左、右万户率骑兵夹江岸而进，又在两岸架起火炮，轰击宋阵营中坚，炮声震动百里。见到宋军阵内有所摇动，伯颜又指挥水军猛烈冲击宋军船队，宋军全线溃退。

伯颜和阿术分别带领水军、骑兵乘胜追击150里，雷鼓大震，声动天地，杀伤溺水的死尸，遮蔽江面，流血染红了江水。"先直前锋三十万，一通严鼓尽为鱼"[1]。元军缴获战舰2000艘及大量军资器械，连贾似道的都督府印也在战利品之列。

丁家洲兵败后，南宋陈宜中等大臣奏请诛贾似道以谢天下。谢太后却以"勤劳三朝"和"失遇大臣礼"为辞，只同意将他贬职安置循州。贾似道被贬途中，押解官郑虎臣杀掉了这位误国罪臣。[2]

丁家洲战役是元军渡江以后与贾似道所率南宋主力进行的一场决战。它以南宋13万精锐的全军覆没而告终。宋王朝文武将相的离心离德和腐败无能，于此也暴露得淋漓尽致。此战以后，元军取得了军事上的绝对优势，南宋的灭亡和忽必烈混一南北，只是一个时间问题了。

火攻焦山。

至元十二年（1275年）七月初，元军与南宋在焦山展开了另一场激战。

当时，宋沿江制置使赵溍、枢密承宣张世杰及孙虎臣率战船万艘列阵镇江焦山以东江面，欲乘统帅伯颜离职赴阙之机，拼全力与元军决一死战。

阿术、阿塔海、董文炳等率各翼兵船迎战。阿术先登上南岸

---

[1] 《双溪醉隐集》卷2《战芜湖》。

[2] 《宋史》卷243《后妃传下·理宗谢皇后》、卷474《奸臣传·贾似道》。

的石公山瞭望敌情，只见宋军旌旗蔽江，舳舻相连，船大兵精，声势赫然。其舰船，每十艘用铁索连成一舫，沉碇于江中，没有号令，禁止起碇。

阿术笑曰：“可烧而走也。”于是，指挥水军万户刘琛沿长江南岸，东趋夹滩，绕至敌军后方；董文炳直抵焦山南麓，以击其右；招讨使刘国杰攻其左；万户忽剌出直捣其中；自上流赶到的张弘范又攻击焦山之北。另选拔强健善射者千人，分乘巨舰，两翼夹射，火矢接连射中宋船篷樯，烟焰赫赫，宋军大乱。被射中起火的宋军舰船，因铁索联营，无法驰逃，士卒赴水而死者数万。张世杰见败局已定，匆匆乘小船东逃。[1]

焦山的败北，使宋军完全失去了对元军进行大规模军事抵抗的力量。宋朝廷内外官员士气沮丧，逃遁匿避之风大盛。以至谢太后贴榜于朝堂之上，斥责道：

> 我国家三百年，待士大夫不薄。吾与嗣君遭家多难，尔小大臣不能出一策以救时艰，内则畔官离次，外则委印弃城，避难偷生，尚何人为？亦何以见先帝于地下乎？[2]

以儒立国，重文养官，是大宋的一项国策。而用纳币称臣换取和平与延续国祚，又成了文士们经常使用的办法。如今蒙古铁骑渡江南下，势如破竹，直指临安，连以往委曲求全的机会也不复存在。文士们无计可施，又大多不愿殉国捐躯，只能选择逃生避祸。

［1］《清河集》卷7《藁城董氏家传》；《元朝名臣事略》卷2《丞相河南武定王》；《元史》卷8《世祖纪五》、卷128《阿术传》。
［2］《宋史》卷243《后妃传下·理宗谢皇后》。

4. 三宫衔璧　南北一家

"淮襄州郡尽归降，鞞鼓喧天入古杭。国母已无心听政，书生空有泪成行"[1]。至元十二年（1275年）十一月九日，伯颜分兵三路，正式开始向南宋都城临安（今浙江杭州）进攻。

在向临安进军前夕，伯颜向谋士孟祺问计。孟祺云："宋人之计，惟有窜闽尔。若以兵迫之，彼必速逃，一旦盗起临安，三百年之积，焚荡无遗矣。莫若以计安之，令彼不惧，正如取果，稍待时日耳。"[2]伯颜依其策而行，立即修书信派人送往临安，予以安抚。

宋廷嗣君赵㬎幼冲，太后全氏善懦，临朝称制的太皇太后谢氏昏老，既无统率千军万马的将帅，又无善于主持国政的宰相。此时对战与和、守与逃，整日争论不休，举棋不定。伯颜遣使安抚之策，恰恰稳住了临安君臣。

而三路大军中的东路军顺江入海，抢先占领澉浦等出海口，既能封锁宋军自海上救援临安，又可堵截宋廷的海上逃路，使之最终在临安就范。

十二月五日，伯颜大军占领无锡。宋将作监柳岳奉宋主赵㬎和太皇太后谢氏的书信来见伯颜，涕泣哀怜地说："太皇太后年高，嗣君幼冲，且在衰绖中。自古礼不伐丧，望哀恕班师，敢不每年进奉修好。今日事至此者，皆奸臣贾似道失信误国耳。"

伯颜不为所动，冰冷答道："主上即位之初，奉国书修好，汝国执我行人一十六年，所以兴师问罪。去岁，又无故杀害廉奉使等，谁之过欤？如欲我师不进，将效钱王纳土乎？李主出降乎？尔宋昔得天下于小儿之手，今亦失于小儿之手，盖天道也，

---

[1] 《增订湖山类稿》卷1《醉歌·其三》。

[2] 《元史》卷160《孟祺传》。

不必多言。"[1]

后人写诗调侃:"当日陈桥驿里时,欺他寡妇与孤儿。谁知三百余年后,寡妇孤儿亦被欺。"[2]

至元十三年(1276年)正月,伯颜、董文炳、阿剌罕所率三路大军在临安近郊会师,并加紧对临安城的包围和谕降。

> 钱塘江上雨初干,风入端门阵阵酸。
>
> 万马乱嘶临警跸,三宫垂泪湿铃鸾。[3]

在大兵压境、出海口被元军封锁的情势下,南宋丞相陈宜中主张迁驾南逃。太皇太后谢氏认为:求和不许,大规模的南逃已无可能,在城军民奋力抵抗,只会招致屠城毁灭。在谢太后及主和派官僚们看来,投降是唯一的出路。

在正式投降前一日,陈宜中秘密说动杨太妃挟所生二王逃逸。于是,宋帝封其庶兄赵昰为益王,判福州,福建安抚大使;封庶弟赵昺为广王,判泉州,兼判南外宗正事;派杨镇、陆秀夫等连夜从陆路护送二王逃至温州,以留赵宋之根苗。

正月十八日,宋恭宗赵㬎和太皇太后谢氏派遣临安知府贾余庆等奉传国玉玺及降表诣皋亭山军前,伯颜接受下来。降表情辞哀婉可怜,令人不忍卒读:

> 大宋国主㬎,谨百拜奉表于大元仁明神武皇帝陛下:臣昨尝遣侍郎柳岳、正言洪雷震捧表驰诣阙庭,敬伸卑悃,伏计已彻圣听。臣眇焉幼冲,遭家多难,权奸似道,背盟误

---

[1] 《元史》卷127《伯颜传》。

[2] 《癸辛杂识》别集卷上《北客诗》。

[3] 《增订湖山类稿》卷1《北师驻皋亭山》。

国，臣不及知，至勤兴师问罪，宗社阽危，生灵可念。臣与太皇日夕忧惧，非不欲迁辟以求两全，实以百万生民之命寄臣一身，今天命有归，臣将焉往。惟是世传之镇宝，不敢爱惜，谨奉太皇命戒，痛自贬损，削帝号，以两浙、福建、江东西、湖南北、二广、四川见在州郡，谨悉奉上圣朝，为宗社生灵祈哀请命。欲望圣慈垂哀，祖母太后耄及，卧病数载，臣茕茕在疚，情有足矜，不忍臣祖宗三百年宗社遽至殒绝，曲赐裁处，特与存全，大元皇帝再生之德，则赵氏子孙世世有赖，不敢弭忘。臣无任敢天望圣，激切屏营之至。[1]

宋主所献的传国玉玺12枚，根据孟祺的建议，未让任何人经手拆封，由千户囊家带、行省掾王祐直接送往元廷。二月五日，恭宗赵㬎亲自率领文武百僚到祥曦殿，面北望阙，上表拜伏，乞为藩服。

至元十三年（1276年）三月十二日，对于南宋朝廷和幼帝赵㬎来说，都是一个悲凉的日子。伯颜丞相的副手阿塔海、阿剌罕、董文炳等持忽必烈诏书进入宋帝宫廷，敦促赵㬎同全太后北上入觐。诏书由行省郎中孟祺宣读，当读到"免系颈牵羊"时，全太后哭泣着对宋主赵㬎说："荷天子圣慈活汝，当望阙拜谢。"[2]赵㬎依照全太后语向北跪拜。

然后，母子乘肩舆出宫，连夜出城。次日，在元军的监护下，赵㬎和全太后等沿运河北上，陆路换乘的官车多达93辆。随从北上的还有，隆国夫人黄氏及宫人数百人、福王赵与芮、沂王赵乃猷和谢太后侄谢堂、驸马杨镇以下的官属数千人。此外，宋太学上舍、内舍、外舍诸生数百人也被强制赴京。"遗

---

[1] 《元史》卷9《世祖纪六》。

[2] 《元史》卷9《世祖纪六》。

氓拜路傍，号哭皆失声"[1]，临安百姓皆拜伏路旁相送，哭声震天。

> 东南半壁日昏昏，万骑临轩趣幼君。
> 三十六宫随辇去，不堪回首望吴云。[2]

南宋君臣再一次踏上了与昔日徽、钦二帝相似的亡国被掳北上的路。太皇太后谢氏因病暂留临安，五月亦动身赴大都。

与此同时，南宋的祭器、乐器、秘书省图书、衮冕、圭璧、车辂、辇乘、卤簿、仪卫、宗正谱牒、天文地理图册及大量财宝，均被伯颜派人登记造册，集中收缴，运往大都。

降表、玉玺奉上和宋主北觐，意味着享国三百余年的宋王朝至此寿终正寝。徐世隆《东昌路贺平宋表》云："一鼓而定荆襄，再驾而降鄂岳。蕲黄面缚，江汉心归。铁瓮之坚城已摧，金陵之王气何待？楚地六千里，不劳秦将之增兵；钱塘十万家，坐见吴王之纳土。"[3]

谢太后还被迫颁布手诏，命令江南州郡"一体归附"，又强行遣散文天祥原先招募的二万余义军，令其"各归乡里"[4]。

伯颜在临安举行了隆重的元军入城仪式，建大将旗鼓仪仗，率领左、右翼万户，巡行临安城。南宋在临安的军队也被遣散，诸色官府被废罢撤销，取而代之的是伯颜承制设立的两浙大都督府和浙东西宣慰司。

至元十五年（1278年），临安府又正式易名为杭州路，昔日南宋的临时都城终于被降为元朝的东南一路府了。

---

[1]《增订湖山类稿》卷2《北征》。

[2]《增订湖山类稿》卷2《越州歌二十首·其二》。

[3]《元文类》卷16《徐世隆：东昌路贺平宋表》。

[4]《平宋录》卷中。

闰三月二十四日，全太后、赵㬎等在伯颜的监护下到达大都。伯颜入城之日，打起了写有"天下太平"四字的大旗。元廷还派出"绯绿妓乐，神鬼清乐，戴珠翠，衣销金，乘马旌队，枪刀金鼓"等，予以迎接。

四月二十八日，全太后、赵㬎一行抵达上都。五月初一，亦即益王赵昰在福州被立为新帝的同一日，全太后、赵㬎等按照元枢密院的事先通知，随同伯颜等朝廷大臣出城祭祀太庙，向祖宗和天地神祇报告平定南宋、混一南北的消息。清晨，出上都城西门外五里，全太后、赵㬎、福王、隆国夫人等在前，吴坚、谢堂、家铉翁等在后。赵㬎面对象征黄金家族太庙的紫锦罘罳（城角之屏），向北两拜。全太后及其他女性则各自长跪。福王和吴坚、谢堂等宰执又依照南宋祭太庙的仪式，跪拜行礼。

五月初二日拂晓，全太后、赵㬎、福王、隆国夫人、宰执人等又出南门外十余里，前往草地行宫觐见忽必烈。忽必烈和察必皇后并坐在大殿的宝座上，诸王列坐于两侧，依次接受南宋君臣的朝拜大礼。然后南宋君臣各依次序立班，"作朝甚肃"。忽必烈又降旨："不要改变服色，只依宋朝甚好。"[1] 故南宋君臣宰执以上依然腰金服紫，属官绯绿。由于未改服色，一方面，为南宋君臣保有颜面，内心更容易接受；另一方面，则更能显示大元皇帝君临华夏和南宋覆亡的全部含义，可谓两全其美。

忽必烈龙颜大悦，当即封授赵㬎开府仪同三司、检校大司徒、瀛国公；封福王平原郡公。汪元量有诗为证："福王又拜平原郡，幼主新封瀛国公。"[2] 后来抵达京师的太皇太后谢氏也被封为寿春郡夫人。

朝觐结束后，忽必烈、察必皇后、伯颜丞相等设十余次御

---

[1] 刘一清撰，王瑞来校笺：《钱塘遗事校笺考原》卷9《祈请使行程记》，中华书局，2016年。
[2] 《增订湖山类稿》卷2《湖州歌九十八首·其八十一》。

宴，招待全太后、赵㬎、福王等人，并在衣食住行日用等方面给予了非常优厚的待遇：

> 每月支粮万石钧，日支羊肉六千斤。御厨请给蒲桃酒，别赐天鹅与野麋。
>
> 三宫寝室异香飘，貂鼠毡帘锦绣标。花毯褥裀三万件，织金凤被八千条。[1]

清人赵翼评论说，比起金朝强徙徽宗、钦宗及宗室三千余人于上京，仅赐田十五顷，令"耕以自食"。之后海陵王又杀赵宋男子一百三十余口等严苛待遇，元世祖待亡宋太后、幼帝可谓甚为优礼。[2]这在至元十九年（1282年）以前是无可争辩的事实。

占领临安和宋主投降，虽然意味着享国三百年宋王朝的寿终正寝，但原南宋境内的福建、两广及川蜀、两淮的部分地区，当时尚未攻克。特别是益王、广王在福州建立"行朝"逃亡政权后，未征服地区的军事抵抗转而变得十分顽强，许多已归附城邑又降而复叛。忽必烈麾兵闽广和最终统一全国的任务，就显得十分迫切而艰巨。

至元十三年（1276年）五月一日，陈宜中、陆秀夫等在福州拥立赵昰为新帝，改元景炎，是为端宗，又册立赵昰生母杨淑妃为太后，一同听政。至元十五年四月，赵昰病死于硇洲，赵昺继为宋主。

同年六月，忽必烈任命江东宣慰使张弘范为蒙古汉军都元帅，迅速调集蒙古军千人和扬州"水陆之师二万"，负责对广东

---

[1] 《增订湖山类稿》卷2《湖州歌九十八首·其八十三、八十四》。

[2] 赵翼著，王树民校证：《廿二史札记校证》卷30《金元二朝待宋后厚薄不同》，中华书局，2013年。

二王的用兵。至元十六年（1279年）正月，张弘范对赵昺行朝驻地崖山组织军事包围，二月六日，元军分为四部，从东、南、北三面进攻崖山，宋军大溃。

陆秀夫见大势已去，先沉妻儿于海中，再抱赵昺赴海死。

杨太后闻赵昺已死，拊膺大恸，悲切万分地说："我忍死艰关至此者，正为赵氏一块肉尔，今无望矣。"言罢，亦赴海死。宋军将士死于焚烧水溺十余万人。元军缴获海舰800余艘，赵昺的符玺印章亦为元军所得。

宋将张世杰突围南奔交趾，遇飓风船毁溺死。至此，岭海皆平，南宋残军荡然无存。

张弘范还在崖山之阳，摩崖镌石以纪此役之功，然后，凯旋北归。[1]

崖山之战，是宋元战争的最后一役。它彻底歼灭了二王逃亡政权及其所属的军事力量，平定了南宋残余势力所控制的闽广地区。在此前后，重庆、泸州、合州等川蜀最后一批宋军守城相继被占领。忽必烈君臣所期许的"南北共为一家"[2]的梦想，终于成为现实。张宪有《厓山行》一诗：

> 三宫衔璧国步绝，烛天炎火随风灭。间关海道续荧光，力战厓山犹一决。午潮乐作兵合围，一字舟崩遂不支。樯旗倒仆百官散，十万健儿浮血尸。皇天不遗一块肉，一瓣香焚海舟覆。犹有孤臣卧小楼，南面从容就刑戮。[3]

崖山战败，意味着宋朝国祚彻底灭绝。即使在南人看来，

---

[1] 《元朝名臣事略》卷6《元帅张献武王》；《宋史》卷47《二王纪》。

[2] 《元史》卷127《伯颜传》。

[3] 张宪：《玉笥集》卷2《厓山行》，清粤雅堂丛书本。

天下正统也是非元朝莫属了。宋遗民、画家龚开为陆秀夫写挽诗云：

> 立事宁将败事论，在边难与在朝分。
> 从来大地为沧海，可得孤臣抱幼君。
> 南北一家今又见，乾坤再造古曾闻。
> 他年自有春秋笔，不比田横祭墓文。[1]

沧海变为桑田。乾坤再造，南北一家，成为谁也无法改变的社会现实。

元朝之所以能够在这次平宋统一战争中取得成功，有一条最基本的原因，就是从忽必烈开始，元朝能够和中原士大夫建立起一种政治联合。忽必烈附会汉法，采取了一些保护农耕的措施，开始以中国之道、以汉法来治理汉地。这在较大程度上赢得了中原百姓和士大夫的支持和拥戴。北方的汉人逐渐认同元政权，这是非常重要的。当时有一种说法，即践行儒家之道者即为正统，此说最为理学家所看重。忽必烈既占领中原又施行汉法，连金朝状元王鹗、理学宗师许衡等，都纷纷到元朝做官了。所以，多数百姓和士大夫基本认同元朝为正统，他们也愿意拿出财力和军力支持平定南宋的战争。伯颜所率南征的20万军队，是以汉人为主体，蒙古人和色目人至多5万人，其余15万都是汉人。实乃在元政权号令下，利用中原财力，主要依赖中原汉军，战胜南宋的统一战争。

"伯颜丞相吕将军，收了江南不杀人"[2]。忽必烈令伯颜效仿曹彬不嗜杀，招降为主的策略，非常奏效。对吕文焕为首的南宋

---

[1] 龚开：《辑陆君实挽诗序》，载陶宗仪辑：《草莽私乘》，清初抄本。

[2] 《增订湖山类稿》卷1《醉歌·其十》。

沿江军将多数不战而降，起了很大作用，有意无意地保护江南的
农商经济秩序，较多减少了百姓的抵触与反抗。同时，忽必烈知
人善任，对伯颜和阿术二统帅，对刘整、吕文焕等南宋降将，都
使用得当，甚为成功。

二 南北经济文化的交流

1. 江南农商秩序的稳定和经济持续繁荣

元军渡江前夕，元世祖忽必烈谆谆告诫统帅伯颜："昔曹彬以不嗜杀平江南，汝其体朕心，为吾曹彬可也。"[1]明确袭用赵宋不嗜杀抚定南唐的政策。平定南宋之际，除常州、沙洋、静江等个别城市外，包括临安在内的绝大多数城市，均因谕降而幸免战火。

可以说，元朝的渡江平宋，是以谕降为主的政治军事行动。统一南宋后，政府在维持原有的江南大土地占有制及租佃制秩序基础上，在江南实施安业力农政策，百姓"宜安本业"，地方官"每岁劝课"，如无成效者，要纠察惩治。[2]意在保护江南高度发达的农耕经济及工商业，保障原有"销金锅儿"[3]式的农商繁荣秩序。汪元量《醉歌》诗描述临安城降附后的情状："衣冠不改只如先，关会通行满市廛。北客南人成买卖，京师依旧使铜钱。"[4]即可为明证。

更重要的是，元廷还出于"嗜利"和财政需求，实行"重商"和重市舶，直接带来了江南商业经济的持续繁荣。

江南尤其是东南，一直被元朝统治者视为获取财货及奢侈品

---

[1] 《元史》卷127《伯颜传》。

[2] 《元史》卷8《世祖纪五》；《元典章》5《台纲卷一·行台·行台体察等例》。

[3] 周密著，钱之江校注：《武林旧事》卷3《西湖游幸》，浙江古籍出版社，2011年。

[4] 《增订湖山类稿》卷1《醉歌·其六》。

的"金窟"。故而在重商政策驱使之下,江南大小商业经济得以长足发展,甚而出现"举世治筐箧""人多好市井牟利之事"的风潮。[1]江西吉水萧雷龙原本"家多资,至宋季而贫,乃折节治货区,不数年间,竟倍加于昔"[2]。萧氏原本是宋季没落的地主,因为受到新王朝重商政策的刺激,迅速通过经商积累起巨额财富。由于元代长期不行科举,"士无入仕之阶",一些读书人只好弃其所学,"作技巧贩鬻以为工匠商贾"[3]。

> 翡翠明珠载画船,黄金腰带耳环穿。
> 自言家住波斯国,只种珊瑚不种田。[4]

诗中描绘的就是赖东南海外贸易"中买"珠宝而大发横财的波斯商人。"斡脱中宝之人,妄称呈献,冒给回赐,高其直且十倍"[5],获利甚为丰厚。回回人哈哈的从至治年间开始贷官钞"违制别往番邦,得宝货无算"[6]。泉州"南蕃回回"佛莲是掌管市舶的蒲寿庚女婿,"其家甚富",有海舶80艘。死后被抄没家财,"见在珍珠一百三十石,他物称是"[7]。由于海商动辄"赢亿万数"[8],故而"商者益众"[9],吸引力极大。

"江海壖,家家浮生多在船。船居无租出无禁,竞卖田宅行

[1] 王结:《文忠集》卷1《张梅友编修以古诗四首见赠次韵答之》,文渊阁《四库全书》本;《癸辛杂识》别集上《天市垣》。

[2] 《宋濂全集·翰苑续集》卷7《元故秘书著作郎芳洲先生萧府君阡表》。

[3] 《元史》卷81《选举志一·科目》。

[4] 马祖常著,王媛校点:《马祖常集》卷4《绝句十六首》,吉林文史出版社,2010年。

[5] 《元史》卷175《张珪传》。

[6] 《元史》卷32《文宗纪一》。

[7] 《癸辛杂识》续集下《佛莲家赀》。

[8] 《吴文正公集》卷64《元荣禄大夫平章政事赵国董忠宣公神道碑》。

[9] 《元史》205《奸臣传·铁木迭儿》。

盐钱"[1]。海商之外，贩盐的利润也相当可观。元中叶以后，一些土著南人也竭力加入盐商的行列，并积极从事海外贸易，于是迅速催生起一批东南豪富巨商。嘉定（今上海嘉定）朱国珍、管明"为奸利于海中，致赀巨万"。同邑沈氏，"因下番买卖致巨富"。定海人夏仲贤，从事海外贸易仅数年，"泉余于库，粟余于廪，而定海之言富室者归夏氏"[2]。这样的例子简直不胜枚举。

江南商业贸易的繁荣，无疑会进一步促进商品流通的加速。其中发展势头最为强劲的商品除传统的丝绸、瓷器外，要数粮食和棉布。

众所周知，丝织业是元代官、私手工业和家庭副业最主要的行业之一，也是出口商品的大宗。元代丝绸产地主要集中在江南和四川地区。建康（今江苏南京）有东、西织染局，其中东织染局管人匠3006户，有织机154张，额造段匹4527段，荒丝11 502斤8两。[3]镇江岁额段匹更高达5900余匹，有苎丝、暗花、素丝绸、胸背花与斜纹等不同花色品种。[4]常州路织染局岁办段匹900段，包括胸背180段，斜纹720段。按颜色又分鸦青223段、橡子竹褐90段、驼褐90段、明绿69段、秆草褐3段、枯竹褐415段。[5]

元代北方瓷窑相继衰落，南方瓷窑却长盛不衰，浙江龙泉

[1]《梧溪集》卷2《忧伤四首上樊时中参政苏伯修运使》。

[2]《宋濂全集·銮坡前集》卷3《元故嘉议大夫礼部尚书致仕汪先生神道碑铭》；《南村辍耕录》卷27《金甲》；戴良：《九灵山房集》卷15《玄逸处士夏君墓志铭》，《四部丛刊》初编本。

[3] 张铉著，田崇校点：《至正金陵新志》卷6《官守志·本朝统属官制》，南京出版社，1991年，第270页。

[4] 俞希鲁著，杨积庆等校点：《至顺镇江志》卷6《赋税·造作》，江苏古籍出版社，1999年，第255—256页。

[5]《泰定毗陵志·财赋·造作》，载杨印民辑校：《大德毗陵志辑佚（外四种）》，凤凰出版社，2013年。

窑的青瓷自北宋外销，直至明永乐、宣德时期依旧红火，畅销了四百余年。江西景德镇的瓷器更是异军突起，当地拥有民窑三百多座，"陶工、匣工、土工之有其局；利坯、车坯、釉坯之有其法；印花、画花、雕花之有其技，秩然规制，名不相紊"。因所制瓷器"洁白不疵"，故有"饶玉"之称，与真定红瓷、龙泉青秘"相竞奇"。"窑火既歇，商争取售"。按照不同地区对产品的不同需求，分别流向川、广、荆、湘、江、浙、福建及两淮等地。[1]并成为海外贸易的大宗，远销东南亚、西亚和非洲东海岸各地。

青花瓷是景德镇外销瓷中的拳头产品，它是一种以钴为原料制作的釉下彩瓷器。部分钴料进口于波斯湾地区，称苏麻离青或苏勃泥青。为满足不同地域、不同生活习惯使用者的需要，元青花的器物造型多种多样，如大罐、大瓶、大盘、大碗是为了适应伊斯兰地区穆斯林席地而坐、一起吃饭的习惯而特别生产的。而小型器皿如小罐、小瓶、小壶则多销往菲律宾等地，适合东南亚人陪葬需要。除了外销，景德镇也生产一些中小型瓶、炉、笔山、高足碗、连座器等，满足国内普通民众需求，但并未进入宫廷。

粮食成为元代大宗商品，缘于大都的城市需求，南粮北运是元朝国计民生的重头大戏，后文将有专门论及。且看元代江南棉织业的重要发展。东鲁王祯言：

> 夫木绵产自海南，诸种艺制作之法骎骎北来，江淮川蜀既获其利，至南北混一之后，商贩于此，服被渐广，名曰吉布，又曰绵布。其幅足之制，特为长阔；茸密轻暖，可抵缯帛。……庶远近滋习，农务助桑麻之用，华夏兼蛮夷之利，

---

[1] 蒋祈：《陶记》，载李洊德修、汪壎纂：《[乾隆]浮梁县志》卷10《物产志·陶政》，清乾隆刻本。

将自此始矣。[1]

诚如王祯所言，元代棉织品及棉花种植技术已北传至黄河流域，但棉织业中心实在江南的松江地区。松江棉布能够闻名遐迩，得益于从崖州归来的黄道婆。她把从海南黎族人民那里学到的制棉工具和织棉技术传授给松江居民，造"捍弹纺织之具。至于错纱配色，综线挈花，各有其法"。所制"乌泥泾被"等棉织品，"其上折枝团凤棋局字样，粲然若写"，成为畅销产品。松江居民"人既受教，竞相作为"，一时从业民户多达千余家，"转货他郡，家既就殷"[2]，纺织和贩卖棉布成为致富的重要产业。

元代两广、福建和四川皆盛产荔枝，福建荔枝被列为上品，且产量巨大，"一岁之出，不知几千万亿"。每年初花时节，有商人"计林断之以立券"，就是根据株数多少先行预购。待成熟采摘后，"水浮陆转，贩鬻南北"。甚至还远销至西夏、新罗、日本、琉球、大食等地，"莫不爱好，重利以酬之"[3]。

元朝政府实施的"安业力农"和"重商"重"市舶"政策，基本维持和保护了江南"富民"主导的经济实体或"农商"秩序，且有所繁荣发展。徐一夔《织工对》记载元末杭州丝织业中已出现一定规模的雇佣劳动，恰恰是重商、重市舶政策刺激下东南沿海城镇新的生产关系萌生和初步发展的硕果。我们经常自豪地称道17世纪以前中国曾经是世界经济中心地带和经济最富庶、最先进的地区。实际上，当时支撑中国经济富庶和先进的，主要是以东南沿海为代表的江南"风水宝地"，而不是中原汉地。所

[1] 王祯著，孙显斌、攸兴超点校：《王祯农书》农器图谱集十九《纩絮门·木绵叙》，湖南科学技术出版社，2014年。
[2] 《南村辍耕录》卷24《黄道婆》；《梧溪集》卷3《黄道婆祠》。
[3] 《王祯农书》谷谱集七《果属·荔枝》。

以，元朝统一南北的巨大意义，不仅在于结束了中国三百余年的分裂割据局面，还在于保护了江南"富民"经济实体，维持了中国在世界经济的中心地位。

2. 大运河的凿通与南北贸易

安史之乱后，随着中国经济重心南移的完成，南北方经济发展的差距日渐拉大。中唐以后的历代王朝，无不仰赖东南财赋来支撑国计民生，漕运也由此成为国家财政的重要命脉。定都在长安和洛阳的隋唐王朝，依靠大运河把各地的财赋资源运送到黄河水系，最后转运至京师。隋炀帝修北运河，为征伐高丽运送军粮，后来的唐太宗也是如此。

元朝的情况也与之类似。"元都于燕，去江南极远，而百司庶府之繁，卫士编民之众，无不仰给于江南"[1]。可以说，自从忽必烈确立上都、大都两都制后，两都臣民的生活消费均严重依赖于南方漕运来的钱粮财赋，"南粮北运"成为国家经济生活的重头大戏，而开辟一条能够贯通南北的漕运通道就成为当务之急。

早在至元十三年（1276年）丞相伯颜平宋后，即言："都邑乃四海会同之地，贡赋之入，非漕运不可，若由陆运，民力惫矣。川渎所经，何地迳便，此方今便宜，博加询访，必有知者。"随后在上都觐见忽必烈时，又奏言：

> 江南城郭郊野，市井相属，川渠交通，凡物皆以舟载，比之车乘，任重而力省。今南北混一，宜穿凿河渠，令四海之水相通，远方朝贡京师者，皆由此致达，诚国家永久之利。[2]

---

[1] 《元史》卷93《食货志一·海运》。

[2] 《元朝名臣事略》卷2《丞相淮安忠武王》。

元初，从南到北的漕运，主要采取两条途径：一种是海运，另一种是水陆两运。海运就是从平江刘家河入海，沿海岸向北，绕山东半岛，再从大沽口入通州，再陆运至大都。海上风浪无常，粮船时有飘没之虞，损失极大。水陆两运就是从杭州开始，经江南运河，在京口过长江，再由扬州运河，在淮安北面入黄河，逆流而上，到中滦改由陆运，走180里到淇门，然后用船经由御河水运至通州，再转运大都。

无论海运还是水陆两运，北上水路终点只能到大都以东的通州。从通州到大都城内的50里路程，则需要陆运。陆地輦运马驮，每年总运量高达数十万石，耗费巨大，成本甚高。而且，秋季霖雨，道路泥泞，驴马牲畜倒死者不可胜计。随着大都城的繁华和人口增长，城市官民用水水源也显得供不应求。

南北大运河凿通前，在黄河以北，运河的缺水现象十分严重。运河行船，很大程度上依赖黄河和淮河水系来支援，如无人工引水，运河水量很难保持。由于数百年的南北割据对峙，运河年久失修，导致河道壅塞或狭窄水浅，逐渐失去了南北水道贯通的效用。元代，从南方来的大漕船，北上50里，就得筑堰蓄水。经过长江和淮河，溯泗水而上，沿途还有一些险峻之处。而到了东阿、茌平一带，更有300里地段不通航，需要车推輦送。这和后来的明清重新修复北运河后的情况大不相同。当时的运河，在多数时间内，转输都较为艰难，费用也比较高昂。

由于解决"南粮北运"问题的迫切性，加之元廷在政治、军事上加强江南统治的需要，南北大运河的修治凿通被提上日程。

这一浩大工程，主要兴修于元世祖忽必烈时期。到至元三十年（1293年），大运河全线基本修通，北起大都，南讫杭州，全长3000余里，主要分为以下几段。

通惠河，即大都运粮河。从北京到通州，长164里。

通州运粮河。从通州南下入大沽河，西接御河。

御河，即卫河。从天津南至临清，接会通河。

会通河。从临清至须城安山，接济州河，长250余里。

济州河。从须城安山到济宁，接泗水入黄河，长50多里。

扬州运河。从黄河到扬州瓜州，入于长江。

江南运河。从镇江经常州、苏州、嘉兴，直达杭州。

上述七段，除扬州运河、江南运河两段是利用以前的旧有运河外，其余全部为当时兴修。水利专家郭守敬对于这一工程的设计和修建作出了杰出贡献。

至元二十八年（1291年），郭守敬利用到上都奏报滦河、浑河溯流开辟漕运勘察情况的机会，及时向忽必烈提出了开凿大都到通州间运河的新方案。主要内容是，在开凿清河上源水道的基础上，进一步扩充水源，另引昌平白浮泉水，向西转南，经瓮山泊自西水门入大都城，迂回汇入积水潭，再向东转南，出南水门，最后合入通州运河。全长164里，沿途每十里置一河闸，共计七闸，闸前一里左右置斗门，互相配合，用以过船止水。

忽必烈览奏，即命"当速行之"。还特地设立都水监，让郭守敬兼领其事。整个工程自至元二十九年（1292年）春到三十年秋，历时一年半，共调集军民二万余人，计工二百八十五万个。完工之时，忽必烈特赐名"通惠河"。[1]

通惠河修成后，终结了自通州到大都的官粮陆运，南来的运粮船及其他商用船舶一直可以驶进大都城内的积水潭。同时，增大了积水潭的水源和储水量，充裕优化了元大都城的水供给，为明清北京城的继续发展提供了用水保证。

早于通惠河竣工的大运河另一重要河段会通河，修成于至元二十六年（1289年）五月。这条河道是在平地开河，缺乏水源，完全靠31座船闸加以调节。史载会通河贯通后，"江淮、湖广、

---

[1]　《元文类》卷50《齐履谦：知太史院事郭公行状》；《元史》卷164《郭守敬传》。

四川、海外诸番土贡粮运，商旅懋迁，毕达京师"[1]。

拉施特《史集》中这样描述元代大运河：

> 合罕下令挖一条大运河，并且将上述那条河（指永定河和卢沟河——引者）以及其他一些从哈剌沐涟流出，并静静地流经地区上诸城之河的水，放入其中。船可从汗八里航至行在和刺桐、忻都斯坦诸港湾和摩至那京城，其间为四十日途程。
>
> 在这些河上有很多坝，是修来为向各地区[供]水用的。当船到达这些坝的时候，无论它有多少货物，无论它有多么重，都是连船带货一起，用铰链举起来，放到坝的另一面的水上，使它[继续]航行。该运河宽达三十余嘉兹。合罕下令用石头加固该运河之壁，以免土块塌落在运河中。沿着该运河，有一条宽阔大道通往摩至那。它的四十日途程上全铺着石头，为的是在下大雨时，牲畜的脚不致陷入泥中。路的两旁植有柳树和其他树木，使全路均为树荫所覆盖；任何一个人，无论是军人或其他什么人，都不敢折断那些树上的一条树枝或把它的一片叶子给牲口吃。[路的]两旁，建有村庄、庙宇和店铺，所以这四十日途程经过的全是有人烟的地区。[2]

通过这段文字，可以让我们对元代大运河的交通、货运和地理环境有着更为具体的了解。

世祖以降诸帝对运河的疏浚和管理都极为重视，如成宗大德三年（1299年），都水监罗璧浚阜通河而广之，岁增漕六十余万石。大德十年（1306年），浚真、扬等州漕河，令盐商每引输钞

---

[1] 《元朝名臣事略》卷2《丞相淮安忠武王》。
[2] 《史集》第2卷，第323—324页。

二贯，作为雇工费用。武宗至大四年（1311年），将通州至大都运粮河闸改为砖石结构，工程直到泰定四年（1327年）才告完工。[1]

由于历朝政府不断疏浚和整修，终元之世，大运河始终保障着船只的顺利通行，成为元朝社会生活中一条川流不息的生命线。

元代大运河最突出的重要作用，是与海运共同担负政府运输漕粮的任务。依靠运河便利的交通，元廷进一步加强了对江南地区的军事、政治控制。运河加速了南北物资的流通，"船既通行，公私两便"[2]。众多商贾通过运河从事商业贸易活动，促进了社会经济的发展繁荣。在江南水源充足、可以保证船只通行的前提下，地方政府也允许运河沿岸百姓利用河水灌溉土地。水利灌溉条件的改善，使运河江南地段大片土地的农业生产环境有了较大改善和提升。在繁荣经济的同时，运河也促进了南北文化的交流，众多北地杂剧作家、表演艺人纷纷通过运河向南方移动。在北曲南传、南北曲交融的同时，北杂剧的重心也日益随之南移。

总之，元代南北大运河的兴修，使南北方经济、文化得到了进一步交流，促进了运河沿岸地区农业、手工业、商业的发展，加强和巩固了元朝的统治和国家的统一，也奠定了后世大运河的基础。

到了明清时期，由于两朝国祚绵长，社会相对安定，政府有了更为充裕的条件来维修和保护运河的通航，朝廷运粮基本不再使用海道，而是主要依靠运河漕运，这对运河沿途的区域经济起到了明显的促进提升作用，运河沿线城市如北京、天津、临清、扬州、苏州、杭州以及运河周边的上海松江、南京等一批重要的

---

[1] 《元史》卷166《罗璧传》、卷21《成宗纪四》、卷64《河渠志一·通惠河》。

[2] 《元史》卷64《河渠志一·通惠河》。

二 南北经济文化的交流 | 121

商业城镇受益极大，其贸易范围甚至辐射到泉州、广州等地。这
又是运河漕运的副产品。

3. 南粮海运与妈祖崇拜

元朝最早启用海上运输，是在至元十三年（1276年）南宋
归降之后。当时，伯颜要把截获的宋室帑藏金银珍宝和图籍北运
京师，但扬州仍在宋将李庭芝和姜才的固守之下，大运河通道被
切断了。被掳掠北上的宋幼主和全太后等人，途经扬州之时，还
险些被李庭芝的兵马劫走，让元军虚惊一场。所以在运送宝藏和
图籍之时，伯颜就临时起用了海盗出身的朱清和张瑄，让他们从
崇明州由海道运载宋皇室的帑藏和图籍入大都。

朱清、张瑄原是南宋崇明一带的著名海盗，曾乘舟抄掠海
上，后泛海北上降元，非常熟悉长江口到渤海湾的航道，因此，
顺利完成了首航运输帑藏图籍的任务。朱清、张瑄还随从伯颜丞
相入见忽必烈，以功授金符和千户官职。

元代的海道漕运，就发端于这一偶然事件。而后五六年间，
忽必烈曾经接受南宋降官王积翁"如今江南粮多，若运至京师，
米价自贱"[1]的奏议，极为重视南粮北运，但海运并没有正式开
始，东南财赋依然使用运河水道转漕北上。

至元十九年（1282年），朱清、张瑄建议试行海路运输东南
钱粮财赋，忽必烈立即予以批准，命令上海管军总管罗璧与朱
清、张瑄等，造平底海船60艘，运江南粮食4.6万余石，由海道
至京师。

罗璧、朱清、张瑄三人组织的船队从扬州载粮，出长江，沿
海岸北上。因首次航行，未能适应和利用季风及潮汐，中途受

---

[1] 赵世延等纂修：《大元海运记》卷上，清抄本。

阻，只好在山东刘家岛过冬。第二年三月才抵达直沽。

首次海运虽然粮数不多，但毕竟为朝廷开辟了一条新的漕运路线，故意义非凡。元人张昱有诗赞曰：

国初海运自朱张，百万楼船渡大洋。

有训不教忘险阻，御厨先饭进黄粮。[1]

是年十二月，忽必烈论功行赏，授朱清运粮万户，张瑄子张文虎为千户，忙兀歹为万户府达鲁花赤，罗璧也升任管军万户，仍兼管海道运粮。

忽必烈晚年曾嘱咐右丞相完泽："朱、张有大勋劳，朕寄股肱，卿其卒保护之。"忽必烈的这番嘱咐，表明朱清、张瑄所开辟的海运对京师粮食供给的巨大作用，也披露了忽必烈本人有功必赏的用人之道。然而遗憾的是，由海运起家，"贵富为江南望"[2]的朱清、张瑄，成宗大德七年（1303年）竟以谋逆反叛的罪名，被逮系京师。最后，朱清自杀，张瑄及其子张文虎等俱斩首弃市。

至元十九年（1282年）以后，海运得到迅速扩展和完善。首先，运粮数不断增加。

至元十九年（1282年）到至元三十年（1293年）海运漕粮数

年度	运粮数（石）
至元十九年	42 172
至元二十一年	275 610
至元二十二年	90 771
至元二十三年	433 905

[1]《张光弼诗集》卷3《辇下曲》。

[2]《梧溪集》卷4《张孝子》。

续表

年度	运粮数（石）
至元二十四年	290 546
至元二十五年	397 655
至元二十六年	919 943
至元二十七年	1 513 856
至元二十八年	1 281 615
至元二十九年	1 361 513
至元三十年	887 591

由上表可知，十余年间，从最初的4万多石最高增至150余万石，增长了近33倍。元后期每年海运漕粮甚至高达300万石以上。再加上通过大运河的运粮，总计500万石左右。这些漕粮主要供应大都地区皇室、各级官府、驻军及官营手工业工匠等，并不时赈济北方牧区。成宗末，朝廷与北方叛王海都和笃哇议和，很多从叛的原属拖雷麾下的蒙古大千户部众，自西北海都领地等处东来归附元廷，都得仰赖元廷廪食供养。这样，漠北对粮食的需求量也迅速增加。

大都居民日用粮食则大半依靠南商贩运，粮价随市场供应上下起伏，"来的多呵贱，来的少呵贵有"[1]。

元朝中叶，大都城内人口在50万左右，这50万人口主要仰赖东南的粮食养活。郑元祐曾描述京师大都仰赖海运漕粮的严重性："京畿之大，臣民之众，梯山航海，云涌雾合，辇聚荤毂之下者，开口待哺，以仰海运，于今六七十年矣。"[2]这也是造成海道运粮的数目逐年上升的主要原因。

元朝初期的海运航路，从平江路刘家港入海，经扬州路海门

---

[1]　《通制条格校注》卷27《杂令·拘滞车船》，第640页。

[2]　郑元祐：《侨吴集》卷11《前海道都漕运万户大名边公遗爱碑》，清文渊阁《四库全书》本。

县黄连沙头，由万里长滩进入大洋，沿着海岸山岙行驶，先抵淮安路盐城县，经西海州、海宁州东海县、密州、胶州地界，进灵山洋向东北，绕过胶东半岛的成山，入渤海湾，进界河口，最后抵杨村。这条航路不仅路程长达13 350里，而且沿途多浅滩，十分险恶。

至元二十九年（1292年），朱清等又开辟新航线，自刘家港直接入大洋，经撑脚沙、沙嘴、三沙、扬子江、扁担沙、大洪，又过万里长滩，跨青水洋和黑水洋，抵胶东半岛的成山，又经刘岛、芝罘、沙门等岛，越渤海，入界河口，抵达杨村。

至元三十年（1293年），千户殷明略又开辟新海道，自刘家港出发，由崇明州三沙直接入大洋，东经黑水洋，抵胶东半岛的成山，西经刘家岛和沙门岛，入界河口，抵杨村。

这一条航线，较远离海岸线，在近海洋面行驶，线路较直，不再受浅滩的困扰。如果掌握好季风时日，从浙西到京师只需要十天左右。

因为海运能够十分便捷地转输来东南财赋，元廷自然重视有加。至元二十四年（1287年），因海运粮数增长近十倍，元廷设置行泉府司，"专掌海运"，以加强对海运的管理。又增置两个万户府，连同四年前所设，共计四个万户府，即都漕运海船上万户府、平江等处运粮万户府、孛兰奚等海道运粮万户府、彻彻都等海道运粮万户府。当时，行泉府司所辖海船多达一万五千艘。[1] 行泉府司设置后，海运主要是由江淮行省左丞（后升平章）沙不丁掌管。

至元二十八年（1291年），沙不丁因桑哥之败受牵连免官，行泉府司随之撤销。忽必烈又采纳朱清、张瑄的奏请，将行泉府

---

[1] 赵世延、虞集等撰，周少川、魏训田、谢辉辑校：《经世大典辑校》第六《赋典·海运》，中华书局，2020年；《元史》卷15《世祖纪十二》、卷93《食货志一·海运》。

司下辖四个万户府合并为两个都漕运万户府，命朱清、张瑄加骠骑卫上将军，分别以江东道宣慰使和淮东道宣慰使兼领二万户府事。翰林待制柳贯曾记："漕运都府治吴，专领海漕，岁运东南之粟三百万石实京师。常以春三月、夏五月上旬之吉，开檣刘家港，乘便风，不兼旬达直沽口。"[1]

都漕运万户府的设置，意味着元代海运管理机构基本定型。同时也是朱清、张瑄专领海运和权势极度膨胀的开始。

此外，元廷还于至元二十五年（1288年）在河西务设都漕运使司掌管接运海道粮事，负责把南来的粮食物资运赴大都官仓。

海运所使用的船只，来源多样，或官府制造，或收集沿海民船，或缴获南宋战船，或征日本等转用船。水手开始多为军士，后来大量改用民丁。运粮由官府按石数支付脚价，至元二十一年（1284年）定脚价为每石中统钞八两五钱，而后递减为六两五钱，又实行配给船户口粮和免除其杂泛差役等优待。脚价和口粮的支付，满足了船户水手的基本生活需求，使海运得以长期维持和发展。

"一日粮舡到直沽，吴罂越布满街衢"[2]。直沽即现在的天津海河边上的大直沽镇。天津得名于燕王朱棣靖难之际由此南渡争夺帝位，取"天子津渡"之意。但天津发迹及其在明清的兴盛，实自元代开始。天津的前身大直沽镇及三岔口，地处大运河漕运和海道漕运的交通冲要，也是在元朝奠定的。从城市实体溯源看，是先有大直沽镇和元朝海运，才有了后来的天津。

从江浙闽沿海到渤海直沽口岸的海道运粮航线的开辟，能够

[1] 柳贯：《柳待制文集》卷14《敕赐天妃庙新祭器记》，《四部丛刊》初编本。
[2] 张翥：《张蜕庵诗集》卷4《读瀛海喜其绝句清远因口号数诗示九成皆实意也》，《四部丛刊》续编本。

十分便捷地为大都和上都运送大批的粮食，而且减少了运输的费用，给官府带来了莫大的利益。明人丘濬对陆、河、海三种漕运方式做过对比："河漕视陆运之费省什三四"，而"海运视陆运之费省什七八"[1]。从刘家港到大直沽，最快只需十天左右，成本消耗当然小得多，也更为便捷。

南北水路交通过去主要是靠运河，现在又增添了海上运输。一方面，海运为元政权支撑大都等地官民消费和漠北粮食供应提供了保障，即所谓"都城仰陈腐，日籴太仓筹"[2]；另一方面，海运为南北贸易和物资交流提供了更为便利的途径。

> 今年却趁直沽船，黑洋大海波连天。
> 顺风半月到闽海，只与七州通卖买。[3]

诗中说的是一些北方商人，从大直沽搭乘海道运粮回程船，南下到闽海去贸易买卖。而前揭"吴罂越布满街衢"，说的则是江浙地区的陶瓷器皿和棉织品借助海运粮船的运输，充斥于直沽、大都等北方市场。这样，南北物流借助海运畅通无阻，促进了商业贸易的进一步发展。

无论元代海运和海外贸易，还有后来明初郑和下西洋，都离不开先进的航海技术。通过海路漕运，元人对航海季风等技术的掌握运用，在南宋的基础上又有了新的提升，这是具有历史意义的进步。

海上风浪无常，又有暗礁险滩，更有海盗出没，所以海运漕粮风险极大。南宋以来，东南沿海就有海上女神妈祖崇拜的传

---

[1] 丘濬：《大学衍义补》卷34《制国用·漕挽之宜下》，吉林出版集团有限责任公司，2005年。

[2] 《纯白斋类稿》卷2《京华杂兴诗二十首有引·其五》。

[3] 黄镇成：《秋声集》卷5《直沽客》，元人文集珍本丛刊。

统。"海神之贵，祀曰天妃，天妃有事于海者之司命也"[1]。元朝政府为了祈求海运漕粮的顺利运输和海上商业活动的开展，把祭祀天妃纳为国家祭祀的一部分。每次运粮船从刘家港出发前，浙江行省省臣都要率都漕运万户府官员到苏州的天妃庙祭祀天妃，得到"吉卜"才能出发。"国家致重漕饷，既开漕府于吴，岁每分江浙省宰臣一人督运。当转漕之际，宰臣必躬率漕臣、守臣咸集祠下，卜吉于妃。既得吉卜，然后敢于港次发舟"[2]。翰林待制柳贯也记："舟将发临，遣省臣率漕府官僚，以一元大武，致天子愍祀之命，荐于天妃，得吉卜而后行，精神胼飨，如父母之顾复其子，无少爽也。"[3]

早在至元十五年（1278年），元世祖就册封妈祖"护国明著灵惠协正善庆显济天妃"。至元十八年（1281年）和至元二十六年（1289年），又两次册封妈祖为"护国明著天妃"和"护国显佑明著天妃"。册封诏文中特别提到了妈祖对漕运的护佑之功："惟尔有神，保护海道。舟师漕运，恃神为命。威灵赫濯，应验昭彰。""祥光映风浪之区，护岁漕而克有济。"[4]

大德三年（1299年），成宗又以漕运效灵，封妈祖"护国庇民明著天妃"。列圣相承，仁宗、文宗和顺帝三朝皆累加封号。文宗天历二年（1329年），漕运副万户八十监运漕粮，舟至三沙，飓风七日，"遥呼于神，夜见神光四明，风恬浪静，运舟悉济"。事闻朝廷，加庙号曰"灵慈"[5]。

元廷还特别重视各地天妃庙的建设。苏州为平江路治所，由

[1] 《柳待制文集》卷14《敕赐天妃庙新祭器记》。
[2] 《侨吴集》卷11《重建路漕天妃宫碑》。
[3] 《柳待制文集》卷14《敕赐天妃庙新祭器记》。
[4] 熊月之总主编：《中国华东文献丛书》第8辑《妈祖文献·天妃显圣录》，学苑出版社，2010年影印本。
[5] 程端学：《积斋集》卷4《灵济庙事迹记》，民国四明丛书本。

于都漕运万户府就设于此，故而，万户府直管的天妃庙地位尤其尊崇，祭祀礼仪相当隆重，规格也相当高。至顺二年（1331年），浙江行省平章政事易释董阿奏请新造此天妃庙祭器，文宗赏赐交趾所贡黄金器皿以及内帑、官帑总计300两，用来打造新祭器。[1]

随着海漕及贸易的开展，天妃崇拜很快北传，遍及北方沿海，从山东半岛沿渤海湾直到辽东半岛，均可见天妃庙的踪迹。泰定年间，元廷又在大直沽修建了天妃宫（娘娘庙）。现天津古文化街尚存天后宫，即为元泰定年间所创建。海河东大直沽另有一处新发掘的元天后宫遗址。二者皆是元朝直沽海路漕运繁盛和妈祖崇拜的历史见证。

需要说明的是，由于海道运粮存在的风险较大，加上倭寇的不时骚扰，到明清时期，朝廷运粮基本不再使用海道，而是重新依靠大运河的航道。

4．士人的南北交游

元灭南宋统一全国后，自五代以来三百余年间的南北对峙局面结束，南北间的地域阻隔不复存在。辽阔的疆域，安定的环境，四通八达的水陆交通路线，为广大士子提供了便利的出游条件。正如时人所云："南北一家，天地阔远，士之交游浸广。"[2]故而，元代游士人数、规模以及游历范围都远迈前代。"世祖皇帝大一海宇，招徕四方，俾尽计画以自效，虽诞谬无所罪，游复广于昔"[3]。

---

[1]《柳待制文集》卷14《敕赐天妃庙新祭器记》。

[2] 赵文：《青山集》卷1《尹公槐云萍录序》，清文渊阁《四库全书》本。

[3]《清容居士集》卷23《赠陈太初序》。

在文士频繁流动的过程中，北士南游江南，与南士北游京师大都、上都是元代文士游历的两大趋向。两者之中，又以南方文士为主体的北游最为典型和普遍，规模也最大。"自中州文轨道通，而东南岩岷岛客，无不有弹冠濯缨之想。彼诚郁积久而欲肆其扬扬者也"[1]。

"南人求名赴北都。"[2]京师大都和上都是南方士子北游最理想的目的地，"四方之游京师者且相属道路矣"[3]，可见两都对外地人吸引力之大。部分南方士人把京师想象成"士大夫之天池"[4]，甚至是"舍此何求"的人间天堂：

> 京师，风雨之所交也，文献之所宗也，四方之所辏也……遇则能使吾贵如瑚琏，通则能使吾明如秉烛，尊则能使吾重如九鼎，进则能使吾荣如春华，然则舍京师无适己。[5]

这已是赤裸裸地把北游京师视作通向荣华富贵的唯一通途。元朝是两都制，相较于上都的偏远寒冷，大都在地理、气候、人文等方面条件都远远好过上都，所以上述的"京师"基本实指"大都"。"午门之外，东南人士游其间者，肩相摩，武相踵也"[6]，大都士游之盛可见一斑。

从南方儒士的地域分布来看，江浙行省最多，江西行省次

[1]　戴表元：《剡源集》卷14《送子仪上人北游序》，《四部丛刊》初编本。
[2]　《雁门集》卷1《芒鞋》。
[3]　傅若金：《傅与砺文集》卷5《送刘伯原适武昌将之京师序》，北京图书馆古籍珍本丛刊。
[4]　陈基：《夷白斋稿》卷19《送陈希文北上序》，《四部丛刊》初编本。
[5]　鲁贞：《桐山老农集》卷2《送程子长北游序》，清文渊阁《四库全书》本。
[6]　许有壬：《送朱安甫游大都序》，载李伯玙、冯厚辑：《文翰类选大成》卷116，明弘治十四年（1501年）淮府刻本。

之；从游京师的时间分布来看，世祖在位时期较少，元朝中期最多，元末仍有相当多的数量。[1]那么，为什么有如此多的南方士人北游京师呢？

首先是为求取功名而来。

元代江南文士由于其南人的身份，处境和社会地位远不如北方的汉人文士。而元初科举的停罢，无异于雪上加霜，"科场既罢，士各散去。经师老宿，槁死山林。后生晚进，靡所矜式。冒然进取者，又阔远于事情，类为操刀笔者所讪侮。有中人之产，则役使之，困辱之，产不尽不止，以故儒道益轻"[2]。曾经宋季士人的优渥身份成了明日黄花，为了现实生存，很多人不得不选择教授私塾、务农、经商、习医、占卜等手段谋生，养家糊口。一些人即使偶有补吏或出任儒学教官等仕进之途，但对于一般人来说，其入仕的机会不仅极为有限，且上限不高。时人发牢骚说："今世之士，生于南方者，为时所弃，恒不得为显官，独州县之职。"[3]

艰难的生存环境，塞绝的科举之路和热切的出仕愿望，三者相混织，成为元中前期江南文士决意北游的重要推手。仁宗延祐开科后，尽管广大士人有了明确而稳固的仕进目标，但由于录取比例极为有限，是以仍有大量江南文士北上大都、上都等地寻找发展机遇。

其次是扩大视野，增长学问见识的交游需要。

元朝的大一统，不仅打破了南北隔阂，还造就了多民族、多地域交相辉映的多元社会文化。南北各地的风景名胜、风土人情，无不令广大士子心生向往。这不仅激发了士人出游的热

[1] 申万里：《元代江南儒士游京师考述》，《史学月刊》2008年第10期。
[2] 陆文圭：《墙东类稿》卷12《中大夫江东肃政廉访使孙公墓志铭》，元人文集珍本丛刊。
[3] 杨翮：《佩玉斋类稿》卷4《送崇仁县尹陈子英之任序》，清文渊阁《四库全书》本。

情，更增强了他们对海宇混一、华夷一统下疆域广袤、国力强盛的时代自豪感和自信心。在游历名山大川的过程中，视野因此变得开阔，所谓"宏才博学，必待山川之胜有以激于中而后肆于外"[1]。

南方文士游历范围极广，甚至有人"盖至京师，北极和宁之境，以观乎兴王之胜地，以交于国人大族之豪杰"[2]。这可以从侧面反映出部分南方士人对于元政权的认可和自身元人身份的认同。

上都盛产芍药，特别是御园的芍药，"迷望亭亭，直上数尺许，花大如斗"，是宫廷观赏的主要花卉。虞集有"当阶千本玉，看不到扬州"；周伯琦"天女移来天上种，从今更不数扬州"；杨允孚"扬州芍药称第一，终不及上京也"[3]。这些"南人"汉族官僚对于上都芍药不吝言辞的赞美，以及对于宋代就已"甲天下"的扬州芍药的贬抑，是颇值得令人深思的问题。相较于江南大都会扬州，上都远在漠南草原，非传统中国之地，又是元帝国的统治中心，按照常理，这些"南人"官僚对于扬州芍药的情感认同应该远高于上都，然而事实却恰恰相反。这一方面可以说明，元代由于芍药栽培技术的进步和地理环境的适宜，上都芍药确实品质优异，超越他处；另一方面也从深层次反映出，随着元朝立国日久，"南人"官僚阶层对于元帝国的身份认同已经建构完成，"南北一家"[4]的观念早已深入人心。

事实上，上述"南人"士子不论是对于元政权的认可，还是

---

[1] 刘敏中：《中庵集》卷16《江湖长短句引》，北京图书馆古籍珍本丛刊。

[2] 《道园学古录》卷8《可庭记》。

[3] 虞集：《道园遗稿》卷4《题杂画三十首·白芍药》，清文渊阁《四库全书》补配清文津阁《四库全书》本；周伯琦：《近光集》卷2《咏西内芍药》，清文渊阁《四库全书》本；杨允孚：《滦京杂咏》卷下，中华书局，1985年。

[4] 刘埙：《水云村稿》卷2《参政陇西公平寇碑》，清文渊阁《四库全书》本。

自身元人身份的认同，以及他们在北游过程中有关盛世气度与豪
壮情怀的书写，都是元代士人群体心态的典型表现，亦是南方士
人对于元政权合法性的话语叙述。

> 始别临川春即归，偶从知己上王畿。
> 但求禄养酬初志，敢许京尘浣客衣。[1]

北游京城的江南士人为尽快取得荐举做官的机会，往往需要
首先结交京城的汉族官员，当然也包括蒙古和色目官员，诗文唱
酬和燕集是他们社会交往的主要方式。为了提高入仕的成功率，
一些南方士子往往会选择拜谒在京城任职、有一定地域联系、师
承关系的南方文人。元中期馆阁名臣虞集尤喜奖掖后进，兴化
莆田人陈旅游京师，翰林侍讲学士虞集见其所为文，"即延至馆
中，朝夕以道义学问相讲习"。又和马祖常一起"交口游誉于诸
公间，咸以为旅博学多闻，宜居师范之选"。终得中书平章政事
赵世延力荐，除国子助教。[2]一时名士如杨载、范梈等，皆得虞
集提携。

与陈旅的际遇相似，"年三十余，辞家北游，卖卜燕市"的
范梈也是首先在官宦人家授馆之后最终走向仕途的。"已而为董
中承所知，召置馆下，命诸子弟皆受学焉。由是名动京师，遂荐
为左卫教授，迁翰林国史院编修官"[3]。

可见在官宦人家授馆，不失为一条南士入仕的"终南捷
径"。他们一旦得权贵青眼，便有可能找到进身之阶，从而完成
由布衣百姓到释褐为官的蜕变。

---

[1] 揭傒斯著，李梦生标校：《揭傒斯全集》诗集卷7《临川曾君俊始自豫章从故人入京师未尝请于其父也及以书报父乃以诗寄之词意恳恳读而为之和》，上海古籍出版社，2012年。

[2] 《元史》卷190《儒学二·陈旅》。

[3] 《揭傒斯全集》文集卷3《范先生诗序》。

部分入仕成功的士人，得以留在京城做官为宦，也有人被荐举到京城以外的地方出任学官或地方官。当然，并非所有北游南士都能求仕成功，估计大部分士子都是失望而归，或者另谋出路。

成宗大德间，已有大量南士通过北游入仕，聚集在大都馆阁任职。至延祐、天历间，集贤院、翰林国史院、国子学、奎章阁等机构中，江南儒士已相当活跃，稍早的如程钜夫、赵孟頫、袁桷，踵于其后者如虞集、杨载、范梈、揭傒斯、柯九思之辈，都是在文坛足以引领风潮的时髦人物。这些来自浙江、江西和福建等地的南方文人为核心的翰林文士群，实质上改变了元初以河北、山西、山东人士为主的大都文人圈的结构。[1]

自泰定帝确立经筵制度后，讲官中南儒比例相当高，如吴澄、邓文原、虞集、揭傒斯、黄溍、危素、贡师泰、周伯琦等，都曾在经筵进讲中扮演主要角色。皇帝对他们的具体意见虽未必采用，但礼遇一般都比较周到，赏赐也不少。[2] 顺帝时，江南著名"义门"浦阳郑氏的郑深、郑涛兄弟被召入经筵，"每进讲殿中，兄弟连翩而入，及退，均被上尊马湩之赐。人尤以为荣耀焉"[3]。这样的类似事例，对于元朝统治者拉拢儒士阶层，巩固统治基础起了很大作用。

相较于南士北游，北士南游的规模要小很多。他们或南下为官，或四方游历，或为准备参加科举而求学于文化底蕴深厚的江南城市。其中，杭州乃南宋故都，更兼江山胜概，"山川风物之美，四方未能或之过也。天下既一，朔方奇俊之士以风致自必乐

[1]　参阅杨亮：《从权力边缘到话语中心：元代南士北游及诗坛图景演进》，《哈尔滨工业大学学报（社会科学版）》2016年第1期。

[2]　参阅张帆：《元代经筵述论》，载《元史论丛》第5辑，中国社会科学出版社，1993年，第136—159页。

[3]　《宋濂全集》补辑3《故江东金宪郑君墓志铭》。

居之"[1]。所以蒙古、色目和中原汉人南下寓居于杭者非常多。西湖岸边,"游人来往多如蚁,半是南音半北音"[2]。家住钱塘的大兴人曾瑞卿,"自北来南,喜江浙人才之多,景物之盛,因而家焉。公神采卓异,衣冠整肃,优游于市井,丽然如神仙中人。志不屈物,故不愿仕,因号褐夫。江淮之达者,几时馈送不绝,遂得以徜徉卒岁"[3]。

在北士南游的人群中,有一些与蒙古对外征服导致的移民潮有关。

诗人萨都拉家族就是在这个过程中融入中原的。萨都拉本西域答失蛮氏,"自其祖思兰不花,父阿鲁赤,世以臂力起家,累著勋伐,受知于世祖。英宗命仗节钺留镇云、代,生君于雁门,故以为雁门人"[4]。其父祖辈跟随蒙元军队的西征南伐以军功从西域进入山西。萨都拉又以进士出仕,宦途迁转于大都及江南杭州、镇江、苏州诸地,其诗"我亦东西南北客"[5],即相当真切地揭示出他本人及其同时代人们的生活境况。[6]

另一位诗人贯云石"家世北庭",乃西域畏兀儿人。贯云石家族由于其祖父阿里海牙平宋有功而定居于湖广一带,又因为其父亲贯只哥出任江浙行省平章政事而徙居江南。贯云石成年后袭父爵为两淮万户府达鲁花赤,镇永州。后又让爵位于弟,北从姚燧学,仁宗时拜为翰林侍读学士。后称疾归隐江南,卖药钱塘市。[7]贯云石曾著诗句云:"沧海归心绕薜萝,人间著处是行

---

[1] 《道园学古录》卷10《题杨将军往复书简后》。

[2] 完泽:《西湖竹枝词》,载杨镰主编:《全元诗》第51册,中华书局,2013年,第147页。

[3] 钟嗣成、贾仲明著,浦汉明校:《新校录鬼簿正续编》卷下《曾瑞卿》,巴蜀书社,1996年。

[4] 《雁门集》附录1《原序跋·干文传序》。

[5] 《雁门集》卷13《题鲁港驿和贯酸斋题壁》。

[6] 参阅邱江宁:《海陆"丝路"的贯通与元代诗文的独特风貌》,《文学评论》2017年第5期,第121—130页。

[7] 《圭斋文集》卷9《元故翰林学士中奉大夫知制诰同修国史贯公神道碑》。

窝"[1]，与萨都拉"我亦东西南北客"可谓异曲同工。

元末戴良曾指出："我元受命，亦由西北而兴。而西北诸国如克烈、乃蛮、也里可温、回回、西蕃、天竺之属，往往率先臣顺，奉职称藩。其沐浴休光，沾被宠泽，与京国内臣无少异。积之既久，文轨日同，而子若孙，遂皆舍弓马而事诗书。"[2]这些因军功起家的西北色目家族后世子弟们，在文轨日同的和平环境下，逐渐舍弓马而事诗书，经过几代人的努力以及中原、江南文化的熏染，成为元代"多族士人圈"中的重要力量。

诸如蒙古建国元勋速不台之孙、征宋名将阿术之子卜邻吉带，早年受业于大儒许衡，与不忽木等同为国子生。至元二十六年（1289年）出任浙江行省平章。听闻杭州路学学正（后升儒学教授）倪渊学问渊博，即命其子童童从倪渊受学。后童童由集贤学士先后出任河南、江浙行省平章，能诗擅画，这与他居杭时受业于南儒不无关系。

元代文士的南北交游，是广大文士对自身生存策略的探求与追问的结果，亦是山河鼎定后，自我价值与理想实现的重要手段。它反映了作为中国传统社会精英的士人群体，在突破时局限制，适应生存环境过程中的顽强抗争精神，这也正是中国传统文化具有无比顽强生命力的原因之所在。

文士的南北交游，扩大了儒学在元朝政治和社会文化生活中的影响，为元政权实行"汉法"和儒化政治提供了强大的文化舆论支持。同时也是对元代选举制度的有益补充，有利于元朝统治的社会文化认同。

---

[1] 贯云石：《寄海粟》，载《全元诗》第33册，第312页。

[2] 《九灵山房集》卷21《鄞游稿·鹤年吟稿序》。

5. 站赤通天下

站赤的设立，起初是为了解决使臣长途驰骋和搬运货物困难，以适应蒙古帝国广袤疆域内交通联络的需要。早在成吉思汗时期，就已经在国土上遍设驿站，"给每所驿站的费用和供应作好安排，配给驿站一定数量的人和兽，以及食物、饮料等必需品"[1]。但是比较成熟的站赤管理制度的建立是在窝阔台汗时期，这在前文已有提及。

> 元制站赤者，驿传之译名也。盖以通达边情，布宣号令，古人所谓置邮而传命，未有重于此者焉。凡站，陆则以马以牛，或以驴，或以车，而水则以舟。其给驿传玺书，谓之铺马圣旨。遇军务之急，则又以金字圆符为信，银字者次之；内则掌之天府，外则国人之为长官者主之。其官有驿令，有提领，又置脱脱禾孙于关会之地，以司辨诘，皆总之于通政院及中书兵部。而站户阙乏逃亡，则又以时签补，且加赈恤焉。[2]

元世祖时期，对大蒙古国原有站赤制度进行了进一步的健全和完善，并将其推广到大一统后的全国范围内。在驿道的开拓和驿站的建设方面，以平定南宋为分界，世祖朝前期的驿站建设与维护主要集中在北方的两都地区、西北的甘肃和西南的四川、云南地区。南北统一后，元朝扩大了建站地域，在全国很多地区都有新驿道的开辟和驿站建设。[3]

---

[1] 《世界征服者史》第1部《2.成吉思汗制定的律令和他兴起后颁布的札撒》，第32页。

[2] 《元史》卷101《兵志四·站赤》。

[3] 参阅党宝海：《蒙元驿站交通研究》，昆仑出版社，2006年，第321—322页。

元朝政府规定，降附地区必须建站，所以一些边远地区的民族头领归顺元朝后，往往主动请求在领地内建立驿站。南方地区水网发达，水路交通较为便捷，政府在很多地点兼置水、马站，在江浙行省甚至还出现了海站。南北大运河开凿和疏通后，政府在运河沿线设立了众多水站。至元二十七年（1290年）始，中书省规定："各省起运官物，并赴水站递运。"[1]至元十七年（1280年）二月，忽必烈下诏：江淮诸路增置水站，持海青牌的急使和涉及军事者，方能使用。至元二十五年（1288年）二月，针对江南实际情况，规定所在站户以税粮七十石出马一匹为基准，或者十石以下八九户共出马一匹，或者二三十石之上两三户共出马一匹，并免一切杂泛差役。合户出马一匹不得超过十户，独户出马一匹的税粮不得逾百石。[2]

随着窝阔台后王、察合台汗国对畏兀儿地区的威胁不断增强，至元十七年到二十三年（1280—1286年）间，元朝在天山北路和塔里木盆地南缘设置了大量驿站以改善交通，增强防御能力。特别是以西州和别失八里两城为中心的北路驿道，政府置驿尤多，不但减免地方赋税，还拨付钱钞600锭，令地方官"规运息钱以供后来之费"[3]。

据《元史·站赤》，中书省直辖的腹里有驿站198处，河南行省179处，辽阳行省120处，江浙行省262处，江西行省154处，湖广行省173处，陕西行省81处，四川行省132处，云南行省78处，甘肃行省脱脱禾孙马站6处。[4]这些驿站以大都为中心，通达全国各地，其中多半是忽必烈统一南北前后设置的。

---

[1] 解缙等：《永乐大典》卷19 425《成宪纲要》"进呈诸物鹰犬虎豹等船马分例"至元二十七年，北京图书馆出版社，2003年。

[2] 《元史》卷15《世祖纪十二》、卷101《兵志四·站赤》。

[3] 《永乐大典》卷19 418《站赤三》至元二十二年正月七日。

[4] 《元史》卷101《兵志四》。

《马可波罗行纪》载：

> 应知有不少道路从此汗八里城首途，通达不少州郡。此道通某州，彼道通别州，由是各道即以所通某州之名为名，此事颇为合理。如从汗八里首途，经行其所取之道时，行二十五哩，使臣即见有一驿，其名曰站，一如吾人所称供给马匹之驿传也。每驿有一大而富丽之邸，使臣居宿于此，其房舍满布极富丽之卧榻，上陈绸被，凡使臣需要之物皆备。设一国王莅此，将见居宿颇适。

> 此种驿站中备马，每站有多至四百匹者。有若干站仅备二百匹，视各站之需要而为增减。盖大汗常欲站中存有余马若干，以备其所遣使臣不时之用。应知诸道之上，每二十五哩或三十哩，必有此种驿站一所，设备如上所述。由是诸要道之通诸州者，设备皆如此；赴大汗所辖之诸州者，经行之法如此。

> ············

> 是为最盛大之举，从未见有皇帝、国王、藩主之殷富有如此者。盖应知者，此种驿站备马逾三十万匹，特供大汗使臣之用，驿邸逾万所，供应如上述之富饶。其事之奇，其价之巨，非笔墨所能形容者也。[1]

在完善站赤管理制度方面，世祖朝的举措主要有如下几个方面。

首先，进一步明确往来使臣的祗应分例。

中统四年（1263年）三月中书省议定：乘驿使臣于换马处分例，正使支付粥食及解渴酒，随从只给粥。住宿停顿处，正使

---

[1] 《马可波罗行纪》第97章《从汗八里遣赴各地之使臣铺卒》，第246—247页。

支付白米一升，面一斤，酒一升，油盐杂支钞十文，随从白米一升，面一斤。冬季一行人员每日开支炭五斤，每匹马一日草十二斤，料五升。另外对持有皇帝圣旨、诸王令旨及省部文字办理公事乘长行马者，以及投呈公文的曳剌、解子等差役人员都有相关规定。至元二十一年（1284年）四月，又对使臣分例略作增加。[1]

其次，参考汉军军户的有关制度，制订了站户的签起，服役及优待条例。如至元二十年（1283年）七月，下令免除站户和雇和买及一切杂泛差役，但需自备首思。[2]

再次，健全各级官署。

元廷管理站赤的机构，最初是至元七年（1270年）所立的诸站都统领使司，至元十三年改为通政院。至元二十九年，忽必烈又命通政院派官四员，赴江南四省整顿站赤。[3]

路州县则从站户应役人员中选取头目等官，具体管辖所在驿站。至元十一年（1274年）十月，又命令各地站赤头目直隶路总管府，站户家属则由原籍州县管理。后来，进一步确认路府州县达鲁花赤长官依照军户例，兼管站户家属奥鲁，非奉通政院明文，不得擅科差役，又命脱脱禾孙专门于关津要路检查盘问使臣乘驿牌面文书。

最后，改进乘驿凭据。

元初乘驿凭据分为三种：畏吾儿蒙古字给驿玺书、中书省札子、海青牌。世祖朝对此进行改进，包括海青牌改为金字、银字圆牌，中书省铺马札子改为皇帝铺马圣旨，以及诸王令旨用驿的废止。

［1］《元史》卷101《兵志四·站赤》。
［2］《元史》卷5《世祖纪二》，卷101《兵志四·站赤》。
［3］《元史》卷101《兵志四·站赤》。

至元七年（1270年），元廷开始将原海青牌上的海青图样改铸为八思巴蒙古字。[1]新式金字、银字圆牌正式启用于至元十五年（1278年）。更换后的圆牌，形体大小一致，又按等级分作金字、素金字、银字三种。朝廷军情大事奉圣旨所派使者佩金字圆牌，诸王使者用素金字圆牌，官长因军情大事所遣使者佩银字圆牌。佩圆牌者仍可优先用驿，可使用特殊驿站。出征将帅及部分行省有时特定颁给圆牌若干。[2]

中书省铺马札子改为皇帝铺马圣旨，约始于至元十九年（1282年）。当年四月，元世祖下令："今后您省家休与铺马文字者。这里与圣旨者。"[3]当时以诏令形式颁给扬州、鄂州、泉州、隆兴、占城、安西、四川、西夏、甘州九行省铺马圣旨各五道。同年十月，又对四川等五行省的铺马圣旨予以适当增加。

忽必烈即位初期，曾明确规定诸王以令旨入站使用铺马头口的权力，各地官府若不能及时应付，要予以追究。后来，忽必烈对诸王令旨起用驿马采取了逐步限制乃至最终废止取消策略。如至元二十八年（1291年）七月，元廷命令云南行省拘收云南王用驿令旨，[4]这应是废止诸王令旨起用铺马权力的端倪。此项政策在成宗和仁宗朝，得到彻底贯彻。

除站赤以外，元廷还于中统元年（1260年）开始设立急递铺，用于军政重要公文的传递。最初，急递铺仅设在燕京与开平府、开平府与京兆府之间，而后根据需要逐渐推行到全国。通常每十里，或十五里、二十五里设一铺。每铺铺丁五人，于各州县所辖民户及漏籍户内签起，须要本户少壮善跑人力正身应役，不许雇人领替。铺丁自备夹板、铃攀、缨枪、软绢包袱各一，油绢

[1] 《元典章》29《礼部卷二·礼制二·牌面·改换海青牌面》。

[2] 《元史》卷101《兵志四·站赤》。

[3] 《元典章》36《兵部卷三·驿站·给驿·给降铺马札子》。

[4] 《经世大典辑校》第8《政典·驿传四》。

三尺，蓑衣一领，回历一本。当值铺丁腰系革带，悬带铃铛，挟雨衣，背负文书以行。若道路狭窄，沿途车马行人闻铃声必须躲避路旁。铃声传至下一铺，铺丁即提前准备迎接。铺铺相接，疾递而行，按规定一昼夜行程四百里，夜晚持火炬照明。

世祖时期大规模、持续性的驿道和驿站建设，确立了元朝基本道路体系。世祖朝以降，历代统治者只是根据实际需要对其加以调整、改进而已。对中央管理驿站机构进行较大调整的是元仁宗。至大四年（1311年）三月，由于"通政院怠于整治，站赤消乏"，仁宗下令罢通政院，驿站事务尽归兵部管领。[1]同年七月又复通政院，但只管领达达站赤，汉地站赤仍归兵部。延祐七年（1320年）英宗即位后，效法世祖旧制，下令将达达和汉地站赤"悉归之通政院"[2]。

元人熊梦祥言："钦惟圣朝一统天下，龙节虎符之分遣，蛮陌骏奔之贡奉，四方万里，使节往来，可计日而至者，驿马之力也。"[3]元朝政府进行的大规模驿道、驿站建设，既有对旧有道路的继承沿用，也开辟出众多新的驿道，最终构筑起以大都为中心四通八达的稠密交通网。便捷的交通网络，既有利于元廷对广袤疆域的政治、军事控制，也有利于国内外商业贸易及文化交流。"于是四方往来之使，止则有馆舍，顿则有供帐，饥渴则有饮食，而梯航毕达，海宇会同"[4]。尤其是乘驿凭据的改进，对于扭转地方各自为政的倾向和强化朝廷号令的集中统一，无疑具有特殊意义。

---

[1] 《元史》卷101《兵志四·站赤》、卷24《仁宗纪一》。

[2] 《元史》卷24《仁宗纪一》、卷101《兵志四·站赤》。

[3] 《析津志辑佚·大都东西馆马步站》。

[4] 《元史》卷101《兵志四·站赤》。

三 "胡天汉地"三都会

1. 草原帝国中心哈剌和林

哈剌和林，简称"和林"或"和宁"。1235年，窝阔台汗建都于此。城址位于今蒙古国前杭爱省额尔浑河上游右岸的额尔德尼召北部，距首都乌兰巴托380公里。其地位于额尔浑平原上，既适宜放牧，又宜于耕种。早在蒙古帝国崛起前，哈剌和林就已经是一个历史悠久的草原城市，匈奴、突厥、回鹘等均曾在此建国。当地也一度成为著名的克烈部都城，以及聂斯托利派基督教在蒙古利亚地区的核心。

1218年，成吉思汗大举远征花剌子模时，各部族军队就开始到哈剌和林一带集结。因此，哈剌和林的上位，也足以作为窥探蒙古帝国早期地缘战略的钥匙。

哈剌和林城平面呈不规则长方形，四面皆有城门。城的西南角为宫廷生活区，万安宫为主体宫殿建筑，分为三层，第一层专供大汗所用，第二层供后妃使用，第三层供奴仆侍臣使用。[1] 万安宫周围，是窝阔台诸子和宗王们的宫室，与万安宫连成一片，形成宏伟壮观的建筑群。城内还建造了百官的官邸，贮放珍宝、金银和食品的库房，并设有仓库官专门看守。

据1254年到访和林的法国使臣鲁布鲁克记载，城内有两大居民区，一为"撒剌逊人"即回回区，内有市场，聚集了许多商

---

[1] 《世界征服者史》第1部《33.合罕的宫室和驻地》，第260页。

人、外国使臣和大量的蒙古人;二为"契丹人"区,即汉人区,居民全是工匠。两区之外,尚有许多官员邸宅以及十二所佛寺、道观,两所清真寺,一座基督教堂。[1]

具有高超技能的巴黎工匠威廉为蒙古大汗打造了一棵神奇的大银树。这棵银树就竖立在宫殿入口,它的根部是四只银狮,各通有管道,喷出白色的马奶。树内有四根管子,通到它的顶端,向下弯曲,每根上还有金蛇,蛇尾缠绕树身。一根管子流出葡萄酒;一根管子流出哈喇忽米思,即澄清的马奶酒;一根管子流出蜜做成的饮料;一根管子流出米酒。树的根部有四个特制的银盆,承接四根管子流出的饮料。在树顶上,他制造了一个手执喇叭的天使,在树的下部有个穹隆,里面藏一个人,负责往那根通向天使的管子送气,天使就会吹响喇叭。宫殿外有一个储存饮料的窖,那里的仆人听见天使吹喇叭,便把四种不同的饮料倾入四根管道,然后流进四个银盆中,再由管事的取出送给宫里的男男女女。[2]

各种宗教和文化在哈剌和林并存,除了蒙古人本身就信仰的萨满和佛教,还有伊斯兰教、基督教、犹太教、拜火教、道教及儒家等寺庙依次坐落在城内,显示了蒙古统治者对于各种宗教的优容政策。

哈剌和林地处漠北草原,畜牧业为主要经济支柱,据《黑鞑事略》记载:"其地自鞑主、伪后、太子、公主、亲族而下,各有疆界。其民户皆出牛马、车仗、人夫、羊肉、马奶为差发。"[3]

---

[1] 耿昇、何高济译:《柏朗嘉宾蒙古行纪 鲁布鲁克东行纪》第32章《哈剌和林》,中华书局,2002年,第292页。

[2] 《柏朗嘉宾蒙古行纪 鲁布鲁克东行纪》第30章《蒙哥在哈剌和林的宫殿》,第284—285页。

[3] 彭大雅撰、徐霆疏,王国维笺证:《黑鞑事略笺证》,载王国维:《王国维遗书》第13册,上海古籍书店,1983年。

居民们不论男女，日常主要的工作就是照管马匹、绵羊和山羊。他们需要生产一系列家庭副业产品，如妇女酿造奶油，缝制毛皮、衣服和鞋袜，制作毛毡等，男子则从事制造弓箭、马具、车帐、皮囊等技术和体力都要求较高的工作。[1]

作为大蒙古国的政治中心，由于军事征伐战备的需要，哈剌和林的冶金技术相当成熟，工匠熟悉并掌握各种锻造技术。其手工业生产的内容更多围绕游牧和征战的需要展开，如手工业生产偏重于金属武器的制造，如矛、箭镞、刀剑、铠甲、头盔等。此外，出于满足居民日常生活的需要，制陶业也较为发达。

哈剌和林城的商业贸易活动十分频繁。其四座城门，东门出售小米及其他种类的谷物，西门卖绵羊和山羊，南门卖牛和车辆，北门出售马。[2]撒剌逊人居住区商贾云集，是城中的商业贸易中心，这些大多来自中亚的商人，负责将欧亚两地的物产输入市面。据鲁布鲁克记载，蒙古人夏天穿的丝绸、织金料子和棉布主要从契丹和波斯等地运来。冬季穿的各种毛皮则主要来自东欧、中欧、中亚等遍布森林的地区。[3]根据考古发掘，哈剌和林出土了大量宋元时代陶瓷器，最为流行的是钧窑碗，还发现了龙泉窑、磁州窑的瓷器。这反映出在大蒙古国时期，哈剌和林与中原地区已经存在活跃的贸易往来。

尽管哈剌和林城内建有宫殿，但窝阔台每年大多数时间在哈剌和林周边的"四时捺钵"游牧。他春天在迦坚茶寒湖之地放鹰，湖旁筑有迦坚茶寒殿，作为春猎的行宫，名为扫邻城，位于哈剌和林以北七十余里；夏营地在月儿灭怯土，在哈剌和林城西百余里；秋天驻跸古薛·纳兀儿，离哈剌和林有四日程

---

[1] 《柏朗嘉宾蒙古行纪 鲁布鲁克东行纪》第7章《妇女的职责和工作》，第217—218页。

[2] 《柏朗嘉宾蒙古行纪 鲁布鲁克东行纪》第32章《哈剌和林》，第292页。

[3] 《柏朗嘉宾蒙古行纪 鲁布鲁克东行纪》第5章《他们吃的动物以及他们的衣服和狩猎》，第215—216页。

远；冬营地在汪吉，在哈刺和林迤南，在城南三十余里建有迎驾殿，作为从冬营地返回和林时途中休息之所。窝阔台进入哈刺和林官殿主要为了宴会蒙古贵族，接见外国使节。这类活动都具有政治性。

蒙哥与窝阔台一样，遵循着蒙古人传统的草原游牧生活方式。在一年当中，他仅在冬季和夏季游牧转场时路过哈刺和林城，并在官殿中举行宴会和赏赐贵族。一部分蒙古诸王也以游牧的方式前往哈刺和林觐见蒙古大汗。

随着蒙古军队三次西征和灭亡金、西夏战争的节节胜利，大蒙古国获得了大量财富和技术人才，国势日渐强盛，哈刺和林成为13世纪中叶迅速崛起的世界中心，吸引着各类人群慕名前往。根据鲁布鲁克的记载，当时和林城内除居住有大量蒙古人和汉人外，还有许多信奉基督教的法国人、英国人、匈牙利人、阿速人、斡罗思人、谷儿只人、阿美尼亚人等，以及信奉伊斯兰教的阿拉伯人、波斯人和突厥人。在这里，罗马教皇的传教士、南宋朝廷的使节团、波斯商人的驼马队、高丽王国的进贡者以及一些国家来访的国王络绎不绝。大汗的诏令也从这里发出，送达世界各地的蒙古大军。

定都和林标志着蒙古政权从草创阶段逐步走向完善，由于有了这个稳定的政治中心，国家的行政管理水平显著进步。同时，由于聚集在和林城的各国使者、商人、传教士越来越多，蒙古国的经济、文化水平也有了很大提高。

哈刺和林作为都城的存世时间是从窝阔台至蒙哥汗时期，作为大蒙古国早期政治、经济、文化中心，在蒙古社会发展中曾起过重要作用，同时也是当时东西方世界的重要的交通枢纽。但是由于游牧经济的脆弱性和不稳定性，使得哈刺和林都城的地位未能延续久远。随着蒙古统治者对汉地的征服，统治重心南移，哈刺和林作为都城的地位也逐渐丧失了。

天策桓桓控上游，边庭都付晋藩筹。

河山表带连中夏，风雪洪濛戍北楼。[1]

中统元年（1260年），忽必烈于开平称汗，其弟阿里不哥则占据哈剌和林为汗。次年，忽必烈击败阿里不哥，进占和林。四年，升开平为上都，次年又升燕京为中都（后改为大都），大蒙古国的政治中心移至漠南汉地，哈剌和林仅置宣慰司都元帅府，后来成为岭北行省治所。

不过，哈剌和林虽然失去都城地位，仍然具有成吉思汗大蒙古国精神层面的象征意义，作为漠北地区的政治、经济、文化中心，入元以后仍然享有不少优惠政策。除原有的产业和城区得到恢复外，世祖以降的历代帝汗，都尽可能维护其祖宗肇基的崇高地位，以笼络那些还留在蒙古高原的部族作为政治和军事的重要支撑。此外，和林也依然是元朝帝王与其他西部汗国彼此联系的重要枢纽。

2. "汗八里"大都

大都，突厥语作"汗八里"，意为"大汗之城"。前身为辽南京（又称燕京）和金中都。它"右拥太行，左注沧海，抚中原，正南面，枕居庸，莫朔方"[2]，两千多年来一直是北方名城之一。

蒙古灭金以后，燕京又因燕京等处断事官所在而成为蒙廷控驭汉地的枢纽。忽必烈总领漠南军国庶事之际，木华黎后裔霸突鲁向他献策："幽燕之地，龙蟠虎踞，形势雄伟，南控江淮，北连朔漠。且天子必居中以受四方朝觐。大王果欲经营天下，驻跸

[1]《秋涧集》卷23《范德卿风雪和林图》。

[2]《南村辍耕录》卷21《宫阙制度》。

之所，非燕不可。"忽必烈深以为是，后来曾言："朕居此以临天下，霸突鲁之力也。"[1]

忽必烈御极之初，开平实际承担着都城角色。它既具汉地都城的风貌，又带有草原"行国"特色。因地处漠北蒙古与汉地的交通要冲，对加强蒙古宗王的向心力和元廷控制大漠南北，意义非凡。

随着治理汉地事务愈趋繁剧，作为中书省组成部分的燕京行省，日益受到忽必烈的重视。由于政务等需要，忽必烈频繁诏令燕京行中书省官员赴开平奏事和面取圣旨，其本人也常在冬季驻帐于燕京郊外。

中统四年（1263年）五月，忽必烈改开平为上都。翌年（1264年）七月，阿里不哥南下归降，汗位稳固无虞。八月，忽必烈降诏改燕京为中都，后易名大都。[2]于此，两都制正式确立，大都的营建工作亦随之启动。

大都的皇城和宫城，始建于至元三年（1266年），至元十一年大体竣工。皇城宫城以外的官民廨舍和城墙等，至元四年（1267年）开始兴建，因为工程浩大，至元二十年才基本建成。

和上都一样，大都的主要设计者，也是忽必烈藩邸旧臣、精通数术的刘秉忠。时人称扬他说："学贯天人刘太保，卜年卜世际昌期。帝王真命自神武，鱼水君臣今见之。"[3]此外，参与设计的还有同是藩邸旧臣的赵秉温，主要负责绘制大都山川形势、城郭经纬，并确定"祖社朝市之位，经营制作之方"[4]。负责指挥监督施工的则是汉军万户张柔、张弘略父子，行工部尚书段桢等。

大都的宫城处于全城的南北中轴线上。令人称奇的是，大都

---

[1]　《元史》卷119《木华黎传》。

[2]　《元史》卷5《世祖纪二》。

[3]　《张光弼诗集》卷3《辇下曲》。

[4]　《滋溪文稿》卷22《故昭文馆大学士中奉大夫太史院侍仪事赵文昭公行状》。

宫城的中轴线和上都大安阁的中轴线竟然是在同一条直线上，用现代仪器测量仅偏差零点几度，这无疑是元朝天文学家、数学家郭守敬和王恂等人的杰出贡献。

大都宫城的主要建筑是大明殿和延春阁。大明殿是皇宫的前朝正殿，位置偏南，是元旦、天寿节等大朝会之所。殿内间架为11间，东西长200尺，南北入深120尺，高90尺。延春阁在大明殿以北，为三檐重屋结构，间架九间，东西长150尺，入深90尺，高100尺，是皇宫的最高建筑，也是皇帝的寝殿，忽必烈曾经多次在此赏赐诸王权贵和文武百官。

二者都是汉地式的宫殿建筑，但也杂糅了草原因素，比如大明殿内设有皇后和皇帝并坐的御榻，就来自蒙古草原帐殿内大汗和哈敦并坐的习俗。大明殿里还布置了一件木质的银裹漆大瓮，高一丈七尺，容量50余石，用于盛装马奶酒，供日常饮用。

"黄金大殿万斯年，十二丹楹日月边。伞盖葳蕤当御榻，珠光照耀九重天"[1]。至元七年（1270年），忽必烈采纳帝师八思巴的意见，在大明殿御座之上放置白伞盖。伞盖用素缎制成，上书泥金字梵文，用以驱除邪魔，镇守国邦。[2]这又是忽必烈皈依藏传佛教后在大明殿留下的印记。

"墀左朱栏草满业，世皇封植意尤浓。艰难大业从兹起，莫忘龙沙汗马功"[3]。忽必烈还特意从成吉思汗肇基的漠北草原移植一株青草至大明殿的丹墀前，名为"誓俭草"，意在提醒后世子孙恪守勤俭，勿忘祖宗创业之艰。

皇城中比较重要的皇家建筑有万寿山广寒殿和隆福宫。万寿山在今北海一带。隆福宫最初是专供皇太子居住，后一度成为皇

---

[1] 《张光弼诗集》卷3《辇下曲》。

[2] 《元史》卷77《祭祀志六》；《析津志辑佚·岁纪》。

[3] 《张光弼诗集》卷3《辇下曲》。

太后居所。这两座建筑都给马可·波罗留下了深刻的印象，他在行纪中曾有过细致描摹。

朝廷各类衙署按照星宿之位以宫城为中心分布于城中，中书省位于宫城之北，枢密院位于宫城之东，御史台的处所安排则较为分散。近臣旧族的赐第多集中在皇城西部。

宫城之北，依次建有鼓楼和钟楼，雄敞高明，俯瞰城堙。鼓奏钟鸣，报告时辰，以便居民作息和官府实行夜禁。

大都皇城内设有祭祀祖宗的太庙。燕京太庙始建于中统四年（1263年）三月，完工于至元三年（1266年）。此前，忽必烈已在汉人士大夫的影响下初步制作了祖宗神位、祭器和法服等。相当长时间内，神位暂设于中书省。中书省官署变动之际，临时迁到圣安寺及瑞像殿。燕京太庙落成之后，忽必烈下令中书平章赵璧等集议并决定：在原有太庙七室制基础上，增为八室，又确定尊谥庙号和每岁冬季祀太庙。后来，太庙楹柱腐朽，忽必烈又降诏在大都建新庙。新太庙落成之后，旧太庙随之毁弃。忽必烈还听取掌管祭祀官员们的意见，不断完善太庙祭祀及相关制度。

大都太庙是仿照汉地王朝祖宗祭祀的产物，它和忽必烈在上都祭祀祖宗活动有很大的差别。在大都太庙祭祀中，忽必烈还有意无意加入了许多蒙古及藏传佛教的元素，比如宗庙祭祀祝祷之文要用蒙古文书写，还令喇嘛僧作佛事于其中。

> 清庙上尊元不罩，爵呈三献礼当终。
> 巫臣马湩望空洒，国语辞神妥法官。[1]

太庙祭祀实际被改造成了蒙汉杂糅的形态，后来的皇帝大抵没有越出忽必烈定制的藩篱。

[1] 《张光弼诗集》卷3《辇下曲》。

　　大都的城门很有特色，长方形的城墙四周共有十一个门，而非对称偶数。东面三座是光熙门、崇仁门、齐化门，西面三座是平则门、和义门、肃清门，南面的三座是文明门、丽正门、顺承门，北面只有健德门和安贞门两座。

　　为什么是十一门呢？据说是设计者刘秉忠附会传说中哪吒的形象，特意将大都城构建成三头六臂两足状：南面的三个门象征三头，东、西六门象征着六臂，北面的两个门就是两足。寓意是借助哪吒的法力，护卫都城，降伏龙王解除缺水之患。所以，元大都又俗称哪吒城。

　　大都的城墙，基本上是采用传统的夯土版筑方法修建，基部宽，顶部窄，横截面呈梯形。城墙没有砌砖，上面覆盖着苇草，以防雨水摧塌。为何不用砖石修砌城墙呢？张昱《辇下曲》给出了答案："大都周遭十一门，草苫土筑那咤城。谶言若以砖石裹，长似天王衣甲兵。"[1] 刘秉忠无非是想借此为大都增添一些神秘色彩，这对深信上天诸神的忽必烈来说，颇有吸引力。

> 朔方古燕国，今为帝王都。
> 建元大一统，万世恢宠暮。
> 声教日以远，巨丽昔所无。
> 梯航极山海，宝玉殚贡输。
> 冠裳集诡异，亲见王会图。[2]

　　大都城建好后，曾大规模迁民实居，号称"人烟百万"[3]，但实际人口约在50万左右，十余万家。"四方舟车之所会，风物繁

［1］《张光弼诗集》卷3《辇下曲》。
［2］《纯白斋类稿》卷2《京华杂兴诗二十首有引·其一》。
［3］《庚申外史笺证》卷上。

富，古今莫加焉"[1]，不仅和上都并列成为全国的政治中心，同时也是经济和文化中心，还是国际交往的大都市，"华区锦市，聚四海之珍异；歌棚舞榭，选九州之秾芬"。

大都文明门外，是汇集南方百货的"舳舻之津"，丽正门外是勋贵聚居的"衣冠之海"，顺承门外为"南商之薮"，平则门外是"西贾之派"。城内又有各种专门市集30多处。城市经贸的繁荣自然带动了手工业和商业的兴盛，以酿酒业和餐饮业为例，"屠千首以终朝，酿万石而一旬"[2]。如此夸张的词句，绝非仅仅是负才文人在纸笺上的信口开河。现实之中，中书左丞姚枢就直言："京师列肆百数，日酿有多至三百石者，月已耗谷万石，百肆计之，不可胜算。"[3]财臣卢世荣也说："大都酒课，日用米千石。"[4]都足以说明大都消费群体的庞大和商业的繁荣盛景。

"三月京华寒食近，东风十里酒旗新。"[5]"茶楼酒馆照晨光，京邑舟车会万方。"[6]大都不仅酿酒槽坊多，酒馆、酒楼、酒肆也极多。仅隶属大护国仁王寺在都等处的酒馆就达141家。[7]大都酒肆多集中于以下地方：一是平则门（今北京阜成门）外三里许的京西镇国寺两廊，这里是著名的商品集散地，"南北川广精麤之货，最为饶盛"。市声喧嚣，买卖兴隆，且多江南富商，"海内珍奇无不凑集"，"开酒食肆与江南无异"。[8]二是海子（今北

---

[1] 许有壬：《至正集》卷32《如舟亭燕饮诗后序》，北京图书馆古籍珍本丛刊。

[2] 《天下同文集》卷16《黄文仲：大都赋》。

[3] 《牧庵集》卷15《中书左丞姚文献公神道碑》。

[4] 《元史》卷205《奸臣传·卢世荣》。

[5] 《马祖常集》卷4《御沟春日偶成四首》。

[6] 马臻：《霞外诗集》卷4《都下初春》，清文渊阁《四库全书》本。

[7] 《程钜夫集》卷9《大护国仁王寺恒产之碑》。

[8] 《析津志辑佚·岁纪》。

京积水潭）一带，"燕山三月风和柔，海子酒船如画楼"[1]。足见其繁盛。翰林学士赵孟頫游海子边酒楼，亦有留诗"小姬劝客倒金壶，家近荷花似镜湖。游骑等闲来洗马，舞靴轻妙迅飞凫"[2]。紧临海子的西斜街，靠近钟鼓楼，也多歌台酒馆，这里是全城商业最繁华热闹所在，米面市、鹅鸭市、缎子市、皮帽市、铁器市、珠宝市等皆在此地汇集。

> 蓟门南头卢水流，燕姬十五居酒楼。
> 弹筝唱歌折杨柳，落日车前劝郎酒。[3]

大都人气旺盛，酒馆的生意自然红火，"小海银鱼吹白浪，层楼珠酒出红霞"[4]，宾客纷纭的场面不难想见。每逢农历新春，"车马纷纭于街衢、茶坊、酒肆，杂沓交易至十三日"[5]。还有农历九月銮舆自滦京清暑还都，"京都街坊市井买卖顿增"[6]，自然带来了大都餐饮业市场的火爆旺季。

"甬东贾客锦花袍，海上新收翡翠毛。买得吴船载吴女，都门日日醉醺醺"[7]。来大都消费的外地商人们腰缠万贯，或为生意交往，或为追欢逐笑，更是挥金如土，一掷千金。黄文仲《大都赋》云：

> 至其货殖之家，如王如孔，张筵开宴，招亲会朋，夸耀

————————————

[1]　王冕：《竹斋诗集》卷2《送人上燕》，清光绪邵武徐氏丛书本。

[2]　《松雪斋文集》卷5《海子上即事与李子构同赋》。

[3]　陈旅：《安雅堂集》卷3《分题送方叔高江南得车摇摇》，清文渊阁《四库全书》补配清文津阁《四库全书》本。

[4]　《雁门集》卷4《京城春暮》。

[5]　《析津志辑佚·岁纪》。

[6]　《析津志辑佚·风俗》。

[7]　《马祖常集》卷4《绝句十六首》。

都人，而几千万贯者，其视钟鼎岂不若土芥也哉！若夫歌馆
吹台，侯园相苑，长袖轻裾，危弦急管。结春柳以牵愁，伫
秋月而流盼，临翠池而暑消，褰绣幌而云暖。一笑金千，一
食钱万。此则他方巨贾，远土谒宦，乐以消忧，流而忘返，
吾都人往往面谀而背讪之也。[1]

这些腰缠万贯的外地商贾来大都的消费场所炫耀多金，一掷千
金，让素以"天子脚下"自居的大都人心理很不平衡，内心里嫉妒
不爽，脸上又要曲意奉承，即所谓"面谀而背讪"，令人莞尔。

元朝政府设置大都宣课提举司来管理大都商业市场，各市分
设提领或大使。元中期，大都商税额为十万三千余锭，仅次于江
浙和河南二行省，其余各行省的税收总数，尚不及大都一市。[2]

南方士人胡助北游京师，亲眼所见大都的繁华景象，一口气
写了二十首诗，其十四首云："久安诚富庶，豪华恣奢淫。优坊
饰文绣，酒馆书填金。市中商贾集，万货列名琛。驰骋贵游子，
车尘如海深。翩翩江南士，骇目还惊心。"[3]能够让这位来自花柳
繁华之地的江南士子"骇目还惊心"，足见大都的繁荣是名副其
实的。马可·波罗在其行纪中也记载道：

应知汗八里城内外人户繁多，有若干城门即有若干附郭。
此十二大郭之中，人户较之城内更众。郭中所居者，有各地
往来之外国人，或来入贡方物，或来售货宫中。所以城内外
皆有华屋巨室，而数众之显贵邸舍，尚未计焉。……外国巨
价异物及百物之输入此城者，世界诸城无能与比。盖各人自

［1］ 《天下同文集》卷16《黄文仲：大都赋》。
［2］ 《元史》卷94《食货志二·商税》。
［3］ 《纯白斋类稿》卷2《京华杂兴诗二十首有引·其十四》。

各地携物而至，或以献君主，或以献宫廷，或以供此广大之城市，或以献众多之男爵骑尉，或以供屯驻附近之大军。百物输入之众，有如川流之不息。仅丝一项，每日入城者计有千车。用此丝制作不少金锦绸绢，及其他数种物品。[1]

元大都凭借优越的地理位置和畅达四方的水陆交通，不仅南面沟通了中原、江南两大经济区，而且北连上都、和林等草原城市，东北经辽阳与松辽平原连成一片，并进一步外延联结欧亚，成为重要的国际性大都市，"东至于海，西踰于昆仑，南极交广，北抵穷发，舟车所通，货宝毕来"[2]，汇聚了来自世界各地的使团及商人与物品。一句话，大都的繁华是建立在元帝国幅员辽阔、华夷一统基础上的，故元人黄文仲总结说："惟其有大元之大，故能成大都之雄。"[3]可谓一语中的。

1368年闰七月，顺帝妥欢帖睦尔夜半开大都健德门北奔上都，元朝灭亡。相传，顺帝在逃亡途中曾作过一首蒙古文《忏悔诗》，表达了他失去大都后百身莫赎的懊悔和哀愁。

> 以诸色珍宝建造的纯朴优美的大都，
> 先可汗们的夏营之所我的上都沙拉塔拉，
> 凉爽宜人的开平上都，
> 温暖美丽的我的大都，
> 丁卯年失陷的我可爱的大都，
> …………
> 以各种技巧建立的八面白塔，

---

[1]《马可波罗行纪》第94章《汗八里城之贸易发达户口繁盛》，第237—238页。

[2]《程钜夫集》卷7《姚长者碑》。

[3]《天下同文集》卷16《黄文仲：大都赋》。

宣扬大国威仪以九宝装饰的我的大都城,

宣扬四十万蒙古声威的四方四隅的大都城,

　恰在弘扬佛法之际、因昏愦而失去可爱的大都,在我的

名声之下。

…………

把神明所建的竹宫,

把忽必烈薛禅可汗避暑的开平上都,

统统失陷于汉家之众;[1]

…………

3. "天堂之城"杭州

杭州为"东南形胜,江吴都会",唐宋以来,民生富庶,"市列珠玑,户盈罗绮"[2],居民以豪奢相尚。至南宋一跃成为行在临安后,奢侈熏风更炽,宫廷、百官及富家夸奇竞艳,日糜金钱无数,故有"销金锅儿"之号。

至元十三年(1276年)正月,元军进占临安,南宋纳款,政权和平过渡,最大限度地保留了杭州的旧有繁华。早前,元军兵临城下之际,统帅伯颜不遗余力地执行了忽必烈"奉扬宽大,抚戢吏民"[3]的政策。在南宋决定投降后,伯颜下令禁止军士暴力掳掠和进入临安城中,违者以军法从事,又派遣吕文焕持黄榜向临安城内外军民宣谕,让他们如同昔日一样安定无事。二月十二日,元廷颁布安抚临安新附府州司县官吏士民军卒人等的诏

---

[1] 佚名著,朱风、贾敬颜译:《汉译蒙古黄金史纲》,中国国际广播出版社,2016年,第41—42页。

[2] 柳永著,陶然、姚逸超笺注:《乐章集校笺》卷下《仙吕调·望海潮》,上海古籍出版社,2019年。

[3] 《元史》卷127《伯颜传》。

谕，明确告示：

> 尔等各守职业，其勿妄生疑畏。凡归附前犯罪，悉从原免；公私逋欠，不得征理。应抗拒王师及逃亡啸聚者，并赦其罪。百官有司、诸王邸第、三学、寺、监、秘省、史馆及禁卫诸司，各宜安居。所在山林河泊，除巨木花果外，余物权免征税……前代圣贤之后，高尚儒、医、僧、道、卜筮，通晓天文历数，并山林隐逸名士，仰所在官司，具以名闻。名山大川，寺观庙宇，并前代名人遗迹，不许拆毁。鳏寡孤独不能自存之人，量加赡给。[1]

伯颜在给忽必烈贺表中也说："九衢之市肆不移，一代之繁华如故。"[2]这大抵是临安当时鸡犬不惊，四民晏然，街市如故的写实之语。

元末杨维桢说："杭自宋行都来归服籍后，生齿日愈繁，无兵革灾者几三百年。"[3]实际上，自五代始讫元的近五百年间，杭州一直未有兵革之患，正是这种长期稳定的和平环境以及秀美的自然风光和丰厚的人文底蕴，成就了杭州绵延几个世纪的繁荣局面。

> 杭之为郡，左江海，右湖山，内接京畿，外控诸国。潮汐昼夜，一再往返，风帆雨舶，瞬息千里。象犀珠玉之珍，杭稻鱼盐之利，常溢于庐市。而其俗又机巧多技能，故五方之人，咸集于此，邑屋繁华，货殖填委，可谓庶且富矣。[4]

---

[1] 《元史》卷9《世祖纪六》。

[2] 《元史》卷127《伯颜传》。

[3] 《东维子文集》卷22《俞同知军功志》。

[4] 贡师泰：《玩斋集》卷9《杭州新城碑》，明嘉靖刻本。

至元十四年（1277年）十一月，诏改"行在"为"杭州"。次年，置杭州路总管府。至元二十一年（1284年），改江淮行省为江浙行省，省治也由扬州迁往杭州。[1]

元代的江浙行省（主要辖今江苏南部，浙江、福建二省及安徽、江西一部）地处东南沿海，下辖三十路、一府、二州，富庶甲于天下，"民物殷盛，国家经费之所从出"[2]，是元朝政府财赋倚仗之地。《元史》言："江浙财赋，居天下十七。"[3]

元廷在杭州还设有行宣政院、两浙都转运盐使司、浙西肃政廉访司、管军万户府等机构。

由宋入元，杭州的地位虽然从南宋都城落差为元江浙行省省府治所，但如果将杭州置于元朝幅员辽阔的大一统格局以及畅通的海上、陆路"丝绸之路"的视域之下进行考察，则杭州的地位不降反升。张之翰《送李仲芳赴临安行省掾》一诗，直言杭州和大都一样，是南北"两都会"。

> 莫惜辞燕远入吴，圣朝南北混车书。
> 四千里是两都会，三百年开一坦途。[4]

在大一统的国度里，以大都为集结中心的南北大运河直线沟通，杭州成为大运河的南端起点，加之南北海运的开通，使得杭州以及江浙行省与包括蒙古高原在内的北方地区，乃至全国的联系空前加强，从根本上改变了一两个世纪以来偏安于东南一隅的局面，并奠定了此后南北紧密联系的基本格局。可以说，杭州和大都一南一北，成为元代多元文化交流融汇的两大中心。相对而

[1] 《元史》卷9《世祖纪六》、卷62《地理志五》。

[2] 《金华黄先生文集》卷24《江浙行中书省平章政事赠太傅安庆武襄王神道碑》。

[3] 《元史》卷183《苏天爵传》。

[4] 张之翰：《西岩集》卷6《送李仲芳赴临安行省掾》，清文渊阁《四库全书》本。

言，两都地区的重要性更多体现在政治上，而杭州在经济、文化上则表现得更为突出。

据马可·波罗记载，杭州城有十二种职业，各业有一万二千户，"每户至少有十人，中有若干户多至二十人、四十人不等"。又言："此城有大街一百六十条，每街有房屋一万，计共有房屋一百六十万所，壮丽宫室夹杂其中。"据此推算，杭州城的总人口应有百余万之众。马可·波罗之后来华的罗马天主教圣方济各会修士鄂多立克直接称杭州是"全世界最大的城市""并且是最好的通商地"。

杭州城中"有商贾甚众，颇富足，贸易之巨，无人能言其数"。城里除街道两旁密密麻麻的店铺外，还有十个大广场或集贸市场。流经全城的运河岸边，有许多石头砌成的宽大货栈，用来为那些从印度和其他地方来的商人储存货物和财物。这些货栈皆靠近集贸市场，便于往市场里上货。在每个市场一周三天的交易日里，都有四五万人来赶集，他们可以在市场里买到所需要的所有商品，包括家禽家畜、水产野味、水果蔬菜、酒水饮料等日常生活必需品，也有香料、首饰和珠宝等名贵物品。

杭州商业贸易的繁荣，可以从酒的生产和销售窥见一斑。鄂多立克记载："那里始终有大量的面食和猪肉，米和酒，酒又称为米酿，享有盛名……"[1]大德十一年（1307年）九月，中书省臣言："杭州一郡，岁以酒糜米麦二十八万石。"[2]杭州酒的产量之巨大可以想见，酒课的收入自然也就相当可观。世祖朝卢世荣理财时，酿酒耗粮每石米官收十两钞，后行散办，改为五两，后来又有增课之举。大体推算，杭州一郡的酒课收入也在五万锭左

---

[1] 《马可波罗行纪》第151章《蛮子国都行在城》《补述行在》，第353—359页；[意]鄂多立克著，何高济译：《鄂多立克东游录》32《关于杭州城，它是世上最大的城市》、33《僧侣鄂多立克在一座偶像寺院所见的奇景》，中华书局，1981年，第67—68页。

[2] 《元史》卷22《武宗纪一》。

右。而江浙行省的岁入酒课总数通常约为十九万多锭，则杭州一郡的酒课收入占了总额的四分之一左右。所以礼部官员吴师道曾言："问江浙财赋之渊，经费所仰，曰盐课，曰官田，曰酒税，其数至不轻也。以三者而论，盐课两浙均之，官田浙西为甚，酒税止于杭城而已。"[1]正好佐证了杭州酒课在江浙行省财政收入中所占的比重之高。

杭州城宽地阔，人烟稠集，"五方之民所聚、货物之所出、工巧之所萃、征输之所入，实他郡所不及"[2]。随着商品物流的南来北往，众多南人沿运河北上，直抵中原、幽燕甚至大漠草原，观光两都并谋取出路成为一时潮流。同时，更多的蒙古、色目、汉人南下，到南方仕宦、驻戍、从商和游学。

元王朝的军事征服，使亚欧非国家与元王朝之间的政治、经济联系大大加强，通过陆路和海上"丝绸之路"，东西方被紧密地联系在了一起。杭州在当时的世界格局中，尤其在海洋体系中，占有重要地位。就海上交通而言，泉州港是南洋、西洋贸易圈的终点，而庆元、刘家港则是对朝鲜、日本贸易交流的中心港。杭州的重要性在于，一方面，它与广州、泉州和庆元等港口并列，设有市舶司对海外贸易进行管理；另一方面，它作为江浙行省省府治所和大运河南端终点，又是所有这些贸易线路通向帝国首都和腹地的重要接入点。世界各地大量的货物和人员由海路到达各港口，然后由各港口向杭州集中，其中最重要的两条线路是泉州至杭州的陆上"官道"和庆元道杭州的浙东运河。通过这两条交通干线，杭州与当时世界贸易圈紧密地联系在一起，然后沿着运河，连接吴中，并北上大都，反方向亦是如此。

海外贸易的活跃，离不开大批来杭的欧洲、非洲、阿拉伯和

[1]　吴师道：《吴礼部文集》卷19《国学策问四十道》，民国续金华丛书本。
[2]　徐一夔著，徐永恩校注：《始丰稿校注》卷10《思政堂记》，浙江古籍出版社，2008年。

波斯、印度、东南亚等地的商旅，而来自高丽和日本的商人及宗教人士，更是如适户庭，极为寻常。与马可·波罗同时代来杭的鄂多立克、伊本·白图泰、马黎诺里等西方旅行家、使臣或传教士，无不为杭州城市的宏伟秀丽、人口众多、繁华富庶所震撼，在他们各自的游记中，不约而同地盛赞杭州为"天堂之城""世上所有最大和最高贵的城市""世界最富丽名贵之城"。

杭州不仅是西方旅行家眼中的"天堂"，也是元人心目中的乐土。从大都南下杭州生活的杂剧作家关汉卿，写过一首《[南吕] 一枝花·杭州景》，堪称是一幅元代杭州的都市风情画：

> 普天下锦绣乡，寰海内风流地。大元朝新附国，亡宋家旧华夷。水秀山奇，一到处堪游戏。这答儿忒富贵，满城中绣幕风帘，一哄地人烟凑集。
>
> [梁州] 百十里街衢整齐，万余家楼阁参差，并无半答儿闲田地。松轩竹径，药圃花蹊，茶园稻陌，竹坞梅溪。一陀儿一句诗题，行一步扇面屏帏。西盐场便似一带琼瑶，吴山色千叠翡翠，兀良、望钱塘江万顷玻璃。更有清溪、绿水，画船儿来往闲游戏。浙江亭紧相对，相对着险岭高峰长怪石，堪羡堪题。
>
> [尾] 家家掩映渠流水，楼阁峥嵘出翠微。遥望西湖暮山势，看了这壁，觑了那壁，纵有丹青下不得笔。[1]

从南宋故都到元代全国规模最大、最繁华富庶的都会，杭州不仅是整个江浙行省的核心区域，也是元代南北经济文化交融的中心，更是享誉西方世界的"天堂之城"。

---

[1] 关汉卿著，蓝之葆校注：《关汉卿集校注》，中华书局，2018年，第1696—1697页。

忽必烈肇建元朝后，在固守祖宗法度的同时，又积极吸纳汉法，杂糅蒙汉，在政治、文化上实行二元政策。但是，蒙古旧俗和汉法之间并非平分秋色，大致表现为"内蒙外汉"，即草原旧俗为代表的蒙古制度，相当多地占据内核部分，汉法制度则往往居于外围或从属位置。

虽然汉地先进文化未能成为元朝的主导和内核，但是它在国号、年号、官制等仪文制度方面的诸多外在表现，足以令广大汉地民众感到宽松与亲和，这比起大蒙古国前四汗时期，显然要进步得多。这种"内蒙外汉"二元政策虽易造成嗜利黩武与冗官贪赃，助长民族压迫和统治集团内部分歧，但其历史贡献远超弊端，基本适应了大漠南北草原游牧与中原农耕的并存格局，总体上有利于多元文明的共存和繁荣发展。

一 能行中国之道，则中国之主也

1. 创建"大元"颁正朔

在与阿里不哥进行军事较量的同时，忽必烈加紧了建年号、改国号、定都邑、立朝仪等一系列举措，目标是创建一个与大蒙古国、汉地传统王朝都有传承关系的元帝国。

1260年五月一日，刚刚登上汗位一个多月，忽必烈就在刘秉忠等汉族臣僚的帮助下，"建元表岁，示人君万世之传；纪时书王，见天下一家之义"。自五月十九日，建元为中统元年。至元八年（1271年）十一月，又以"舆图之广，历古所无"，改国号为"大元"。[1]

从成吉思汗到蒙哥，大蒙古国一直没有使用年号，而是用十二生肖纪年，如《蒙古秘史》中经常出现"羊儿年""马儿年""鼠儿年"等字样。这是东亚的农耕民族和游牧民族从古至今民间百姓共同使用的一种纪年方法。

忽必烈即位伊始，开始仿效汉地王朝的制度，从儒家《春秋》《易经》等经典中，选定"中统"一词，作为自己的年号。所谓"中统"，就是"中华开统"，"美化既东西之被，兼爱岂南北之分"[2]，意即华夏大一统王朝的正统。汉地历代王朝最讲究

[1]《元史》卷4《世祖纪一》、卷7《世祖纪四》。
[2]《元文类》卷16《徐世隆：东昌路贺平宋表》。

正统谁属，在魏晋南北朝和宋辽夏金诸民族或地域政权并立之际，"正统"更是热衷争夺的对象。忽必烈政权以中统为年号，表明其以承继中央王朝的正统自命，而且致力于"天下一家"和大一统的目标。

大蒙古国前四汗时期的国号，即"大蒙古"，全称为"也可蒙古兀鲁思"。汉人有时称之为"大朝"。忽必烈又取《易经》"大哉乾元"之义，定"元"为新国号，取代"蒙古"旧国号。"元也者，大也。大不足以尽之而谓之元者，大之至也"[1]。"大元"不仅象征从成吉思汗到忽必烈的"历古所无"的"大业"，还出自儒家经典"至公"之论，进而可以与三代相媲美，名正言顺地跻身于夏、商、周、秦、汉、隋、唐大一统王朝序列。

建年号和改国号，显然是忽必烈吸收汉地文化，改变其政权形式与内涵的两个重要步骤。

定都邑，是在对阿里不哥的战争取得决定性胜利之际实施的。

中统四年（1263年）五月，忽必烈先将践祚称汗和驻跸所在的开平府定为上都。至元元年（1264年）八月，又颁《建国都诏》，以燕京为中都，后改称大都。窝阔台汗所建的草原都城和林则被废弃，改立宣慰司管理。

国都的改变，意味着忽必烈政权的统治重心由漠北草原移至漠南汉地，也意味着他对草原中心传统的部分背叛。

至元六年（1269年）十月，刘秉忠、许衡等主持订立朝仪，尚文、赵秉温等十余人参与议论。

未立朝仪之际，凡遇到称贺时节，大小官吏，不分高低，都聚集在忽必烈的帐殿前，喧喧嚷嚷，一片混乱。执法官甚至不得不挥杖驱赶，逐去复来，顷刻数次。尤其是在四方邦国朝贡的场

[1] 《元文类》卷40《经世大典序录·帝号》。

合，着实有失体统，妨碍观瞻。不少汉族官员对此很不满意，屡有严肃班序和严格传呼赞引及殿中纠察等呼吁。[1]

刘秉忠等订立的朝仪，"颇采古礼，杂就金制"[2]，大体上是对汉、唐、金有关制度的承袭和变通。包括平明设仪仗于崇天门内外，虎贲羽林，弧弓摄矢，分立东西，陛戟左右。教坊陈乐廷中。皇帝、皇后出阁升辇，升御榻。谒者传警，鸡人报时。妃嫔、诸王、驸马和丞相百官分班行贺礼。具体礼节有：二鞠躬、六拜、三舞蹈、三山呼、三叩头等。丞相祝赞曰："溥天率土，祈天地之洪福，同上皇帝、皇后亿万岁寿。"[3]

> 仙仗分开丹禁晓，朝班浮动翠花春。
> 与天同大惟王者，今日方知此语真。[4]

至元八年（1271）八月，忽必烈生日天寿节时，上述仪制正式启用。而后，元旦朝贺、冬至进历、册立皇后及太子、诸国来朝等，也用此仪。马可·波罗曾以亲历者的口吻讲述他所目睹到的元旦忽必烈朝见群臣、赐宴场景，竟与《元史·礼乐志》有惊人相似的描述。

> 节庆之日黎明，席案未列以前，一切国王、藩主，一切公侯伯男骑尉，一切星者、哲人、医师、打捕鹰人，以及附近诸地之其他不少官吏，皆至大殿朝贺君主。其不能入殿者，位于殿外君主可见之处。其行列则皇子侄及皇族在前，后为诸国王、公爵，其后则为其他诸人，各按其等次而就位。

---

[1]《元朝名臣事略》卷12《内翰王文忠公》。

[2]《滋溪文稿》卷22《故昭文馆大学士中奉大夫知太史院侍仪事赵文昭公行状》。

[3]《元史》卷67《礼乐志一·元正受朝仪》。

[4]《张养浩集》卷7《元日朝贺》。

各人就位以后，其间之最贤者一人起立，大声呼曰："鞠躬拜。"呼毕，诸人跪拜，首触于地，祝赞其主事之如神，如是跪拜四次，礼毕，至一坛前。坛上置一朱牌，上写大汗名，牌前置一美丽金炉，焚香，诸人大礼参拜毕，各归原位。

诸礼皆毕后，遂以前述贡献之物上呈大汗，其物颇美而价值甚贵。大汗遍视诸物毕，然后将一切席案排列，各人案序就位，进食如前所述。食毕，诸艺人来前作术以娱观众。诸事毕后，诸人各归其邸。[1]

需要指出的是，元代朝仪与汉唐仪制有三处明显差异：第一，皇帝、皇后列坐御榻，同受朝贺；第二，增加了三叩头。此叩头之礼，似来自窝阔台汗即位时诸王那颜们的"九次以首叩地"[2]；第三，朝仪结束后，还要举行蒙古传统的质孙宴。这就明显掺入了蒙古草原礼俗。

2. 劝农十道先齐鲁

忽必烈即位伊始，就诏告天下："国以民为本，民以衣食为本，衣食以农桑为本。"[3]为了恢复饱受战乱破坏的北方农业生产，元朝政府采取了一系列措施。

设置劝农官署。

中统二年（1261年）八月，元世祖命令设立劝农司，以陈邃、崔斌、忙古带等人为滨棣、平阳、济南、河间、邢洺、河南、东平、涿州劝农使，分道检查农业生产。

---

[1]　《马可波罗行纪》第87章《年终大汗举行之庆节》，第224页。

[2]　《史集》第2卷，第174—175页。

[3]　《元史》卷93《食货志一·农桑》。

至元七年（1270年），置大司农司，以张文谦为司农卿，"不治他事，而专以劝课农桑为务"。下设四道劝农官及知水利官，巡行劝课，察举勤惰，"亲行田里，谕以安辑，教之树艺"。司农司曾奉忽必烈旨意，"相风土之所宜，讲究可否"，拟定和颁布农桑之制十四条，以为规则。在此基础上，"遍求古今所有农家之书"[1]，汇编成《农桑辑要》，推广先进的农业技术。《农桑辑要》对中原劝课农桑的意义颇大。因为当时中原除了汉人，还有契丹、女真、蒙古、色目、高丽、西夏等少数民族定居，他们需要参照《农桑辑要》这样的农业技术手册，来恢复发展农业。

设立司农司的同时，又下令各州县长官兼管劝农事，岁终申报司农司和户部，考察成否。秩满时，要在解由内注明殿最，严明赏罚地方官劝农桑成效。高唐州官员因勤于劝课受升秩奖赏，河南陕县尹王仔却以惰于农事被降职。

至元七年（1270年），元政府在北方的乡间村疃每50家立一社，择高年晓农事者为社长，敦本业，抑游末，设庠序，崇孝弟。忽必烈对乡村立社十分赞赏："立社是好公事也""既是随路有已立了社呵，便教一体立去者。"所以平定江南后，南方乡村也一体立社。世祖还命令探马赤军户同样立社。由于牵扯到军户数目，此类立社，后来改在万户建制内举行。[2]

禁止占民田为牧地，严饬伤稼。

蒙古入主中原以来，诸王权贵和蒙古军队占据农田，"近于千顷，不耕不稼，谓之草场，专用牧放孳畜"[3]。这无疑造成了中原农业耕地面积的萎缩和生产条件的破坏。

---

[1] 司农司撰：《农桑辑要》"王磐序"，丛书集成初编本，商务印书馆，1936年；《道园学古录》卷42《朝列大夫金燕南河北道肃政廉访司事赵公神道碑》；《元史》卷6《世祖纪三》。

[2] 《元史》卷93《食货志一·农桑》；《通制条格校注》卷16《田令·立社巷长》，第454—455页。

[3] 赵天麟：《太平金镜策》卷4《限田产》，元刻本。

忽必烈屡次下令，严格限制诸王权贵和蒙古军队的牧地范围，禁止强占民田为牧地。中统二年（1261年）七月，诏谕河南管军官：驻有军马的城邑可在近郊保留部分牧场，其余应听还民耕。[1]中统四年七月，又命令征南都元帅阿术，禁止所部蒙古军占民田为牧地。

从至元二年（1265年）开始，忽必烈还将黄河南北荒芜田土和僧侣所占良田，分配给蒙古军士耕种。[2]提倡鼓励迁居汉地的蒙古人从事农耕，无疑具有积极意义。又实行蒙古人种田及有羊马之家，停止供给口粮，无田土者依旧供给的政策。[3]后者可以保证尚未从事农耕者的生计，减轻他们对农耕民的侵犯。

忽必烈还多次颁布诏令，严格禁止蒙古军践踏农田，损害庄稼。规定："诸军马营寨及达鲁花赤、管民官、权豪势要人等，不得恣纵头匹，损坏桑枣，践踏田禾，搔扰百姓。如有违犯之人，除军马营寨约会所管头目断遣，余者即仰本处官司就便治罪施行，并勒验所损田禾、桑果分数赔偿。"[4]在一般禁止以外，另加治罪和赔偿措施，遂使上述政策更为行之有效。

鼓励开荒复业与兴修水利。

中统三年（1262年）四月，忽必烈命令各行省、宣慰司、诸路达鲁花赤、管民官积极鼓励和劝导百姓，开垦田土，种植桑枣，不得擅兴不急之役，妨夺农时。[5]至元八年（1271年）又推出定期减免开荒者税收的政策，"凡有开荒作熟地土，限五年验地科差"。考虑到桑树杂果成熟期较长，遂补充规定种植桑树

[1]　《元史》卷4《世祖纪一》。
[2]　《元史》卷6《世祖纪三》。
[3]　《元史》卷5《世祖纪二》。
[4]　《通制条格校注》卷16《田令·司农事例》，第471—472页。
[5]　《元史》卷5《世祖纪二》。

限八年，杂果限十五年以后科差。[1]

由于朝廷的积极提倡，元朝初年的水利事业也获得可喜的成就。如中统二年（1261年）提举王允中、大使杨端仁奉忽必烈诏令，开凿怀孟路的广济渠，引沁水经济源、河内、河阳、温、武陟五县，达于黄河，全长六百七十七里，灌溉民田三千余顷。[2] 翌年，又任命"习知水利""巧思绝人"的郭守敬为提举诸路河渠。至元元年（1264年），张文谦偕郭守敬行省西夏中兴，修复疏浚唐来、汉延二渠，灌溉田地近十万顷。[3]

由于元朝政府的推动和鼓励，黄河流域的农业生产得到了较快的恢复和发展。十余年后，元朝的劝课农桑政策"功效大著，民间垦辟种艺之业，增前数倍""凡先农之遗功，陂泽之伏利"，靡不兴举。基本上做到了"野无旷土，栽植之利遍天下"[4] 的局面。

> 昔者东南杼柚空，咏歌蚕织到图穷。
> 劝农十道先齐鲁，百世兴王衣被功。[5]

平定江南后，元朝政府放手积极使用南宋降附官僚就便管理江南农耕区域。至元十二年（1275年）五月，忽必烈对刚刚归降的原南宋湖北制置副使高达说：

> 昔我国家出征，所获城邑，即委而去之，未尝置兵戍

[1] 《元典章》23《户部卷九·农桑·栽种·开田栽桑年限》。

[2] 《元史》卷65《河渠志二》。

[3] 《元朝名臣事略》卷7《左丞张忠宣公》、卷9《太史郭公》。

[4] 《农桑辑要》"王磐序"；《秋涧集》卷37《绛州正平县新开溥润渠记》；《元文类》卷58《李谦：中书左丞张公神道碑》。

[5] 《道园学古录》卷30《题楼攻媿织图》。

守，以此连年征伐不息。夫争国家者，取其土地人民而已，虽得其地而无民，其谁与居。今欲保守新附城壁，使百姓安业力农，蒙古人未之知也。尔熟知其事，宜加勉旃。湖南州郡皆汝旧部曲，未归附者何以招怀，生民何以安业，听汝为之。[1]

忽必烈以总结蒙古征服以来治理农耕地区的经验教训为切入点，谈到江南百姓安业力农和新征服州郡的保守巩固，谈到进一步招降怀柔未归附者，并且把这些任务主要委付给南人官僚办理。如果说忽必烈不嗜杀人和尽力谕降安抚的政策在灭亡南宋的过程中，取得了减少进军阻力和战争破坏的积极效果。那么，委付南人官僚就便管理，以"安业力农"，乃至士农工商各安本业，又是对不嗜杀人和尽力谕降安抚政策更高层次的发展，是旨在帝国统治能够长治久安的战略谋定。基于政府的重农政策，元中叶以后，全国各地农业生产普遍得到较好发展，一些地区的桑麻种植也取得了良好成效。

3. 兴办儒学和书院

举办儒学和书院，这也是汉地王朝在文化教育方面的传统政策。唐代以来，州县学已相当完善，至宋代书院大盛。忽必烈时期，有一个十分有趣的现象：虽然许多儒臣极力劝谏开设科举，都没有被采纳。但在恢复举办各级儒学和书院方面，元朝政府却是不遗余力的。

至元六年（1269年）七月，忽必烈应张文谦、窦默的奏请，首先在中央设置了国子学，任命北方儒学宗师许衡做第一任国子

[1] 《元史》卷8《世祖纪五》。

祭酒。选取一些贵族子弟入学，还招收部分平民出身的陪读生。后又增设国子监，掌国子学之教令。元朝的国子监在今北京雍和宫西面，建有孔庙，至今仍有一些碑刻留存，是忽必烈兴儒学的遗迹和见证。除中央的国子学、国子监外，地方上的官办儒学也非常普遍。

中统二年（1261年），忽必烈特诏各路设提举学校官，选拔博学老儒王万庆、敬铉等30人充任，以教诲诸生，作育人才。这是重建中原官办儒学的举措，开始改变蒙古国不重视儒学文治的偏向。

至元二十四年（1287年），元政府在江南设置了11道儒学提举司，而后又按照行省建制，合并为3道。若加上河南、四川等，每个行省均设儒学提举司，专门掌管儒学教育。担任儒学提举者都是非常有名的儒士，如江西抚州的吴澄，曾任江西行省儒学副提举，是与北方的许衡齐名的江南理学宗师。仁宗朝科举恢复以后，各处儒学提举司还负责为乡试举子延请考官和命题。

元朝兴办学校的另一重要举措，就是儒学教官的制度化。儒学教官，最早可上溯到秦汉的五经博士，但直至两宋才逐渐形成制度。宋代举子数量庞大，除了冗官、养官以及各种使职差遣，宋廷还命部分下第的儒士去担任地方儒学教官。元朝自忽必烈以后，除国子监和各行省儒学提举外，在路、府、州、县各级均设教官：路设教授、学正、学录，散府以及上、中州设教授，下州设学正，县设教谕。这是一套成体系的制度，比宋朝的更为规范。

元代教官定制效果比较复杂。在元朝各类官员中，教官的待遇是偏低的。即使是路、州级的教官，最高也只有区区九品。故元人有"冷官要耐五更寒"[1]诗句，直言教官为百官中最冷的官

---

[1] 王义山：《稼村类稿》卷1《送余仲谦赴江州教》，清文渊阁《四库全书》补配清文津阁《四库全书》本。

职。他们起点低，大多数不入流品，除少数路级教官外，难望获得升迁机会。不过，教官制毕竟给科举无门的儒士提供了从业和谋生的机会，也有利于儒学传承。

书院曾经是中国理学和教育方面的重要发展成果，主要归功于两宋大理学家的极力倡行。两宋书院是一种独立于官方儒学之外的民办学堂，算得上是理学发展的摇篮，程朱理学主要依赖书院自由讲学来传播。但元世祖时期，书院已逐渐被纳入地方儒学教育体系，具有了"半官方"性质。

书院"山长"属于教官系统，由政府提供经费及俸禄。一些低级的教官可迁转充某书院的山长，山长亦可迁转为路或州儒学教授。尽管如此，书院和路府州县儒学还有些区别，所以我们称之为"半官方化"。此政策虽是对书院的保护，有利于理学自身官学化，但同时带来行政管束增多、摧残和禁锢思想等副作用，理学在官方之外传播和自由发展也相应受到影响。

4. 罢世侯　置牧守

木华黎经略中原时，一大批汉族地主武装首领归附了蒙古。木华黎及其后继人代表蒙古大汗，沿袭金代官制，授予他们元帅、监军、节度使、招抚使等官职，并派遣达鲁花赤监督，实现对中原地区的间接统治。这些人逐渐形成专制一方的地方势力，被称为汉人世侯。

到成吉思汗1227年去世前后，河北、山东、山西各地大大小小的汉人世侯有四十几个。小的世侯盘踞一州一县，大的世侯跨州连郡，著名者如史天泽、李璮、张柔、严实、李全、刘黑马等，占地二三千里，领兵数万，和晚唐、五代的藩镇无异。

汉世侯对蒙古统治汉地是有过功劳的，他们对汉地传统的治理经验和政策较为熟悉，也懂得安定社会、发展生产与保护文化的重要性，对农耕经济恢复起到过一定促进作用。而倘若由蒙古将领来直接统治，极有可能将汉地变成"鬼衙""盗区"或草场。但汉世侯在辖区内军民兼管，既是各路总管，又是万户，且世袭相传，专制一方，既不符合元世祖采用汉法的官僚制模式，也构成了元廷直接治理汉地的障碍。

罢黜汉世侯，确立迁转法。

中统三年（1262年）二月，山东汉世侯李璮叛乱，忽必烈以平定李璮之乱为契机，迅速收揽权纲，罢黜汉世侯，实行官员迁转法。

迁转法在战国已有雏形，经秦汉到唐宋，已发展得非常成熟。元廷从至元元年（1264年）十二月开始，派遣四名中书省宰执，如张文谦、耶律铸等人到山东、山西、河南，专门负责罢世侯，置牧守。牧守即传统的迁调流官。迁转方法，大致是三年一迁，移任迁调，还颁布了相应的国家条令："管民官三年一遍，别个城子里换者。"[1]迁转法取代"世袭罔替"旧制，根本革除了汉世侯。

军民分职，不可并居一门。

军民分职是废黜汉世侯的一项重要步骤。最早由史天泽回京师自劾擅杀李璮之罪时提出。史天泽是真定万户，与拖雷家族关系较为近密。但在李璮之乱中，史天泽与李璮暗中有过勾结。由于当时正忙于和阿里不哥在漠北激战，忽必烈虽然对史天泽、张柔等汉世侯和李璮的勾结有所觉察，但是并没有戳穿，而是采取了对汉世侯既使用又防备的策略。围攻李璮之际，依旧征调汉世侯军队，还任命史天泽为三统帅之一。

回到大都后，史天泽主动报告了擅杀李璮的罪过，并且向忽必烈提出："兵民之权，不可并在一门。家有一人居官，其余宜

[1] 陈元靓：《纂图增新群书类要事林广记》戊集《官制门·职官新制》，中华书局，1999年。

悉罢遣。行之请自臣家始。"[1]这当然是为开脱与李璮勾结的罪责，消除忽必烈疑心的补救措施。此建议立即获得忽必烈批准。史天泽子弟17人当日被免除军职，金虎符、银符全部撤销。以史家为开端，汉世侯逐步被全部罢黜。

中统三年（1262年）十二月，忽必烈进一步以诏令的形式强化军民分职："各路总管兼万户者，止理民事，军政勿预。""诸路管民官理民事，管军官掌兵戎，各有所司，不相统摄。"[2]各路总管就是管民官，仅掌行政、财政和司法，不可过问军事。如果任万户、千户之职，就得辞掉路州官，只担任军职。每个世侯之家，仅保留一人任官，或管军或驭民，二择其一，余者一概解职。军、民职务分开，有益于恢复传统的官僚秩序。这项举措落实后，张柔的儿子张弘略、张弘范，严实的儿子严忠嗣都罢去万户，当了管民官。

易兵而将。

和唐、五代的藩镇类似，汉世侯能够称雄一方的主要资本就是私家军队。忽必烈罢黜汉世侯的第三项措施，就是命令汉世侯交出原先统率的军队，改由其他将领节制。譬如，史天泽的儿子史格，奉命代替张柔的儿子张弘范掌管亳州万户；史天泽旧属的邓州二万户被移交忽必烈的宿卫近侍董文炳节制。

忽必烈又沿袭金朝制度，在各万户府设立监战，居万户长之上。监战相当于后来汉军等万户府达鲁花赤的前身，一般由蒙古或色目人宿卫士担任，意在监督和管理汉军万户。这是易兵而将的一个辅助措施。

另外，忽必烈还下令将汉军"奥鲁"（老营）从万户府中分离出来，交给路府州县管民官兼管。譬如，史天泽原辖真定万

[1]《元文类》卷58《王磐：中书右丞相史公神道碑》。
[2]《元史》卷5《世祖纪二》。

户，其征行和驻扎地点在邓州。现在要把征行和"奥鲁"二者切断，真定万户府的"奥鲁"家眷及后勤支持，不再由万户府负责，而是要交付真定路总管府管辖。

以上三项措施，剥夺了汉世侯专制一方的地盘和私家军队，结束了汉世侯间接治理汉地的体制。汉世侯及其子弟也被改造成了普通的文武官员。通过罢黜汉世侯，忽必烈铲除了危害元王朝的地方军政势力，在汉地迅速地构建起中央集权的路府州县秩序，堪称对李璮之乱积极而又高明的"善后"。

5. 重建省院台等官僚机构

除罢黜汉世侯外，忽必烈采用汉法在政治层面的重要举措，就是重建省院台等官僚机构。省院台分别指中书省、枢密院和御史台，这是模仿宋金中央官府制度。

蒙古国时期，总管朝廷政务的最高官员是札鲁忽赤"断事官"。随着疆域扩大和政务繁剧，汗廷怯薛执事中掌管出纳诏旨文书的必阇赤长风头日盛，成为仅次于"断事官"的辅相之臣。忽必烈即位以后，模仿宋金等制，设置中书省取代札鲁花赤和必阇赤长。

有元一代，中书省一直是朝廷行政中枢。中书省宰执设右丞相、左丞相各一员，正一品。平章政事两员，右丞、左丞各一员，参知政事两员，号称"八府"。名义上最高长官是中书令，模仿唐宋旧制，由皇太子兼任。僚佐有参议一员，左司和右司的郎中、员外郎、都事各两员。下辖吏、户、礼、兵、刑、工六部。中书省"统六官，率百司"，其职司和唐宋时无异，仍为"佐天子，理万机"[1]，具体就是议论朝政，协助皇帝决策，发布

[1] 《元史》卷85《百官志一》。

政令，监督六部施政，或分领处理一些重要政务。

元朝中书省有一特殊之处，就是设30多名断事官。实为大蒙古国札鲁忽赤的遗留。此时断事官为中书省属官，主要由皇帝怯薛宿卫士和皇后、太子、诸王所派怯薛等来担任。

大蒙古国时期，左、中、右三万户是最高的军事统帅组织，军权主要由大汗、宗王和万户掌握。随着军事征伐和军队扩张，万户数量日益增多。仅汉世侯就有七个以上的万户，四川地区的汉军万户、蒙古军万户、探马赤军万户也有十几个。全国万户加起来，约有几十个。中统四年（1263年）五月，忽必烈模仿宋、金制度，设立枢密院以总兵戎。

枢密院为元朝最高的军事管理机构。名义上的长官是判枢密院事，亦由皇太子兼任。实际上的长官为知院，从一品。其下设同知、副使、佥院、同签、断事官、判官、参议等。枢密院的职司主要有三：一是军队管领、调发，这最为重要；二是军官奏举和铨选；三是军人赏罚、存恤。枢密院通常有四怯薛派官代表皇帝位下参决枢密院事，还由皇帝指定中书省某宰臣商议枢密院事。

大蒙古国时期，官员没有俸禄，全靠部属"撒花"进献，"撒花"在蒙古语中是赠物、礼品的意思。按蒙古旧俗，"撒花"是属下理所应当的义务。这就与汉地的吏治、俸禄规则格格不入。受此旧俗影响，元初官场吏治相当败坏。忽必烈曾忧心忡忡地向身边大臣问计："今任职者多非材，政事废弛，譬之大厦将倾，非良工不能扶，卿辈能任此乎？"

同知平阳路转运司事张雄飞回答："古有御史台，为天子耳目，凡政事得失，民间疾苦，皆得言；百官奸邪贪秽不职者，即纠劾之。如此，则纪纲举、天下治矣。"

至元五年（1268年）七月，忽必烈采纳张雄飞和廉希宪的建议，置御史台。长官御史大夫，从一品。副长官有御史中丞、侍御史、治书侍御史等。御史台下设殿中司和察院两机构,殿中司主要负责对朝堂上百官纠察;察院"司耳目之寄,任刺举之事",置32名监察御史,秩正七品。起初全为汉人,后也参用蒙古人。

忽必烈曾告诫御史大夫塔察儿和侍御史张雄飞等人说:"卿等既为台官,职在直言,朕为汝君,苟所行未善,亦当极谏,况百官乎!"又给他们撑腰打气说:"汝宜知朕意。人虽嫉妒汝,朕能为汝地也。"[1]张昱《辇下曲》诗云:

> 斜街木局尽闲房,御史微行自不妨。
> 从立宪台曾有旨,代天耳目付贤良。[2]

御史台之设,本为沿袭秦汉唐宋以来中原政权的监察制度。元朝在此方面的重要建树,就是设置派出或分支机构,形成了地方监察的纵横网络。所谓纵向网络,就是中央御史台派出二机构——江南行御史台和陕西行御史台。大体模仿中书省派出行省,与中台合称"三台";横向网络,就是"三台"之下分设二十二道肃政廉访使司(前身为提刑按察司)。廉访司负责地方监察,各有实际区划,多含原宋金两、三个路的地盘。二十二道肃政廉访使司对明清按察司影响颇大。

省、院、台三个机构建立后,忽必烈踌躇满志地说:"中书朕左手,枢密朕右手,御史台是朕医两手的。"[3]意思是,中书省和枢密院,一个管民,一个管军,是皇帝的左右手,御史台是监督中书省和枢密院文武百官的。蒙古人尚右,军事在他们心目中

---

[1] 《元史》卷163《张雄飞传》、卷86《百官志二》。
[2] 《张光弼诗集》卷3。
[3] 《草木子》卷3下《杂制篇》。

尤其重要，故枢密院居右。看来，受汉儒影响，忽必烈对御史台监察文武百官的要领，理解得相当透彻。

除了省、院、台三大机构外，元中央还设有其他院、府、监等机构，名目较为繁杂。包括翰林兼国史院、蒙古翰林院、集贤院、宣政院、宣徽院、太禧宗禋院、太常礼仪院、典仪院、太史院、太医院、奎章阁学士院、将作院、通政院、中政院、储正院等十五院；武备寺、太仆寺、尚乘寺、长信寺、长庆寺、长秋寺、承徽寺、长宁寺、宁徽寺、延徽寺等十寺；太府监、度支监、利用监、中尚监、章佩监、经正监、都水监、秘书监、司天监、回回司天监、司禋监、艺文监、国子监、回回国子监等十四监；宗正府、侍正府、尚供总管府、云需总管府等四府。还有大司农司、详定使司和崇福司等。

二 "祖宗法度"的留存

1. 尽是君王宿卫兵

（1）怯薛制和近侍预政

怯薛制是大蒙古国三项基本军政制度之一，"怯薛者，犹言番直宿卫也"[1]。元人张昱诗云："圆殿仪天十六楹，向前黄道不教行。帐房左右悬弓角，尽是君王宿卫兵。"[2]说的就是怯薛。

铁木真称汗后，降旨道："以前朕只有八十人做宿卫，七十名侍卫做轮番护卫。如今依靠长生天的气力，天地的佑护，平定了全国百姓，都归朕独自统治。如今，可从各千户中挑选人到朕处进入轮番护卫队、侍卫队中。选入的宿卫、箭筒士、侍卫，共满万人。"[3]

"怯薛儿郎年十八，手中弓箭无虚发。"[4]这支万人的怯薛，包括1000名宿卫，1000名弓箭手，8000名散班，都是从万户长、千户长、百户长和白身人（自由民）的儿子中挑选出来的，"有武艺，身体、模样好"[5]，就驻扎在成吉思汗的大斡耳朵（殿帐）周围，由成吉思汗直接指挥，分为四班，由四个亲信的那可儿木华黎、赤老温、博尔忽、博尔术的亲族世袭担任怯薛长，每

---

[1] 《元史》卷99《兵志二·宿卫》。

[2] 《张光弼诗集》卷3《辇下曲》。

[3] 《蒙古秘史》第224节。

[4] 《玉笥集》卷3《怯薛行》。

[5] 《蒙古秘史》第224节。

三日轮流值班。怯薛人员除宿卫外，也分任大汗的冠服、弓矢、食饮、文史、车马、庐帐、府库、医药、卜祝等事。任事者一概世袭。诸王亦各有怯薛。

随着汗位更迭，万人怯薛又渐次传给继任大汗。忽必烈建立元朝时，因原有万人怯薛属于蒙哥汗，且聚集漠北，忽必烈却在漠南开平登上汗位，没有条件直接承袭，只能另行重组。

元世祖重建的万人怯薛，主要有以下几个来源。一是藩邸宿卫士，如忽鲁不花、和者思、线真、阔阔、廉希宪、八丹、昔班；还有汉人张文谦、赵璧、董文用、贺仁杰、赵炳、张立道等，都是忽必烈原藩邸的怯薛宿卫，此时直接升格为大汗的怯薛。二是投奔忽必烈的蒙哥汗旧怯薛。忽必烈和阿里不哥争夺汗位之际，蒙哥汗原来的一位怯薛长不花，还有宿卫士、四斡耳朵怯怜口千户木花里等一部分人南下投奔忽必烈阵营。这时也进入重组的忽必烈大怯薛。三是中统初年，元廷曾命令路级以上官员及其他贵胄派遣子弟入京师充当秃鲁花，忽必烈还亲自挑选，他们也成为大怯薛的一部分。

重组的万人怯薛，仍遵循成吉思汗的旧制，分为四部分，名曰四怯薛，每三日一轮值。史载，至元二十一年（1284年）前后，第一怯薛由大汗自领，忽都答儿、怗古迭儿和月赤察儿分别为第二、第三、第四怯薛长。怯薛长全面负责大汗的起居、饮食、服御和昼夜警卫等，之下还有各种名目的执事，如博儿赤（烹饪饮食者）、火儿赤（带弓箭者）、速古儿赤（掌内府尚供衣服者）、必阇赤（主文书者）、云都赤（带刀者）、昔宝赤（养鹰者）等。

怯薛长的子孙们也常常世袭其职，"凡怯薛长之子孙，或由天子所亲信，或由宰相所荐举，或以其次序所当为，即袭其职，以掌环卫。虽其官卑勿论也。及年劳既久，则遂擢为一品官"[1]。

---

[1] 《元史》卷99《兵志二·宿卫》。

可谓世代荣显。

　　前四汗时期的怯薛组织，通常是宫内服侍、禁卫亲兵和朝廷机务及差遣三项职能兼于一身。忽必烈建元朝之后，设中书省、枢密院执掌行政和军事，怯薛行政职能显著衰退，主要从事较为单纯的宫廷服侍和宿卫工作，大多数人日常相当清闲。

　　　　几番怯薛上班慵，生怕鸾舆又到宫。
　　　　一自恩归西内日，飞鱼闲挂宝雕弓。[1]

　　但因元朝仍然是宗亲分封，家臣治国的体制，而怯薛作为大汗最典型的家臣，在整个元朝，怯薛预政仍然是较为普遍的现象，直接影响着元廷御前决策。

　　元代的御前决策，大体采用两种方式：一是省、院、台大臣及怯薛有关人员共同进奏议政，协助皇帝决策；二是皇帝听取少数怯薛人员奏报情况后作出决策。这两种情况下，怯薛均能直接影响朝政决策。一方面，亲近怯薛可以参与陪奏，省、院、台的许多大臣本身就是怯薛出身；另一方面，一些怯薛又通过宫廷内径直闻奏，以内驭外来挟制宰相，间接干预朝政。从《元典章》《庙学典礼》等现存公文档案可以看到，很多闻奏公文都把陪奏的怯薛执事和省、院、台的大臣并列一纸，详细记载当日的上奏人、陪奏执事、上奏事项，最后写决策的结果。这反映出怯薛陪奏和参与御前闻奏会议是合法的。怯薛在闻奏会议前后还充当皇帝的助手，有时大臣奏事后，皇帝会就近向陪奏的怯薛咨询或核实情况。

　　需要说明的是，元朝这种有少数省、院、台官员和怯薛近侍

---

[1]　朱有燉：《元宫词一百首》，载柯九思等著，陈高华点校：《辽金元宫词》，北京出版社，1984年，第21页。

参加的御前闻奏"视朝"形式，源自大蒙古国若干枢要大臣闻奏大汗的旧例。到忽必烈时期，御前闻奏"视朝"成为定制。其与传统汉地王朝的"常朝""视朝"相比，确有些特殊之处。一是时间不固定，即所谓的"敷奏"不时。之前的汉地王朝大多数情况下是三日一朝，或五日一朝，皇帝于固定时间面见朝臣，商议政务。而元朝御前闻奏是不定时的。二是地点不固定，即所谓"听鉴"无所。三是参与者只是极少数省、院、台亲贵大臣和亲近怯薛，而非文武百官。而汉地传统王朝的常朝，只要达到一定的品级，都必须定时参见皇帝，唐代还有所谓"常参官"。

元朝用小规模的御前会议取代汉地王朝式的常朝，其根源主要是草原"行国""行朝""行帐"的习俗。草原民族原本就居无定所，蒙古皇帝通常也是依照四时"捺钵"俗移动的。成吉思汗征伐到何处，他的殿帐就移徙到何处，政治中心也随之移动。直到窝阔台在和林建都，其政治中心才具有一定的固定性。即使忽必烈以降的两都巡幸，仍保留着"行国""行朝""行帐"旧俗。有元一代，始终如此，这也是他们的"祖宗法度"。

内廷的亲近怯薛还经常超越中书省，利用侍从皇帝左右的机会"随时献纳"[1]，亦即所谓"隔越闻奏"[2]。这种方式比省、院、台官御前闻奏更为便利，且容易导致皇帝的随意决策。

随着中书省充任新的朝廷行政中枢，怯薛组织与中书省、枢密院之间，长期处于既矛盾冲突、又内外协同配合的复杂状态，经常可以看到怯薛人员或以圣旨胁迫，或暗中弹射奏劾，或以内线襄助。在内廷怯薛和宰相矛盾激化时，怯薛往往能怂恿皇帝废罢与之敌对的宰相。如世祖朝桑哥垮台和顺帝朝脱脱罢相，都是亲信怯薛进谗言所致。而且，内廷怯薛和外廷的省、院、台在人

[1] 《牧庵集》卷15《董文忠公神道碑》。
[2] 《元史》卷22《武宗纪一》。

事上也是相通的。很多怯薛长和亲近执事，往往受皇帝委派而出任省、院、台的重要大臣。怯薛人员担任朝廷官职后，其宿卫身份始终不变。尤其是在京官员，白日赴所在衙门处理政务，夜间仍需按原有番直顺序来宿卫服侍皇帝。对蒙古人而言，皇帝怯薛身份似为更重要的"大根脚"。

（2）侍卫亲军与镇戍军制

忽必烈还创设以汉族兵员为主的诸卫侍卫亲军。侍卫亲军是怯薛之外的另一类中央宿卫军，数量很大。侍卫亲军包括如下三个类别：

第一类是汉人卫军，主要由汉军及新附军组成。起初是从汉军各万户抽调的精锐，实为继承宋、金的禁军制。如最早的武卫军，名称即用金制。后来逐步扩编至前、后、左、中、右五卫，即汉军五卫。还有武卫、虎贲卫、忠翊卫、海口侍卫等。

第二类是色目侍卫亲军，主要由西域的钦察人、康里人、阿速人、唐兀人等色目军士组成。名目很多，如左右钦察卫、左右阿速卫、唐兀卫、贵赤卫、西域卫、龙翊卫、隆镇卫、宣忠扈卫、威武阿速卫，等等。元中叶，色目卫军地位迅速上升。主要因为以土土哈为首的钦察人等，在平定漠北宗王叛乱中军功显赫，相继受到忽必烈和成宗、武宗的提拔重用。这些人原先多半是蒙古西征时掳掠来的奴隶和私属。后因其显赫功勋由皇帝特许，从各万户、千户中重新收集各自族人。比如钦察卫的组成主要收集钦察族人，康里卫主要收集康里族人，阿速卫主要收集阿速族人，实乃色目人部族为主体的卫军。他们汇聚蒙古人和突厥人的剽悍英勇等优长，作战能力很强。

第三类是蒙古卫军，主要由五部探马赤军和一些官方赎回蒙古人沦为奴隶及流散各地者等组成。主要是右都威卫、宗仁卫、左翊、右翊蒙古侍卫军等。

侍卫亲军隶属于枢密院，与怯薛直属于大汗有所不同。侍卫亲军兵士与其他军户类似，通常也实行赡军田、贴军户等制，自行提供车马装具等。与怯薛专门负责皇帝宫城、斡耳朵的防卫不同，侍卫亲军除守卫大都、上都之外，还需镇戍朝廷的直辖区"腹里"。有时又以中央常备精锐部队奉命赴边地征战。

忽必烈既重建蒙古国式的万人怯薛，又创设了汉地式的侍卫亲军，同样维持宿卫军二元格局。当时，侍卫亲军数量合计达八万人左右，相当于怯薛的七八倍。成宗朝以后，诸卫军扩展到三十余个，人数更多了。侍卫亲军的中央常备精锐部队的角色日渐突出，其军事作用也愈为重要。

平定南宋和统一全国后，忽必烈又根据政治军事需要，增设了镇戍军，包括蒙古军、探马赤军、汉军、新附军四个军种。

蒙古军，即蒙古草原大千户军队。成吉思汗创立的千户制一直是蒙古军的基本组织形式。千户、万户分驻于朝廷指定的牧地，实际上相当于兼有军事、行政双重职能的地方军政组织，尤其是统辖数十个千户的左、右翼万户。元朝建立以后，尽管草原诸大千户有些混乱，忽必烈基本上没有改变漠北、漠南的诸草原大千户的编制，没有改变其军民兼领的体制，只是撤销了千户之上的左、右翼万户长，由朝廷派遣的枢密院官和总兵宗王来统辖。

探马赤军，是从诸千户抽调混编外出征伐的军队。成吉思汗和窝阔台时期，由于大规模的对外征服，蒙古千户成员频繁赴外征戍，朝廷不断从草原诸千户中抽取部分蒙古军士，混编组成的探马赤军。后来，抽调的范围又扩大到色目人和汉人军队。因起初也是蒙古军的一部分，又兼其核心人员和长官往往是蒙古人，故长期把"蒙古"二字冠之于探马赤军前面，笼统称之为蒙古探马赤军。全国统一之后，忽必烈首先是把参与平南宋的蒙古探马赤军军团（主要为奥鲁赤四万户和阿术二万户）撤回中原，安置在黄河南北及淮北一线镇戍。还先后于至元二十一年（1284年）

和至元二十四年（1287年），组建了山东河北蒙古军都万户府和河南淮北蒙古军都万户府，以镇戍军的形式长期驻屯在山东、河南、河北一带，而且逐渐与草原蒙古诸千户脱离了统属关系，直接归朝廷和枢密院管辖。此外，陕西、四川等西部地区也设置了陕西四川蒙古军都万户府。东北地区又组建东路蒙古军上万户府，驻扎在辽阳行省。该东路万户府军士中钦察人不少，其级别似乎高于当地其他万户府。

汉军主要是由原降蒙金军、投附蒙古的北方地主武装以及签发中原汉人组成的军队。汉军实行军户世袭制，可享受四顷地免交税粮，以供军需。这些军队是攻灭南宋的主力。而后，汉军大部分被部署在淮河以南，尤其是江南。汉军同样以万户、千户为编制，隶属于行省或行枢密院。汉军万户的奥鲁老营仍在中原。比如说史天泽万户奥鲁还在真定，张柔万户奥鲁在保定，张荣万户奥鲁在济南，都在各自原籍。世祖朝以后汉军奥鲁改由中原路府州县官兼领。汉军实行"岁时践更"，轮番应役，隔一段时间回家休整，补充部分军需物资。

新附军主要由投降元朝的原南宋军队组成。虽亦行军户制，但军粮装备概由官府供给，家眷随军居留附近。大部分被分散编组在汉军或蒙古探马赤军各镇戍翼中，听从蒙古和汉军将领的指挥。元朝海外的征伐，如征安南、征爪哇、征日本，大量使用新附军，部分原因是他们熟悉水战。

需要说明的是，元朝所有军队都实行军户制。军户制属于世袭兵役制，从军制发展进程看，相较于唐宋募兵制，元军户制有所倒退。元朝的军官也实行世袭制，皆由朝廷颁发牌符。牌符制是蒙古草原的旧制，是军官等级和世袭的凭证，分金虎符（万户）、金符（千户）和银符（百户），一般为圆头长方形，圆头部位有一孔，便于骑马时系在腰间。

2. 投下分封与宗王出镇

植根于草原家产分配和黄金氏族共权原则的分封制，与怯薛制、千户制一起，构成了蒙古游牧帝国的三项基本制度。分封制推行于大蒙古国和元朝征服所及的广阔地区，以宗王、贵戚、功臣为封授对象，对部分财产、权力进行分配，"凡诸王及后妃公主，皆有食采分地"[1]。

分封制历经蒙古草原国家、大蒙古国、元王朝三个不同时期，始终与蒙古征服以及随之而来的草原文明和农耕文明间的交融、冲突相联系，是大蒙古国扩张及分裂的重要诱因；入元以后，又对元朝建立、皇位争夺、诸王叛乱、财政匮乏、民户隶属、地方统治秩序、蒙汉二元政治体制等一系列重大问题造成直接或间接影响。

大蒙古国和元朝时期的分封制包含四种形式：一为成吉思汗的草原兀鲁思分封，二是窝阔台开始的中原五户丝食邑分封，三是投下私属分拨，四是宗王出镇。

宗王兀鲁思分封，是大蒙古国和元朝分封的原始形态。早在成吉思汗起兵之初，便与诸兄弟相约"取天下了呵，各分地土，共享富贵"[2]。1207—1214年，成吉思汗依照蒙古贵族家产分配习俗，把三十多千户及蒙古国东、西两翼之地分授给诸弟、诸子，形成了东道、西道诸王兀鲁思（人众、国家）。窝阔台、贵由和蒙哥时期，由于对外军事征伐，东部和西部的宗王兀鲁思的势力相继得到扩张。

世祖朝，随着汗位争夺和各宗支矛盾冲突愈演愈烈，西部的术赤、察合台、窝阔台，还有旭烈兀宗王兀鲁思，逐步趋于独立

[1] 《元史》卷95《食货志三·岁赐》。
[2] 《元典章》9《吏部卷三·官制三·投下官·改正投下达鲁花赤》。

化。它们名义上是元朝藩属，却和元朝没有实质性的统辖关系。到元中期，西部各宗王兀鲁思封国自称汗国，如钦察汗国、察合台汗国、伊利汗国等。

东道诸王兀鲁思的实力、地盘则受到限制和削弱。以铁木哥为首的东道宗王，曾经是东蒙古地区的支配力量。窝阔台死后，铁木哥虽因图谋不轨被杀，然而铁木哥等三宗王兀鲁思的向东扩张从未停止过。忽必烈漠南称汗之际，东道诸王兀鲁思曾是他的有力支持者，后因与元廷汉法集权的矛盾尖锐，引发乃颜之乱。忽必烈平叛后，肢解乃颜等叛王军队和部民，增设辽阳行省及东路蒙古军上万户府，致使东道宗王兀鲁思基本退缩回原有封地。对阿里不哥袭领的拖雷封地，元廷也先后设五部断事官、称海宣慰司和岭北行省等，予以掌控。

窝阔台灭金后，将70余万中原州县民户分赐诸王、贵戚、功臣，并规定，受封贵族只置分地达鲁花赤，封户每二户出丝一斤归朝廷，每五户出丝一斤纳封君，后者也由朝廷官府征收，定期颁给。忽必烈御极后，对五户丝食邑制进行了发展和改造，一方面是增加五户丝数额和添封江南互钞，另一方面是限制受封者的实际权力。将封邑掺入不少汉地官僚制度，基本上是一种食邑。

第一，将食邑制推广到江南，改行江南户钞。至元十八年（1281年），忽必烈在江南地区进行新的食邑分封。其规模略微超过窝阔台的丙申分封。诸王、后妃、功臣仍能在新征服的江南地区享封食邑和委派投下达鲁花赤，但不再收取五户丝，而是坐享朝廷颁发的户钞。

第二，中原食邑置路州。元初罢黜汉世侯后，忽必烈以比较重要的宗王勋贵为单位，采取分设、新立、改置及维持原状等方式，众建路及直隶州，划一食邑，尽可能使拥有较多封户的宗王贵族独占一路一州，或者在该路占主导地位，以减少同一路或州内多个投下封君交叉的现象。

第三，加强对投下五户丝食邑的管辖。前四汗时期，投下食邑达鲁花赤权力很大，且直接听命于封君。这时，元廷命他们和路、府、州、县的官员们连署，并实行有限度的迁调，一改达鲁花赤单纯向封君负责的弊病。比较特殊的是，他们的迁调需要在同一个投下系统内进行，不向外流转。

私属，蒙语称为怯怜口。蒙元帝国时期的投下私属大致可分为两类。一类来源于成吉思汗统一蒙古诸部的过程中，被吞并灭亡的塔塔儿、克烈、蔑儿乞、乃蛮等部众，他们被沦为私属或驱口，编制在九十五千户的贵族和平民属下。以后，随着对外征服的扩展，大批外族战俘又不断补充进来。另一类是蒙古千户组织以外被掳掠、括取的诸色民匠等人口，被诸王、驸马、后妃、功臣长期占有，构成大蒙古国和元朝分封的一种附属形态。

这些数量庞大的私属，一部分直接附属于本使所在的千户投下和兀鲁思投下；另一部分则来自国家分拨，数量尤多，加之居住分散，投下领主常另派官管理。

早在窝阔台和蒙哥时期，已开始对投下私属予以甄别。忽必烈即位后，继续对投下私属进行调整改革。至元八年（1271年），阿合马主持户口整顿，根据不同情况对投下私属予以区别对待。一般功臣的投下私属，或改归朝廷编民，或纳入食邑制管理；而对于宗王、驸马等权势显赫领主的私属，多以总管府、都总管府及万户府等编组，仍保持自行设官、独立管辖的特权。于是出现了许多游离于兀鲁思、直属千户等投下组织以外的诸王贵戚私属集团。

世祖朝，开始实行王爵印章的等级制度，将蒙古宗王印章等级惯例和宋、辽、金王爵等级制度相糅合，分为金印兽纽、金印螭纽、金印驼纽、金镀银印驼纽、金镀银印龟纽、银印龟纽六个等级。[1]而王爵封授的依据，主要是血缘亲疏嫡庶宗法原则以及

---

[1]　《元史》卷91《百官志七》；《元典章》29《礼部卷二·礼制二·印章·印章品级分寸料例》。

对元廷的恭顺抗逆。

《经世大典》云："国初征伐，驻兵不常。其地视山川险易，事机变化而位置之，前却进退无定制。及天下平，命宗王将兵镇边徼襟喉之地。"[1]

以宗王出镇控御新占领之地，肇端于蒙哥汗之初。时皇太弟忽必烈和旭烈兀奉蒙哥之命，代表大汗总督漠南、波斯，并与燕京、阿姆河等处行尚书省分理军民。

元朝建立后，与西北诸王的军事对抗日益加剧，加之南方被征服地区的反抗此起彼伏，忽必烈相继任命诸皇子和少数宗王出镇西北、西南一带，主要有皇子北平王那木罕、宁远王阔阔出及皇孙甘麻剌、铁穆耳出镇漠北，皇子安西王忙哥剌镇京兆及察罕脑儿，皇子西平王奥鲁赤镇吐蕃，皇子云南王忽哥赤镇云南，皇子爱牙赤、宗王阿只吉、术伯镇河西。镇南王脱欢，起初总兵征交趾，兵败被贬，由鄂州移镇扬州。成宗以降，宗王出镇被推而广之，长期沿用，成为元代分封制度中别具一格的组成部分。

皇子和宗王的出镇，从漠北、西北、西南及江淮构成了一个半圆形的军事防御线，以屏藩朝廷。宗王出镇，多领受和镇戍区相对应的王号，如安西王、北平王、西平王、云南王、镇南王等。起初，部分出镇宗王设有王相府等总揽军民，或是以王府兼行六部事，世袭王位，具有较强的独立性，这是对原有分封制的继承沿袭。宗王的镇戍区归朝廷所有，由行省和路、府、州、县、宣慰司具体治理，部分宗王不世袭，这又是宗王出镇和原有分封制的主要区别。

总之，宗王出镇是一种封藩不治藩，重在军事镇戍，且与官僚制相补充的分封制的特殊形态。它的直接用意，是代表皇帝镇戍一方。

---

[1] 《元文类》卷41《经世大典·序录·屯戍》。

3. 朝会赐赍和岁赐

赐赍制度是中国古代政治制度的组成部分。有元一代，大汗或皇帝对宗室、贵戚、勋臣的赏赐与传统中原王朝相比，其制度性和规模性远迈前代，呈现出迥异于汉地的草原游牧文化特色。

元王朝的赐赍主要包括岁赐、朝会赏赐、军功之赐以及例外赏赐。这一制度源于草原游牧政治传统。按照蒙古旧俗，黄金家族成员都具有与大汗共享帝国政治和经济权力的资格，"太祖皇帝初起北方时节，哥哥弟兄每商量定，取天下了呵，各分地土，共享富贵"[1]。成吉思汗这种"共享富贵"的财产分配观念，被他的后世子孙们加以继承和贯彻，列入"祖宗法度"。而对于贵戚、勋臣等的赏赐，又是兼具草原和汉地二元君臣义务关系的体现，目的是维护大汗统治权威以及政权稳固。

军功之赐，顾名思义，是给诸王勋贵出征立功的赏赐。这类赏赐早在世祖至元初已出现。相对于朝会之赐，军功之赐的数量较少。赏赐对象有时是诸王的部属军队，而且是在奉命征戍立有功勋的条件下才颁赐。这种赏赐既是一种特权，也是劝勉诸王等征伐建功的手段。

例外赏赐，是皇帝随时性的赏赐，带有非制度性和随意性。比如武宗封汪古部驸马注安为赵王，特赐金五千两、银五万两。此类赏赐不属于有定制的岁赐和朝会之赐，数量远远超过正规赐予中驸马、宗王应得的金银数。赐金数甚至相当于武宗即位赐给皇太后和皇太子的两倍。《新元史》作者柯劭忞对这种额外赏赐

---

[1] 《元典章》9《吏部卷三·官制三·投下官·改正投下达鲁花赤》。

的泛滥点评说："而岁例之外，诸王、后妃又时有赐与，縻款巨万，廷臣屡言之，虽曰笃亲亲之义，然亦滥矣。"[1]

这里重点谈一下岁赐和朝会赐赉。

岁赐亦称岁例，有广义和狭义两种含义。广义的岁赐包括岁赐、五户丝、江南户钞三种赐赉方式；狭义的岁赐专指大汗或皇帝每年按定额颁发给诸王、后妃、公主、驸马、功臣等人的金、银、钞、缎以及绢、绵、丝等物的赐赉。

岁赐制度滥觞于窝阔台汗时期。大蒙古国和元朝皇帝中，窝阔台向以慷慨大方而著称，所以《史集》中说："喜好慷慨大度和想发财致富的人，可去亲近窝阔台。"《元史》对他的评价也有"帝有宽弘之量，忠恕之心"之语，其中就暗含了窝阔台宽纵滥赏的性格特点。《史集》中记载了窝阔台的一件轶事：

> 当合罕已经建成哈剌和林城以后，有一天他进入国库，看见约有两万巴里失，他于是说："我们积蓄这些有什么用？经常都要看守着，去宣布，让那些渴望[取得]巴里失的人来领取吧。"于是城中的居民，贵族和平民，富人和穷人，[都]向国库走来，每人都得到了丰富的一份。

志费尼在《世界征服者史》中也说："在赏赐财物中，他胜过了他的一切前辈。因为天性极慷慨和大方，他把来自帝国远近各地的东西，不经司账或稽查登录就散发一空……没有人不得到他的赐物或份儿离开他的御前，也没有乞赏者从他嘴里听见'不'或'否'字。"[2]

[1] 柯劭忞著，张京华、黄曙辉总校：《新元史》卷77《食货志十·赐赉上》，上海古籍出版社，2018年。
[2] 《史集》第2卷，第5、93页；《元史》卷2《太宗本纪》；《世界征服者史》第1部《32.合罕言行录》，第203页。

窝阔台这种"慷慨大方"的性格，有些出自天性，有些则出于早期蒙古人不懂得财富价值而宽纵疏财的习惯。它带来了当时大蒙古国财政方面的一定混乱，使部分臣民利用其宽纵而大行其私，也由此形成了泛滥赏赐的惯例，对以后诸帝的负面影响至深且重。

太宗朝的岁赐对象主要有太祖子、弟，太祖各斡耳朵，以及太祖叔父。据学者统计，太宗朝确定的岁赐额，太祖子、弟均为银100锭，缎300匹；太祖各斡耳朵银50锭，缎75匹；太祖叔答里真银30锭，缎100匹。合计岁赐总额为银1130锭，缎3100匹。

宪宗朝承袭了太宗时确定的岁赐额，又增加了蒙哥同母弟和异母弟以及太宗之孙失烈门的岁赐。宪宗同母弟忽必烈、旭烈兀、阿里不哥三人依照太祖诸子、弟份额，每人赐银100锭，缎300匹。宪宗同父异母诸弟末哥、拔绰、岁哥都各赐银五十锭，缎300匹……失烈门……赐银50锭，缎100匹。由此，宪宗朝岁赐总额增至银1630锭、缎5000匹。[1]

世祖朝对前朝岁赐制度进一步完善，并最终确立，"自是岁以为常"。中统元年（1260年）岁赐总额为银1217锭，缎3050匹，钞141锭，绢5098匹，绵5148斤。[2]诸王、后妃位下岁赐银数基本依照太宗、宪宗两朝所定数额颁发，赐缎匹数则有改变，有按定额赐给的，也有减赐和未赐的。因有帝位之争，凡依附阿里不哥的人岁赐均被黜削，支持忽必烈的东部诸王则依次增加了岁赐。

至元二十五年（1288年），不少东道诸王因附和乃颜叛乱，最终受到牵连，所受岁赐自然被黜削；而支持者，则因功得到丰

［1］ 参阅史卫民：《元岁赐考实》，《元史论丛》第3辑，中华书局，1986年。

［2］ 《元史》卷4《世祖纪一》。

厚赏赐，如从征乃颜有功的诸王如爱牙合赤等给予重赏，赐金1000两、银18 360两、丝10 000两、绵83 200两、金素币1200匹、绢5098匹。这样丰厚的额外之赐，已无须再颁岁赐，故至元二十五年（1288年）未颁岁赐。

至元二十六年（1289年），"赐诸王、公主、驸马如岁例，为金二千两、银二十五万二千六百三十两、钞一十一万二百九十锭、币十二万二千八百匹"[1]。这个数字，超出了中统元年的岁赐总额甚多，当是在过去确定的岁赐额之上增加了累年的赏赐额。随着受赐人数的日益增多，世祖末年，获食邑者已形成"内族星布，外戚云分"[2]的局面。

成宗朝以降，岁赐常额非但没有大幅度增加，且有逐渐减少或停止的趋势。如英宗至治二年（1322年）年三月，就停了诸王赏赉及皇后答里麻失里等岁赐。[3]与此同时，另一种赐赉方式"朝会赐赉"渐次取代了固定岁赐的地位，成为元朝中后期主要的赐赉手段。

> 国朝凡大朝会，后妃、宗王、亲戚、大臣、将帅、百执事及四方朝附者咸在朝会之信，执礼之恭，诰教之严，词令之美，车马服用之别，牲齐歌乐之辨，宽而有制，和而有容，贵有所尚，贱无不逮，固已极盛大于当时矣。[4]

朝会参加者规格之高，参与人数之众，仪制之周备，陈设服用之齐全，可谓盛况空前。

朝会赐赉与岁赐不同，二者虽然都有定额，又同是笼络蒙古

---

[1] 《元史》卷15《世祖纪十二》。

[2] 黄淮、杨士奇编：《历代名臣奏议》卷77《宗室》，上海古籍出版社，2012年。

[3] 《元史》卷28《英宗纪二》。

[4] 《元文类》卷41《礼典总序·朝会》。

上层人物的手段，但岁赐是每年依例颁发的赐赉，不管受赐人在朝与否都要颁赐。而朝会赐赉则只是皇帝登基或大朝会时对前来朝谒的诸王、贵戚、勋臣等的赏赐。特别是新帝即位时，赏赐数额更为巨大，"天子入正大统，故典，亲王、宗臣、庶官、卫士锡予之数，为金币谷币以万万计"[1]，充分体现了元朝帝汗对宗王等封君所尽朝会和拥戴义务的直接报偿。自成宗到宁宗，累朝皆有朝会大赉诸王的记载，其数目之大，耗资之巨，都是定制岁赐所无法相比的。

造成朝会赐赉渐次取代岁赐地位的原因，主要有以下两点：

首先是世祖朝以后，帝位之争愈演愈烈，诸王、后妃、驸马等人不断地选边站队，变换自己的政治立场。违逆的皇亲国戚动辄被杀，被贬，被抄没，依例颁发的岁赐随之被削除。有些岁赐，后来或复赐予本人和其后人，但大多数削除的岁赐则难以恢复。绝嗣者的岁赐亦不再发放。

其次，元中后期，多数皇帝都是通过权臣拥立、武力争位或流血政变登基的。在确定汗位继承人的过程中，权臣发挥着主导作用。忽里台大会于是经历了由宗王贵族选汗转向权臣拥君的演变。所以利用朝会赐赉的方式来团结、笼络拥戴自己的诸王、权臣，打击异己分子，作用更为突出。

因朝会赐赉数额巨大，加之另有不断的额外赏赐，使元朝政府国库空虚，一些岁赐甚至朝会赐赉根本无法正常支给，中书省等主管官员屡次奏言节用。如至治二年（1322年）年三月，因国用匮竭，不得不暂停诸王赏赉及仁宗皇后答里麻失里等岁赐后，四月，英宗又采纳了中书省"节赏赉以纾民力"的建言："朕思所出倍于所入，出纳之际，卿辈宜慎之，朕当撙节其

[1] 《马祖常集》卷12《敕赐赠参知政事胡魏公神道碑》。

用。"[1]泰定二年（1325年）五月，中书右丞相旭迈杰等以国用不足，请"节诸王滥赐"，从之。[2]

文宗朝，由于经历了"两都之战"，国库空虚的情况更为严重，不要说滥赏滥赐，就是正常的岁赐和朝会赐赉也不得不多方筹措，甚至减低数额。天历二年（1329年）正月，中书省奏："赏赐泛滥呵，于大体例里有窒碍。今后委有功勋必合赏赐的，斟酌轻重定拟，其余不以是何人等，不得侥幸要赏。虽有特旨的，也回奏呵，不泛滥也者。"奏呵，奉圣旨："那般者。"[3]

同年八月，文宗"阴弑"明宗和世㻋后，复即位于上都。中书省臣言："祖宗故事，即位之初，必恩赉诸王、百官。比因兵兴，经费不足，请如武宗之制，凡金银五铤以上减三之一，五铤以下全界之，又以七分为率，其二分准时直给钞。"制可。[4]

当时的时局是，文宗与明宗夺嫡之争的旺兀察都"弑兄"血迹未干，明宗尸骨未寒，大臣们疑窦重重，人心惶惶；陕西、四川的上都派战事只是刚刚平定，以宗王秃坚为首的云南上都派还在负隅顽抗。可以说，天历年间连续两次重大变故，使蒙古、色目上层人心离散、躁动不安。依照常理，由于文宗即位明显不合法，为争取蒙古贵族和百官臣僚的支持，慷慨的封赠和巨额的赏赐对他来说应该比以前任何一朝都更为重要。值此之际，朝廷正应该皇恩浩荡，大加赐赉，以笼络众人之心。而文宗何以敢做出如此大胆冒险的减赐之举？

经费不足，财政吃紧，确乎是个不可否认的事实，这一点甚至连之前远在漠北南下的明宗都一清二楚。天历二年（1329年）

---

［1］《元史》卷28《英宗纪二》。

［2］《元史》卷29《泰定帝纪一》

［3］韩国学中央研究院编：《至正条格》"条格·赏令·泛滥赏赐"，韩国城南影印元刊本，2007年。

［4］《元史》卷33《文宗纪二》。

三月，明宗谓中书左丞跃里帖木儿言："朕在上都，宗王、大臣必皆会集，有司当备供张。上都积贮，已为倒剌沙所耗，大都府藏，闻亦悉虚。供亿如有不足，其以御史台、司农司、枢密、宣徽、宣政等院所贮充之。"[1]同年七月，监察御史把的于思也进言明宗："朝廷自去秋命将出师，戡定祸乱，其供给军需，赏赉将士，所费不可胜纪。若以岁入经赋较之，则其所出已过数倍。况今诸王朝会，旧制一切供亿，俱尚未给，而陕西等处饥馑荐臻，饿殍枕藉，加以冬春之交，雪雨愆期，麦苗槁死，秋田未种，民庶遑遑，流移者众。"[2]

可见经费不足固然是文宗减赐的一个极好借口，但真正原因更在于击败上都派后，籍没上都派资产，并转赐给以燕铁木儿为首的有功将领们的巨大作用。仅天历元年（1328年）十月，以燕铁木儿所请，以蒙古塔失等30人田宅赐彻里铁木儿等30人，又以河南平章曲列等23人田宅赐西安王阿剌忒纳失里等23人。[3]

文宗心里明白，那些临时赐赉的资产，差不多已经暂时填满了他赖以维持政局平稳的诸王、权臣和高级官员们的贪欲。为此，文宗朝节省了一大笔国家正常预算经费的开支，在一定程度上缓解了财政的紧张局面。

皇帝颁赐过程中，赐赉的多少和赐赉与否，往往造成受赐者互相攀比，从而诱发和激化各种矛盾和斗争，给统治者带来各种隐患。

至元二十九年（1292年），丞相完泽上言直指赐赉中的不均现象："凡赐诸人物，有二十万锭者，为数既多，先赐者尽得之，及

[1] 《元史》卷33《文宗纪二》。
[2] 《元史》卷31《明宗纪》。
[3] 《元史》卷32《文宗纪一》。

后将赐，或无可给，不均为甚。"[1] 因此建议朝廷列等颁赐，避免激化矛盾。至正二年（1342年），宗室诸王因岁赐廪食衣币不均而发生争执，中书右丞太平为化解矛盾，遂"请于帝，均其厚薄"[2]

英宗时，由于财政困难，曾一度停发诸王岁赐，这在元朝历史上是前所未有的，自然会加重诸王等人对英宗的怨恨，从而会合其他敌对势力铤而走险，发动"南坡之变"。可以说，英宗被害，与停发岁赐有较大关系。

作为贵族阶层的特权，朝会之赐和岁赐等各类赏赐名目繁多，数量庞大，对于元廷笼络宗王贵族，密切朝廷与封君贵族的政治联系，稳固皇位，作用颇大。但是无疑也给政府财政带来沉重负担。元朝统一南北后，大规模的对外军事征服基本停止，国家财政来源不再依靠战争掠夺，而主要依赖正常的赋税收入。赋税收入虽具稳定性和可靠性，同时也是有限度的。频繁而巨额的各类赏赐，致使廪藏不充，国用匮竭，不可避免地给国家财政带来沉重负担。为解燃眉之急，朝廷常常借支钞本和预卖盐引。这无疑是饮鸩止渴，从根本上破坏了国家财政的收支平衡和纸币体制，较早埋下了财经祸端。更为甚者，这些沉重的财政负担最终只能转嫁到普通百姓身上，"鸠敛钱物，侵剥细民"[3]，势必引起百姓的反抗和斗争，加剧元朝统治的衰亡。

4. 诸色户计当差与君臣关系主奴化

如果说元代汉人在语言、名字、婚姻、服饰等学习仿效蒙古人，受其熏染而使自身文化发生某种变异尚处于较浅层面，那

---

[1] 《元史》卷17《世祖纪十四》。

[2] 《元史》卷140《太平传》。

[3] 《胡祗遹集》卷23《民间疾苦状》。

么，诸色户计服役当差与君臣关系主奴化，则反映了汉人在深层次或社会关系本质方面所受到的"胡化"影响。这一点容易被人们忽视，但它恰恰是对13—14世纪中国社会秩序造成深刻和重要冲击的"胡化"影响，恰恰是多元文化的并存融汇中汉地文化发生局部变异的地方。

劳役，又称徭役，是古代百姓因官府强制而提供的劳作。最早可追溯到先秦，秦汉以后，劳役（徭役）经历了一个从繁重到减轻的演化过程。魏晋到隋唐，尤其是均田制瓦解前后，国家往往采取实物货币代役等形式，劳役逐渐弱化，差役随之盛行。即使是差役，也要跟百姓财产相应挂钩，以适合他们的承受能力。尤其到宋代，劳役基本不多见了。

元代劳役重新加重，不全是简单重复过去的派夫充役模式，更为常见的是实行职业户计制度——百姓按照职业被分为各种不同户计去服劳役，如种田的称为民户，充军役的称为军户，充站役的称为站户，煮盐的称为盐户或灶户，充工匠的称为匠户，以及打捕鹰房、也里可温（景教徒）、和尚（僧人）、先生（道士）、答失蛮（穆斯林）、儒户、医户等。

何兹全先生将魏晋南北朝与元代进行分析比较后，提出如下颇有见地的观点：元朝曾出现全民当差服役，由编户到差户，发生很大的变化。[1]这无疑意味着百姓对官府的人身依附关系（或君民关系）的再度恶化。

按照职业户计服劳役，似乎是蒙古草原社会分工和军事征服的"副产品"。踏入汉地农耕文明门槛后，在完成草原游牧单一职业向复杂分工过渡的同时，蒙古贵族很顺当地将被征服地区的百姓按照职业分工来编定户计，世袭承担劳役。因全体百姓都被编入诸色户计，故呈现"全民劳役化"。这一情况与魏晋南北朝

---

[1] 何兹全：《中国社会发展史中的元代社会》，《北京师范大学学报》1992年第5期。

部分百姓曾被按职业分成"兵户""百工""伎作户""寺户""僧祇户""杂户"等相似,世袭罔替,同样主要由北方民族带入。

元代全民当差服役,对明朝产生了深刻的影响。明朝的民、军、匠、灶四大户计以及油户、酒户、羊户、牛户、马户、果户、菜户、乐户、医户、金户、银户、船户、鱼户等80余种专业户计,世袭承担相应的劳役,肯定不是从宋朝传承的,而是直接来自元朝。明中后期四大户计及劳役等开始松动,直到"一条鞭法"推行,才得到遏止。

再看君臣关系的主奴化。

诸色户计当差服役反映了君民关系的主奴化,这种主奴化也推衍于君臣之间。君臣关系的主奴化,确实是元朝社会政治关系一个突出的现象。

在甲骨文和金文中,"臣"就含有战俘和奴隶的意思。故夏商西周君臣关系中的"臣",保留着较多奴仆或家臣的色彩。春秋以后,随着职业官僚制度的确立,韩非把君臣关系诠释为雇佣关系,而俸禄与效劳,又是雇佣双方所履行的义务。后来,董仲舒的"纲常"学说兴起,君变成臣的"纲",君臣间的主从统属关系再次被凸显和强化。到了唐宋,科举制问世和发展,稳定的士大夫阶层逐渐形成,君臣关系中主从色彩又在淡化。尤其是理学问世后,士大夫崇奉的儒家思想,有了追求的终极目标:道与理。在君臣关系上,除了强调"忠君"外,士大夫还强调"道"和"道统",强调君、臣都要服从道,道统先于君统。于是,君臣关系呈现出一定的进步迹象。宋代一些皇帝曾标榜与士大夫共治天下,还有了不杀文臣士大夫的不成文规定,士大夫获罪,一般只流放而不杀头。足见,唐宋君主专制和君臣关系,大抵属于开明型的。尤其是宋代士大夫地位有所提高,人格上受到了一定的尊重,可以说是士大夫受优遇和君臣关系的"黄金时代"。

宋元鼎革,世易时移,士大夫的"黄金时代"一去不复

返。正如柏朗嘉宾所说:"这里的一切完全都是皇帝的财产,任
何人都不敢妄言称道:'这是属于我的',或者'那是属于他
的'。……事实上,在他们之中任何人都不是自由的。"[1]元朝皇
帝将草原主奴从属习俗带入官僚系统,带入君臣关系。朝廷内外
大臣统统被当作黄金家族的奴仆,皇帝对他们拥有生杀予夺的大
权。捶击大臣事件,不胜枚举。皇帝杀死宰相或大臣,时有发
生。至元十六年(1279年)九月,元世祖诏谕:"凡有官守不勤
于职者,勿问汉人、回回皆论诛之,且没其家。"[2]在忽必烈的心
目中,宰相也好,一般臣僚也好,都是自己的奴仆。勤于职守,
为主人效犬马之劳,就是称职的好官。反之,不勤于职守者,格
杀勿论。本着这样的信条原则,中书省平章政事王文统、右丞卢
世荣、右丞相桑哥以及参政郭佑、杨居宽等正副宰相,一个个难
逃被诛杀的厄运。元顺帝妥欢帖睦尔又步世祖后尘,在诛杀大臣
的道路上愈走愈远,至正改元以来,"凡权臣之赫赫跋扈有重名
者,皆死于其手。前后至杀一品大官者凡五百余人"[3],却从无
悔杀之意。这与赵宋三百年文臣士大夫犯罪一般不杀相比,无
疑形成了鲜明的对照。

　　与清朝旗人类似,在元朝上层社会充当黄金家族的奴仆家
臣,是件十分荣耀和能够带来巨大权势利益的事。故而蒙古、色
目人趋之若鹜,一些汉人、南人想跻身黄金家族的奴仆家臣,都
难有机会。元代实行职业户计制和全民当差,百姓不再是编户齐
民,而是退化为皇帝的奴仆依附民了。元中叶浙东衢州郑介夫
说:"普天率土,尽是皇帝之怯怜口。"[4]怯怜口,是蒙古语"家
中儿郎和私属人口"之意。由于"王民"变为"怯怜口"私属,

―――――――――――

[1] [法]贝凯、韩百诗译注,耿昇译:《柏朗嘉宾蒙古行纪》,中华书局,1985年,第57页。

[2] 《元史》卷10《世祖纪七》。

[3] 《庚申外史笺证》卷下。

[4] 《历代名臣奏议》卷67《治道》。

家臣奴役习俗遂推广普及于全体百姓，百姓对官府的人身依附关系或君民关系的再度恶化，也提供了元代君臣主奴化所赖以扎根生存的社会土壤。

在君臣关系主奴化方面，明朝沿袭元制较多。朱元璋《大诰》直言不讳："寰中士夫不为君用，是外其教者，诛其身而没其家，不为之过。"[1]朱元璋竟对不为所用的士大夫大开杀戒，在他心目中，臣下不仅是奴隶，而且是任意摧折的草芥。此与赵宋不杀士大夫文臣的政策相比，简直是天壤之别。朱元璋滥杀功臣士人，好像是学汉高祖刘邦，但从体制上则应该是承袭元制。廷杖成为明朝"国粹"，一直打到明末亡国且为士大夫所容忍默认。追根寻源，同样可以上溯到元朝的君臣主奴化及全民当差服役。

———————————

[1] 朱元璋：《御制大诰三编》，载《苏州人材第十三》，明洪武内府刻本。

三　制行省以莅外服

　　行省是行中书省或行尚书省的简称。其原型为金行尚书省和大蒙古国时期燕京、别失八里、阿姆河三大行断事官，机构名称是汉制，实乃军事征服所派生。

　　元行省制创建了中央与地方权力结构的新模式，是忽必烈和元王朝留给后世中国的一份重要政治遗产。这一制度在明清两朝得到发展，最终影响了现代中国的行政体制。

1. 替天子分镇藩服

　　忽必烈在建立元朝、统一全国过程中，陆续设立了陕西、四川、甘肃、云南、湖广、江西、江浙、河南、辽阳、岭北十大行省。在朝廷则设置中书省总领全国政务，时称"都省"。而山东、山西、河北和内蒙古等地称作"腹里"，由中书省直辖。

　　十大行省起初是十大军区，主要服务于军事控制与镇压。这一点可以从各行省的行政区划上窥见端倪。秦汉以来，地方行政区划一般是依山川地形的自然界限或历史传统等来确定，即所谓"山河形便"。从元代开始，行省区划主要以中央军事控制为目的，不惜打破自然地理界线以及经济区域联系，人为地造成犬牙交错和以北制南。以河南行省为例，从东到西跨越近2000里，从今连云港沿陇海铁路线一直到潼关，黄河以南到长江以北，这么大一片地区都由河南行省管辖。但在黄河下游的沂蒙山区向北凸出，和中书省直辖区腹里相邻，使其无黄河之险可守。同时，河南行省又可以在版图上充任中央控制江南三行省湖广、江西、江浙，甚至包括云南、陕西和四川行省的工具。陕西和四川二行省的设置也很有深意，秦岭以南的汉中地区被划到陕西行省，使四川盆地的北向门户洞开，也无险可守。还有五岭地区被纵向切开，江西、广东合为江西行省，湘、鄂、桂并为湖广行省；江南三行省的治所都在长江边上。这种以北制南、北向门户洞开和人为形格势禁的政策，在汉地诸行省极为突出。

元代行省起初系中书省临时派出机构，世祖末成宗初演变为地方最高官府，代表中央分驭地方，主要为中央收权，兼替地方分留部分权力，所握权力大而不专。行省分寄为朝廷集权服务，朝廷集权始终主宰着行省分寄。

关于行省的权力和职能，《元史·百官志》云："凡钱粮、兵甲、屯种、漕运、军国重事，无不领之。"[1]柳贯也讲，行省的职能包括"外廷之谋议，庶府之禀承，兵民之号令，财赋之简稽"[2]。以上两处都涉及了行省的财政、军事、行政等事权，柳贯还提到了行省作为中央派出机构"外廷"的"谋议"职司，与路州等"庶府"及"兵民"的关系。归纳起来说，行省除军事控制作用外，还是中央与地方间的财赋中转站和行政节制枢纽。

元代行省无论是充当朝廷临时派出机构，还是嬗变为地方最高官府，都处于国家二级权力中心的位置，这就不可避免地要与朝廷最高统治者皇帝及中书省、枢密院等衙门发生各种关系。透过这些关系，我们不难窥知行省奉天子命分镇藩服，综领"方面"的特殊功用及其在国家政治生活中举足轻重的地位。

首先，行省替天子分镇藩服。

徐元瑞《吏学指南·府号》言："分镇方面，故为行省。"

[1]《元史》卷91《百官志七》。

[2]《柳待制文集》卷17《江浙行省左右司题名序》。

《元史·明宗纪》和《元史·达识帖睦迩传》也说，行省官掌
"方面之权"，充"方面之寄"。这表明行省是由中央派出，代表
中央统辖地方的意思。

有元一代，特别是行省确定为地方最高官府以后，行省官员
常常以"藩大臣"和封疆大吏自居。替天子分镇藩服，既是行省
官的基本使命，也是他们和皇帝关系的实质。

行省官赴任前通常要举行"陛辞"仪式。届时，皇帝常常
亲加训谕或赏赐，亲自委以方面之任。至元二十二年（1285年）
忽必烈对担任江淮行省参知政事的董文用说："卿家世非他人比。
朕所以任卿者，不在钱谷细务也，卿当察其大者，事有不便，第
言之。"[1]仁宗对赴江浙行省平章之任的张驴训诫道："以汝先朝
旧人，故命汝往。民为邦本，无民何以为国。汝其上体朕心，下
爱斯民。"[2]

皇帝的"眷重"抚慰之情与政治目的杂糅，用心良苦，意味
深长。说明皇帝不仅对行省官高度重视，而且通常在行省"藩大
臣"任用程序中打上皇权钦命的印记。

元代行省官朝觐或出席忽里台大会，需要事先闻奏，皇帝批
准后，方可成行，还要"奉宴币""上太官"。行省官的朝觐和
奏事常常一并举行。行省官奏事，分为本人闻奏和遣使闻奏两
类。有时也依所奏事的大小而区别，"大者陛陈，小者驿闻"[3]。
通过朝觐、贡献和奏事的规则程序，也能反映出行省官的"藩大
臣"身份和替天子分镇藩服的使命。

行省还必须奉皇帝的诏旨行事。世祖末规定：皇帝向行省颁
布诏旨时，"以蒙古语谕河南，汉语谕福建"[4]。延祐二年（1315

---

[1] 《元文类》卷49《虞集：翰林学士承旨董公行状》。

[2] 《元史》卷24《仁宗纪一》。

[3] 《程钜夫集》卷21《资德大夫湖广等处行中书省右丞燕公神道碑铭》。

[4] 《元史》卷17《世祖纪十四》。

年）八月，江浙行省奉诏"印《农桑辑要》万部，颁降有司遵守劝课"[1]。皇帝的诏令，行省必须严格执行。即使有特殊情况，也要上奏朝廷，请求准予宽限或变通。对违抗皇帝诏旨的行省官，通常要遣使斥责问罪，甚至要受劾罢官。

皇帝还将对行省官的生杀予夺，牢牢操于己手。某些新帝即位，往往援引大蒙古国时期旧制，重新任命行省官，或命令行省官交还符印。如明宗受皇帝宝伊始，即任命怯来、只八哈郎并为甘肃行省平章政事，呼剌台为江浙行省平章政事，那海为岭北行省平章政事。文宗即位，又任用曹立为江浙行省平章政事，易释董阿为右丞，张思明为左丞，朵儿只为左丞相；还召云南行省左丞相也儿吉尼回京。[2]仁宗即位，下令"拘还"甘肃、陕西、辽阳省臣所佩虎符及圆符、玺书、驿券。[3]至正十五年（1355年）湖广行省平章政事乞剌班和河南行省左丞相太不花"慢功""虐民"，被顺帝以诏书"削其官爵，令从军自效"[4]。

皇帝操生杀予夺之权，有助于我们理解行省官与皇帝关系的深层次本质。一是行省官替皇帝分镇藩服的使命或职位，是依皇帝的意志为转移的，皇帝随时可以赋予或褫夺。二是按照蒙古旧俗，行省官也属于大汗的奴仆和家臣，皇帝也能行使"主子"的权力，任意责罚他们。

其次，行省与中书省互为表里。

许有壬云："都省握天下之机，十省分天下之治。"[5]虞集言："国家置中书省以治内，分行省以治外。"[6]《元史·百官志

[1]　《元史》卷25《仁宗纪二》。

[2]　《元史》卷31《明宗纪》、卷32《文宗纪一》。

[3]　《元史》卷24《仁宗纪一》。

[4]　《元史》卷44《顺帝纪七》。

[5]　《至正集》卷32《送蔡子华序》。

[6]　《道园学古录》卷41《江西行省平章政事伯撒里公惠政碑》。

七》也说行中书省："掌国庶务，统郡县，镇边鄙，与都省为表里。"以上三处明言行省"分天下之治""掌国庶务"，且与中书省互为"表里"，密切相连。

元前期，由于行省多是以受朝廷派遣，临时处理军政事务的形式出现，行省与中书省的关系大抵相当于分支与母体。尤其是中统至元初，许多行省官本身就是中书省宰执。如中统元年至三年（1260—1262年）担任秦蜀行省右丞和平章政事的廉希宪，同时又在中书省右丞、平章政事之列。事毕还朝，其中书省宰执职务依然如故。大约是至元元年（1264年）以后，情况有所不同。中书省宰执出任行省官之际，就不再保留中书省的职务。而那些新授行省宰执者，就更是虚名系衔，不得列位于中书省了。

行省官所系中书省宰执的逐步虚衔化，表明作为中书省派出机构的行省，越来越与其母体相分离，行省与都省的界限、分工随而由模糊趋于清晰。行省官也由以前的动辄"以宰相自负"[1]，渐渐改称天子所遣的"藩大臣"[2]。世祖末以后，行省官虽然保留着与中书省相同的左丞相、平章、右丞、左丞、参政等官称，但已远离宰相名分和朝廷枢要。《经世大典序录·各行省》所言："而其体始不与都省牟矣"，一语道破了行省规格降低，且与中书省有所区别的真相。

当然，我们还需要正视和承认世祖朝以后行省性质的主要方面演化为常设地方最高官府的事实。元行省的这一性质，也可在元人笔下窥其端倪。元末，柳贯云"行省得画地统民"[3]，与柳贯同仕于顺帝朝的湖广行省平章星吉也自称："吾受天子命，为藩大臣"[4]。既然元后期文人中不乏行省"画地统民"和"藩大臣"等

[1]《程钜夫集》卷10《论行省》。
[2]《宋濂全集·宋学士文集·朝京稿》卷1《元江西等处行中书省丞相星吉公神道碑铭》。
[3]《柳待制文集》卷17《江浙行省左右司题名序》。
[4]《宋濂全集·宋学士文集·朝京稿》卷1《元江西等处行中书省丞相星吉公神道碑铭》。

说，元世祖朝以后行省新增为地方最高官府就十分清楚了。

行省对所属路府州县能够实施有效的行政节制和统属，而这种节制和统属又大抵是代中央行事的。第一，腹里以外路府州县的重要政务必须申禀行省。第二，行省有权临时差遣所属路府州县官员办理某些政事。第三，行省有权号令指挥路府州县的各项政务。

由于行省性质的嬗变和代中央分取各地使命的稳定性，行省在职能和权力行使方面也主要表现为中央收权，同时兼替地方分留部分权力。

行省虽然得以在中央对地方的行政统属中发挥承上启下和代朝廷统摄节制的作用，但是在行政的另一关键——命官权或人事权方面，又表现得无所作为。因为元代地方官吏的选用主要由中书省和吏部负责。

元行省在行政、军事、司法三领域内代中央行事或收权更为突出，替地方分留部分权力则相对弱化。这些方面与财政方面的作用略有不同，对辖区财赋的综领督办和以行省为单位的上供留用，最能体现行省为中央搜刮各地财政赋税又兼替地方分留部分财权的功能。这或许是元廷在行政、军事、司法等方面的特殊需要和特意安排所致。

2. 中央与地方间财赋中转站

元人黄溍有言："昔之有国家者，藏富之所，散于列州。而今也，藏富之所，聚于诸省。"元代除腹里中书省直辖区以外，各路及直隶州（府）直接听命于各行省。这些地方机构必须把所征赋税先送往行省治所，然后由行省储藏或转运上供朝廷。

各行省直属的仓库"所统郡邑岁入上供及经费之出纳，无所不掌"，特别是江浙等江南三行省"岁所入泉币、金玉、织文、它良货贿待用之物，以钜万计。所储为甚厚，所系为甚大"[1]。由于行省始终负有代表中央分驭各地的使命，行省代朝廷集中各路州的财赋于行省治所，已是基本将各地财赋集中于朝廷了。于此，行省主要为中央搜刮、集中财赋的职能，可谓洞若观火了。

随着行省在成宗初由朝廷中书省派出机构转化为地方最高军政机关，各地财赋集中于行省后，自然出现了解运京师、上供朝廷与各省留用的问题。大德十一年（1307年）九月，晋王也孙铁木儿以诏赐钞万锭，却只给八千。中书省臣奏言："帑藏空竭，常赋岁钞四百万锭，各省备用之外，入京师者二百八十万锭……臣等虑财用不给，敢以上闻。"武宗答复说："可给晋王钞千锭，余移陕西省给之。"[2]

这段奏言及武宗谕旨，是迄今所见反映行省征集财赋后上供与留用关系的重要资料。其中"常赋岁钞四百万锭"，与成宗初中书右丞相完泽所言"岁入之数，金一万九千两，银六万两，钞三百六十万锭"[3]比较，似不包括金、银及税粮石数收入，而中统钞四十万锭的差额，估计是成宗一朝所增加的。即便400万锭只限于武宗初全国岁钞收入，它与"各省备用之外，入京师者二百八十万锭"句前后连缀，也能说明如下几点。

第一，全国岁钞收入400万锭中，280万锭统统解运、上供京师。上供京师的岁钞数占全国岁钞收入总额的70%，各省留用仅占30%。

第二，上供京师者280万锭以外，明确讲是由"各省备用"，而未提路府州县。或者可以说，由于"藏富之所，聚于诸省"和行省演化为地方最高行政建置，元中后期中央与地方的财赋分配

[1] 《金华黄先生文集》卷9《重修广济库记》。
[2] 《元史》卷22《武宗纪一》。
[3] 《元史》卷19《成宗纪二》。

已是在朝廷与行省之间进行（腹里地区除外），地方留用财赋的支配权主要由行省掌握。

按照朝廷的规定，行省可便宜支用一千锭以下的财赋。但是正额以外的羡余，行省官往往可以百端侵隐，如同己物。有的行省所掌握的岁课羡余钞竟多达47万缗，甚至可以不上缴朝廷，却贡献食邑在本省的皇太子，以取悦权贵。从这种意义上说，行省替地方分留财赋的作用似乎并不算小。

第三，唐后期两税三分制下各州上供数额，只是留州、送使之后的自然余数，通常明显低于全国两税收入总额的一半。元代由岁钞所反映的中央与地方财赋分割比例，竟高达7∶3。显然，朝廷所占比重高于唐代，某种程度上又是两宋尽收州县财赋于中央政策的继续。附带说一句，明代中央与地方盐税等分割比例是八分起运，二分存留，而且也是在中央与各省之间分割的。[1]明代这种八二开分割比例与元岁钞七三开模式，不可能没有因袭关系。

第四，行省仍然主要充当朝廷集中财赋的工具。除了执行上供中央与地方留用七三分成的悬殊比例和严格控制路府州县的财赋支用，行省还有义务遵照朝廷的命令，额外提供钱谷，以弥补中央财赋支出的不足。武宗海山命令陕西行省在上供之外，代朝廷向晋王支付1000锭赐钞，即属此类。

需要说明的是，各行省的上供与留用，虽然整体上实行七三分成政策，但因政治、经济、军事等因素，具体执行上述政策时，各省之间很不平衡，差异甚大。顺帝元统、至元间，国家承平之时，每年粮入京师13 058 864石，这其中，"江浙四分强，河南二分强，江西一分强，腹里一分强，湖广、陕西、辽阳一分，通十分也"[2]。一般说来，在每年上供朝廷的280万锭中

[1] 陈子龙辑：《明经世文编》卷298《马森：明会计以预远图疏》、卷314《陆稳：剿除山寇事宜疏》，明崇祯平露堂刻本。

[2] 《庚申外史笺证》卷下。

统钞等财赋总额内，经济富庶的江浙、江西等江南行省为最多。与此形成鲜明对比的是，岭北、辽阳、甘肃、云南等行省，不仅税粮、课程岁办额较少，而且岭北等行省的经费也主要由朝廷拨赐。这类经费拨赐，少者万余锭，多者几十万锭，几乎达到全国岁钞的四分之一。

江南三行省担负大部分上供财赋，岭北、甘肃等行省很少上供反倒获取朝廷的巨额经费拨赐，造成了元代行省上供与留用，乃至中央与地方财赋分配体制内极不平衡的状况。南北待遇高下悬殊，北方受优遇，南方受榨取，最终大大加重了江南三省民众的赋役负担。元末"贫极江南，富称塞北"[1]的怨谣，某种角度上也是对上述财赋分配不平等的愤懑和抗议。

3. 集权与分寄的枢纽

元廷设置十大行省的目的和作用，各有侧重，并不完全一致。如"生齿繁夥，物产富穰，水浮陆行，纷轮杂集"[2]"土赋居天下十六七"[3]的江浙、湖广、江西三省，大抵以镇压新征服区域和搜刮财赋为基本宗旨，其治所相应地均设在行省北端的水陆交通要冲，而不置于该行省的中心地带，以便朝廷的联络和指挥。位于中原、关中及西南边徼襟要，驻有许多蒙古军团的陕西、四川、云南、河南四行省，又以军事襟要的镇遏控制为重心。"太祖肇基之地"[4]"诸王星布棋列"[5]的岭北行省及辽阳、甘肃等行省，则以廪养或防范蒙古诸王，控制蒙古部众及供给军

[1]《草木子》卷3上《克谨篇》。
[2]《金华黄先生文集》卷8《江浙行中书省题名记》。
[3]《安雅堂集》卷9《浙省题名记》。
[4]《元史》卷31《明宗纪》。
[5] 朱思本：《贞一稿》卷1《和宁释》，清嘉庆宛委别藏本。

需作为主要使命。

十大行省之外，还有征东行省，又称征日本行省，是元政府为筹划进攻日本而设立的一个特殊的行中书省。与其他行省性质不同的是，该行省设立于高丽王朝所在的朝鲜半岛，高丽国并没有因征东行省的设立而消失，因此保持很强的独立性。行省丞相由高丽国王兼任，自辟官属，且财赋不入都省。因此，征东行省仅在名义上受到元朝的直接管辖。

从以上设置目的和作用看，元行省主要着眼于政治上的统治和军事上的控制。无论是作为朝廷的临时派出机构，还是作为常设的地方最高官府，其代表中央进行政治控驭和军事镇遏的色彩，一直非常浓厚。

对元行省制历史作用的评价，不应拘泥或局限于军事控制的初衷，而应从更大的时空范围去探索分析其历史根源和复杂背景。从形式上看，行省制及其带来的中央集权模式来自元朝统治者对帝国疆域军事控制的偶然行为，实际上其背后又隐藏着古代中央与地方权力结构发展历程的必然抉择。

行省制就在相当程度上体现了中央集权与地方分权主辅结合的新模式。揭傒斯说："镇以磐石宗，重以分省寄。"[1]《元史·明宗纪》也称行省为"方面之寄"。合而论之，即在传统的郡县制基础上另加行省之类的高层督政组织于中央与路府州县之间，把行省当作分寄与集权的枢纽，既有所分寄，又立足于集权。从法理上说，中央政府以命令授权形式将部分权力交与行省行使，一切治权皆属中央政府，行省只是中央的代理而已。朝廷总是在直接掌握军队、官吏任用等基本权力的同时，把行政、财政、军事、司法诸事权的相当一部分权力分寄于行省，然后借行省集权

---

[1] 《揭傒斯全集》诗集卷8《故中宪大夫岭北行省左右司郎中苏公志道哀词》。原书"寄"作"计"，今据《揭文安公全集》（四部丛刊初编本）改。

于中央。显而易见，元行省制中央集权是秦汉以来郡县制中央集权模式的较高级演化形态，也是两宋否定唐后期藩镇分权的继续。元行省制所体现的中央集权与地方分权的主辅结合，明显优于单纯的中央集权或单纯的地方分权。

特别引人注意的是，在古代中央与地方权力结构的螺旋式发展三阶段中，地方高层督政区的相应演进是至关重要的。元行省又是这类高层督政区较成熟、较完善的形态之一。这类高层督政区往往具有监察、军事、财赋三大权力，以达到督责郡县，使之完全听命于中央的目标。然而，西汉州刺史和唐前期十道巡察使或按察使，因其临时和单纯的监察职司而成效有限。东汉魏晋的州牧都督和唐后期的方镇节度使则因监察、军事、财赋三大权集于一身而转化为地方割据势力。两宋转运、常平、提刑、安抚四监司并存的体制，又导致极端的中央集权和地方无权。

元帝国建立前后，随着黄河、长江流域的开发及其向边疆地区经济文化的辐射，可供中央政府直接而深入治理的区域越来越扩大。尤其是成吉思汗的后继者将阿尔泰山以东、喜马拉雅山脉以北的牧业区、农业区首次正式纳入统一的多民族国家版图之后，设置适当的高层督政区，以利中央对地方的直接控制，就成为一种不可逆转的历史趋势和要求。元行省制就是在这种形势下应运而生的。元行省本身既是大军区，又是财赋征集区。另外，辽阳、陕西、甘肃、四川、云南五行省又与五道肃政廉访司的监察区完全重合，其他五省内廉访司监察区又分别与行省直辖区、宣慰司辖区相对应。就是说，行省区划多半构成了相应的监察区。与前述军区、财赋区略有区别的是，军区和财赋区的两大权力统一由行省实施，而监察区的监察权则由廉访司及行御史台独立行使。总之，元行省及其内部特有机制的问世，使行省高层督政区成为比较稳定、成熟的建置，而且长期发挥了主要为中央集权服务的作用。明清的三司督抚就是在元行省高层督政区的基础上进一步演化而成的。

　　然而，元行省制中央集权也发生了一些负面效应。如行省将路府州县各项权力削夺大半，使其处理庶务的正常功能显著降低；行省区划面积过大，对区域经济文化的发展弊多利少；等等。这些也是不容忽视的。

四　銮和法驾时巡幸

1. 两都巡幸

忽必烈营建上都开平和大都燕京后，便确立了两都巡幸制度。"每年四月，迤北草青，则驾幸上都以避暑，颁赐于其宗戚，马亦就水草。八月草将枯，则驾回大都"[1]。此后，"列圣相承，遵为典常"[2]。事实上，元朝诸帝两都巡幸的行期并不十分固定，每年从大都出发的时间早者在农历二三月，迟者则至五六月；而从上都回銮大都的时间通常在农历八月至十月。因春秋恒时，岁岁如此，所以称为"岁时巡幸"。

两都巡幸的路线主要有三条：

第一条是驿路。这是两都间重要的交通干线，一般官民北赴上都，军队、粮食及其他物资向上都和漠北输送，多经由此驿路。全长800余里，途经大都健德门、昌平、新店、南口、居庸关过街塔、榆林驿、怀来、统幕店、洪赞、枪杆岭、李家谷、龙门站、赤城站、云州、独石口站、偏岭、牛群头驿、察罕脑儿、李陵台驿、桓州、望都铺（南坡店）、滦河等。前四汗时期，驿路出居庸关后须经由宣德、野狐岭等，中统元年忽必烈诏立望云驿，即在望云与榆林间另立洪赞站，自此望云道成为官定驿路，驿站数也省略为11个左右。

[1]　《草木子》卷3下《杂制篇》。
[2]　《金华黄先生文集》卷8《上都翰林国史院题名记》。

第二条是东道。东道含黑谷路和古北口路。黑谷路俗称"辇路"，是专供皇帝北赴上都的路线。全长750余里，途经大口、黄喉店、皂角、龙虎台、棒槌店、官山、车坊、黑谷、色泽岭、程子头、颉家营、沙岭、失八儿秃、郑谷店、泥河儿、双庙儿、六十里店、南坡店等18处纳钵。古北口路为御史监察官"按行"之用，沿明长城的古北口，经宜兴州、东凉亭，直接去上都。

第三条是西道。元朝皇帝两都巡幸，"东出西还"，通常由东道"辇路"赴上都，经西道返回大都。西道全长1095里，途径南坡店、六十里店、双庙儿、泥河儿、郑谷店、盖里泊、遮里哈剌、苦水儿河、回回柴、忽察秃、兴和路、野狐岭、得胜口、沙岭、宣德府、鸡鸣山、丰乐、阻车、统幕店、妫头、龙虎台、皂角、黄喉店、大口等24处纳钵。

帝王巡幸，除了携带后宫妃嫔外，必然离不开大批扈从人员。翰林直学士黄溍记："天子时巡上京，则宰执大臣，下至百司庶府，各以其职，分官扈从。"[1]通常情况下，中书省、枢密院、御史台的主要官员及部分僚属必须扈从北上，这些扈从官员，被汉人文臣称为"上都分省""上都分台"等。

然而，这只是汉人的观念和文字表达。实际上，扈从上都一概是中书省、枢密院、御史台的主要官员，他们一直在皇帝身旁，不离权力源头，始终占据中书省、枢密院、御史台的核心，一些公文中就明确称呼扈从上都的中书省官员为"都省"，留守在大都的为"留省"，元初甚至有史书将留大都的中书省官员称为"燕京行省"。当然，秋季以后，扈从官员回到大都，也就没有都、留之分了。

这就涉及上都、大都的性质定位。有学者认为，元大都是主都，上都是陪都。然而，从"都省"和"留省"的视角看，用

---

[1]《金华黄先生文集》卷8《上都御史台殿中司题名记》。

主、陪来区分两个都城不太恰当，还是用夏都和冬都分别称谓上都和大都比较合适，这也符合蒙古人夏、冬两营地移徙的习俗。上都、大都两个都城，应是同等重要，与其他朝代主都、陪都的情况，不能混为一谈。

无论是省院台大臣扈从，还是巡幸途中举行省院台大臣闻奏或集议，在汉地传统王朝都是不可思议的，但从蒙古游牧帝国"行朝""行国"习俗看来，又是可以理解的。

在扈从皇帝巡幸上都的官员群体中，有这样一群人是格外不容忽视的，那就是汉人、南人的官僚队伍。春季启程，秋季回銮，在近乎半年的时间里，他们在朔风胡马的漠南草原，在多元文化熔炉的上都，和蒙古、色目官员一起度过了扈从大元皇帝清暑的寂寥岁月。

"今日新秋节，年年客上京。"[1]这样散发着淡淡乡愁的诗句，总能唤起读者的强烈共鸣。而年年的乡愁、离愁，总是那么刻意地洒满在了两都巡幸的道路之间。

南国乡音渐渐稀，朔风吹雪上征衣。边鸿飞过桓州去，更向穷阴何处归？

我忆江南好梦稀，江山于我故多违。离愁万斛无人管，载得残诗马上归。

滦京九月雪花飞，香压荑囊与梦违。雁字不来家万里，狐裘旋买换征衣。

百事关心有许忙，秋风掠削鬓边凉。晓来为忆西山雨，怕看行人归故乡。[2]

---

[1]　《近光集》卷2《立秋日书事五首》。
[2]　《滦京杂咏》卷上、卷下。

"书生半醉思南土"[1]，这些不惯于朔风胡马的众多南来扈从官员，因乡关万里，不得不抛妻子、别父母而产生的绵绵不尽的莼鲈之思，以及由于地域环境变化的差异所带来的诸多生理、心理上的不适，唯有用酒来慢慢稀释和弥缝了。"举杯一吸滦阳酒，消尽南来百感情"[2]，"长夏蚊蝇俱扫迹，葡萄马潼醉南人"[3]。在上都美酒醉人的芳香中，一些人的乡愁、离愁可能顷刻间烟消云散了。

但这羁旅中的酒不是灵丹妙药，待到酒醒之后，心头挥之不去的，仍然是愈来愈重的离情别绪。"急管繁弦别画楼，一杯还递一杯愁。洛中惆怅二千里，塞上凄凉月半钩"[4]。借酒浇愁的结果，只能是愁上更愁。

而唯一能够治愈乡愁的，便是返还大都，便是归乡，"归装知有日，南国稻粱香"[5]。这种迫不及待的喜悦，任是千杯万盏也换不来的。

> 千门万户严扃钥，留守司官莫自闲。
> 仰候秋风驼被等，郊迎大驾向南还。[6]

皇帝巡幸两都，不论出发还是抵达，本地留守官员都要举行迎送仪式。春季忽必烈离大都赴上都前夕，往往在琼华岛万岁山广寒殿大宴文武百官。秋天，忽必烈自上都返回大都时，大都留

---

[1] 《滦京杂咏》卷下。

[2] 《滦京杂咏》卷上。

[3] 《纯白斋类稿》卷14《滦阳杂咏十首》。

[4] 《滦京杂咏》卷下。

[5] 《近光集》卷2《立秋日书事五首》。

[6] 《张光弼诗集》卷3《辇下曲》。

守官员又要专程至居庸关北口或龙虎台迎接。[1]

两都制的政治统治模式，为增进游牧文化与农耕文化的相互了解和交融提供了制度上的保证。

2. 柳林春猎和上都秋狝

"天子出猎山之东，臂鹰健卒豪且雄。我欲从之出云中，坐看万马如游龙。"[2]两都巡幸期间，元朝诸帝还沿袭蒙古前四汗畋猎旧俗，在大都郊外柳林春猎"飞放"，在上都附近的东、西凉亭及三不剌川秋狝。尤以世祖、成宗和英宗三朝的合围捕兽规模最大。

世祖朝的柳林春猎见于《元史·世祖本纪》和《元史》人物传中记载的就有九次之多，如至元十一年（1274年）春、至元十八年（1281年）二月、至元十九年（1282年）二月、至元二十二年（1285年）二月、至元二十八年（1291年）春等。[3]"天朝习俗乐从禽，为按名鹰出柳阴。立马万夫齐指望，半空鹅影雪沉沉"[4]，描述的就是天子春猎飞放的情景。忽必烈频繁春猎于大都东南二日程的柳林，通常于正月出发，三月初前返回。有时，忽必烈还在柳林行帐接受臣下的觐见和上奏。

马可·波罗曾饶有兴味地讲述忽必烈乘象舆飞放打猎的情景：

> 大汗坐木楼甚丽，四象承之。楼内布金锦，楼外覆狮皮。携最良之海青十二头。扈从备应对者有男爵数人。其他

[1] 《南村辍耕录》卷1《万岁山》；《秋涧集》卷23《奉和寅甫学士九日迎銮北口高韵》。
[2] 《增订湖山类稿》卷3《山东飞放》。
[3] 《元史》卷203《方技·田忠良传》、卷11《世祖纪八》、卷12《世祖纪九》、卷13《世祖纪十》、卷130《不忽木传》。
[4] 《张光弼诗集》卷3《辇下曲》。

男爵则在周围骑随，时语之曰："陛下，鹤过。"大汗闻言，立开楼门视之，取其最宠之海青放之。此鸟数捕物于大汗前，大汗在楼中卧床观之，甚乐。侍从之诸男爵亦然。故余敢言世界之人，娱乐之甚，能为之优，无有逾大汗者。[1]

现藏于台北故宫博物院的《元世祖出猎图》，生动描绘了忽必烈在燕山南麓春蒐的场景。汪元量有《斡鲁垛观猎》诗：

> 黑风满天红日出，千里万里栖寒烟。
> 快鹰已落蓟水畔，猎马更在燕山前。
> 白旄黄钺左右绕，毡房殿帐东西旋。
> 海青眇然从此去，天鹅正坠阴崖巅。[2]

汪元量诗中虽没有提及忽必烈乘象舆行猎的情节，但它如飞放"快鹰""海青"捕捉天鹅等飞禽，燕山以东和以南、蓟水之畔的方位等，都与马可·波罗所言基本相符。

顺带提及的是，元朝驾驭乘舆的大象，皆来自金齿、缅国、占城、交趾被征服后的贡纳。大象平时圈养在大都皇城北面湖泊岸边，大汗行幸时，命令擅长驭象的蕃官骑在一只象上，导引象舆前进。象舆前面另有前峰树皂纛，后峰扎小旗，五色璎玉，毛结缨络的骆驼。一人鸣驼鼓于上，一则威震远迩，替皇帝清道，二则先行试验桥梁和路上的积水，以保证象舆顺利通过。[3]

"当年大驾幸滦京，象背前驮幄殿行"[4]。忽必烈不仅飞放打猎时乘象舆，大都和上都之间的岁时巡幸，甚至征讨叛王乃颜，

[1] 《马可波罗行纪》第92章《大汗之行猎》，第233页。
[2] 《增订湖山类稿》卷3。
[3] 《元史》卷79《舆服志二·仪仗》。
[4] 《张光弼诗集》卷3《辇下曲》。

也经常是乘舆象驾。这些都是以前蒙古大汗和汉地王朝的皇帝所未曾有过的。

忽必烈柳林春猎后返回大都城后，通常是一周之内即开始离开大都，清暑上都。世祖以降，元朝诸帝沿袭柳林春猎，粗略统计，计成宗5次、武宗1次、英宗4次、泰定帝1次、顺帝2次。元前期，柳林仅设营田司等，主要使用随时搭建拆装的斡耳朵行殿。武宗始在"潫州泽中""筑呼鹰台"，且调1500名军士"助其役"。[1]英宗又连续两年"更造"柳林行宫行殿。[2]

已见前说，上都秋狝主要在上都东、西凉亭及三不剌川之地，大体分为纵鹰捕禽、围猎捕兽两种方式。东凉亭遗址在今内蒙古多伦县白城子古城，西凉亭即察罕脑儿行宫，在今河北沽源县小宏城子附近。关于三不剌川，其地或在今内蒙古卓资县北阴山东段的灰腾梁。袁桷言此地"地旷衍，均成沙，居民鲜少"[3]，非常适合设围驱兽。

> 鹰房晓奏驾鹅过，清晓鑾舆出禁廷。
> 三百海青千骑马，一时随扈向凉陉。[4]

上都东、西凉亭"其地皆饶水草，有禽鱼山兽，置离宫，巡守至此，岁必猎较焉"[5]，是个纵鹰捕禽的好地方。诗人陈孚《明安驿道中》一诗，描述的就是在西凉亭附近的明安驿途中看到的捕猎场景："貂鼠红袍金盘陀，仰天一箭双天鹅。雕弓放下

[1] 《元史》卷22《武宗纪一》。
[2] 《元史》卷27《英宗纪一》、卷28《英宗纪二》。
[3] 《清容居士集》卷19《竹凤石屏记》。
[4] 宋本：《上京杂诗》，载《全元诗》第31册，第97页。
[5] 《近光集》卷2《立秋日书事五首》。

笑归去，急鼓数声鸣骆驼。"[1]

关于围猎捕兽。中统二年（1261年）十一月，忽必烈命令平章政事塔察儿以虎符征发燕京兵士，取道居庸关，围猎于汤山之东。至元十四年（1277年）八月，一度畋于上都之北。[2]

关于汤山围猎，担任中书省左司都事的王恽扈从该地，咏诗以记：

> 二年幽陵阅丘甲，诏遣谋臣连夜发。
> 春蒐秋狝是寻常，况复军容从猎法。
> 一声画鼓肃霜威，千骑平岗卷晴雪。
> 长围渐合汤山东，两翼闪闪牙旗红。
> 飞鹰走犬汉人事，以豹取兽何其雄。
> 马蹄蹴麋欻左兴，赤绦撒镟惊龙腾。[3]

对于蒙元统治者来说，围猎就是骑射演习与军事动员，其政治军事和文化意义都甚为重要。"旌旗千骑从储皇，诈柳行春出震方。祖宗马上得天下，弓矢斯张何可忘"[4]。元朝诸帝春猎秋狝，应是遵循成吉思汗宝训，始终保留草原游牧君主属性的显著标志之一。春猎秋狝的多寡，或可见证他们对游牧旧俗保留承袭程度的深浅。世祖、成宗等春猎秋狝偏多，凸显仍以蒙古为本位的原则；仁宗以降逐步减少行猎，表明其汉化或儒化不同程度地加深。在诸帝游猎问题上似可折射蒙古草原文化与汉地农耕文化间的冲突、碰撞，即在某种意义上，春猎秋狝多寡似乎成了元朝诸帝恪守蒙古旧俗或接受

---

[1] 陈孚：《陈刚中诗集》卷3《玉堂稿·明安驿道中》，明抄本。

[2] 《元史》卷9《世祖纪六》。

[3] 《秋涧集》卷6《飞豹行》。

[4] 《张光弼诗集》卷3《辇下曲》。

汉法的"寒暑表"。

3. 沉沉宫宴醉流霞

元人言："国朝大事，曰征伐、曰蒐狩、曰宴飨，三者而已。虽矢庙谟、定国论，亦在于樽俎餍饫之际。"[1]宫廷宴飨在元王朝的政治生活中，与军事征伐、春猎秋狝有着同等重要地位。特别是把朝廷重事与宫廷饮宴密切结合，于推杯换盏、觥筹交错之间，国家大事谋划已定，不能不说是蒙古贵族议事的特色。

关于这一点，域外史料常常不惜笔墨地予以津津乐道，如在推举窝阔台、贵由及蒙哥继承汗位的忽里台大会期间都有相关描述："一连四十天，他们每天都换上不同颜色的新装，边痛饮，边商讨国事。"[2]"王子们现在从四方到来。……他们举行大会，在宴饮数日后，共同商讨把汗位交给一个对此适当的、经历过事业中的祸福和安危、尝过人生的苦甜，并曾率师远征近讨、在酒宴中享有盛名、在战争中获得胜利的人选。"[3]

有关元代宫廷饮宴的宏大场面，马可·波罗有一段仿佛身临其境的描述。

> 皇帝的席是比别人的高好些。他坐在北边，面朝南向。靠近他的左边坐的，是他第一个妻子。在他右边略低的地方，坐着他的儿子、孙子，以及所有属于皇族的亲属。他们的头和大可汗的脚同一样高。皇太子坐在比别人稍微高一点的地方。其次，别的达官显宦坐在更较低的桌上。在他的左

---

[1] 《秋涧集》卷57《大元故关西军储大使吕公神道碑铭》。

[2] 《世界征服者史》第1部《29.世界的皇帝合汗登上汗位和世界帝国的威力》，第204页。

[3] 《世界征服者史》第3部《3.七大洲的君主、贤明的皇帝蒙哥可汗登上汗国的宝座……制定君王的法规》，第623页。

边较低的地方，坐着所有他的儿子、孙子以及亲属的媳妇。再次就是达观显宦和武将们的妻妾，坐在更较低的地方。每个人都知道他的座位。因为那是大可汗指定的。但是你们必须不要以为所有的人全坐在桌上。有许多武将和达官显宦，都坐在大厅地毯上吃，并没有桌子。宴席如此布置，使大可汗可以看见每一个人。他们人数是很多。在大厅外面，还有四万多人在那里吃。因为有许多人带着贵重的礼物聚集进来，例如外国来的人，带着许多奇怪的东西，还有从前曾经做过官，现在还想得到新差事的人，在大可汗临朝和公宴时候，他们全都来到了。

在大厅中央大可汗宴会的地方，有一个美丽的方柜，这东西很大。装饰的极丰富。每边三步宽，上面很精巧雕刻着好看黄金色的兽像。柜中间是空的，里面立着一个纯金的大坛子。容量如同一个大桶，盛满着酒。这坛子周围的角上放着小的酒瓮，容量如同一小桶。在这些小瓮里面，盛着最好的饮料。一个盛着马奶，另一个盛着骆驼奶。其他亦皆盛着相类的东西。在柜的上面放着大可汗的酒杯。就在这杯里他接受臣下奉献的饮料。依照情形，酒或贵重的饮料，吸入大金坛中，可以供给八人或十人的饮量。每桌上放一个酒瓮，可供给两位宾客。每一位宾客有一个带柄的金酒杯。拿这个杯他可以从那金坛中取酒喝。那些妇女，也同男子一样，每二人有大金坛子一个和两个杯子。

....

当大可汗要喝酒时，厅中无数不同的乐器全都奏起来了。一个侍人呈献他酒杯后，立刻向后退三步再跪下。在大可汗每次举杯时，所有的达官显宦和到场的别人全皆跪下，表示他们恭敬以后大可汗才喝。每次大可汗饮时，他们都照你们所听到的那样子做。[1]

　　"黄金酒海赢千石，龙杓梯声给大筵。殿上千官都取醉，君臣胥乐太平年"[2]。元朝制度，"国有朝会庆典，宗王大臣来朝，岁时行幸，皆有燕飨之礼"[3]。因此，举凡新帝登基、册立皇后、储君，以及新岁正旦、皇帝寿诞、祭祀、春蒐、秋狝、诸王朝会等重大活动，都要在宫中大摆筵席，招待宗室、贵戚、大臣、近侍人等。如此频繁的宫廷饮宴活动，却各有名目，诸如诈马宴、洒马奶宴、孛儿扎宴、防没宴、斗巧宴、爽心宴、开颜宴、爱娇宴、暖妆宴、泼寒宴、金莲宴、紫菊宴……不胜枚举。元人熊梦祥说得好："盖宫中内外官府饮宴，必有名目，不妄为张燕也。"[4]

　　诈马宴。

　　"祖宗诈马宴滦都，胴酒啍啍载憨车。向晚大安高阁上，红竿雉帚扫珍珠"[5]。元代宫廷饮宴，以穷极奢靡、藻饰太平的诈马宴最为著名，宴会集宴饮、议政、歌舞、游戏和竞技于一体，是元代最为隆重的宫廷盛宴，同时也是一场宫廷狂欢盛会。"故凡预宴者必同冠服，异鞍马，穷极华丽，振耀仪采，而后就列，世因称曰爹马宴，又曰济逊宴。爹马者，俗言其马饰之矜衔也；济逊者，译言其服色之齐一也"[6]。元末叶子奇也言："北方有诈马

[1]　《大可汗在大典时候如何去布置他的宴席》，载张星烺译：《马哥孛罗游记》，商务印书馆，1937年，第168—171页。
[2]　《张光弼诗集》卷3《辇下曲》。
[3]　《元文类》卷41《礼典总序·宴飨》。
[4]　《析津志辑佚·风俗》。
[5]　《张光弼诗集》卷3《辇下曲》。
[6]　王祎：《王忠文公集》卷6《上京大宴诗序》，清文渊阁《四库全书》补配清文津阁《四库全书》本。

筵席最其筵之盛也。诸王公贵戚子弟，竞以衣马华侈相高。"[1]

"诈马"就是装饰漂亮华丽的马。那么，用什么来装饰这些马匹呢？首先是精致富丽的鞍辔、铃铛等物，"华鞍缕玉连钱骢，彩晕簇辔朱英重。钩膺障颅鏊镜丛，星铃彩校声珑珑"[2]。其次是五彩斑斓的雉鸡尾毛，杨允孚《滦京杂咏》诗云："千官万骑到山椒，个个金鞍雉尾高。下马一齐催入宴，玉阑干外换宫袍。"诗后自注："每年六月三日诈马筵席，所以喻其盛事也。千官以雉尾饰马入宴。"[3]经过这些装饰，让马匹看上去非常华丽美观。

以金鞍、雉尾装饰的马匹还要与济逊（也作质孙、只孙）宴服相辉映，才是诈马宴的一大特色，也是一大亮点。所谓"诈马筵开醉绿醽，只孙盛服满宫廷"[4]，质孙服是元代宫廷中最具特色的服饰，《元史·舆服志》载："质孙，汉言一色服也，内庭大宴则服之。冬夏之服不同，然无定制。凡勋戚大臣近侍，赐则服之。下至乐工卫士，皆有其服。精粗之制，上下之别，虽不同，总谓之质孙云。"皇帝冬季穿的质孙服分十一等，夏季分十五等，每种衣服都要搭配相应的冠饰；百官冬季的质孙服分九等，夏季分十四等。这些质孙服很多都是以织金工艺非常高超的纳石失为主要面料，华贵异常。马可·波罗认为，朝廷颁赐质孙服的目的是"盖欲其朝会之灿烂庄严"[5]。"高官艳服皆王公，良辰盛会如云从。明珠络翠光茏葱，文缯缕金纡晴虹"[6]。

诈马宴举行的时间是在草原最美丽的夏历六月，为期三天，

---

[1]　《草木子》卷3下《杂制篇》。

[2]　《近光集》卷1《诈马行》。

[3]　《滦京杂咏》卷上。

[4]　陆长春：《辽金元三朝宫词·元宫词》，载《辽金元宫词》，第83页。

[5]　《马可波罗行纪》第88章《男爵一万二千人于大节庆日各受金袍十三袭事》，第226页。

[6]　《近光集》卷1《诈马行》。

但是三天的时间并不固定，是经过精心挑选的良辰吉日。如至正九年（1349年）举办的诈马宴是六月二十八日开始的，而至正十二年是六月十四日。

此时的金莲川百花争艳，水草鲜美，气候宜人，为这种大规模的饮宴活动提供了理想的环境场所。"宝马珠衣乐事深，只宜晴景不宜阴。西僧解禁连朝雨，清晓传宣趣赐金"[1]。为了防止下雨干扰盛会，藏传佛教的西番僧人要"设止雨坛于殿隅"[2]，以法力止雨保证宴会的顺利进行。

诈马宴会通常在西内举行，西内也叫西宫，在上都西城外山谷中的草原之上。西内有失剌（一作昔剌）斡耳朵，即黄色的营帐，是举行诈马宴宴会的地方，柳贯《观失剌斡耳朵御宴回》一诗自注云：御筵设毡殿失剌斡耳朵，深广可容数千人。[3]"平沙班诈马，别殿燕棕毛"[4]。棕毛殿和失剌斡耳朵为同一事物，其形制为帐幕，帐殿上部分或全部覆以棕毛，故以此命名，但同时依据蒙古传统，在蒙古语中仍称为昔剌斡耳朵。

后至元六年（1340年），扈从顺帝清暑上都并亲睹诈马宴盛况的翰林官员周伯琦作《诈马行》，在诗序中对此做了详细描述。

> 国家之制，乘舆北幸上京，岁以六月吉日，命宿卫大臣及近侍服所赐济逊珠翠金宝衣冠腰带，盛饰名马，清晨自城外各持彩仗列队驰入禁中。于是上盛服御殿临观，乃大张宴为乐。唯宗王、戚里、宿卫大臣前列行酒，余各以所职叙坐合饮。诸坊奏大乐、陈百戏，如是者凡三日而罢。其佩服日

[1] 宋褧：《燕石集》卷9《诈马宴》，清文渊阁《四库全书》补配清文津阁《四库全书》本。
[2] 《滦京杂咏》卷下。
[3] 《柳待制文集》卷5。
[4] 《玩斋集》卷5《上京大宴和樊时中侍御》。

一易。太官用羊二千噭、马三匹,它费称是,名之曰济逊宴。济逊,华言一色衣也,俗呼曰诈马筵。

周伯琦在诗中写道:"大宴三日酣群惊,万羊脔炙万瓮醲。九州水陆千官供,曼延角抵呈巧雄。紫衣妙舞腰细蜂,钧天合奏春融融。狮狞虎啸跳豹熊,山呼鳌抃万姓同。"[1]全诗铺张渲染了诈马宴的盛大热闹的场景,盛饰的马匹,穿着的质孙宴服的官员等人,以及宴会期间角抵、射箭等竞技活动和百戏杂陈、奏乐宴饮等热闹场面。我们借此可以清晰了解到上都宫廷诈马宴的具体过程和内容,而长达三天的宴会,为数众多的与宴人员,无疑需要消耗大量的酒、肉、粮食以及其他物资,"万羊肉如陵,万瓮酒如泽"[2],即是真实写照。可以说,频繁奢华的宫廷饮宴,给政府的财政支出造成了巨大负担。

贡师泰《上都诈马大燕》:"清凉上国胜瑶池,四海梯航燕一时。岂谓朝廷夸盛大,要同民物乐雍熙。"[3]元廷每年举行如此规模盛大的诈马宴,其目的一方面是夸耀国家富庶强盛;另一方面通过君臣同乐,颁赐宗亲,使皇室成员和诸王、外戚、近侍、大臣等情感得到进一步笼络和融洽,元廷的统治地位更加巩固。王祎《上京大宴诗序》更是直接指明元廷举行诈马宴的目的:"所以昭等威,均福庆,合君臣之欢,通上下之情者也。"[4]

马奶子宴。

长生天是蒙古民族最崇高、也是最广泛的信仰。"元兴朔漠,代有拜天之礼"。据《元史》载,较早代表国家层面正式举行祭

---

[1] 《近光集》卷1《诈马行》,文渊阁《四库全书》本。

[2] 周伯琦:《扈从集·大口》,清文渊阁《四库全书》本。

[3] 《玩斋集》卷4。

[4] 《王忠文公集》卷6。

天仪式的蒙古大汗是宪宗蒙哥。蒙哥即位第二年（1252年）秋八月，著冕服、用登歌乐祀昊天上帝于日月山。[1]

元朝皇帝清暑上都期间，在抵达上都后和返回大都前，宫廷照例要在夏历六月二十四日和八月二十八日各举行一次洒马奶子的祭天仪式；在夏历七月七日或九日，还要举行洒马奶子的祭祖仪式。每次祭天和祭祖仪式之后，都要大开筵席，这三场饮宴，俗呼为马奶子宴。

对于留守上都的上都留守司官员们而言，六月和八月的两次马奶子宴则兼具给皇帝一行接风以及践行之意。由于洒马奶子仪式的主要目的是祭祀天地和祖宗，是相当庄严隆重的，故而马奶子宴的狂欢程度自然无法与诈马宴同日而语。据《元史·祭祀志》：

> 每岁，驾幸上都，以六月二十四日祭祀，谓之洒马奶子。用马一，羯羊八，彩段练绢各九匹，以白羊毛缠若穗者九，貂鼠皮三，命蒙古巫觋及蒙古、汉人秀才达官四员领其事，再拜告天。又呼太祖成吉思御名而祝之，曰："托天皇帝福荫，年年祭赛者。"

这是抵达上都后的洒马奶子仪式。仪式之后，即有宴会。翰林待制柳贯言："车驾驻跸，即赐近臣洒马奶子御筵，设毡殿失剌斡耳朵，深广可容数千人。"他还为马奶子宴作诗《观失剌斡耳朵御宴回》："毳幕承空挂绣楣，彩绳亘地掣文霓。辰旗忽动祠光下，甲帐徐开殿影齐。芍药名花围蔟坐，蒲萄法酒拆封泥。御前赐酺千官醉，恩觉中天雨露低。"[2]从"御前赐酺千官醉"

---

[1] 《元史》卷68《礼乐志二》、卷72《祭祀志一》。

[2] 《柳待制文集》卷5。

一句，可见宴会规模不小。萨都拉也有诗："祭天马酒洒平野，沙际风来草亦香。白马如云向西北，紫驼银瓮宴诸王。"[1]这个算是洒马奶子仪式后的宗室家宴。

同样，在返抵大都前，通常在八月，宫中还要举行这一祭天仪式，始奏起程。对此，《马可波罗行纪》有一段记述：

> 每年八月二十八日，大汗离此地时，尽取此类牝马之乳，洒之地上。缘其星者及偶像教徒曾有言曰，每年八月二十八日，宜洒乳于地，俾地上空中之神灵得享，而保佑大汗及其妻女财产，以及国内臣民，与夫牲畜、马匹、谷麦等物。洒乳以后，大汗始行。[2]

马可·波罗这里记载的八月二十八日或为夏历，而非西历。据元人熊梦祥《析津志》载："是月（夏历八月）也，元宰奏太史师婆，俱以某日吉，大会于某处，各以牝马来，以车乘马潼。"熊梦祥又记："八月，滦京太史涓日吉，于中秋前后洒马奶子。此节宫廷胜赏，有国制。是时紫菊金莲盛开，则内家行在，具有思归之意。"[3]

杨允孚《滦京杂咏》卷下："内宴重开马潼浇，严程有旨出丹霄。羽林卫士桓桓集，太仆龙车款款调。"诗后自注："马潼，马奶子也，每年八月开马奶子宴，始奏起程。"

元帝清暑上都期间，每年的七月七日或九日，宫里还有一次洒马奶子的望陵祭祖仪式，举行的地点通常在西内离宫，皇帝、皇后皆素服亲临现场致祭。《元史·祭祀志》云："其祖宗祭享之

[1] 萨都拉：《萨天锡诗集·上京即事》，《四部丛刊》初编本；《雁门集》卷6《上京即事五首》"宴"作"赐"，第163页。
[2] 《马可波罗行纪》第74章《上都城》，第174页。
[3] 《析津志辑佚·岁纪》《析津志辑佚·风俗》。

礼，割牲、奠马湩，以蒙古巫祝致辞，盖国俗也。"《马可波罗行纪》载：

> 诸汗常于阴历四月赴上都，阴历九月回大都。每年阴历七月七日祭祖，由珊蛮一人面向北，大声呼成吉思及诸故汗名，洒马乳于地以祭。[1]

这个记载是真实可信的。后至元六年（1340年），扈从上京的翰林院官员周伯琦曾作诗云："大驾留西内，兹辰祀典扬。龙衣遵质朴，马酒荐馨香。望祭园林邈，追崇庙祐光。艰难思创业，万叶祚无疆。"周氏在诗后自注云："国朝岁以七月七日或九日，天子与后素服，望祭北方陵园，奠马酒，执事者皆世臣子弟，是日，择日南行。"[2]

元朝诸帝驾崩后皆葬起辇谷。据拉施特《史集》记载，起辇谷在"不儿罕·合勒敦"的大山，由兀良合惕部的一个千户守护。这里森林茂密，被称为"伟大的禁地"[3]。其地或在今蒙古国肯特省境内，位于上都西北方向。故皇帝和皇后要向北望祭。从天子与皇后素服祭拜，执事者皆世臣子弟的情形来看，洒马奶酒祭祖仪式是相当庄严肃穆的，足见黄金家族对这一祭祀礼仪的重视。

至正十二年（1352年），周伯琦在《扈从集·后序》中又一次记载到："七月九日望祭园陵，竣事，属车辕皆南向，彝典也。"可见七月的祭祖仪式与六月和八月的祭天仪式有一个明显区别，就是在这一日择定回銮大都的日期，并且所有回銮车辆的

---

[1] 冯承钧引Palladius：《马可波罗书疏证》第26页，见《马可波罗行纪》第74章《上都城》注释[3]，第176页。

[2] 《近光集》卷2《立秋日书事五首》。

[3] 《史集》第1卷第2分册，第321—323页。

车辕皆调整向南。

回銮日期的选择通常由师婆和太史院官员进行，所选必定是吉日。据熊梦祥《析津志·岁纪》："上京于是日（七月初七）命师婆涓吉日，敕太史院涓日洒马湩，洒后，车辕轼指南，以俟后月。"

"皇舆吉日如西内，马酒新羞白玉浆。遥酹诸陵申典礼，旋闻近侍宴明光"[1]。洒马奶子祭祖仪式之后，当然也要开宴，周伯琦写诗这次开宴的地点是在上都西内明光殿。

元朝诸帝的祭天之礼，"衣冠尚质，祭器尚纯，帝后亲之，宗戚助祭。其意幽深古远，报本反始，出于自然，而非强为之也"[2]。报本反始，这无疑是元宫廷祭天、祭祖的初衷和目的，而祭祀首贵马湩的风习，突出反映了元政权不忘祖宗根本的国俗旧礼，同时也是自忽必烈开始，元廷统治实行蒙汉二元政策的一个有力佐证。

皇帝与后妃、诸王的内家宴及臣僚的恩荣宴。

"沙苑棕毛百尺楼，天风摇拽锦绒钩。内家宴罢无人到，面面珠帘夜不收"[3]。清暑上都期间，元代皇帝和后妃、诸王、外戚、近臣之间的小规模饮宴亦是相当频繁，且名色亦异。宫中碧桃盛开，举杯相赏，名曰爱娇宴；红梅初发，携尊对酌，名曰浇红宴；海棠花开有暖妆宴，瑞香花开有泼寒宴，牡丹花开又有惜香宴；落花也饮，名为恋春宴；催花又设，名为夺秀宴。"其或缯楼幔阁，清暑回阳，佩兰采莲，则随其所事而名之也"[4]。故清人史梦兰《元宫词》有："数百昭仪尽控鸾，巾袍轮日侍雕

[1]《近光集》卷1《上幸西内望北方诸陵酹新马酒彝典也枢密知院奉旨课驹以数上因赋七言》。

[2]《元史》卷72《祭祀志一·郊祀上》

[3]《雁门集》卷6《上京杂咏五首》。

[4]《元氏掖庭记》。

栏。花开禁苑频催宴，才罢浇红又泼寒。"[1]

> 中官作队道宫车，小样红靴踏软沙。昨日内家清暑宴，
> 御罗凉帽插珠花。
> 香车七宝固姑袍，旋摘修翎付女曹。别院笙歌承宴早，
> 御园花簇小金桃。
> 谷雨天时尚薄寒，梨花开谢杏花残。内围张盖三宫宴，
> 细乐喧阗赏牡丹。[2]

这三首诗都是描写宫中家宴情形的，皇帝与后妃之间的饮宴最为频繁。《元氏掖庭记》曾记载了如下几件帝妃之间发生在上都和大都的饮宴轶事，分别名"斗巧宴""爽心宴"和"开颜宴"。

> 九引堂台，七夕乞巧之所。至夕，宫女登台，以五采丝穿九尾针，先完者为得巧，迟完者谓之为输巧，各出资以赠得巧者焉。
> 至大中，洪妃宠于后宫。七夕，诸嫔妃不得登台，台上结彩为楼，妃独与宫官数人升焉，剪彩散台下，令宫嫔拾之，以色艳淡为胜负。次日，设宴大会，谓之"斗巧宴"，负巧者罚一席。

> 每遇上巳日，令诸嫔妃被于内园迎祥亭漾碧池，池用纹石为质，以宝石镂成，奇花繁叶，杂砌其间。上张紫云九龙华盖，四面幛帏，帏皆蜀锦为之。跨池三匝，桥上结锦为

---

[1] 史梦兰:《全史宫词·元宫词》,载《辽金元宫词》,第137页。
[2] 《雁门集》卷6《上京杂咏五首》;《滦京杂咏》卷下;朱有燉:《元宫词一百首》,载《辽金元宫词》,第26页。

亭,中匾"进鸾",左匾"凝霞",右匾"承霄",三匾雁行相望。又设一横桥,接乎三亭之上,以通往来。袯毕,则宴饮于中,谓之"爽心宴"。

程一宁未得幸时,尝于春夜登翠鸾楼,倚栏弄玉龙之笛,吹一词云:"兰径香销玉辇踪,梨花不忍负春风。绿窗深锁无人见,自碾朱砂养守宫。"帝(元顺帝——引者)忽于日下闻之……遂乘金银车至其所……携手至柏香堂,命宝光天禄厨设"开颜宴"。进兔丝之膳,翠涛之酒,云仙乐部坊奏鸿韶乐,列朱戚之舞,鸣睢之曲……自是宠爱日隆。

"白白毡房撒万星,名王酣宴惜娉婷"[1]。帝妃饮宴之外,皇帝在巡幸上都期间,也常常和各地远道而来的宗室诸王举行宴饮。柯九思《宫词》记:"凡诸侯王及外番来朝,必锡宴以见之。"[2]这种情况下,后妃、皇子都在与宴之列,享受帝王之家的亲情欢乐。

静瓜约闹殿西东,颁宴宗王礼数隆。酉长巡觞宣上旨,尽教满饮大金钟。
万里名王尽入朝,法宫置酒奏箫韶。千官一色真珠袄,宝带攒装稳称腰。
得宠亲王马上回,朱门绣闼一时开。淋漓未了金钗宴,中使传宣御酒来。
凉殿参差翡翠光,朱衣华帽宴亲王。红帘高卷香风起,十六天魔舞袖长。[3]

[1] 《滦京杂咏》卷下。
[2] 《丹邱生集》卷3《宫词十五首》。
[3] 《张光弼诗集》卷3《辇下曲》;《丹邱生集》卷3《宫词十五首》;杨允孚:《滦京杂咏》卷上;《雁门集》卷6《上京杂咏五首》。

从诗中看，皇帝招待宗王的宴会相当隆重，并且有歌舞佐宴。元时，仪凤司总辖天下乐工。每有大宴，教坊美女必装扮得花冠锦绣，以备供奉。秋日赏红叶，皇帝和诸王、皇子一样，都要将红叶簪于帽上，也要开宴，名为红叶宴。熊梦祥《析津志·风俗》载：

> 车驾自四月内幸上都，太史奏某日立秋，乃摘红叶，涓日张燕，侍臣进红叶。秋日，三官太子诸王共庆此会，上亦簪秋叶于帽，张乐大燕，名压节序。

除了观赏红叶外，"若紫菊开及金莲开，皆设燕"。中秋佳节，皇上和宫中诸太宰"皆簪紫菊、金莲于帽"。此时因天气转凉，"百辟、执事、驾前乐工、伎女，思归尤为浩切矣"[1]，人人皆思南返大都。

"枢密院家家赐宴，金符三品事奔趋。教坊白马驮身后，光禄红箫送酒车"[2]。除了上述宫廷朝会宴飨和后宫之宴外，为抚慰臣下，收揽人心，皇帝还经常对近臣赐酒、赐宴，甚至赐家宴以示眷遇殊厚、宠数优渥。这样赏赐的酒、宴可以是随时随地的，多寡厚薄由帝王随意而出，全无定制。功臣、勋旧、学士、院官、贵嫔，以及外国的使臣和君主都在赏赐之列，其涉及面之广，前后人数之众，世所罕及。

萨都拉《赐恩荣宴》云："内侍传宣下玉京，四方多士预恩荣。宫花压帽金牌重，舞妓当筵翠袖轻。银瓮春分官寺酒，玉杯香赐御厨羹。小臣涓滴皆君赐，惟有丹心答圣明。"[3]这是受赐官员心态的生动写照，食君之禄而忠君之事，通过赏赐与受赐、

[1]《析津志辑佚·风俗》《析津志辑佚·岁纪》。
[2]《张光弼诗集》卷3《辇下曲》。
[3]《雁门集》卷2。

忠君与尽忠的连环锁链，结成了牢不可破的君臣关系网络。

忽必烈招待南宋小朝廷的十次宴会。

在元代举行的所有宫廷宴会中，至元十三年（1276年）五月，忽必烈君臣后妃在上都招待南宋小朝廷全太后和小皇帝赵㬎寡后幼主一行的饮宴，也许是最令时人和后世为之唏嘘感叹的。

"南人堕泪北人笑"[1]，那完全是一场旷日持久、你死我活的残酷竞争后，最大的胜利者对最大的失败者一次强硬、残忍的施舍与怜悯。一方是一统天下、志得意满的世界君主，一方是江山社稷尽失、国破家亡、寄人篱下的阶下囚。表面上的客气、温情、隆重、排场，掩盖不住得意者的骄矜霸道、颐指气使和失意者的强颜欢笑、战战兢兢。

随同南宋帝后一同北上的南宋宫廷琴师汪元量，在大都、上都等地目睹了南宋君臣的悲凉遭遇，泣作《湖州歌九十八首》，用近乎真实的笔触记录了元廷十场招待宴会的情景。

> 皇帝初开第一筵，天颜问劳思绵绵。大元皇后同茶饭，宴罢归来月满天。
>
> 第二筵开入九重，君王把酒劝三宫。驼峰割罢行酥酪，又进雕盘嫩韭葱。
>
> 第三筵开在蓬莱，丞相行杯不放杯。割马烧羊熬解粥，三宫宴罢谢恩回。
>
> 第四排筵在广寒，葡萄酒酽色如丹。并刀细割天鸡肉，宴罢归来月满鞍。
>
> 第五华筵正大宫，辘轳引酒吸长虹。金盘堆起胡羊肉，乐指三千响碧空。

---

[1] 《增订湖山类稿》卷1《送琴师毛敏仲北行·其一》。

第六筵开在禁庭，蒸麇烧麂荐杯行。三宫满饮天颜喜，月下笙歌入旧城。

第七筵排极整齐，三宫游处软舆提。杏浆新沃烧熊肉，更进鹌鹑野雉鸡。

第八筵开在北亭，三宫丰燕已恩荣。诸行百戏都呈艺，乐局伶官叫点名。

第九筵开尽帝妃，三宫端坐受金卮。须臾殿上都酣醉，拍手高歌舞雁儿。

第十琼筵散禁庭，两厢丞相把壶瓶。君王自劝三宫酒，更送天香近玉屏。[1]

每一场宴会的场面都隆重盛大，奢华排场，极尽宾主之礼，既有包括精制奶酪、獐肉、野驼蹄、鹿唇、驼奶粥、烤天鹅、西域葡萄酒和马奶酒在内的蒙古八珍、美酒佳肴，又有诸行百戏、教坊名乐，欢歌燕舞[2]。

元朝君臣们为优待降人而备下的这些颇具蒙古民族特色的宫廷大宴，对于见惯西湖三千风月、日日歌舞不休的南宋帝后来说，也许绝不仅仅是味同嚼蜡这么简单的事情。"小楼昨夜又东风，故国不堪回首月明中"，那份万劫不复的悲凉、无奈和悔恨，应该是和亡于赵宋先祖的南唐后主李煜同弹一调的。

"蒙古人的庆典，为舞蹈、宴饮以志欢庆"[3]。元朝统治者希望通过频繁宴飨的方式，达到"以睦宗戚，以亲大臣，以裸宾客"[4]的目的。一方面可以满足其穷奢极欲、及时行乐的物质和精神文化享受，另一方面又可满足巩固蒙古大汗和黄金

---

[1] 《增订湖山类稿》卷2。

[2] 白珽：《湛渊集·续演雅十诗》，清文渊阁《四库全书》本。

[3] 《蒙古秘史》第57节。

[4] 《元文类》卷41《经世大典·礼典》。

家族统治地位的政治需求。"大明前殿筵初秩，勋贵先陈祖训严"[1]，通过宴会上宣读成吉思汗的"大札撒"，告诫宗王亲贵要维护大汗至尊至上的宗主地位。同时，借助宗亲聚会和慷慨封赏，增强黄金家族内部的凝聚力，使君臣同心同德，永保祖宗基业。

元朝中后期，政府财政收支严重失衡，终因收不抵支而导致经济趋于崩溃边缘，其中一个重要因素就是与长期以来宫廷频繁宴饮所致的浮食冗费有关。面对上下宴饮无度、奢靡相尚的现实，一些有识之士纷纷向朝廷上书或向当政者提出建议，予以关注。早在世祖朝，监察御史王恽就曾上书说："为今之计，正当量入为出，以过有举作为戒，除飨宗庙、供乘舆、给边备、赏战功、救荒岁外，如冗兵、妄求、浮食冗费及不在常例者，宜捡括一切省减，以丰其财。"[2] 顺帝朝监察御史苏天爵更是犯颜直谏："近年以来，朝廷无事，待遇勋臣固为优厚，然而宴享太频，财用不能无费。夫珠玑国之重宝，马政国之大事，今宴享必以杀马为馔，珠玑为花，诚恐习俗成风，奢侈日甚，费财扰民，有损国治。矧当灾异荐臻，尤宜警惧以答天意。今后内外百司，凡有必合筵宴，一切浮费奢靡之物，并宜裁节禁治，是亦恐惧修省之一事也。"[3] 句句针砭时弊，言辞之激越恳切可谓痛心疾首。但统治者依然故我，无所收敛，以致积重难返。

---

[1] 《丹邱生集》卷3《宫词十五首》。

[2] 《秋涧集》卷35《上世祖皇帝论政事书》。

[3] 《滋溪文稿》卷26《灾异建白十事》。

元朝完成了囊括中土、塞外版图一体的真正大一统，"适千里者如在户庭，之万里者如出邻家"。辽阔的版图疆域，史无前例的大一统环境，带来了中国历史上人口迁徙和族群融汇的时代。

强盛的元政权像磁石一样吸引着周边和域外各族，"今日黄粱炊灶畔，戎夷胡越共为邻"，时人胡祗遹的诗歌真实又生动地道出了元朝不同民族、不同地域甚至不同宗教的人们彼此杂居共处，风月同天，文化习俗交融汇聚的一幅社会生活场景。

元朝的中土、塞外大统一和对南北各地的有效治理，标志着统一多民族国家的成长和发展进入一个新阶段。它缔造了各民族、各地区在中央政府统一管辖下的相对安定的环境，促进了各地经济文化的交流与发展，也有利于边疆开发与各民族间的交融。

第四章

戎夷胡越共为邻

一 塞外、中土的政权统一与边疆治理

忽必烈平定南宋，结束了中国三百余年的政权并立与南北对峙局面，开辟了少数民族完全统一中国的先河，完成了囊括中土、塞外版图一体的真正华夷大一统。

元王朝疆域所至，"尽日之所出与日之所没"[1]，大大超越了秦、汉、隋、唐等汉族所建的统一王朝。元人黄文仲曾无比骄傲自豪地说：

> 大哉天朝，万古一时。漉江成血，唐不能师，今我吏之，辽阳高丽。银城如铁，宋不能窥，今我臣之，回鹘河西。汉立铜柱，马无南蹄，今我置府，交占云黎。秦筑长城，土止北陲，今我故境，阴山仇池。駃舌螺发，鱀面雕题，献獒效马，贡象进犀，络绎乎国门之道，不出户而八蛮九夷。[2]

事实上，这种疆域辽阔的自豪感绝非仅仅来自黄文仲个人，也绝非仅仅局限于元朝一个时代，它是元、明、清以来整个中华民族的集体自豪感，直至今日依然令人津津乐道。明初史臣在撰写《元史·地理志》时，亦是豪气干云：

---

[1]《滦京杂咏》"罗璟跋"。

[2]《天下同文集》卷16《黄文仲：大都赋》。

> 自封建变为郡县，有天下者，汉、隋、唐、宋为盛，然
> 幅员之广，咸不逮元。汉梗于北狄，隋不能服东夷，唐患在
> 西戎，宋患常在西北。若元，则起朔漠，并西域，平西夏，
> 灭女真，臣高丽，定南诏，遂下江南，而天下为一。故其地
> 北逾阴山，西极流沙，东尽辽左，南越海表。

在如此广袤的疆域上，元朝设置了十大行省和宣政院等中央、地方机构管理全国各地，对于遥远的边疆地区如吐蕃、云南、岭北、辽阳等也实现了有效治理，这是前无古人的。"盖岭北、辽阳与甘肃、四川、云南、湖广之边，唐所谓羁縻之州，往往在是，今皆赋役之，比于内地；而高丽守东藩，执臣礼惟谨，亦古所未见"[1]。

元朝的华夷大一统，大大促进了我国统一多民族国家的发展进程。以忽必烈为首的部分蒙古贵族，在金莲川幕府等智囊精英的辅佐下，率先改变了傲视天下的陈旧观念，转而重视汉地汉民，在"天下一家"和"奄四海以宅尊"[2]意识形态的指引下，迈出了入主汉地和混一南北的历史性一步，增强了少数民族在多民族国家中的内聚力和主角意识。

诚如中统二年（1261年）忽必烈颁给南宋降将刘整的手诏所言："土地定其疆，固有朔南之异；而父母爱其子，曾何彼此之分？朕尝以四海为家，万方在己，凡有来宾之俗，敢忘同视之仁！"[3]

唐宋等汉地王朝治理边疆，一概实行羁縻政策。部落首领既接受朝廷的官爵印信，又保持原有的称号、辖境和权力，自

---

[1] 《元史》卷58《地理志一》。
[2] 《元史》卷4《世祖纪一》、卷7《世祖纪四》。
[3] 《秋涧集》卷82《中堂事记（下）》。

理内部事务。羁縻州及都督府只是名义上的府州区划，一般不呈报户籍，不承担贡赋。元朝则因俗设"土官"，通过宣慰司、宣抚司、安抚司、长官司等机构，实行强制性的检括户籍，设立驿站，比较固定的缴税和贡献，强制征调土官、土军等。忽必烈曾严肃告诫播州宣抚司："阅实户数，乃有司当知之事，诸郡皆然，非独尔播。"阅户缴税似乎成了归附元朝廷的基本尺度。迫于元廷的强硬政策，土官们或早或晚"括户口租税籍以进"[1]。

元朝由于统治民族是来自边疆的蒙古族，蒙古统治者因此将汉地和其他少数民族居住地都当作被征服地区看待，这就与过去中原王朝将边疆视作蛮夷的传统观念迥然不同。在蒙古统治者看来，少数民族并非汉人心目中的蛮夷，而是和汉地一样，无一例外都是被征服的对象。因此，括户缴税等应当一视同仁。这是非常重要的理念转变。他们不去理会唐宋羁縻政策，而是出于治理被征服地区的习惯，独辟军事、政治、财政等较直接管辖的模式。

1. 平定宗王叛乱　稳固北部边地

忽必烈称汗后，将大蒙古国的统治中心由哈剌和林南移至上都和大都，这在客观上导致了元朝对漠北草原地带控制的相对松弛。同时，由于忽必烈附会汉法，加强中央集权等施政措施，进一步激化了黄金家族成员内部的固有矛盾。于是，海都、昔里吉、乃颜以及成宗朝笃哇等北方[2]诸王相继叛乱。

---

[1] 《元史》卷63《地理志六》；《清容居士集》卷26《资德大夫绍庆珍州南平沿边宣慰使播州安抚使侍卫亲军都指挥使杨公神道碑》。

[2] 此处的北方，包括蒙古本土和东、西道诸王兀鲁思，即成吉思汗诸弟、诸子的封地所在。

黄金家族宗王的叛乱，一方面造成了元朝在政治、经济、军事层面的沉重压力，甚至影响了元朝后期的朝政和政策走向。另一方面，元廷通过对诸王叛乱的平定，陆续设立了辽阳和岭北两大行省，对东北和漠北地区进行直接管辖，巩固了北部边地的统治。

（1）海都兴兵作乱

海都是窝阔台之孙、合失之子，在黄金家族成员中颇有谋略。他对窝阔台系丧失汗权一直耿耿于怀。在忽必烈和阿里不哥兄弟操戈之际，海都曾倒向阿里不哥阵营。后来，阿里不哥兵败南归，海都依然不肯臣服，以各种借口多次拒绝参加忽必烈举行的忽里台会议。

1269年春天，在没有经过忽必烈大汗的同意，也没有忽必烈派代表参加的情况下，海都和察合台兀鲁思君主八剌以及术赤兀鲁思君主忙哥帖木儿的代表别儿哥彻儿，在塔剌思草原和坚者克草原举行了为期八天的聚会，重新划分了三方在中亚的势力范围，将原本属于大汗和整个黄金家族的共有领地及人户，包括阿姆河、别失八里二行断事官所管辖的广阔地区基本瓜分完毕，这就等于直接否定了大汗在该地区的最高权威和利益。[1]

至元五年（1268年），海都率兵从新疆北部的阿力麻里攻打依附于蒙哥汗幼子玉龙答失的纳邻部。忽必烈封嫡幼子那木罕为北平王，带领左右翼诸王军队等前去征讨，击退了海都军队，海都远遁。至元八年（1271年），那木罕统率由左、右翼宗王和众多蒙古那颜率领的大千户军队，组成"诸王藩卫之兵"[2]，在阿力麻里设置了抵御海都的前线统帅部，阵容十分强大，实力远

---

[1]《史集》第3卷，第110—111页。
[2]《元史》卷134《昔班传》。

超海都。

（2）昔里吉、脱黑帖木儿合谋兵变

至元十二年（1275年）夏天，正当忽必烈攻打南宋最激烈的时候，始料未及的是，在西北阿力麻里前线，拖雷系内部突然爆发了蒙哥汗第四子昔里吉联手岁哥都之子脱黑帖木儿的叛乱。他们拘捕了北平王那木罕和原中书省右丞相、行枢密院事安童，并把他们押送到术赤兀鲁思的君主蒙哥帖木儿和叛王海都那里。

昔里吉的前线倒戈，使忽必烈在阿力麻里前线进攻海都的"诸王蕃卫之兵"顷刻间土崩瓦解，"一军皆没"[1]。海都方面则由于昔里吉和脱黑帖木儿的加入，进一步壮大了实力，对忽必烈政权十分不利。

至元十四年（1277年），昔里吉在海都的挑唆下，率兵东犯和林，掠取了成吉思汗大斡耳朵，漠北蒙古腹地为之震动。因为依照蒙古习俗，成吉思汗子孙中能够占据蒙古肇基之地及太祖四大斡耳朵者，才算是大汗的合法继承人。更为严重的是，漠南弘吉剌部的只儿瓦台也参与了叛乱，还一度围攻弘吉剌部夏营地应昌府。应昌离上都不过两百里，是上都北边门户和通向漠北的军需转运枢纽。

忽必烈急忙把平宋主帅伯颜调往漠北。伯颜率领大军在秃兀剌河和斡耳寒河一带，击败了脱黑帖木儿的军队，迫使昔里吉率众西逃。元军追还了成吉思汗大斡耳朵，再度控制漠北蒙古肇基之地。[2]

昔里吉叛乱长达六年之久，屡次侵扰和林，使整个漠北蒙古腹地陷入被洗劫的灾难中。其间，昔里吉和他的侄儿撒里蛮

[1]　《元史》卷15《世祖纪十二》。

[2]　《元朝名臣事略》卷2《丞相淮安忠武王》、卷3《枢密句容武毅王》。

先后称大汗，与忽必烈政权完全决裂，搅乱了元廷对漠北的直接控制，漠北的诸草原大千户因之陷入了动荡和混乱。若干年后昔里吉兵败途穷，南下归附。阿里不哥的两个儿子明里帖木儿和玉木忽儿，仍然率领着众多原本属于拖雷家族的蒙古大千户军队西逃，甚至转投到海都麾下，大大增强了海都的军事实力。

（3）海都争夺漠北，两皇孙总兵出镇

至元二十六年（1289年），海都养精蓄锐十余载后，率领大军进犯漠北蒙古本土。

海都先是攻占了西部的吉儿吉思，接着又攻占杭海岭和和林一带。忽必烈派皇孙甘麻剌率兵迎击，遭到围困，经钦察大将土土哈救援才勉强突围。此时那木罕被释放南归，忽必烈又命他返回漠北，仍旧担任漠北总兵宗王，只是王号从"北平王"改为"北安王"。北安王那木罕见海都攻势猛烈，一度下令放弃和林，弃城南撤，和林宣慰使怯伯也临阵投降。形势危急，忽必烈只好于当年七月率军亲征，很快收复和林。[1]

至元二十六年（1289年）以后，忽必烈鉴于在漠北与海都的争夺形势越来越严峻，开始强化漠北蒙古地区的军事防御体系。

在皇子宗王出镇总兵的同时，忽必烈又任用有才能的枢密院官具体掌管军务，宗王总兵和重臣辅佐相结合。又设置和林宣慰司主要负责漠北的军屯、钱谷出纳和军需供给，兼管所在部民。还增加了对蒙古军以外其他精锐军队的兵力部署，在漠北屯戍了较多的汉军和色目军团。又将漠北逐步分成了和林和称海东西两个军事镇戍区，互成掎角之势。这几项措施构成了抵御海都等西

---

[1]　《元朝名臣事略》卷3《枢密句容武毅王》；《元史》卷169《刘哈剌八都鲁传》、卷15《世祖纪十二》。

北叛王较为有效的军事防御体系。

至元二十九年（1292年），那木罕去世，忽必烈先是将皇长孙梁王甘麻剌从云南调回漠北，改封晋王，命他统领太祖成吉思汗的四大斡耳朵及军马、达达国土，实乃接替北安王那木罕的镇守职责。又于次年六月授予皇孙铁穆耳"皇太子宝"，与兄长甘麻剌同镇北边。[1]"皇太子宝"，原本是其父真金太子的印，此时授予皇孙铁穆耳，命令他以"抚军"名义，总兵于称海前线。这样，甘麻剌、铁穆耳二皇孙并镇漠北的格局正式形成。

在战区上，兄弟二人大体以杭海岭为界，一东一西，分别负责和林和称海的军事活动；在守土和总兵职司上，铁穆耳持"皇太子宝"，因皇太子例兼枢密使，故其重在统率称海前线的重兵。甘麻剌身为晋王和皇长孙，主要镇护太祖四大斡耳朵和漠北蒙古诸部。此二宗王并镇体制，各有倚重，可以使这两个战区互相策应或牵制，有利于忽必烈直接主导漠北军政，以及合理调配东道诸王和拖雷系宗王等军力。对防止一军战败而造成全线溃退，颇有意义。

这种二宗王同镇的局面，一直延续到元中叶海都、笃哇叛乱结束，也体现了忽必烈晚年对漠北军事防御的部署更为成熟。

（4）忽必烈亲征乃颜叛乱

乃颜是成吉思汗幼弟铁木哥的后裔，塔察儿国王的孙子。忽必烈即汗位之际，塔察儿曾以宗王之长，竭力拥戴忽必烈。而后，无论是平定阿里不哥、昔里吉之乱，还是抵御海都，东道诸王及其军队都曾经是忽必烈政权的倚重力量。但是在至元二十四年（1287年）四月，东道诸王在乃颜的率领下竟然发动了叛乱。

---

[1] 《元史》卷115《显宗传》、卷18《成宗纪一》。

这样，从西边的海都，到中部拖雷系的昔里吉等，再到东边的东道诸王，黄金家族内部相继发生了针对忽必烈政权的叛乱。

乃颜发动反叛时，还派遣使者和西道的海都联络，约定从东、西两面夹攻忽必烈的军队，争夺领土和汗位。随同乃颜叛乱的，还有东道的哈撒儿后王势都儿、火鲁哈孙，哈赤温后王胜纳合儿、合丹等。

乃颜叛乱对忽必烈政权威胁极大，不仅意味着以往来自东道的政治军事支柱的丧失，而且叛乱发生地距离和林和元上都很近，离大都也不太远。"菲蜂有螫毒，大驾须徂征"[1]。由于局势严峻，忽必烈不顾年迈和腿脚病痛，毅然亲征乃颜。

忽必烈迅速调集了大都、上都附近的大批军队，于农历五月十二日乘象舆自上都启程，挥师东北。御史大夫玉昔帖木儿总领蒙古军先行，在撒儿都鲁与乃颜军激战。而后，玉昔帖木儿又奉命进军到哈尔哈河，攻占了乃颜腹地的失剌斡耳朵。乃颜战败后东逃不里古都伯塔哈山。玉昔帖木儿率领蒙古军和汉军等，乘胜追击，大败叛军。

乃颜最后在失列门林被擒获，[2]忽必烈下令立即处死。乃颜"很紧的被捆扎在地毯里，放在地上乱滚和到处击打，然后死去"。这是遵循蒙古人处死贵族的传统方式，"不允许皇帝宗系的血洒在地上，或叫太阳和空气看见"[3]。

叛乱平息之后，忽必烈严肃惩处了乃颜等东道诸王反叛势力及部众。首先是瓜分了叛王的部民，部分部民被编入国家版籍。一些乃颜亲信部众还被强制迁徙到江南充军。其次，设宣慰司等管辖乃颜故地。忽必烈特意从西北迁来兀速、憨哈纳思、乞里吉

[1]　《秋涧集》卷5《东征诗》。

[2]　《元史》卷132《玉哇失传》。

[3]　《大可汗怎样处死乃颜的》，载《马哥孛罗游记》，第140页。

思三部部众，驻屯在乃颜故地，并亲自赐名肇州，设宣慰司管辖。后又设置辽阳行省，统辖东北地区。此前，元朝也曾设东京行省或北京行省，因东道诸王的抵制和摩擦，旋置旋罢。平定乃颜之乱后，东道诸王部民和领地多被瓜分肢解，其权势受到较大限制，辽阳行省随即固定为元中后期东北的最高军政官署，还组建钦察人和阿速人居多的东路蒙古军上万户府，长期驻戍辽阳行省。

尽管没有参与叛乱的乃颜亲族成员乃蛮台等继续受到元廷的优待，但昔日庞大的东道诸王兀鲁思此时已不复存在了。

（5）海山总兵漠北，西北宗王议和

忽必烈去世后，皇孙铁穆耳承继大统，是为成宗。忽必烈的儿子宁远王阔阔出奉成宗之命总领称海一带的军队。

大德二年（1298年），称海元军遭到察合台叛王笃哇的突然袭击。阔阔出酗酒畅饮，疏于备御，造成全军溃败，汪古部驸马阔里吉思也被俘杀。此次战败对元廷震动极大。第二年，成宗铁穆耳改命侄儿怀宁王海山赴漠北取代阔阔出，并授予昔日真金和他本人所持的"皇太子宝"，总领重兵，抵御笃哇和海都的军队。

大德五年（1301年），海都和笃哇合兵越过阿尔泰山东犯，海山和甘麻剌率宗王和诸卫之兵迎战。双方激战于帖坚古山，互有胜负，笃哇负伤，元军损失也很大。

帖坚古山大战后不久，海都病死。临死之前，海都将诸王子托付给笃哇。然而笃哇背弃了海都立长子为君主的遗愿，更立另一子察八儿为窝阔台兀鲁思的君主，实为其傀儡。

不久，怀宁王海山率领大军反攻，越过阿尔泰山，攻入了窝阔台后王兀鲁思领地，察八儿被迫逃往笃哇处。随着窝阔台后王兀鲁思衰落且变为笃哇的附庸，西北叛王的反元态度也逐渐减退。

西北蒙古诸王反叛原本主要为海都所鼓动。海都不甘心窝阔台系汗位旁落，急欲夺回己手，故反元动力甚强。察合台后王兀鲁思则因自有比较固定和广阔的领地，对问鼎漠北不甚积极。笃哇还考虑到和元朝接连交兵数十年，损耗严重，军事和政治上都力不从心，经和察八儿、明里帖木儿等商议："连年动兵，以相残杀，是自伤祖宗之业。"[1] 而后，主动向元廷请和，成宗立即同意。笃哇和察八儿等以承认成宗为成吉思汗大位继承人为条件，换取元廷承认他们在西北地区建立宗藩之国的合法性。双方妥协约和，漠北由此基本恢复了和平。

（6）岭北行省的设立与彻彻秃等总兵

大德十一年（1307年），海山南归即皇帝位，是为武宗。武宗正式设立和林行省，后易名岭北行省，掌管漠北的军政事务，还任命两位重要大臣月赤察儿和哈剌哈孙出任和林行省的右丞相和左丞相。过去漠北地区虽直属中书省"腹里"，但和大都相距三千里，朝廷的控制治理往往鞭长莫及。岭北行省设立后，发廪赈济安辑窝阔台后王诸部归附者百万余口，整顿称海屯田，教授诸部落耕作自养，对元廷统辖漠北军政事务，特别是收聚安抚新归附蒙古大千户部民发挥了重要作用。

仁宗朝以后，武仁授受和叔侄相继的约定被破坏，武宗之子周王和世㻋北逃。出于防御察合台后王叩边等的需要，同时为了分割嗣晋王也孙铁木儿的权力，元廷任命蒙哥汗后裔郯王彻彻秃总兵漠北。彻彻秃镇漠北，前后长达17年，始终效忠于元廷，功劳显赫。然而到顺帝初年，却因遭受权臣伯颜的诬陷而被杀。

2. 帝师与宣政院统辖吐蕃

基于忽必烈和帝师八思巴结成的施主与福田的特殊关系，元

---

[1]　《道园学古录》卷23《句容郡王世绩碑》。

代首次以宣政院直辖的方式将吐蕃纳入中央政府的支配之下，首次在吐蕃建立以帝师为首脑的政教合一体制，首次以喇嘛教为纽带结成了蒙古皇帝与吐蕃政教上层之间的稳定联系。

"朝廷以西夷素犷，因其教而柔之。西若南几千里，戎马部署，分职大小，皆付宣政。弄兵窃发则狨薙之，其任亦重矣"[1]。宣政院及其所属吐蕃地区各级官府的设置，是忽必烈将吐蕃纳入中央政府的支配之下的第一步。

宣政院原名为总制院，至元元年（1264年）置，至元二十五年（1288年），兼任总制院使的桑哥丞相，为"崇异"其地位，奏改为宣政院。[2]职司依然是掌管天下佛教，同时也是元朝管辖吐蕃地方的最高官署，秩从一品，与中书省、枢密院、御史台并为朝廷四大官府，得以自选其官和径自上奏。它开始即以帝师总领，下设使、同知、副使等。

宣政院管辖吐蕃的职司为军民兼领，全面负责该地区的军、政、财、刑各种政务。诚如元人所言："自河以西，直抵土蕃、西天竺诸国邑，其军旅、选格、刑赏、金谷之司，悉隶宣政院属。"[3]

宣政院属下是直接管理吐蕃地方事务的三道宣慰司，即吐蕃等处宣慰司都元帅府、吐蕃等路宣慰司都元帅府、乌思藏纳里速古鲁孙等三路宣慰司都元帅府。其下有元帅府、宣抚司、安抚司、万户府、千户所等。从宣慰使到万户的官员，由帝师或宣政院举荐，皇帝予以任命，万户和千户通常委以当地僧俗领袖，允许世袭。[4]

首席宣慰使，吐蕃人称"本钦"，掌管所属军政事务。本钦作为朝廷任命的行政长官和当地政教合一体制下的世俗首长，负

［1］　《至正集》卷31《宣政使杨公行实序》。

［2］　《元史》卷205《奸臣传·桑哥》。

［3］　朱德润：《存复斋文集》卷4《行宣政院副使送行诗序》，明刻本。

［4］　参阅王辅仁、陈庆英：《蒙藏关系史略》，中国社会科学出版社，1985年，第43页。

责直接管辖各万户，可以征调各万户的民夫，可以统率所属万户的军队。对犯罪万户，也可以审讯、处罚，乃至撤职。兼任萨迦万户的宣慰使本钦，有权管理其他12个万户。

元廷还在吐蕃地区设立站赤、清查户口。忽必烈即汗位不久，即派遣总制院使答失蛮前往吐蕃进行第一次设立站赤和清查户口的工作。诏令"自萨迦以下，可视道路险易、村落贫富，选择适宜建立大小驿站之地，仿照汉地设立驿站之例，立起驿站来"。临行，忽必烈亲自向答失蛮下达圣旨：

> 答失蛮听旨，吐蕃之地，人民勇悍……现今吐蕃之地无王，仰仗成吉思皇帝之福德，广大国土俱已收归（我朝）统治。萨迦喇嘛也接受召请，担任我朝的上师。上师八思巴伯侄，本是一方之主，其学识在我等之上，如今也在我朝管辖之下。答失蛮，汝品行良善，速前往萨迦一次。使我听到人们传颂强悍之吐蕃已入于我薛禅皇帝忽必烈治下……[1]

遵照忽必烈的旨意，答失蛮从汉藏边界到萨迦之地，共设立了27个大驿站，除大驿站之外，另设一定数量的小站，专用于出兵时提供军需供应。元廷特派大臣额济拉克，以同知之职，前往萨迦，掌管吐蕃全境新设立的27个大驿站。

世祖朝对吐蕃的户口清查工作，大约进行了三次。第一次是与中统元年（1260年）答失蛮在吐蕃设立27个驿站同时举行。第二次是至元五年（1268年）元廷派遣阿衮、弥陵二官员负责，清查的对象除了户口，也包括土地。第三次是至元二十四年（1287年）忽必烈派遣御史和肃阿努汗与宣慰司本钦宣奴旺秋一同举行。

---

[1] 《汉藏史集》，第149页。

当时，户口计算以帐（户）为单位，夫妇二人，子女二人，奴婢二人，合计六人为一小帐（户）。[1] 按照此种计算方法，乌思藏纳里速古鲁孙地区第一次清查户口的结果为 36 453 户。但是这个户数不包括寺院属民。《汉藏史集》说：

> 各地清查户口之情形，
> 就像白昼那样地显明，
> 俗世和教法两个方面，
> 各个问题都大致说清。[2]

设立驿站和清查户口，应视为将吐蕃置于"我薛禅皇帝忽必烈治下"并实施有效管理的基本措施之一。

在元朝对吐蕃的经略和治理中，奠定萨迦派"政教合一"体制，是一项非常重要的建树。萨迦派"政教合一"体制，就是以帝师兼萨迦派教主为吐蕃政教最高首脑，白兰王或萨迦本钦为行政主管，萨迦款氏家族成员及亲信为核心，僧职和世俗官员互相配合，共同统治吐蕃的体制。

中统初，忽必烈皈依藏传佛教以后，尊八思巴为帝师，与八思巴结成了福田和施主的关系。萨迦派随之成了最受元朝官方垂青的吐蕃宗教派别，帝师兼萨迦教主八思巴也成为吐蕃和全国佛教的最高领袖。

至元元年（1264年），八思巴携其弟白兰王恰纳多吉启程返回阔别20年的萨迦。五月一日临行，忽必烈授予他一道珍珠诏书。在这道诏书中，忽必烈首次向吐蕃僧俗民众公布了元朝皇帝皈依佛法，接受八思巴灌顶，并与萨迦教主结成施主与福田关

[1] 参阅王辅仁、陈庆英：《蒙藏关系史略》，第45、55页。
[2] 《汉藏史集》，第165页。

系，公布了封八思巴为国师，命他统领一切僧人和管理吐蕃政教的旨意，进一步强调了"帝师之命，与诏敕并行于西土"[1]。在这个意义上，珍珠诏书也是一道授权书。它授权八思巴在吐蕃建立隶属于元王朝的政教合一统治体制，为八思巴颁布法旨管理吐蕃僧俗民众提供了政治依据。

忽必烈与八思巴联手打造的这套政教合一体制，以喇嘛教为纽带结成了蒙古皇帝与吐蕃政教上层之间的稳定联系，是历史上前所未有的，很大程度上又是从宗教信仰的层面将原本为征服与被征服、中央与地方的关系，整合为施主与福田的关系、皇帝与帝师的关系，大大增强了蒙古皇帝与吐蕃政教上层之间的趋同性和一致性。此种纽带在当时的历史环境下是至关重要的，似乎是吐蕃第一次置于元王朝中央政府统治下必不可少的。后来，它还被清统治者借用继承过来且稍加改进，成为清王朝统治西藏的法宝之一。

由于忽必烈两次受灌顶时，先后将乌思藏地区十三万户和吐蕃全境奉献给八思巴为供养地，帝师八思巴至少在法理上拥有了对上述地区的管领权。藏文史书说："由于此上师（指八思巴——引者）之功业，雪山环绕之吐蕃地方，不向皇帝之御库交纳贡赋、差税和兵役。"[2]整个吐蕃地区享有的这种罕见的优惠，似乎不是忽必烈批准帝师奏请后的简单恩典和豁免，大抵是与上述奉献供养地有关。因为乌思藏乃至吐蕃全境均成为帝师的供养地，其地的贡赋、差税和兵役，就应由帝师等萨迦派首领享用，而无须上缴朝廷皇帝了。

帝师担任政教首脑，其职权有四：一是依据元朝皇帝的封授，作为藏传佛教的最高首领，对各教派的寺院、僧人行使管辖

---

[1] 《元史》卷202《释老传》。

[2] 《汉藏史集》，第163页。

权；二是依据元朝皇帝的授权，掌管吐蕃的行政机构；三是举荐或任命本钦等吐蕃各级官员；四是通过萨迦本钦处理吐蕃的行政、户籍统计及诉讼等事务。[1]

吐蕃政教合一体制建立初期，充当行政主管的是八思巴弟、白兰王恰纳多吉。至元元年（1264年）夏季，八思巴和其弟恰纳多吉在蒙古军队的护送下启程返回吐蕃。不久，恰纳多吉被忽必烈封为白兰王。他是元朝方面委任的第一位吐蕃三区行政首长，也是帝师和萨迦派教主八思巴的代理人。通过八思巴和白兰王恰纳多吉兄弟搭档，元王朝和帝师在吐蕃的政教合一体制得以初步建立。藏文史书云：忽必烈封恰纳多吉为白兰王，赐金印，把墨卡顿公主嫁给他，让他穿蒙古服装，任命他为蕃地三区的总法官。在吐蕃地方，"帝师"和"王"的职位最早就是在他们兄弟二人时出现的，对吐蕃恩德至大。

至元四年（1267年），经八思巴举荐，萨迦派的代理教主释迦桑布很快被忽必烈任命为吐蕃地区的首席长官——萨迦本钦。本钦持有忽必烈赐予的印信和官职，按照朝廷的命令在吐蕃清查户口和设置驿站，同时依然以帝师和萨迦派的代表执掌政权。

需要说明的是，元朝的军队长期留驻在吐蕃，负责当地的军事镇戍与警戒。又从藏北驻屯的蒙古军拨出人员兼掌当地站赤，乌思藏站户只需派人运送驿站所需马匹牲畜及其他物资。这种来自朝廷的军事支持，对维护刚刚建立的吐蕃政教合一体制，对元廷居上的控驭，都颇有意义。

忽必烈还于至元六年（1269年）封皇七子奥鲁赤为西平王，驻吐蕃等处宣慰司（朵思麻）治所河州路。奥鲁赤是云南王忽哥赤的同母弟。奥鲁赤死后，又把吐蕃地区授予其子铁木儿不

---

[1] 参阅陈庆英：《雪域圣僧——帝师八思巴传》，中国藏学出版社，2002年，第105、108页。

花。[1]实际上，忽必烈诸皇子分封之际，已改行宗王出镇，吐蕃地区只是西平王奥鲁赤的镇戍区，而非其封地，他对吐蕃地区仅负有镇护监督的责任，是代表元廷控驭吐蕃的一种特殊方式。

3. 赛典赤父子抚治云南

云南是忽必烈作藩王时亲自征服的地区，所以他格外重视云南的治理，曾经对大臣说："云南朕所经理，未可忽也。"[2]

早在至元四年（1267年）八月，忽必烈就封皇五子忽哥赤为云南王，赐四等驼纽金镀银印，统辖大理、鄯阐、茶罕章、赤秃哥儿、金齿等处。又设立大理等处行六部，掌管行政，以阔阔带为尚书兼云南王傅。[3]

至元八年（1271年），镇守云南的37部都元帅宝合丁与尚书阔阔带合谋，在宴席的酒中置毒，杀害了云南王忽哥赤。忽哥赤被杀事件，让忽必烈意识到，单纯的皇子宗王出镇，不足以应付云南等处较为复杂的政治军事形势，应该派遣行省重臣按临治理。

赛典赤·赡思丁就是在这种背景下前去抚治云南的。赛典赤·赡思丁，回回人，伊斯兰教什叶派创始人阿里的后裔。成吉思汗西征时，赛典赤率众归附，充宿卫，任燕京断事官等职。忽必烈即位后，又升任燕京宣抚使、中书省平章政事。他善于理财，办集经营，甚为切当，又轻财安民，深孚众望，被称为回回人中"有良德者"[4]。

---

[1]《史集》第2卷，第285页。

[2]《元史》卷120《立智理威传》。

[3]《元史》卷6《世祖纪三》。

[4]《秋涧集》卷82《中堂事记（下）》。

至元十一年（1274年）忽必烈任命赛典赤·赡思丁为云南行省平章政事。赛典赤在尊重镇守宗王地位的同时，逐步加强行省的权力。先令宗王派遣断事官参与行省议事，将宗王行政权力纳入行省框架，又合并高级军政官署，将宣慰司兼任行都元帅府及元帅府事，控制了境内大部分军事权。

紧接着，赛典赤奏请忽必烈批准，着手将各地的万户、千户改置为路府州县，共设置路20余个，州县100余个，[1]进一步完善了行省在当地的统治体系和基础。

在发展农桑水利和屯田方面，赛典赤也建树颇多。通过劝农使张立道的协助，调集两千民夫，疏导滇池地区水患，获得良田万顷。又教授当地的白人（爨僰）用内地的先进方法饲养蚕桑，民众由此更加富庶。这也吸引了边远山区的罗罗人相继主动归降。

赛典赤命令中庆路达鲁花赤爱鲁整顿永昌一带的土地疆界，增加了很多纳税土地。接着清查中庆路所属州县户口，检得隐漏户一万余，并在中庆路、威楚、大理、鹤庆、曲靖、临安等六处组织大规模屯田，使荒田开垦，民众安居乐业，官府控制的赋税对象也随之增多。

至元十三年（1276年），赛典赤奉诏开通从中庆路到乌蒙的驿道，设站赤九处。乌蒙以北另设五站。驿站的设置，对改变云南地区各自为政的状况和保证行省权力的贯彻，均有积极意义。

汉唐以来，云南虽有中原文化的传入，但丧葬婚嫁，不遵礼仪，子弟不知读书之类的落后情况仍很严重。赛典赤在云南努力传播儒学文化和礼仪风俗，向当地民众教授拜跪礼节、婚姻行媒和丧葬棺椁祭奠。创建孔子庙和明伦堂，购买经史，拨授学田。

---

[1] 《元史》卷61《地理志四》、卷125《赛典赤·赡思丁传》。

在大理和中庆二路设置儒学提举，建学舍，劝士人子弟以学，迎蜀儒为师，行释菜礼，使云南儒学文化有了一定的进步。

另外，赛典赤奏请忽必烈批准，在云南暂不实行纸钞，顺应诸部之俗，特许"以贝代钱"[1]。

赛典赤对境内的少数民族及其首领，采取了怀柔安抚的政策，收到了良好效果。下车伊始，即委任大理国王后裔段实为大理路总管。后又因段实平定舍利畏叛乱和击败缅国象骑等功，赛典赤奏闻朝廷，赏赐金锭及金织纹衣，迁官大理蒙化等处宣抚使。

于是，西南诸夷翕然款附。与云南相邻的交趾（又作安南），较早归附了元朝，但叛服不常。赛典赤派人谕以顺逆祸福，且约为兄弟，交趾国王大喜，亲自到云南，赛典赤出城迎接，待以贵宾之礼。交趾国王深受感动，请求永为藩臣。

赛典赤死后，忽必烈又任命赛典赤长子纳速剌丁为云南行省左丞，主持政务。不久升职为右丞和平章政事。纳速剌丁奉行其父的成规，主要做了三个方面的事情。

第一，精简官署，划一事权。

纳速剌丁建言：云南境内有行省，又有宣慰司和都元帅府，近期宣慰司已经奏罢，而都元帅府尚存，行省既然兼领军民，都元帅府也应当废罢；云南官员子弟入质朝廷，大官子弟理当遣送入质，其余应罢免；精简哈剌章（大理）冗官，每年可省俸禄900余两。

第二，减轻赋役，祛除弊政。

纳速剌丁又上奏：云南行省规措所造金箔贸易，损害民众，

---

[1]　《元史》卷125《赛典赤·赡思丁传》、卷167《张立道传》；《新元史》卷155《赛典赤·赡思丁传》；方龄贵：《大理五华楼新出元碑选录并考释·大理路兴举学校记》，云南大学出版社，2000年，第12页。

应罢止；屯田课程由专人主管，每岁能获得五千两的收入；放松道路之禁，畅通百姓往来；禁止负贩之徒随从征伐，废罢丹当站搜刮民财为饮食费用；允许民众砍伐树木货卖贸易；戒饬使臣勿扰民居，建立急递铺以节省驿骑。

第三，率军征讨招抚诸夷。

纳速剌丁担任云南诸路都元帅时，曾带领军队抵达金齿、蒲、骠、曲蜡、缅国，招安夷寨三百个，登录户口十二万二百；又规定租税，设置驿站，建立卫兵，并获得忽必烈的金银、锦衣等赏赐。

纳速剌丁大抵继承了乃父抚治云南的政策，既宽厚为怀，又不断改进行省建立发展中的一些弊病和不足，父子二人抚治云南的功劳极大，也最具影响。

西藏和云南两地正式隶属于元廷，从而奠定了我们统一多民族国家西南疆域的基本轮廓。也就是说，元朝的大统一，比起秦、汉、隋、唐来，最突出的是首次将吐蕃和云南纳入版图之内。元人称，"古之一统，皆名浮于实"，而元朝的大一统，"实协于名"，真正做到了"六合同风，九州共贯"[1]。诚如李京《云南志略·国朝平云南》所云："天运勃兴，文轨混一，钦惟世祖皇帝天戈一指，尽六诏之地皆为郡县。迄今吏治、文化侔于中州，非圣化溥博，何以臻此。"[2]

元朝的中土、塞外大统一和对南北各地的有效治理，标志着统一多民族国家的成长和发展进入一个新阶段。它缔造了各民族、各地区在中央政府统一管辖下的相对安定的环境，促进了各地经济文化的交流与发展，也有利于边疆开发与各民族间的交融。

---

[1] 《至正集》卷35《大一统志序》。

[2] 李京撰，王叔武校注：《云南志略辑校》，云南民族出版社，1986年。

二　民族交融及多族士人圈的形成

1. 人口大迁徙与民族杂居

成吉思汗和他的子孙们的多次西征南伐，使得庞大的蒙古帝国把中国和中亚、西亚、欧洲连成了一片，无论是陆上丝绸之路，还是海上丝绸之路，都大大地畅通了。辽阔的版图疆域，史无前例的华夷大一统环境，带来了中国历史上人口迁徙和族群交融的时代。

以蒙古数十万之众要战胜他国，要统治地跨欧亚、版图辽阔的大蒙古国，充足的人力补给成为必要因素，于是在西征的队伍中，需要女真人、契丹人、西夏人、畏兀儿人、突厥人乃至汉人充实其中，他们中的一些人随军来到西域后，逐渐在当地定居下来；西征胜利后，随着中西之间陆路交通的通畅，西域和中亚地区生活的多个民族如波斯人、阿拉伯人、突厥人乃至阿速人、斡罗思人的军士、商人、工匠、传教士跟随蒙古大军东来，进入漠北草原和中原地区，甚至分布于广西、云南等地。这就是蒙、元时代东西向的大规模人口迁徙。《世界征服者史》曾记录当时商人一路跟随蒙古大军四处贸易的情况。

成吉思汗统治后期，他造成一片和平安定的环境，实现繁荣富强；道路安全，骚乱息止。因此，凡有利可图之地，哪怕远在西极和东鄙，商人都向那里进发。[1]

那些东来的中亚、西亚以及欧洲军士，很多又成为灭夏、灭金、灭宋战争中的功臣。如早期归附蒙古的阿拉伯圣裔札八儿火者，曾是成吉思汗攻金的先锋，其子阿里罕以天下质子兵马都元帅从宪宗蒙哥伐蜀，战功显赫。这些有功将帅和他们的投下私属随着分封制或远徙域外，或内迁全国各地，带来了新的民族成分。随着全国统一步伐的推进，又带来了一次大规模的南北向人口迁徙。既有各少数民族入居内地，也有同为汉族的汉人和南人之间的人口双向流动。"南人求名赴北都，北人徇利多南趋"[2]，就是当时人口南北双向迁徙的生动写照。这其中，南下江南的中原人口尤其多，许有壬言："昔江南平，中土人南走若水趋下，家而占籍者有之，衔命仕者又倍蓰焉。"[3] 南迁的动因主要通过避战、军功、仕宦、经商、求学等途径完成。

元中后期曾出任江浙行省参知政事的孛术鲁翀，本为女真贵族，其家族在蒙古灭金过程中南徙中原，入元后又迁居江南。苏天爵在所撰神道碑铭中云："公世居上京之隆安，昭勇公初从宪庙南徙，以保甲射生军壮总把戍邓之顺阳川，因家焉。初至元己卯，郡公从故相贾公居贞掾江西宣阃，公生赣江舟中……"[4] 由苏天爵的追述可以看到，孛术鲁翀先祖居住在金朝上京，祖父随宪宗蒙哥的军队南征，家于戍守之地河南邓州。其父又以仕宦随迁江西，孛术鲁翀即生于赣江船中。在蒙、元对外征服的过程中，女真族孛术鲁翀家族一路由东北到河南再至江西，

[1]　《世界征服者史》第1部《11.征讨算端诸地的原因》，第85页。

[2]　《雁门集》卷1《芒鞋》。

[3]　《至正集》卷53《故承直郎金岭南广西道提刑按察司事葛公墓碑》。

[4]　《滋溪文稿》卷8《元故中奉大夫江浙行中书省参知政事孛术鲁公神道碑铭并序》。

在不断南下过程中完成了民族迁徙之路。

"宋之将亡，蜀先被兵。其世家大族狼狈奔走，仅保遗息于东南"。蒙古平宋过程中，川蜀作为南宋的西南门户，首当其冲成为蒙古大军进攻的重点。祖籍四川仁寿的虞集家人随即加入离蜀避乱的洪流中，先是依附为宋守衡州的外祖杨文仲，而后杨文仲以工部侍郎身份伴随宋主奔走东南沿海，死于半途，最终葬于潭州，杨氏子孙随即散落广东番禺一带。而虞集一家在父亲虞汲的率领下，由"海上还，隐于临川之崇仁"。以此，虞集一家在元王朝大一统进程中，由西南流徙而东，成为元代江西籍人士。和虞集家族一样，许多流寓东南的蜀籍世家大族，在大一统的环境中，能够随遇而安，对于祖籍之地日渐淡薄，"忘其所自者众矣"[1]。

"泊于世祖皇帝，四海为家，声教渐被，无此疆彼界。朔南名利之相往来，适千里者如在户庭，之万里者如出邻家"[2]。元朝的大一统为人口流动创造了更为有利的环境。以大都为中心，修筑了四通八达的驿站，东连高丽，东北至奴儿干，北达吉利吉思，西通伊利汗国和钦察汗国，西南抵乌思藏，南接安南、缅国。全国共设有驿站约1500余处，"星罗棋布，脉络通通，朝令夕至，声闻毕举"[3]。国内外交通的便利，大大促进了各民族之间的经济文化交流和边疆地区的开发。

元政权的建立，使中国儒家"夷夏之别"的传统观念发生了根本变化。蒙古大汗从少数民族政权的汗，变为"统治世界的皇

[1] 赵汸:《东山存稿》卷6《邵庵先生虞公行状》，清文渊阁《四库全书》补配清文津阁《四库全书》本。

[2] 《麟原文集》前集卷6《义塚记》。

[3] 《经世大典辑校》第八《政典·驿传一》。

帝"[1],又定位为"绍百王而纪统"[2]的中国皇帝,而所有境内境外入华的"诸色人",无论是何种族,"见住处与民一体当差"[3],正式编入元朝户籍,成为元朝皇帝的属民。

顺帝时,奉教皇之命使元的教士马黎诺里在他的游记中曾这样描述中国:"各民族之在其境内者,不知凡几,皆各自有语言文字。若一一言之,将骇人听闻也。"[4]这种多民族杂居的状况,使得民族间的界限日益淡化。那些北方汉人自五代以来,与契丹、女真、西夏及高丽诸族人混存杂处,民族界限本来就相当淡漠。金世宗完颜雍曾对燕京一带的汉人作如是评价:"燕人自古忠直者鲜,辽兵至则从辽,宋人至则从宋,本朝至则从本朝,其俗诡随,有自来矣!"[5]在这些人心目中,"夷夏之防"早已置若罔闻,民族政权的更迭完全无关乎族群存亡。而原南宋辖区的"南人"(大多为汉族)最初有较强的宋遗民意识,部分士人甚至遁迹山林,不愿与元政权合作。但随着元朝立国日久,越来越多的南方汉儒积极入世,言必称"我元",津津乐道于"南北一家",并且对幅员辽阔的疆域充满自豪感。而那些入居中土的少数民族,特别是西域各族,"仕于中朝,学于南夏,乐江湖而忘乡国者众矣"[6]。他们"居是土也,服食是土也",便认定为"是土之人与居也"[7],除了宗教信仰外,语言和姓氏亦部分或全部华化。

以江南镇江为例,有土著户10 065,口613 578,这些土

[1] 《世界征服者史》第1部《29.世界的皇帝合罕登上汗位和世界帝国的威力》,第205页。

[2] 《元史》卷7《世祖纪四》。

[3] 《通制条格校注》卷2《户令·户例》,第23页。

[4] 张星烺编注:《中西交通史料汇编》第1册,华文出版社,2018年,第275页。

[5] 脱脱等:《金史》卷8《世宗纪下》,中华书局,1975年。

[6] 《麟原文集》前集卷6《义塚记》。

[7] 《至正集》卷53《西域使者哈只哈心碑》。

著户几乎全部为被称为"南人"的汉族无疑；又有侨寓户3845、口10 555。这些侨寓户中，汉人户3671、口9407，仍然占绝大多数。其余为少数民族人户，有蒙古户29、口163，畏吾儿户14、口93，回回户59、口374，也里可温户23、口106，河西（党项）户3、口35，契丹户21、口116，女真户25、口261。[1]

> 六年清洁玉堂人，不识喧嚣市井尘。
> 明月良宵深院静，绿阴晴昼大槐新。
> 轻闲责任惊忧少，枯淡交游语话真。
> 今日黄粱炊灶畔，戎夷胡越共为邻。[2]

一句"戎夷胡越共为邻"，真实又生动地道出了元代不同民族、不同地域、甚至不同宗教的人们彼此杂居共处，风月同天，文化习俗交融汇聚的一幅社会生活场景。所以当罗马天主教传教士鄂多立克到达杭州时，惊叹道："我很奇怪，那么多的人（指杭州城内的汉人、基督徒、撒剌逊人等——引者）怎么能安排住在一个地方？"[3]

北方民族中，蒙古人的人数本来就不多，统治范围又极广，因而最为分散，除一部分远徙境外和西北地区之外，内迁的蒙古人则散居全国，只有河南、云南等地相对集中。其他如回回、畏兀儿、河西等色目人入居内地后，也具有"大分散"的特点。史称："先是，宋室徙跸，西域夷人安插中原者多从驾而南，元时内附者又往往编管江浙、闽广之间，而杭州尤夥，号'色

[1]《至顺镇江志》卷3《户口》，第86—92页。
[2]《胡祗遹集》卷6《重午前一日新居写怀》。
[3]《鄂多立克东游录》32《关于杭州城，它是世上最大的城市》，第68页。

目种’，隆准深眸，不啖豕肉，婚姻丧葬，不与中国相通。”[1]色目人中，回回人因其特殊的习俗，族体不断壮大。而有些民族由于人数稀少等原因，部分融入回回族体，部分融入汉族之中。[2]

"回回"一词，是从"回纥""回鹘"一音转化而来，在元代用指信奉伊斯兰教的西域人，主要包括阿拉伯人、波斯人以及中亚的突厥各族，有时也泛指一切西域人或色目人。一些来自域外、人数较少的种族往往也以"回回"自居，如阿速人称"绿睛回回"、吉普赛人称"啰哩回回"、犹太人称"术忽回回"。

回回在成吉思汗兴起前后就以商人、军士和工匠等身份活跃在大漠南北。"我元始征西北诸国，而西域最先内附，故其国人柄用尤多，大贾擅水陆利，天下名城巨邑，必居其津要，专其膏腴"[3]。随着南北统一和中西交通的便利，更多回回商人接踵而至，"天戈一日南指，多少贾胡留"[4]。除了回回商人，回回教士和科技人才也不断来华。所以元时有"回回之人遍天下"[5]之说。《明史》也言："迄元世，其人遍于四方，皆守教不替。"[6]

元代的回回人主体是以被征服者的身份来到中国的，但是由于大蒙古国和元朝统治政策的需要，他们在法律、科举、赋税等方面倍受优待，其政治和社会地位仅次于蒙古人，居于汉人和南人之上，许多回回人在中央和地方各级行政机构中占据相当重要的职位。回回商人凭借社会地位的优势，在国内贸易和海外贸易中获得巨额利润，经济实力非常雄厚。他们在广州、泉州、

[1] 田汝成：《西湖游览志》卷18《南山分脉城内胜迹·佛刹》，明嘉靖本。

[2] 参阅邱树森：《元代中国少数民族新格局研究》，南方出版社，2002年，第369页。

[3] 《至正集》卷53《西域使者哈只哈心碑》。

[4] 曹伯启：《曹文贞诗集》卷10《水调歌头·次复初韵》，清文渊阁《四库全书》本。

[5] 孙贯文：《重建礼拜寺记碑跋》，《文物》1961年第8期。

[6] 张廷玉等：《明史》卷332《西域传四·默德那》，中华书局，1974年。

扬州、杭州、大都等城市广置田宅，安居乐业，形成"大分散，小集中"的局面。据元世祖朝的统计，仅大都路就有回回户2953户，数量相当可观。回回人在江南定居者数量更多，杭州人周密说："今回回皆以中原为家，江南尤多，宜乎不复回首故国也。"[1]

江南定居的回回人，又以杭州最多。他们大多因经商来杭，当然也有很多官员和文士在此寓居，并形成聚居点。"杭州荐桥侧首，有高楼八间，俗谓八间楼，皆富实回回所居"。可知荐桥一带就是回回的聚居区。这些人"象鼻、猫睛"，穿着"襁丝、头褐"，语言、信仰和婚俗都与汉人不同，并且在聚景园置有公共墓地。[2]

回回人把中世纪的伊斯兰文明带到中国，天文历法、医学、科技书籍以及军事武器（回回炮）、回回文字等，大大丰富了中国人的物质文明和精神文明。[3]

来华的回回人因伊斯兰教信仰而聚合在一起，为避免被汉族融合和同化，他们同类相聚、同类保护的共同心理十分强烈。元朝政府采取唐宋"蕃坊"的方式在城市中设置"回回哈的司"，对回回人居住区进行管理。大约在元朝中后期，回回民族共同体基本形成。

畏兀儿与回回的政治待遇一样，元朝设置都护府，"掌领旧州城及畏吾儿之居汉地者，有词讼则听之"[4]。大都有不少畏兀儿人聚居区，但元代畏兀儿人尚未信奉伊斯兰教。

东北地区和南方地区的民族格局变化不大，但由于汉、蒙、回回、畏兀儿的迁入，使他们与中原的联系加强，诸如熟女真、

[1] 《癸辛杂识》续集上《回回沙碛》。

[2] 《南村辍耕录》卷28《嘲回回》。

[3] 参阅杨志玖：《元代回族史稿》，南开大学出版社，2003年，第1—2页。

[4] 《元史》卷89《百官志五》。

熟黎、熟僮、熟苗等名称相继出现，标志着这些民族原本落后的经济、文化生活得到改善和提高。

元朝政府与唐、宋、明各朝不同，并不禁止各族之间相互通婚，所以蒙汉、回汉、畏汉以及各少数民族之间的通婚现象十分常见。以《元统元年进士录》为例，蒙古色目人右榜前三甲中，蒙古进士25人，家族中有蒙汉通婚者20人；回回进士12人，家族中回汉通婚者7人；畏兀儿进士5人，家族中畏汉通婚者4人；唐兀进士7人，家族中唐汉通婚者7人。[1]

蒙元时代的民族迁徙和民族大交融，还促使新的民族共同体产生。除了回回民族外，在青藏高原和黄土高原交界的河湟地区，原住民有藏、汉和吐谷浑遗民，蒙古和色目人借助政治优势，与原住民广泛融合，在不同地区逐渐形成了土族、东乡族、保安族、撒拉族等新的民族共同体。

强盛的元王朝就像磁石一样吸引着周边和域外各族。中国历史上从来没有像元朝一样，在中央和地方政府中有那么多少数民族担任要职。相较之下，汉人、南人虽然政治地位不如蒙古、色目人高，一些汉儒，特别是南方儒士，常怀不满情绪，发不平之鸣，但是面对现实，他们不但认同了元朝统治和元人身份，很多人还发出称扬之词。如元末明初的南方儒士叶子奇，素来对元朝政权多持批评态度，但他也客观地指出："元朝自世祖混一之后，天下治平者六七十年，轻刑薄赋，兵革罕用。生者有养，死者有葬。行旅万里，宿泊如家，诚所谓盛也矣！"[2]

---

[1] 王颋点校：《庙学典礼（外二种）》，浙江古籍出版社，1992年。

[2] 《草木子》卷3上《克谨篇》。

2. 多族士人圈的形成

在元代民族融汇的过程中，特别是进入元朝中期以后，天下承平日久，部分因军功或仕宦而入居内地的蒙古和色目人，被博大精深的汉文化所吸引，特别注重家族子弟的汉文化教育。他们中的一些人因儒化程度较深，逐渐步入士人集团。

以诗歌创作为例，元代的诗歌创作主体打破了以前各代基本由汉族诗人一统江湖的格局，非汉族诗人群体迅速崛起。据统计，元代已知曾使用汉语写作诗歌的蒙古色目人，有数百人之多。有作品流传至今的蒙古诗人有20余人，色目诗人约100人。[1]一些少数民族诗人亦长于诗歌以外其他文学体裁的创作，甚至在绘画、音乐等方面亦具有极高的汉文化修养水平。

元末戴良在谈论本朝西北诗家的多民族源流时指出："我元受命，亦由西北而兴。而西北诸国如克烈、乃蛮、也里可温、回回、西蕃、天竺之属，往往率先臣顺，奉职称藩。"西北色目子弟在文轨日同的文化背景中，"舍弓马而事诗书"[2]，成为元代文坛的一支重要力量。

需要说明的是，这些少数民族士人并非孤立于数量庞大的汉族士人群体之外，而是以师生、同年、同僚、文友、姻戚等为关系纽带，在同一时空下，与汉族士人群体频繁互动，逐渐形成了一个超越族群的多族士人圈。这是萧启庆先生的重要观点。[3]

尽管有民族分别，但是在元朝南北一家、华夷一统的宽维度时空之下，文化往往可以突破族群乃至国别进行沟通、交流和传播。多族士人圈的形成，是元朝族群间文化互动中一个十分重要

[1] 参阅杨镰：《元诗史》，人民文学出版社，2003年，第67页。

[2] 《九灵山房集》卷21《鄞游稿·鹤年吟稿序》。

[3] 参阅萧启庆：《内北国而外中国：蒙元史研究》，中华书局，2007年，第479页。

的现象。

元代多族士人圈的活动，遍及全国各地。而最为活跃、最为集中的两大中心，一是京师大都，一是江南杭州。

"京师者，天下之都会，而四方贤士大夫之所时集也"[1]。元大都是多元文化交汇的中心，士子族属不一，文人活动丰富，文朋诗友间常常相约燕游雅集。大都城外有一宴游佳处名万柳堂，又称"廉园"，本畏兀人廉氏的家族产业，主人经常在此邀朋聚友，宴赏清欢。平章政事廉希宪曾在此张筵，邀名士卢挚、赵孟頫等共饮。时京师歌伎解语花佐酒，左手折荷花，右手执杯，歌元好问所制《骤雨打新荷》之曲。既而行酒，赵孟頫即席赋诗：

> 万柳堂前数亩池，平铺云锦盖涟漪。主人自有沧州趣，游女仍歌白雪词。手把荷花来劝酒，步随芳草去寻诗。谁知只尺京城外，便有无穷万里思。[2]

据记载，康里人不忽木、畏兀人贯云石，汉族名流王恽、袁桷、张养浩、姚燧、贡奎等人都曾是廉园的座上客。这个以色目主人为中心的多族士人参与的"文化沙龙"，在大都有着相当高的知名度。

迺贤，取汉姓马，字易之，西突厥葛逻禄氏。至正十二年(1352年)，这位漂泊京师的色目才子回归江浙，无论蒙古、色目抑或汉人、南人，"凡所与游者，皆恋恋不忍其去"。大都诸文友纷纷撰文留念，贡师泰称："天下名贤硕师，易之悉与之游，书问往复缱绻，若不忍一日相忘者。斯固诸公谦拔下士盛

[1] 郑玉：《师山集》遗文卷1《送张伯玉北上序》，清文渊阁《四库全书》本。
[2] 《南村辍耕录》卷9《万柳堂》。

德，然非易之才行超卓，足以感动乎人，能得此哉？"[1]可见，精神文化的互动超越了族群的畛域，多族士人间彼此接纳，情真义厚。

元中期，馆阁文臣虞集尤喜奖掖后进，兴化莆田人陈旅游京师，翰林侍讲学士虞集见其所为文，"即延至馆中，朝夕以道义学问相讲习"。虞集又拉动色目官员马祖常一起为陈旅造声势，"交口游誉于诸公间，咸以为旅博学多闻，宜居师范之选"。最后，在中书平章政事、汪古部人赵世延的力荐下，陈旅除官国子助教。[2]

元大都文教机构中，官员的种族构成十分多元。据日本学者统计，任职翰林国史院的官员占比，汉人、南人约占52%，蒙古、色目人约占31%，而族属不明者16%。[3]在翰林院中，多族士人迭相师友，蒙古哈剌鲁氏伯颜求学于宋进士黄坦，西域人阿鲁丁（汉名玉元鼎）学经于大儒吴澄，畏兀学士贯云石从姚燧习古文，[4]如此种种，不胜枚举。至正三年（1343年），元朝重开史局，宋、辽、金皆定为正统，各为一史，元顺帝命丞相脱脱为都总裁，铁木儿塔识、贺惟一、张起岩、欧阳玄、揭傒斯等为总裁官。至正五年，三史修成，可以说是在多族官员共同努力下完成的。公务之余，翰林院多族僚友经常一起吟诗作画，填词唱曲，交流感情，畅诉情怀。延祐四年(1317年)，马祖常以监察御史宣抚河西，临行之时，翰苑诗友袁桷、柳贯、揭傒斯、文矩等多有送别之作。

再看杭州的多族士人活动。

[1]《玩斋集》卷8《跋诸公所遗马编修书札》。
[2]《元史》卷190《儒学二·陈旅》。
[3][日]山本隆义：《元代に於ける翰林学士院について》，《东方学》第11辑，1955年。
[4]《元史》卷190《儒学二·伯颜》；《吴文正公集》卷9《玉元鼎字说》；《圭斋文集》卷9《元故翰林学士中奉大夫知制诰同修国史贯公神道碑》。

已见前说，宋元鼎革，杭州"一代之繁华如故"[1]。经济、文化的持续繁荣，为杭州在全国范围内与北方及其他地区的经济文化交流提供了重要基础和保障。伴随南北大运河的凿通，杭州作为运河南端的起点，自然成了元朝在东南地区的统治中心，同时也是南北社会经济和文化交流中心，以及东亚贸易圈中心。

杭州素有"天堂之城"的美誉，吸引着无数亚、欧、非商旅和传教士等人前来贸易、传教和定居。而北方各族士人南下游学、仕宦或寓居，也无疑都把杭州作为首选之地，杭州自然也是多族士人举行文化活动的理想之所。

在杭州众多官僚机构中，浙西肃政廉访司官员中的多族士人活动尤其具有典型性。按照世祖朝确定的惯例，元代监察系统主要使用汉人知识分子，这就使得浙西廉访司在杭州诸衙门中北方士人较为集中。廉访司除监察职能外，又掌学校教化，人员举荐，遂使任职廉访司的北方士人与杭州当地士人接触更多。

月鲁不花就曾在浙西肃政廉访司任职。他本蒙古逊都思氏，取汉名月彦明，字彦明，号芝轩。幼年随父定居绍兴，受业于名儒韩性，中江浙行省乡试右榜第一，登元统元年进士第，至正间出任浙西肃政廉访使。月鲁不花善诗文，与南士王祎、高明、刘仁本、乌斯道等都有交往，特别是和禅僧来复（字见心）为方外交，《元诗选》收其《芝轩集》诗十首，半数是与见心的酬答。

江浙行省当然也是汉人较为集中的衙门。行省上层官员中，蒙古、色目人较多，部分高官具有一定的汉文化修养。而处于行省较低职位的，大部分是汉人知识分子，也有部分南人，他们与

[1]《元文类》卷16《孟祺：贺平宋表》。

当地士人交流也非常多。值得关注的还有儒学提举司。出任江浙行省儒学提举的官员，大部分为南人大儒，但多非杭州本地儒士。他们在儒学提举司的任职对于强化南方几个区域文化之间的交流大有裨益。此外，设置在杭州的行宣政院对南方，尤其杭州地区佛教影响非常大。[1]

木华黎四世孙脱脱曾于大德年间出任江浙行省平章，喜与儒士交，并好收藏书画。其子朵儿只出生于杭州，自幼喜读书，以世胄先后出任辽阳、河南行省丞相。至正四年（1344年）转江浙行省丞相。为官杭州的几年时间里，他与江南儒士交情甚厚。至正九年，朵儿只袭国王爵赴镇辽东，许多士人献诗祝贺，赞颂其家世勋业功德和本人政绩。[2]

贯云石，号酸斋，畏兀氏，为元平宋大将阿里海牙之孙。至大初著成《孝经直解》呈进，足见他蒙、汉兼精。仁宗即位后，官翰林学士，议行科举，并上条陈六事。寻即"移疾辞归江南，十余年间历览胜概，著述满家，所至缙绅之士、逢掖之子、方外奇人从之若云，得其词翰片言尺牍，如获拱璧……乃东游钱塘，卖药市肆，诡姓名，易冠服，混于居人"[3]。

泰不华，又名达兼善，字兼善，蒙古伯牙吾台氏。父为台州录事判官，遂寓居台州。自幼好学，然家贫，得集贤待制周仁荣周济、教导。后师事理学名家李孝光。至治元年（1321年）中右榜状元，时年18岁。曾任职江浙行省郎中，居杭州，与众多南士有诗文往来。其诗文、书法、画作均属上乘。[4]

以上我们以大都和杭州为例，列举了一些元代多族士人圈的

［1］　参阅吴志坚：《元代杭州：融合南北的文化之都》，载李治安、宋涛主编：《马可波罗游历过的城市——元代杭州研究文集》，杭州出版社，2012年，第397—398页。

［2］　蒋易：《皇元风雅》卷17《陈留立：送国王朵儿只就国》，元建阳张氏梅溪书院刻本。

［3］　《圭斋文集》卷9《元故翰林学士中奉大夫知制诰同修国史贯公神道碑》。

［4］　《元史》卷143《泰不华传》、卷190《儒学二·李孝光》。

活动。但是我们应该清晰看到，构成这个多族士人圈内的成员，具有士人身份的色目人和蒙古人，其人数总体有限，在本族群中也不占主流。所以，他们不可能改变元朝统治者的蒙古本位文化价值取向，也无法对元朝政治产生太大的影响。

三　蒙古、色目人的汉化

　　蒙古人、色目人的汉化与多族士人圈的形成，是族群文化互动的一个方面，也涉及汉族以外的民族受汉文化影响的问题。元朝虽然是一个由少数民族建立的大一统王朝，但是在人口比例上，汉人、南人明显居多，从文化发展层次来看，汉民族的文化发展水平也相对较高。所以，从大漠南北和西域进入中原汉地的蒙古人、色目人，不可避免地要面临汉化和儒化的问题。

1. 色目人的汉化

　　在色目人汉化问题上，集大成的研究成果当属陈垣先生的名篇《元西域人华化考》。在这篇名文中，陈垣先生旁征博引，向我们展示了居住在中原的色目人，是怎样在不同的领域，受汉文化的吸引和熏染的。

　　对于非汉民族的汉化，元廷方面采取的政策，虽有所限制，但在大多数情况下，还是持鼓励态度的。当然，这是出于比较实用的目的，因为学会了汉文化之后的蒙古人和色目人，能够更好地治理汉地。

　　在此过程中，仁宗恢复科举，分榜取士，蒙古人和色目人为右榜，汉人、南人为左榜，二者试题的难易程度不同。这是一个非常重要的政策导向，过去人们一概把这项政策看作是民族分裂、民族压迫和民族不平等。因为会试时，汉人和南人的录取名额和占人口少部分的蒙古人、色目人一样，都是50名，而且在汉人和南人内部，南人落第的概率也较北方汉人为高，虽然他们的文化水平可能远远高于北方汉人，更不用说蒙古人和色目人了。因此，汉人和南人在科考上的竞争要比蒙古、色目人激烈得多。

当时还有一种现象，一批有志于参加科举的蒙古人和色目人，还有北方的汉人，经常跑到江南接受儒学训练后，再回到北方的家乡去应试。虽然科举试题的难易南北有别，但都得用汉文书写，这无疑是汉化程度较浅的蒙古、色目人在科场上的弱势。所以，元朝廷给予蒙古人、色目人某些政策上的优待，也具有调节平衡效应，构成对蒙古人、色目人习儒的积极鼓励，其推动蒙古人和色目人儒化、汉化的作用不可小觑。

仁宗延祐开科的考试程式规定，蒙古人、色目人第一场经问五条，于《大学》《论语》《孟子》《中庸》内设问，用朱熹章句集注。第二场策一道，以时务出题，限五百字以上。就是说，蒙古人、色目人要想入仕做官，必须熟读四书五经，必须通晓汉文化。于是，汉语作为回族的日常用语自在情理之中。

陈垣先生曾说："色目人之读书，大抵在入中国一二世以后。其初皆军人，宇内既平，武力无所用，而炫于中国之文物，视为乐土，不肯思归，则惟有读书入仕之一途而已。"[1]1225年，成吉思汗结束第一次西征东归，色目人开始大量来华，到1279年忽必烈统一全国，其间经历54年，正好间隔两代人。

到了元朝中后期，已逐渐涌现出一大批汉文化造诣颇深的色目文士。一些人在诗、文、词、曲等方面成绩斐然，堪与汉族优秀作家相抗衡。

学者邱江宁据《全元文》《全元诗》《全金元词》《全元散曲》以及《中国文学家大辞典·辽金元卷》等，对元代西域色目作家进行统计，共有146位，排除一些不能完全确定族属的作者，至

---

[1]　陈垣：《元西域人华化考》，上海古籍出版社，2000年，第17页。

少有百余位。这些作家分别来自畏兀、回回、唐兀、雍古、葛逻禄、康里、吐蕃、拂林、阿鲁浑以及答失蛮、乃蛮、塔塔儿、克烈、龟兹、天竺、大食、阿拉伯等民族或区域。

这些作者共创作诗歌约3585首，其中数量在百首以上者就有8位之多；文章总数约433篇，作者45位；散曲创作，小令约168首，套曲17套，作家17位；词作22首，作家5位。

回回人马祖常为现今留存文章和诗歌数量最多的色目作家，有文章141篇，诗歌802首。文章留存数量第二的是唐兀进士余阙，有76篇。诗歌留存数量第二的是回回人萨都刺，有794首。往下依次是金元素和丁鹤年。曲的创作，以贯云石和薛昂夫两人的作品留存数量最多，贯云石有小令80首，套曲8套；薛昂夫有小令68首，套曲3套。[1]

关于色目诗人的风格特点，儒学提举戴良总结说：

> 至其以诗名世，则贯公裕实、马公伯庸、萨公天锡、余公廷心其人也。论者以马公之诗似商隐，贯公、萨公之诗似长吉，而余公之诗则与阴铿、何逊齐驱而并驾。他如高公彦敬、库公子山、达公兼善、雅公正卿、聂公古柏、乌公克章、鲁公至道、二公廷珪辈，亦皆清新俊拔，成一家言。
>
> 此数公者，皆居西北之远国，其去齿、秦盖不知其几千里，而其为诗乃有中国古作者之遗风，亦足以见我朝王化之大行、民俗之丕变，虽成周之盛莫及也。[2]

清学者顾嗣立在《元诗选》中进一步对这些色目诗人点评：

---

[1]　参阅邱江宁：《元代西域人的华化进程与作家群体发展阶段述论》，《西北师范大学报（社会科学版）》2019年第1期。

[2]　戴良：《九灵山房集补编》卷下《鹤年先生诗集序》，清文渊阁《四库全书》本。

> 有元之兴，西北子弟，尽为横经。涵养既深，异才并出。云石海涯、马伯庸以绮丽清新之派振起于前，而天锡继之，清而不佻，丽而不缛，真能于袁、赵、虞、杨之外，别开生面者也。于是雅正卿、达兼善、廼易之、余廷心诸人，各逞才华，标奇竞秀。亦可谓极一时之盛者欤！[1]

诚如顾氏所言，马祖常、萨都剌的诗作，在当时备受推崇，很多汉人的作品，都未必能达到他们的水平。畏兀儿人贯云石的祖父阿里海牙是平定南宋的勇将，但贯云石本人已成为著名的元曲家了。除此之外，杰出的色目士人还有长于绘画的高克恭和精通书法的康里巎巎。高克恭是西域人，在绘画方面，堪与赵孟𫖯齐名。元末明初张羽诗曰："近代丹青谁最豪，南有赵魏北有高。"[2]"赵魏"即魏国公赵孟𫖯，"高"就是高克恭。巎巎是西域康里人，他的父亲不忽木，是世祖朝后期深受宠信的宰相，他本人也担任过翰林学士承旨，不仅"以文学雅望重当世"，而且"字画尤精"[3]，与赵孟𫖯齐名。

除不忽木家族外，高昌廉氏家族和偰氏家族也是元代色目人汉化较为突出的典型。廉氏本畏吾儿人，廉希宪出生时，其父布鲁海牙适拜廉访使，于是高兴地说："吾闻古以官为姓，天其以廉为吾宗之姓乎！"故子孙皆改汉姓"廉"。廉希宪"笃好经史，手不释卷"，被忽必烈视为"廉孟子"[4]。希宪第六子廉惇，官江西等处行中书省参知政事，著有《廉文靖集》，留诗273首，在元代文坛享誉一时。

偰氏先祖岳璘帖木尔本回鹘国国相，后归附成吉思汗，屡立

---

[1] 《元诗选》初集戊集《萨经历都剌》，第1185—1186页。

[2] 张羽：《静居集》卷3《临房山小幅感而作》，《四部丛刊》三编本。

[3] 《始丰稿校注》卷14《题康里公书仙都生三大字后》。

[4] 《元史》卷125《布鲁海牙传》、卷126《廉希宪传》。

战功。子合剌普华幼时即学习畏兀儿书及《论语》《孟子》《史记》等书，官至广东都转运盐使，兼领诸番市舶。合剌普华二子：偰文质、越伦质。偰文质根据自己的家族肇基于哈剌和林附近的偰辇杰河，以"偰"为氏，"盖木本水源之意也"。偰文质官至吉安路达鲁花赤，子五人，偰玉立、偰直坚、偰哲笃、偰朝吾、偰列篪，皆第进士。越伦质子善著，偰哲笃子偰百僚逊，善著子正宗、阿儿思兰，皆相继登第。偰氏子孙则在元代创造了一门两代九进士的科举奇迹，"一门世科之盛，当时所希有"[1]。

上述这些在学习汉文化过程中涌现出的色目人精英，是汉化较深的色目人文士的杰出代表，他们在各自领域里的文化成就，甚至不输于汉人和南人。

回回初来华时，其姓氏均为原来的种族姓氏，即阿拉伯人名、波斯人名、突厥人名等，故陶宗仪《南村辍耕录·嘲回回》有："阿老瓦、倒剌沙、别都丁、木偰非，皆回回小名。"随着定居中土日久，学习诗书礼乐，取汉姓、用汉名者日多。"近世种人居中国者，类以华言译其旧名而称之，且或因名而命字焉"[2]。回回人取汉姓大体有以下几种情况：

以原姓名中首字为姓，如元初大政治家赛典赤·赡思丁家族为圣裔，家族均有"赛典赤"称号，其后裔多有改"赛"为姓者；以原名尾缀为姓，如著名诗人丁鹤年之父名职马禄丁，遂以丁为氏；以原名每一字分别作姓氏，如纳速剌丁，其后裔有分别以纳、速、剌、丁为姓者；在原名前冠以回回姓而取汉名，成为回汉合璧者，如曲家阿里耀卿、阿里西瑛皆是。

还有一些回回人有回汉两种不同姓名，如诗人迺贤有汉名马

---

[1]　《元史》卷193《忠义传一·合剌普华》；《圭斋文集》卷11《高昌偰氏家传》。

[2]　安熙：《默庵集》卷4《御史哈喇公名字序》，清文渊阁《四库全书》本。

易之，曲家哈喇有汉名金元素。也有用回回姓名外，另取一个汉字或号，如诗人萨都剌有汉字天锡，故又名萨天锡。

元代回汉通婚也日益增多。按照伊斯兰教规，穆斯林实行族内通婚，男子可以娶外族女子，但该外族女子必须皈依伊斯兰教；女子则不可嫁给非穆斯林。据《元统元年进士录》，该科共有12名回回人取中进士，其中大吉心因书中其母、妻名字脱落，无法知其族别，故以11人计，11人中生母为汉人者5人，占45%；11人中有妻室者7人，7人中有4人娶汉人为妻，占57%。由此可以推断，元时回汉通婚的比例是不小的。

值得一提的是，回回人的汉化较为特殊。他们在语言、姓名等方面，吸收了很多汉文化，但是在宗教信仰、饮食禁忌、丧葬等方面，仍然严格遵守伊斯兰教规，"人尤重杀，非同类杀者不食。不食豕肉，每岁斋戒一月，沐浴更衣。居必异常处，每日西向拜天。国人尊信其教，虽适殊域，传子孙累世不敢易"[1]。如回回人凯霖在仿效汉人取名以及学习汉文化方面，"入乡随俗"的态度十分果断："我兄弟读书学礼，无名字其可？名则不敢忘吾先，而字则从华可也。"又说："自吾祖为使而入中国，委骨于是，若诗书礼乐，吾其可不从乎？"但是在改变宗教信仰等方面却是顾虑重重："予非敢变予俗而取摈于同类也。"[2]就是担心被同类摒弃。这种心理观念，促使回回民族成为颇具凝聚力的特殊族群，并以伊斯兰教为纽带，大分散小聚居，聚而不散，又以汉文为共同语言，和汉人交流融汇。

---

[1] 严从简著，余思黎点校：《殊域周咨录》卷11《默德那》，中华书局，1993年。

[2] 《至正集》卷53《西域使者哈只哈心碑》。

2. 蒙古人的汉化

关于蒙古人的汉化，萧启庆先生有两篇专论文章《元代蒙古人的汉学》和《论元代蒙古人之汉化》。萧先生认为，民族之间的涵化必须以密切交往与交流为前提，蒙古人受汉文化的影响不可低估。元代约有三四十万名蒙古人由草原徙居中原与江南，居住环境的更易必然带来生活方式及社会组织的兑化，加之长期与汉人杂居和通婚，两个民族之间的交流势必与日俱增。在蒙汉双方日益频繁的交往中，由于蒙古民族在人数、地理和文化发展水平等方面的劣势，他们受到汉文化的影响自然是不可避免的。

早在忽必烈时代，来华的马可·波罗就已发现，过去蒙古人的生活及风习"然今日则甚衰微矣。盖其居留契丹者染有偶像教之积习，自弃其信仰。而居留东方者则采用回教徒之风习也"[1]。可见环境改变对于蒙古人的影响之大。元代中期以后，入居中原的蒙古族已繁衍几代人，所受汉文化的影响自然更大。

蒙古人受汉文化的影响，表现在诸多方面。诸如取姓名，蒙古与大多北方游牧民族一样，有氏族之别而无姓，通常称名而不称姓氏，更无字号。曾随奉使到达蒙古的宋人徐霆在《黑鞑事略》中写道："霆见其自上至下，只称小名，即不曾有姓，亦无官称。"一些汉化较深的蒙古族出于慕效华风的动因，完全采用汉族姓名，如元末明初杂剧名家杨讷，本为蒙古人氏，自幼跟随姐夫杨镇抚，因而改为汉人姓名。不过这一类人非常稀见。还有一种，采用汉姓，但仍保持蒙古名，如后至元间曾任侍正府都事，后官至监察御史的帖木儿不花，汉名刘正卿。[2] 第三种是保持蒙古名，但采

---

[1] 《马可波罗行纪》第69章《鞑靼人之神道》，第154页。

[2] 杨瑀：《山居新话》，载《宋元笔记小说大观》第6册，第6065页；《南村辍耕录》卷15《高丽氏守节》。

用汉文字号。这是受到汉文教育的蒙古人最通行的做法。当时汉人官员常常为蒙古、色目同僚撰取字号，蔚为一时风气。"国人同官者或未字，同官必相与加之，否则皆若有缺然者，文治之渐溥矣乎"[1]！如至治元年（1321年）右榜状元泰（一作"达"）不华，字兼善，号白野。"白野"志其出身蒙古伯岳吾台氏。唱和者皆称之为"达兼善"或"白野尚书"。元朝中期以后，为方便与汉人交往唱和，汉化较深的蒙古人往往皆有字号。第四种是采用汉文通俗名。这类通俗名原为汉人的乳名或为一般市井小民所用，而蒙古人采用者极多。这些通俗名有的源于佛教如观音奴、三宝奴等；有的为国名或族名，如蛮子、忻都；有的为动物名，如万家驴、骡骡；有的为数字，如十二、五十等，这种数字名字尤其多。

在礼俗及道德观念上，部分蒙古人也接受了汉人的习俗。蒙古礼俗源自游牧社会价值观念和居处环境的影响，而汉人礼俗则深受儒家伦常和农耕社会环境的影响，所以二者差别甚大。蒙古旧俗，"父死则妻其从母，兄弟死则收其妻，父母死无忧制"[2]。这些风俗在汉人看来完全是违背伦理纲常，不可接受的。

儒家最重冠、婚、葬、祭之礼。从婚俗和丧葬两个方面而言，蒙古人受到汉人贞节及孝道观念影响不小，因而改用汉俗者为数不少。元朝政府虽然始终没有明令禁止蒙古、色目人的收继婚，但是在元季收继婚遭到了各族人士的强力批评。也有不少蒙古妇女在丈夫死后力拒收继和改嫁，保持贞节。丧葬方面，移居汉地的蒙古人也采取汉人的殡葬方式。元廷还下令蒙古、色目官员父母去世需坚持守丧三年的丁忧制度，得到了多数蒙古、色目官员的响应。

还有一些蒙古人的汉文化修养相当高，特别是蒙古中上阶层，他们由儒学进而深入到文学与艺术领域，在诗歌、元曲、书

---

[1] 《至正集》卷65《兰庭芳字说》。
[2] 《元史》卷187《乌古孙良桢传》。

法、绘画等方面造诣颇深。这种现象在元朝后期尤其明显，这也间接说明了博大精深的汉文化对于少数民族年深日久的浸透涵化之功力。不过，萧启庆先生最后得出的结论是，蒙古人汉化的平均水平不及色目人，并进而寻找若干比较深刻的原因。

首先是文化差距过大。汉人和蒙古人的文化，性质迥异，发展水准相差甚远，而且农耕文明和游牧文明在价值取向上经常发生分歧。

其次是征服状态的局限。这主要是指蒙古人具有作为征服者的特权。他们是以占领军的身份来到汉地的，始终以征服者的姿态，居高临下地看待汉地的各种文化和现象。

再次是世界帝国的牵制。和中国历史上其他征服王朝不同，元朝只是蒙古世界帝国的一部分。为了保证他们在蒙古世界中统治的合法性，忽必烈及其子孙不能仅以中国的"皇帝"自居，立法施政之时还必须考虑蒙古"大汗"的角色，否则就会引起严重的政治问题。

最后是西域文化的竞争。因为元朝的文化政策是多元的，汉文化和其他文化处于平等的地位，并不受优待。而畏兀儿文化和蒙古文化，语言之间相似，历史渊源也深厚，故而深受蒙古人重视。而吐蕃和回回文化与蒙古文化在背景上也颇为接近，同样很受蒙古统治者欢迎。这些西域文化都和以儒学为代表的汉文化形成竞争。这些因素共同造成了元代的绝大多数蒙古人，都不可能放弃本民族的文化和政治认同，和汉人融为一体，也不可能形成像清朝统治者那样的"外满内汉"的二元格局。

尽管如此，还是有相当数量的色目人和蒙古人发生了不同程度的汉化或儒化。有些蒙古人和色目人不通汉语，但已部分接受了汉文化的思想。因为从忽必烈开始，元朝皇帝经常下令让通晓蒙古语的汉人或畏兀儿人，把一些儒家的典籍翻译成蒙古语。这样，蒙古人也可以通过翻译文本来接受汉文化。

四 华夷正统观演进与蒙古文化对汉人的影响

1. 华夷正统观的演进

"大一统"是儒家思想的重要内容，也是中国社会的主流政治思想。但传统大一统思想，本质上是强调内外之别与华夷之辨，也就是认为居于中原的政权及文化是正统的、先进的，而位于边疆地区的政权及文化则是落后的、野蛮的，从而确立华夏是天然的统治者，夷狄是天然的被统治者的规则。同时还要严格区分华夷界限，即所谓"夷夏之防"。这种观念在中国历史发展进程中形成了深远的影响。

1215年，成吉思汗攻陷金中都燕京，金宣宗被迫南迁汴梁。随着燕京的陷落，蒙古铁骑迅速攻占了黄河以北近九百座城邑。此时未能南迁的数百万平民百姓和大小官吏因之遭到了蒙古军的无情掳掠，困苦不堪。"一代文宗"元好问曾痛苦地回忆说："呜呼！兵兴三十年，河朔之祸惨矣。盛业大德、名卿巨公之后，遭罹元元，遂绝其世者多矣。仅得存者，亦颠沛之不暇也。"[1]

国破家亡，江山易主，与黔首黎庶习惯于逆来顺受，听天由命不同，深受儒家忠孝节义观念熏染的广大中州士人，是守节旧金甘作遗民，还是出仕蒙古耻为贰臣？这是一道横亘在他们每个人面前无法回避的思想鸿沟。在饱经战乱劫难，肉体和精神遭受

---

[1] 元好问：《遗山先生文集》卷30《冠氏赵侯先茔碑》，《四部丛刊》初编本。

了双重创痛之后，他们对取代金朝的蒙古贵族，既有恐惧、憎恶，又有种族文化上的隔膜。这种隔膜，更多是来自于传统华夷观念的困惑。

在摆脱华夷困惑，进行新的调适进程中，耶律楚材和丘处机走在了时代前列。

出身于契丹贵胄的耶律楚材，学识广博，通究"星历、医卜、杂算、内算、音律、儒释、异国之书"[1]，17岁中甲科，可谓少年得志。蒙古攻占燕京时，身为金行尚书省左右司员外郎，他既没有以身殉国，也没有立刻投降蒙古。三年后，耶律楚材应征北觐成吉思汗，开始了在大蒙古国的仕宦生涯。他先以占卜之术见用于成吉思汗，扈从西征，晓以征伐、治国、安民之道，备受器重。窝阔台继位后，升任必阇赤长，掌管汉地诏敕文书。又创立十路课税所，改行五户丝制，主持"戊戌选士"，竭力辅助蒙古大汗保留和接受中原制度与文化。

邱处机，山东登州栖霞人，金末全真道教主，曾被金世宗召见，颇受优待。全真道因之声势日隆，风动山岳，势力扩张到北方广大地区。1219年，成吉思汗派使臣刘仲禄赴山东征召邱处机。成吉思汗所看中的，一是邱处机"有保养长生之秘术"，二是全真道在北方佛道诸派中势力最大，蒙古军占领河北后，需要全真道从政治上予以安抚与协助。而邱处机重视的，则是成吉思汗的大蒙古国比起金朝和南宋更为强大，面对这样的未来支配者，全真道必须与之交好联手，既能寻求政治靠山来扩张势力，又可发挥蒙古征服者与汉地传统文化间的调和功用。

1221年春，邱处机师徒跋涉万里，来到位于今阿富汗的兴都库什山晋见成吉思汗。应成吉思汗的垂询，邱处机提出了"不嗜杀人""清心寡欲"等建议，受到成吉思汗的赞赏，被称为

---

[1] 《元文类》卷57《宋子贞：中书令耶律公神道碑》。

"神仙"。成吉思汗命令邱处机进驻燕京，"诏天下出家善人皆隶焉。且赐以金虎牌，道家事一仰神仙处置"。其门徒可享受免除差发税赋的优待。[1] 元人赋诗称美这段君臣际遇说：

> 运际昌期不偶然，外臣豪杰得神仙。
> 一言不杀感天听，教主长春亿万年。[2]

很明显，走在突破华夷困惑和进行新调适最前列的上述二人，一为契丹贵胄，一为方外道士，并非典型的士大夫，尚不能代表中原士大夫的主流。而"一言不杀感天听"之说，也不无夸张之处。他们与蒙古贵族合作的这种"超前"行动，属于特定背景下的偶然行为。

1234年，蒙古军攻克蔡州(今河南汝南)，金朝最终覆亡。鉴于蒙古代金入主中原的现实，中原士大夫的华夷观念随之发生了新的变化。这次变化迅速波及士大夫主流群体，故意义非凡。最具代表性的是修端公然在正统议论中尊金贬宋和奉蒙古为"大朝"。

如果说修端等五六人仅仅是议论商讨如何解决和调适蒙古代金后的华夷困惑和正统归属，那么，刘秉忠、张文谦、窦默、姚枢、张德辉、元好问、王鹗等一批汉族士大夫精英则是在经历上述思考与理念动荡后，不再停留在口头和文字上的议论，而是亲身付诸实践，冲破蒙、汉界限，纷纷北上，直接效力或亲近蒙古政权。

如刘秉忠跟随海云法师应召北上，长期留侍王府，以术数占

[1] 李志常著，党宝海译注：《长春真人西游记》下卷、原文附录，河北人民出版社，2001年，第121、133页。
[2] 《张光弼诗集》卷3《辇下曲》。

候受知于忽必烈，"参帷幄之密谋，定社稷之大计"，亲密无间；张文谦借同窗刘秉忠引荐，亦入忽必烈侍从之列，"司王府教令笺奏"，备受信任；窦默以"三纲五常"和"治道"说于忽必烈，贴心侍内廷，"不令暂去左右"；姚枢先因"中书"杨惟中北入"龙庭"，后窦默引荐入忽必烈藩邸，以"八目""条三十"竭力出谋划策；张德辉"在朔庭期年"，随从忽必烈四时游牧，后又偕"一代宗匠"元好问北觐，奉忽必烈为"儒教大宗师"；金朝正大年间的词赋状元王鹗北觐，忽必烈直呼其"状元"，且给予赐座礼遇。[1]

与耶律楚材和邱处机相比，以上诸人有如下三个特点：第一，大约都是窝阔台灭金前后比较积极地北上效力或臣服于蒙古贵族，部分还进入怯薛侍从，且时间相对集中，人数较多；第二，多半出身儒士，也有辞赋文人和僧人，大都是金末术数、儒学、文学辞赋等领域的精英巨子；第三，来自山东、山西、河北等不同地域，可以代表当时北方的邢州术数、东平辞赋、卫州理学等主要士人群体，意味着中原士大夫主流逐步加入与蒙古贵族的合作。他们和修端等正统议论几乎同步，逐渐由暂时投靠和寻求严实、张柔等汉世侯的庇护，转而直接北上效力于蒙古贵族。他们用自己的行动，承认了蒙古贵族在中原新的合法统治地位，并且置身于此体制之内，替新主子服务效劳。华夷观念转变，促成他们的仕蒙；而仕蒙行动又升华和坚定了他们的华夷新观念。显然，他们比耶律楚材、邱处机及修端走得更远，与忽必烈等蒙古贵族的交结更深，合作更进一步了。

忽必烈是较早主动接受汉文化并用之于国家政策中的蒙古贵族。他从1251年总领漠南军国重事，特别是建立元朝后，实行

---

[1]　《元朝名臣事略》卷7《太保刘文正公》《左丞张忠宣公》、卷8《内翰窦文正公》《左丞姚文献公》、卷10《宣慰张公》、卷12《内翰王文康公》。

杂糅蒙古、汉族文化的政策，较好地适应了元王朝混一南北的政治需要。正是在此期间，郝经与许衡或从道统与君统的理论层面，或以理学宗师的知行垂范，实现了华夷观念的新突破，消除了汉族文人仕蒙的障碍，协助忽必烈奠定了以蒙古贵族为核心、联合汉族士大夫官僚统治的思想理论基础。

郝经提出了非常重要的政治命题："今日能用士，而能行中国之道，则中国之主也。"[1]他实际上是把"道""道统"和"君统"等理学概念引入正统及华夷认识，解决所遇到的疑难问题和矛盾。这样，郝经上述命题的含义就水落石出了："中国之道"就是圣人之道的代名词，"中国主"则是中国正统君主的简称。无论汉族统治者，还是女真、蒙古统治者，只要能重用士大夫，只要能行圣人之道，就可以达到"道统"和"君统"的合一，就可以成为中国正统的君主。

这种新阐释，为汉族士大夫效力于元王朝、为蒙古统治者联合汉族士大夫提供了思想依据，同时也为蒙古贵族为核心的蒙元王朝如何成为"正统"指明了门径。

至元三年（1266年）四月，许衡向元世祖奏呈《时务五事》："北方奄有中夏，必行汉法，可以长久。故魏、辽、金能用汉法，历年最多。其他不能实用汉法，皆乱亡相继。史册具载，昭昭可见也。国朝仍处远漠，无事论此。必若今日形势，非用汉法不可也。"

这里的"汉法"，就是"中国之道"和"中国之法"的同义语。许衡是北方理学宗师，在士大夫中的地位比郝经高得多。在很大程度上，他又是北方士大夫的总代表，自带"中国之道"载体光环。许衡劝言忽必烈"用汉法"和本人直接入仕元朝，意味着把"道""道统"带入了元廷。

---

[1]《陵川集》卷37《与宋国两淮制置使书》。

　　许衡预料到成吉思汗所建泱泱蒙古帝国改行"中国之法"的困难性与长期性。他说："然万世国俗，累朝勋贵，一旦驱之下从臣仆之谋，改就亡国之俗，其势有甚难者……以北方之俗，改用中国之法，非三十年不可成功。"[1] 基于这样的考量，许衡亲自致力于蒙古国子生的儒学教育，把全面奉行"中国之法"的希望寄托在下一代蒙古人身上。这样做既符合现实，也具有战略眼光。后来，安童、不忽木等弟子果然不同程度地汉化或儒化，并且在理学官方化中发挥了不可替代的作用。元人写诗赞曰：

　　　　许衡天遣至军前，未丧斯文赖此传。
　　　　大学一编尧舜事，致君中统至元年。[2]

　　郝经与许衡一唱一和，从道统与君统的层次，实施或推动了汉族士大夫华夷观念新突破。其中，郝经的理论贡献大些，许衡的政治作用多些。言其为"新突破"，是指以其为代表的士大夫华夷正统观念基本达成了"能行中国之道，则中国之主也"的新共识，而且以"北方奄有中夏，必行汉法"的表达直接影响到忽必烈等蒙古统治者，这是前所未有的。特别是北方理学宗师许衡身先仕元，具有导向效应。在他的带动下，汉人士大夫入仕蒙元蔚然成风，成为"用夏化夷"或"致君行道"的具体行动，"内夏外夷"之类精神藩篱也就不复存在。

　　至此，元初华夷和正统的讨论，大体画上一个比较圆满的句号。以蒙古贵族为核心，联合汉族士大夫共同统治的思想理论基础，亦随之奠定。南宋灭亡以后，尽管郑思肖竭力抨击元王朝，

[1]　许衡：《鲁斋遗书》卷7《时务五事·立国规摹》，清文渊阁《四库全书》本。
[2]　《张光弼诗集》卷3《辇下曲》。

但也只是个别南宋遗民的怨情发泄或心理反弹而已，绝大多数士大夫都选择了被迫认同或逐渐接受元王朝的实际统治。

"本朝自立国以来，仁义忠孝之道陶濡百年，士大夫以名节自立者风满天下。兵兴十年余，仗节死义之人固不为少"[1]。食君之禄，忠君之事，入仕元王朝的汉族文人士大夫奉元朝为正统，无复华夷之辨的行为，还表现在血雨腥风的元末战争中，不少汉人进士不惜以身殉国。江西行省参政刘鹗在遗书中更是直言："生为元朝臣，死作元朝鬼。忠节既无惭，清风自千古。"[2]

毋庸讳言，元末之际，也有不少士人对于本朝的腐败统治深感痛惜愤恨，但是他们在思想感情上始终不能轻易与之决裂。同时对于下层民众发起的反抗运动，抱有仇视和抵制态度。一些人从维护"纲常名教"的角度出发，拒绝与反元势力合作，甚至不惜为元朝殉节。一些人虽为形势所迫，暂时栖身于一些地方割据集团，但仍然念念不忘元廷。甚至是明朝开国的佐命文臣，加入新朝也多有不得已之处，始终对元朝怀有眷恋之情。[3]

2. 蒙古文化对汉人的影响

元代多元文化体系内的交流影响，并非局限于汉文化对少数民族文化的单向输出，而是蒙、汉、色目不同文化之间的相互"涵化"与"同化"。在部分蒙古人和西域人陆续汉化的同时，也有不少汉人不同程度地接受了蒙古文化的影响。

忽必烈等既吸收汉法又坚持扩散蒙古本位文化的复合政策，

---

[1]　李士瞻：《经济文集》卷4《题王彦方小传后》，湖北先正遗书本。

[2]　刘鹗：《惟实集》附录《元故中顺大夫海北广东道肃政廉访副使刘公墓志铭》，清文渊阁《四库全书》本。

[3]　参阅陈高华、张帆、刘晓：《元代文化史》，广东教育出版社，2009年，341页。

构成汉人受蒙古文化影响的上层政治诱因。汉族儒士对正统华夷观的变通，对八思巴蒙古字的认同和赞赏，也为汉人接受蒙古文化营造了宽松的环境。

南宋遗民郑思肖在《大义略叙》中曾痛心疾首地写道："今南人衣服、饮食、性情、举止、气象、言语、节奏，与之俱化，唯恐有一毫不相似。""今人深中鞑毒，匝身浃髓，换骨革心，目而花眩，语而谵错，竟忘前日人心人形于清明之天，愈久愈昏……"[1]

郑思肖的言论，固然夹带着思宋仇元的偏激情绪，其中包含的"水分"需要予以甄别剔除。但它也反映了当时包括南人在内的部分汉族民众对于蒙古风俗文化的接受，曾经风靡一时。

明太祖朱元璋即位之初，在诏书中说："初，元世祖起自朔漠以有天下，悉以胡俗变易中国之制，士庶咸辫发椎髻，深襜胡俗。衣服则为袴褶窄袖及辫线腰褶，妇女衣窄袖短衣，下服裙裳，无复中国衣冠之旧。甚者易其姓氏为胡名，习胡语，俗化既久，恬不知怪。"于是，"悉命复衣冠如唐制。"[2]经过朱元璋的整肃之后，部分受到蒙古文化影响的汉人，又重新回归汉族习俗。

客观来讲，从影响深度看，少数汉人蒙古化程度较深，部分汉人半蒙古化，大多数汉人所受影响较浅。从地理位置看，北方汉人与蒙古人接触较多，所受蒙古文化影响最深；"南人"所受影响则薄弱得多。

元代蒙古文化对汉人的影响，主要表现在语言、名字、婚

[1] 郑思肖著，陈福康校点：《郑思肖集》，上海古籍出版社，1991年，第188、190页。
[2] 胡广等纂修：《明太祖实录》卷30，"洪武元年二月壬子"条，（台北）"中央研究院"历史语言研究所，1962年。

姻、服饰等多个方面。

元代汉人受蒙古文化的影响，表现在学习和掌握蒙古语言文字。由于蒙古征服中国历时40余年，蒙古文化对汉人的影响，几乎与军事征服同步，都表现出显著的时空差异。汉人学习蒙古语言文字，大体可分作三个时段，三个时段内各自表现也不太一样。

第一阶段是在前四汗时期，即成吉思汗、窝阔台、贵由和蒙哥汗统治时期。这一时期学习蒙古语的汉人，多局限于被蒙古军队和贵族们掳掠的幼童及投降蒙古的地主武装和士人等特定人群。如忽必烈藩邸旧臣赵璧，本云中怀仁（今属山西）"秀才"，精通蒙古语，为忽必烈译讲《大学衍义》。[1] 还有窦默、姚枢等人，可能也懂得一些蒙古语。

第二阶段是元世祖和成宗朝。随着蒙古统治在全国的扩展和稳定，汉人学习蒙古语言文字，逐渐成为时尚。很多汉人往往通过官办的蒙古字学，来学习掌握蒙古语言文字。至元六年（1269年），忽必烈委托帝师八思巴创制蒙古新字，又称国字，即八思巴字，颁行天下。同年七月，又下令在各路立蒙古字学，专门教授八思巴字。

令人意外的是，一些元代儒学的代表人物如许衡、程钜夫、吴澄等，都对八思巴字的推广和传播，格外开放和变通。

八思巴字最初在北方颁行，南宋平定后也推广到了江南，普及程度较高。随着这种学校的增多，进入蒙古字学接受教育的汉人南人比重也在增大，而且在地域上也向南扩展。学习蒙古语言文字的人员，不再局限于被掳掠或归降的地主武装和士人，很多中下级官员及其子弟，甚至还有一些士人，都开始学习蒙古语。通过学习八思巴字，还能获得仕进的机会。

---

[1] 《元史》卷159《赵璧传》。

　　第三阶段是武宗朝到元末。在这段时期内，借助学八思巴蒙古字掌握蒙古语的汉人或有增多，遍布南北各个行省。包括中下层官员和儒士子弟。八思巴字在全国推广之后，元廷规定官府公文都用蒙古新字书写，所有职官印章也一概镌刻八思巴字，而民间私人一般不能通晓。如此一来，就需要大量的翻译人才，将八思巴字书写的公文翻译成汉文及其他语言。一些下层汉人南人，包括儒士的子弟，为改变自身处境和进入仕途，就选择充当翻译官这条路径。而且，沿这条路径上升的速度不算慢，有升迁为中级官员的机会。其仕宦前景某种程度上并不比元后期科举入仕者差。

　　为适应汉人学习蒙古语常用词汇和蒙汉对译的需要，元末福建一带的民间书坊还数次刻印、销售《至元译语》。《至元译语》也称《蒙古译语》，是现存最早的蒙古语、汉语对译的小册子，有点类似于现代的外语速成本。这种小册子在当时被大量印制，流传广泛。

　　蒙古语还潜移默化地渗入元代汉人市井勾栏的戏曲剧目中。比如蒙古语中的"霸都鲁""撒花""打剌苏"等词汇，都在戏曲中常见。方龄贵先生在《元明戏曲中的蒙古语》一书中，对元明戏曲中出现的蒙古语词汇做了非常细致的考订，统计出蒙古语词汇多达200条。这些蒙古语词汇能够进入汉地民间戏曲，说明它们已经在汉人的语言中沉淀下来，对汉语的影响也相当深入了。

　　已见前说，蒙古人汉化或儒化的一个表现是，蒙古人用汉人的字号或者小名。同样，也有相当多的汉人使用蒙古名字的情况，这似乎构成某种文化上的互动。元代汉人使用蒙古名字，大体也分为三个时段。

　　在前四汗时期，懂蒙古语的人员主要限于被掳掠或者降蒙的官员及子弟。有些人在宫廷中担任怯薛宿卫士，由大汗和贵族赐予蒙古名字的非常多，受赐者的子孙后辈视为一种荣耀，并把它记录在相关的碑传中，借以彰显家族曾经是接近权力源头的宫廷近臣。由此可见，改用蒙古名字所带来的文化符号和政治象征意义相当突出。人们对于蒙古名字的认同，多半是这个原因。此时期使用蒙古名字的汉人，在地域分布上也主要集中在燕云十六州一带。

比如从成吉思汗到元成宗朝，世代都在宫中充任博尔赤的常氏和贾氏家族，原籍都是燕云一带汉人，因厨艺高超，深受宠信，与蒙古皇室的关系相当近密。常氏家族成员能够出入蒙古宫廷，连续四代使用蒙古名字，有的人被皇帝和后妃亲赐宫女婚配，有一个子孙还被成宗收为养子居住宫中，后来帝后又亲自给他办婚礼。所以，这两个家族的蒙古化程度是很深的。

元世祖到成宗时期，少数军政官员子弟和怯薛宿卫士仍然沿用旧例改用蒙古名，来自蒙古贵族的赐名，也占一定比例。一些下层官吏及平民改用蒙古名字的情况日渐增多，还较多出现汉姓和蒙古名的相拼合，比如王昔剌、张拔都、李忙古歹之类。从地域分布来看，这一时期改用蒙古名字的汉人的范围明显扩大，遍布北方各地，个别南人也在平南宋前后获得了蒙古赐名。

武宗朝到元后期，汉人采用蒙古名字的数量略增，地域分布也更广泛。此时期改用蒙古名字的有汉人高级军政官员及子弟，宿卫士的数量比重有所下降，中下层官吏的人数则大大增加。但是，和蒙古贵族有较亲密接触的大大减少。皇帝的"赐名"几乎是凤毛麟角。蒙汉合璧的取名方法极为风行，很多人都找一个常见的蒙古名字和自己的汉姓相拼合，甚至出现了不少姓、名完全重复的情况。这些人把取蒙古名当成是一种城乡市井的时髦，或者是向统治者靠拢的象征。有的汉人甚至由此冒充蒙古身份而谋取一官半职。诚然，很多使用蒙古名字的汉人，对蒙古语言倒未必十分精通。

蒙古的婚姻、服饰等习俗也对汉人产生了一定影响。如北方少数民族中盛行的收继婚，在北方汉民中也偶尔见之。元政权建立以后，尤其是在统一南北以后，朝廷对汉地收继婚俗，时而容许，时而禁止。采用这种婚俗的汉人，几乎都来自贫困之家，为生计所迫，这和蒙古草原上保其"种姓"的情形不尽相同。而且在采用收继婚之外，尚未发现这类汉人学习蒙古语或是取蒙古名等现象。

元朝政府对于不同族群间的通婚始终持开放态度。一些嫁入蒙古家庭的汉人女子，可能会造成她本人的蒙古化或部分影响其子女的汉化，但是对汉人群体的蒙古化影响不大。与之相对，也有少量蒙古女子嫁给汉人男子，这种情况或可能推动男方家庭成员的蒙古化。一个典型的例子就是功臣郑鼎一家祖孙三代的蒙古化倾向。先是在宪宗朝，郑鼎因从征大理等军功，被赐名"也可拔都"。其子郑制宜曾以枢密院判官一职，在车驾巡幸上都时留守大都"司本院事"。旧制，"汉人不得与"。世祖却宽慰郑制宜说："汝岂汉人比耶！"可见对他的信任。郑制宜通习蒙古语，娶蒙古女子为妻，儿子也取了蒙古名字"阿儿思兰"。[1]

元朝在服装和发式方面的政策比较宽松，"各从本俗"，自由决定。除了对官员礼服有规定外，对一般民众的服饰不多干预。所以众多汉人穿戴蒙古服饰，应该是自由选择，而非被迫的行为。由于朝廷没有明确的规定，所以在服饰上，双方是相互影响。比如宫廷的怯薛宿卫士的服饰，主体部分都是蒙古的，同时加入像唐巾、幞头之类的汉式装扮。所以，在服饰方面，汉人受蒙古文化影响表现得并不特别突出。

---

[1] 《元史》卷154《郑鼎传》。

　　汉人不同程度地接受蒙古文化，和蒙古人、色目人汉化的现象是同时并存、相互激荡的，实际上也构成了元代多民族文化之间的涵化和互动的特色。由于汉人的人口数量大，地域广，而且汉文化的发展较为成熟和先进，汉文化对色目人和蒙古人的影响程度相对更大一些。

　　成吉思汗和他子孙们的多次西征南伐，还带来了一个副产品，那就是贯通和拓展了中西交通。版图辽阔的蒙古帝国首次把东西方世界连成了一片。在横跨欧亚大陆的蒙古帝国支配下，无论是海上丝绸之路，还是传统的陆上丝绸之路，都变得畅通无阻。元朝与东西方各国的官府和民间往来持续不断，双方在经贸、文化、科技等方面的交流互鉴达到了前所未有的开放局面，大大地促进了人类文明的进步和世界各地彼此间的联系发展，为大航海时代的到来奠定了有益的基础。

　　自忽必烈时代开始，元朝从漕粮海运、海外军事征伐以及鼓励海外贸易三大领域，大踏步地向海洋推进和发展，这就给蒙古帝国已有的游牧国家与农耕国家混合体带来了海洋国家性质，从而使蒙古帝国成为一个横跨欧亚、包括陆地海洋的前所未有的世界大帝国。

一 海外招抚、用兵与交往

平定南宋以后，忽必烈仿效乃祖成吉思汗征服扩张的伟业，把目光投向中国以外的东亚、东南亚和南亚次大陆地区，作为招抚和征伐的目标。

忽必烈的意图很明显：术赤兀鲁思、察合台兀鲁思、窝阔台兀鲁思、旭烈兀兀鲁思雄居西北，同为祖宗基业，元朝无必要、也不可能往西北方向扩张，唯有向东、向南尚有超越祖宗征服功业的空间余地。

然而，忽必烈海外招抚和军事征服的结局并未全部达到预期愿景，部分是以损兵折将而告结束。频繁而又执着的对外征伐，暴露了忽必烈穷兵黩武、扬威海外的强烈欲望和个人野心。元人赵天麟曾批评说："窃见数年以来，北征阋墙之叛，东伐俘海之国，近又大举南征，鞭策未尝停，戎缰未尝解。"[1]

但是，作为成吉思汗的继承者，只有在祖宗的荣光之上建立新的功业，才是德位相配的合格大汗。同时，海外招抚和征伐也可视作忽必烈华夷大一统的延续和建立海洋帝国的雄心。从这一视角考察，忽必烈的所作所为则有其合理和必要的情由。但就结局而言，这些征伐的地点多数是炎热的南方或距大陆遥远的海岛，蒙古铁骑无法发挥其优势和长处，归附蒙古的汉军、新附军也不适宜或不愿意海外征战。黩武海外的部分失败，不可避免。

在海外招抚、征伐的同时，元朝与这些地区之间的官府或民

---

[1]　《太平金镜策》卷8《办至公》。

间往来持续不断，双方在经贸、文化、科技等方面的交流互鉴，大大促进了人类文明的进步和世界各地彼此间的联系发展，为大航海时代的到来奠定了有益的基础。

1. 政治联姻下的元朝与高丽

早在大蒙古国时期，从窝阔台到蒙哥汗，以"岁贡不入"为由，曾先后多次派兵进入高丽，并开始在该地驻屯军队，强迫高丽国的世子以及部分高级官员的子弟，到汗廷充作"秃鲁花"，即质子。

忽必烈御极后，采用军事攻略和政治怀柔相结合的政策，进一步加强了对高丽的统治。中统元年（1260年）六月，高丽国王王倎派其子永安公王僖等入贺新大汗即位，忽必烈授予王倎封册、虎符和高丽国王印，并应王倎的请求，诏令撤回驻屯高丽境内的蒙古军队，归还被掳及逃离国境的高丽百姓。

中统二年（1261年）王倎入朝，不久改名王禃。此后频繁派世子或使臣奉表入朝。次年，忽必烈又向高丽王颁赐历书，岁以为常，高丽国开始同时使用元朝和本国两种纪年。

同年十月，忽必烈诏谕高丽王禃实施"籍编民，出师旅，输粮饷，助军储"等内属国有关条款。王禃以其百姓久经丧乱为由，上表乞求暂缓实行。忽必烈对其优容宽大，一一允许。

至元十一年（1274年）五月，在高丽国王王禃的请求下，忽必烈答允将皇女忽都鲁揭里迷失下嫁世子王愖。七月，王禃病逝。忽必烈命世子王愖袭为高丽国王。至元十五年（1278年），应王愖请求，元朝废罢了达鲁花赤的设置，又以带方侯王澂率衣冠子弟20人入为质子，还在高丽签军5600人助征日本。

以王愖尚忽必烈公主和嗣高丽国王为开端，元朝和高丽王室结成甥舅关系，形成了稳固的政治联姻。王愖及日后国王尚蒙古公主者，一律授予"驸马高丽国王"[1]称号。凭借驸马身份，高丽国王加强了在元朝和国内的权势，并享有宗庙、设官、司法、军事、征税等方面的部分主权。蒙古公主在高丽国也频繁参与国政，地位和权力相当显赫。公主所生世子享有王位优先继承权。由于这些世子相继被送到元廷充当质子，他们当上国王后也多半蒙古化了。所以，高丽国在元朝统治之下，相较于汉人、南人，与蒙古人的亲和性更为突出。

元丽联姻以后，高丽国与元朝廷的关系更为密切。忽必烈娴熟地运用了乃祖军事征服和联姻的两手策略，最终将高丽国改造为由元朝严密控制、贯彻六条规则较彻底的"内属国"。这称得上是忽必烈在对外征服方面成功的一例。

由于两国特殊的藩属关系，加之唇齿相依的地缘优势，元代来华的高丽人比以往各代都多，他们中有不少精通汉文的学者和高僧，与中国文人交往密切，相互切磋唱和。至元二十六年（1289年），元置高丽国儒学提举司，以高丽著名学者安珦为提举。安珦从高丽国王入朝，得朱子书，十分钦慕，晚年常挂朱子像以致敬，因朱熹号"晦庵"，遂自号"晦轩"[2]。理学于是传入高丽。高丽名臣李齐贤长期在元廷陪侍质子王璋，广泛结交儒臣文士，有《益斋集》传世，内有很多歌咏中国历史、风景、民俗的诗歌。

仁宗延祐开科后，高丽作为元朝的征东行省，依制选送士子参加科举考试，即使未能及第，元廷亦授予官职，或归国凭此资历而获显官。中举者亦有之，如高丽韩山人李谷高中元统元年（1333年）进士第，擢汉、南人榜第二甲第八名，授翰林国史院

---

[1] 《元史》卷208《高丽传》。

[2] （朝鲜）郑麟趾等著，孙晓主编：《高丽史》卷105《安珦传》，西南师范大学出版社、人民出版社，2014年。

检阅官。高丽人十分推重元朝科举，认为比本朝科仕更为荣耀。元人陈旅指出："今高丽得自官人，而其秀民往往已用所设科仕其国矣，顾复不远数千里来试京师者，盖以得于其国者，不若得诸朝廷者为荣。故虽得末第冗官亦甚荣于其国，况擢高科、官华近，为天下之所共荣者乎！"[1]

元代有大量文化典籍输入高丽。延祐元年（1314年）高丽王王焘遣官赴元购书，得经籍10 800卷而还。仁宗又赐书籍4317册17 000卷，皆宋秘阁所藏珍品。[2]

至正二十三年（1363年），高丽人文益渐使元，取棉种归，木棉由此传入高丽。[3]又有一胡僧教以缲织之术，于是棉花种植和棉布纺织不到十年遍于高丽全国。

2. 两征日本的失败和中日民间往来

至元三年（1266年）八月，忽必烈命兵部侍郎黑的充国信史，由高丽向导陪同，持国书往日本。国书先是以平和的语气晓之以理，最后则是明显威胁恫吓：

> 大蒙古国皇帝奉书日本国王。……日本密迩高丽，开国以来亦时通中国，至于朕躬，而无一乘之使以通和好。尚恐王国知之未审，故特遣使持书，布告朕志，冀自今以往，通问结好，以相亲睦。且圣人以四海为家，不相通好，岂一家之理哉。以至用兵，夫孰所好。王其图之。[4]

[1] 《安雅堂集》卷4《送李中父使征东行省序》。
[2] 《高丽史》卷34《忠肃王世家一》。
[3] 《高丽史》卷111《文益渐传》。
[4] 《元史》卷208《日本传》。

然而黑的此行仅至高丽巨济岛，就因风涛之险而还。此后忽必烈又多次派遣包括高丽经略使赵良弼等在内的使者出使日本，均无功而返。

至元十一年（1274年）和至元十八年（1281年），忽必烈先后两次发动了渡海征伐日本的军事行动。

至元十一年三月，忽必烈任命凤州经略使忻都、高丽军民总管洪茶丘为东征正、副都元帅，率领屯田军、女真军及水军等一万五千人，乘大小船只九百艘，渡海征日本。

十月，元军攻入日本对马、一歧等岛屿，与当地守军激战，取得一定进展。但因指挥作战不够统一和箭矢缺乏，在掳掠该地后，元军主动撤退回国。因是年为龟山天皇文永十一年，故日本称此役为"文永之役"。

至元十八年正月，根据忽必烈的旨意，组建征日本行省，阿剌罕、高丽国王王賰（睯）为右丞相和左丞相，范文虎、忻都、洪茶丘并为右丞，李庭为左丞，张禧为参政。

于是，元军分为两路，忻都、洪茶丘率兵四万，由高丽金州合浦渡海，阿剌罕、范文虎率江南新附军十万由庆元、定海等处渡海。六月，阿剌罕生病不能行，阿塔海代其总兵。

七月，两路军队先后抵达日本鹰岛、平户岛一带，但行省官商议如何进攻太宰府等问题时意见分歧，争论不休。元军在鹰岛、平户岛一带"逗留不进"，接近一月，一直没有积极的军事攻势。

八月一日夜间，飓风大作，波涛如山。元军舰船因大多捆绑在一起，在飓风袭击下相互震撼撞击，破坏很大，军士因舟坏纷纷坠海溺死。只有张禧等部事先筑垒平户岛，隔五十步停泊战舰，以避风涛触击，才保全了船只。

范文虎等诸将各自选择坚好舰船奔逃而归，十余万军士被遗弃在原地，群龙无首，很快被日本军队击溃，蒙古人、高丽人及汉人统统被杀，江南新附军士多被掳为奴隶。[1]

忽必烈动用十四万军队所发动的第二次侵日，就因飓风袭击而惨败告终。日本方面称是役为"弘安之役"，并对这场挽救其国运的飓风，甚为崇拜，特称之为"神风"。

在忽必烈的海外征伐中，两次侵日是用兵最多，失败最惨的。两年后，忽必烈仍然不甘心，一度命令阿塔海等募兵造船，准备三征日本。此举引起丧失十余万子弟、深受征日祸害的江南民众的不满和骚动。以御史中丞崔或为首的一些朝臣也纷纷奏言不便征日本。

至元二十三年（1286年）正月，鉴于"日本孤远岛夷，重困民力"，忽必烈最终降旨："日本未尝相侵，今交趾犯边，宜置日本，专事交趾。"[2]于此，渡海征日本的军事行动，总算基本结束。

终元之世，元日之间的通使关系一直未能建立，但民间的经济、文化交流却一直十分活跃，双方政府亦不加禁限。据《元史》载，至元十四年（1277年），日本遣商人持金来易铜钱，"许之"。至元十五年（1278年），"诏谕沿海官司通日本国人市舶"。大德十年（1306年），日本商人有庆等抵庆元贸易，"以金铠甲为献，命江浙行省平章阿老瓦丁等备之"。天历元年（1328年），江浙行省挑选廉吏征收来福建进行贸易的日本舶商税，可见贸易规模不会太小。

事实上，日本私人商船几乎岁岁来华。大德八年（1304年），元朝在定海置千户所，"以防岁至倭船"[3]，这些"倭船"应该主要是进行走私或海盗活动的。

---

[1]　《元史》卷159《赵良弼传》、卷11《世祖纪八》、卷154《洪福源传》、卷162《李庭传》、卷165《张禧传》、卷208《日本传》。

[2]　《元史》卷14《世祖纪十一》、卷132《昂吉儿传》、卷208《日本传》。

[3]　《元史》卷208《日本传》、卷10《世祖纪七》、卷21《成宗纪四》、卷32《文宗纪一》。

在中日双方贸易中，元朝输出的主要是瓷器、香药、经卷、书籍、绘画、什器、绫罗锦缎、铜钱等。日本输出的主要有黄金、刀剑、木材、扇子、螺钿等。

元代中日两国僧侣往来亦极为频繁。据统计，日本入元僧侣有名可稽者就有220多人，无名入元僧更不知几百人了。[1] 泰定三年（1326年）七月，元朝一次就遣送了日本僧瑞兴等40人"还国"[2]。这些日本僧人大多借由本国商船来到江南等地，遍访名山古刹，从高僧习禅，与文人交游，切磋文学、书画。如一山一宁弟子雪村友梅居元20年，与赵孟𫖯切磋书法艺术，笔势雄浑，赵为之惊叹。

元僧赴日者亦为数不少，其中不乏得道高僧。如大德三年（1299年）元遣妙慈弘济大师宁一山随商舶往使日本，留而未归。历任建长、圆觉、南禅诸寺长老，创临济宗"一山派"，并受到日本后宇多天皇礼敬，后追赠"国师"。

这些赴日元僧和来华日僧对发展中日文化交流起到了重要媒介作用。中国大量释藏、经史、诗文等传入日本，同时带去的还有中国禅林和文士的风气和生活方式，比如日本的茶道就是由元代传入的"唐式茶会"发展而来。日本禅寺的兴旺和学习中国文化的热情，促进了刻书业的发展。元后期，大批来自闽浙的刻工到日本从事雕版刻印工作，京都和镰仓"五山"以及他处禅寺刊印的书籍大多出自这些中国刻工之手。[3]

---

[1]　参阅［日］木宫泰彦著，胡锡年译：《日中文化交流史》，商务印书馆，1980年，第394页。

[2]　《元史》卷30《泰定帝纪二》。

[3]　参阅白寿彝主编：《中国通史》第八卷《中古时代·元时期（上）》，上海人民出版社，1997年，第658页。

3. 占城和安南

早在至元十六年（1279年）十二月，忽必烈特意召福建行省左丞唆都回京议论诏谕海外南夷诸国事。占城因地处海路冲要，被作为首选征服的目标。随后，忽必烈派兵部侍郎教化的、总管孟庆元等出使占城，谕其国王入朝。次年二月，占城国王遣使贡方物，奉表归附。

至元十八年（1281年）十月，忽必烈封占城国主失里咱牙信合八剌麻合迭瓦为占城郡王。又立占城行省，以唆都为右丞，刘深为左丞，也黑迷失为参知政事，企图对其地实施直接统治，并作为经营南海的基地。忽必烈还决定次年正月对海外诸番正式开始军事征服行动，命令占城郡王为参与征伐的元军万人提供军粮。

占城郡王之子掌管国政，依仗海道不便，不肯屈服于元朝。元朝派往暹国、马八儿等国的使臣途经占城，都被他扣留拘禁。于是，忽必烈下令唆都等率兵征占城。十一月，占城行省唆都右丞率军自广州浮海至占城港，依海岸屯驻。至元十九年（1282年）正月，唆都命令战船出发，从北、东、南三面攻击敌方木城，与占城兵万余激战，城破，杀敌数千。最后，占城王遣使赴大都奉表请降，表示愿意岁贡方物。唆都则命令所部军士建造木城，辟田以耕，积蓄粮食15万以供军。自此，占城国一直臣服元朝，元军征伐爪哇及对南海诸国的使节往来，都是以占城为中转站的。[1]

中统元年（1260年）十二月，忽必烈即汗位伊始，特派礼部郎中孟甲、员外郎李文俊为南谕正、副使，赴安南持诏宣谕，允许其"衣冠典礼风俗一依本国旧制。已戒边将不得擅兴兵甲，

---

[1]　《元史》卷210《占城传》、卷11《世祖纪八》、卷129《唆都传》。

侵尔疆场，乱尔人民"[1]。

中统二年（1261年），忽必烈封陈光昺为安南国王。继而确定三年一贡，贡品包括儒士、医人、阴阳卜筮、工匠各三人，以及苏合油、光香、金、银、朱砂、沉香、檀香、犀角、玳瑁、珍珠、象牙、绵、白磁盏等土产。据《大德南海志》，象牙、犀角、珍珠、玳瑁属于舶货中的"宝物"，而光香、沉香、檀香属于"香货"[2]。安南盛产多种香料，唐宋时期就作为贡品进献，也是唐宋海外贸易的主要货品之一。元朝时宫廷和贵族家庭多用安南香料。

> 包髻团衫别样妆，东朝谒罢出宫墙。
> 内中多有亲姨嫂，潜与交州百和香。[3]

交州，又称交趾刺史部，是安南的一个地区，有时也代称安南。交州百和香尤为宫廷妃嫔和权势之家的女眷所喜爱。

忽必烈又下诏安南谕以内属国六事：一君长亲朝、二子弟入质、三编民数、四出军役、五输纳税赋、六仍置达鲁花赤统治之，又强索安南国内的回回商贾和巨象。

对上述六事，安南多半拒不执行，且不肯拜跪受诏书，双方为此争执不休。至元十四年（1277年），陈光昺死去，其子日煊由其国人自立为王。此时南宋已经平定，元朝开始对安南采取强硬政策。

至元十五年（1278年），忽必烈遣使者严厉责备陈日煊："不请命而自立"，不执行"六事"，不亲来朝见，又警告："汝

[1] 《元史》卷209《安南传》。
[2] 陈大震著，广州市地方志编纂委员会办公室编：《元大德南海志残本（附辑佚）》卷7《舶货》，广东人民出版社，1991年。
[3] 朱有燉：《元宫词一百首》，载《辽金元宫词》，第23页。

若弗朝，则修尔城，整尔军，以待我师。"日烜仍然以道路艰难，不习乘骑为由，婉言推托。

至元十八年（1281年），元朝置安南宣慰司，忽必烈任命孛颜帖木儿为宣慰使都元帅，欲强行对该地实施直接统治。同时册立来京师朝觐的陈日烜叔陈遗爱为国王，取代日烜，又命令宣慰副使柴椿率领一千新附军护送陈遗爱至安南国境。陈遗爱回国后很快被陈日烜废为庶人，又遭暗害。[1]

忽必烈上述政治解决安南问题的计划失败，诉诸武力不可避免。

至元二十一年（1284年）十二月，皇九子镇南王脱欢率大军攻入安南。先期攻入占城的唆都所部，也奉脱欢之命北上与大军会合。元军不久就攻入了安南的都城升龙，然后分兵攻取诸地。

安南方面采取避开元军锋芒，聚集兵力和战船，分屯要地的策略，与元军持久周旋，又利用气候水土等条件，陷元军于困境。元军屡屡发动攻势，一度追击至清化等地，甚至在三峙几乎擒获陈日烜。日烜弟陈益稷等被迫归降。

然而，安南军虽然屡次战败溃散，却增兵转多。蒙古军马难以施展其技能长处，死伤也不少。尤其是五月气候炎热，暴雨疫情大作，元军处境更加困难。

镇南王听取诸将的意见，决定撤军北还。途中，连续遭安南军队围追堵截，伤亡甚大。唆都及所部事先没有接到班师的命令，得知大军撤退，仓皇北撤，也在归途中战死。[2]第一次征安南以失败而告终。

[1]　《元史》卷209《安南传》、卷11《世祖纪八》；[越] 黎崱著，武尚清点校：《安南志略》卷13《陈氏世家》，中华书局，1995年。

[2]　《元史》卷209《安南传》、卷13《世祖纪十》、卷129《唆都传》；《安南志略》卷13《陈氏世家》。

至元二十四年（1287年），忽必烈决定再征安南。元朝设置征交趾行尚书省，以蒙古军主力将领奥鲁赤为平章政事，总领兵马，一并受镇南王节制。十一月，九万元军分东道、西道、海道三路攻入安南。

这次征讨，元军仍未能占到便宜。至元二十五年（1288年）二月，镇南王脱欢下令撤兵，沿途又不断遭受伏击，损兵折将，第二次征安南同样以失败告终。[1]忽必烈对两次征安南失败和皇子镇南王脱欢的无能非常恼火，下令脱欢终生不得朝见。

镇南王第二次兵败撤回后，陈日煊立即派人贡献金人以谢罪。忽必烈又先后三次遣使臣敦促陈日煊及嗣其王位者亲自来朝，仍没有结果。对陈日煊及嗣其王位者，忽必烈一直不承认其国王的名分，一直称其为世子。而且，忽必烈还在至元二十三年（1286年）春，册封北上归降的陈日煊弟陈益稷为安南国王，两次想把他护送回国。

至元二十五年（1288年），晚年多病的忽必烈依然企图发动第三次征安南的军事行动。他曾对北上觐见的湖广行省右丞刘国杰说："此事犹痒在心，岂诸人爬搔所及。"任命刘国杰为湖广安南行省平章政事，与宗王亦吉里带同征安南。后因忽必烈病逝，第三次征安南才算作罢。[2]

两征安南，是忽必烈海外征伐的重要组成部分。本来安南已经表示臣服，只是忽必烈坚持安南国王必须履行包括亲自朝见等内容的内属国六事，才酿成元朝对安南的大规模用兵。由于出征将士难以适应安南的气候地理条件和当地军民的顽强抵抗，元军的失败不可避免。忽必烈发动的两次征安南，继征日本之后，同

---

[1]《元史》卷209《安南传》、卷13《世祖纪十》、卷14《世祖纪十一》、卷131《奥鲁赤传》；《安南志略》卷13《陈氏世家》。

[2]《元史》卷209《安南传》；《至正集》卷48《刘平章神道碑》；《安南志略》卷13《陈氏世家》。

样留下了失败的记录。

成宗即位后，诏罢征安南，遣李衎、萧泰登出使安南，受到欢迎。安南国王英宗陈日燇也遣使朝贡，双方恢复传统邦交，自此使节往来不绝。[1]除仁宗皇庆年间发生边界领土争端外，基本保持了和平友好关系。安南陈朝儒学兴盛，开科取士、著书立说一直使用汉文，科举考试也遵用元制。安南常向元朝求取儒学、佛经，得到了《九经》和《大藏经》。安南君臣不少人汉文化水平相当高，陈朝国史院监修黎文休仿中国编年体通史体例，于1277年撰成《大越史记》30卷（已佚）；随国王陈益稷入元的黎崱仿中国方志体例著《安南志略》，是现存安南人撰写的最早的史地著作。分别于至元二十五年（1288年）和至治元年（1321年）出使安南的元朝使者徐明善和文子方都著有《安南行记》。元统二年（1334年）出使的智熙善著有《越南行稿》。

元代入居安南、占城的中国人很多，为当地经济文化的发展作出了不小贡献。早在至元十一年（1274年），就有南宋人迫于元军南伐的形势，"以海船三十艘装载财物及妻子浮海"来到安南，后被安置于京城街媚坊。[2]宋元崖山之战前后，不少南宋官员也先后避难安南和占城。

安南曾从唆都军中俘获优人李元吉，元吉"善歌"，安南势家少年、奴婢多跟从他习唱元曲。他又创作"古传戏"，有官人、朱子、旦娘、拘奴等十二角色，着锦袍绣衣，击鼓吹箫，弹琴拊掌，"令悲则悲，令欢则欢"，十分感人。杂剧艺术因此传入安南，被称为"传戏"，《西方王母献蟠桃》就是著名的传戏剧目。[3]

---

[1] 《程钜夫集》卷16《监察御史萧则平墓志铭》；《清容居士集》卷34《萧御史家传》。

[2] 孙晓主编：《大越史记全书》卷5《陈纪》，西南师范大学出版社、人民出版社，2015年，第282页。

[3] 《大越史记全书》卷7《陈纪》，第371页。

元末动荡，更有不少人携家带口驾海船来安南避乱，丁庞德就是其中之一。丁氏"善缘竿，为俳优歌舞"，安南人纷纷效仿，创险竿舞，"险竿技自此始"[1]。

中国的科技也传入安南，安南人学会了火药制造和青花瓷的烧制技术。中国商船运往安南和占城大量布、丝绸、瓷器、漆器、铜器、乐器等，民间贸易往来十分活跃。

4. 缅国、暹国和罗斛

11—13世纪，缅国为蒲甘王朝所统治。其居民是白衣金齿（傣族），与东北方大理的腾越、永昌二府相同。至元十年（1273年）二月，忽必烈遣使持诏出使缅国，谕其国王能谨事大之礼，派子弟或贵臣来朝。但未见成效，使者也被杀掉。

此后，云南行省将帅与缅军兵戎相见，展开了多次局部性战争。至元二十四年（1287年），缅王被其庶子毒杀，缅国内大乱。云南王也先帖木儿利用这个机会，会合诸王兵马，攻取缅国都城蒲甘。此役元朝方面虽然损失七千余兵士，但缅国终于被征服，并开始岁贡方物。元朝还在蒲甘设置邦牙宣慰司。而后，缅王子峤苴袭王位，正式向元朝臣服进贡。[2]元撤销缅中行省。

大德元年（1297年），元廷封峤苴为"缅国王"，其子信合八的为"缅国世子"，并派遣国信使教化迪与信合八的同入缅宣诏。直至元末，元缅双方一直都有往来。中国商船常至缅国的八都马、乌爹等港口贸易，中统钞在乌爹可以与银钱、贝子按一定比例兑换。

---

[1] 《大越史记全书》卷7《陈纪》，第363页。
[2] 《元史》卷210《缅传》、卷14《世祖纪十一》。

　　暹国是13世纪前期泰族建立的国家，都城速古台，即泰国历史上的速古台王朝。至元十九年（1282年）元朝曾遣官出使暹国，舟经占城被扣留，未至。至元三十一年（1294年），暹国王敢木丁遣使来贡。元贞元年（1295年），暹国使者至大都上"金字表"，并请求遣使其国。可见敢木丁对与元朝交往持积极主动态度。直至元末，暹国一直遣使入贡未断。

　　暹国南面的罗斛国（都城华富里）国王，于至元二十八年（1291年）遣使上表，"以金书字，仍贡黄金、象齿、丹顶鹤、五色鹦鹉、翠毛、犀角、笃缛、龙脑等物"[1]。《岛夷志略》记载罗斛"其田平衍而多稼，暹人仰之"。货币用贝子，"每一万准中统钞24两"[2]，可见罗斛与元朝贸易往来之密切。

　　元末，暹国国势衰微，至正九年（1349年）被罗斛新兴的阿瑜陀耶王朝兼并，合为一国，中国史籍称为"暹罗"。

5. 南海及印度洋诸国

　　爪哇，即现在的印度尼西亚，是13世纪的南海强国。元朝要"招抚"南海诸国，爪哇自然是主要目标。忽必烈认为，只要征服了爪哇，"其余小国即当自服"[3]。因此，多次遣使前往爪哇，"诏谕爪哇国主，使亲来觐"。至元十九年（1282年）七月，爪哇遣使来贡金佛塔。[4]但后来元朝以右丞孟琪为诏使前往爪哇，再次令国主亲身入朝，爪哇国王被激怒，将孟琪等黥面逐回。

　　至元二十九年（1292年）二月，忽必烈命令史弼、亦黑迷

---

[1] 《元史》卷16《世祖纪十三》。

[2] 《岛夷志略校释·罗斛》。

[3] 《元史》卷131《亦黑迷失传》。

[4] 《元史》卷11《世祖纪八》、卷12《世祖纪九》。

失、高兴三人并为福建行省平章政事，率领两万大军远征爪哇，意在将爪哇及南海诸国变成元朝的海外统治区。十二月，元军自泉州启程。翌年二月，抵达爪哇北岸。亦黑迷失先领官军五百余前往诏谕。史弼所率大军分兵上岸，驻兵伐木，造小舟以入，水陆并进。

这时，爪哇国王被相邻的葛郎国主所杀，他的女婿土罕必阇耶与葛朗国军交战失利，便假意投降元朝，并利用元军成功复仇葛郎国，然后背叛，夹道攻击元军。史弼率军且战且退，杀葛朗国主父子，行三百里，慌忙至海岸登船，航海六十八日，归泉州，损失兵卒三千余。[1]

这次出征爪哇，有两万元朝军队的大型船队远航，跨过南海，浩浩荡荡地抵达了太平洋和印度洋之间的爪哇岛，这在我国航海史和向海洋扩展方面意义非凡。可以说，元朝对日本和爪哇的征伐是中国首次较大规模地走向海洋，他们在航海技术等方面，应该说是为后来的郑和下西洋提供了一个必不可少的前提准备。

世祖朝以后，元和爪哇的关系恢复正常交往，据《元史》本纪记载，仅元贞元年（1295年）到至顺三年（1332年）的38年间，爪哇就遣使来元多达11次。延祐初年，上都国师曾"附市舶往阇婆国觅藏"[2]。泉州等地商人经常到爪哇贸易，获利甚丰。爪哇商船也往来中国、印度贸易。摩洛哥旅行家伊本·白图泰就是在泉州搭乘爪哇商船西还的。

元朝和南海、印度洋等其他国家和地区也先后通使、通商。仅至元二十三年（1286年）九月，就有马八儿、须门那、僧急

---

［1］ 《元史》卷210《爪哇传》、卷162《史弼传》《高兴传》、卷131《亦黑迷失传》。

［2］ 江苏通志稿编：《江苏金石志》卷20《赵孟𫖯：昆山州重建海宁禅寺碑》，（台北）艺文印书馆影印本，1976年。

里、南无力、马兰丹、那旺、丁呵儿、来来、急阑亦带、苏木都剌等十国，"各遣子弟上表来觐，仍贡方物"[1]。《大德南海志》和《岛夷志略》记录了南海众多前代未见记载的国家和地区，足证元代交往的范围比唐、宋更为广泛。

印度半岛南部诸王国中，马八儿和俱蓝因地处东西海路交通要道，影响力较大。《元史》载："海外诸蕃国，惟马八儿与俱蓝足以纲领诸国，而俱蓝又为马八儿后障。"元朝和两国交往十分频繁，早在至元十六年（1279年）六月，马八儿就遣使"奉表称籓"，并以珍物及象、犀来献。[2]至元二十八年（1291年），马八儿宰相不阿里率百人随元使臣入朝，世祖赐妻高丽蔡氏，遂留居泉州不返。成宗特授中书右丞商议福建行省事。[3]

至元十六年（1279年）十二月，元廷遣广东招讨司达鲁花赤杨庭璧招俱蓝，次年三月抵达俱蓝，其国主令其弟书回回字降表，答应遣使入贡。至元二十八年，俱蓝曾遣马不剌罕丁进金书、宝塔及黑狮子、番布、药物。

僧伽剌也作僧急里，就是今天的斯里兰卡。至元二十一年（1284年），亦黑迷失出使僧伽剌国，观佛钵舍利。至元二十三年（1286年），僧伽剌遣子弟来朝贡。

元代中国与印度、僧伽剌的贸易十分繁盛。忽必烈时期连年不断的使节往来，有不少名义上是"入贡""献方物"等政治关系，实际上是贸易活动。《马可波罗行纪》载，"蛮子"（中国南方）等地的商人乘舟载货至俱蓝，"获取大利"；马八儿出产的粗货香料，绝大部分运往"蛮子"地方销售。元贞二年（1296年），元廷下令禁海商以细货于马八儿、俱南、梵答剌亦纳三蕃国交

---

[1] 《元史》卷14《世祖纪十一》。

[2] 《元史》卷210《外夷传三·马八儿等国》、卷10《世祖纪七》。

[3] 《中庵集》卷4《敕赐资德大夫中书右丞商议福建等处行中书省事景义公不阿里神道碑铭》。

易，可见这三国是当时中国商人常往之处。元中叶后，由于德里算端对南印度半岛的征服，中印间通使渐稀，但贸易往来仍较活跃。据摩洛哥旅行家伊本·白图泰描述，中国的船只多在印度半岛的潘塔拉伊尼城过冬。古里港聚集着大批来自中国、爪哇、锡兰、波斯等地的商人，港内停泊着约有13艘中国船，分大中小三类，每一大船役使千人。[1]

佛教在元代中印文化交流史上占有突出地位。元代来华的印度僧人以那摩和指空二人最为知名。

那摩是北印度迦湿弥罗人，约在1235年与兄长同被召至和林，受到窝阔台汗的礼敬。那摩劝窝阔台颁行宽宥诏书，挽救了很多人的性命。贵由汗"师事"那摩。蒙哥汗又封那摩为国师，授玉印，命掌全国佛教，在燕京修复了多处残毁寺院，又以佛教首席代表身份两次参加了和林、开平的佛道大辩论。当忽必烈的才华受到蒙哥汗的猜忌时，那摩劝导忽必烈"宜加敬慎"，主动调解两兄弟之间的矛盾。[2]

指空八岁出家那烂陀寺，十九岁南往僧伽剌吉祥山研究般若奥旨，并游历南印度各地多年。后至吐蕃，遇北印度僧人摩诃班特达，遂同来大都。居未久，开始四方游历，并到达高丽，参礼金刚山。后奉旨还大都。天历元年（1328年），文宗命其与众僧讲法内庭，声名大显。顺帝更是眷遇有加，皇后、太子迎入延华阁问法。至正二十三年（1363年）示寂。[3]

世祖时期，蜀僧元一西游印度，带回玉石佛像、贝多叶经

［1］ ［摩洛哥］伊本·白图泰著，马金鹏译：《伊本·白图泰游记》，华文出版社，2015年，第356—357页。

［2］ 沈涛：《常山贞石志》卷15《赵从证：大朝国师南无大士重修真定府大龙兴寺功德记》，（台北）艺文印书馆影印本，1976年；《元史》卷125《铁哥传》。

［3］ 李稽：《梵僧指空禅师传考》，载《大正新修大藏经》史传部三，河北省佛教协会，2008年。

及如来佛铁钵进献给忽必烈，忽必烈下诏安置玉石佛像于万寿山供养，用七宝函贮贝多叶经"严加信仰"，用如来铁钵"镇库藏"[1]。

---

[1] 释念常：《佛祖历代通载》卷22，元至正七年（1347年）释念常募刻本。

二 琛贡梯航万国通

13—14世纪，经过蒙古帝国的西征和南伐，亚欧大陆首次被连接成一个整体，驿站与港口的广泛建设使得欧亚海上、陆路"丝绸之路"全面拓通，中国第一次实现了西北内陆和东南海洋两大出口的全球性开放格局。

14世纪的旅行家汪大渊在其《岛夷志后序》中写道："皇元混一声教，无远弗届，区宇之广，旷古所未闻。海外岛夷无虑数千国，莫不执玉贡琛，以修民职；梯山航海，以通互市。中国之往复商贩于殊庭异域之中者，如东西州焉。"

在这种欧亚海陆交通畅达，多种文明广泛交流的社会背景中，元代以中国为中心的东西方经贸、文化交流臻于鼎盛。

1. 海外贸易港口与进出口商品

至元十三年（1276年）一月，元军占领临安，南宋投降。同年十一月，东南沿海的江浙、福建一带也先后被元军占领。当时，南宋行朝的益王等人，欲进入泉州，约请泉州招抚蒲寿庚一起抗元，不料竟遭拒绝。双方发生争执，蒲寿庚遂决定降元。他先是杀掉了在泉州的赵宋宗室，随后又把执掌30年之久的南宋市舶司海外贸易，转交给元政权。这样，元朝政府不仅拥有了海外贸易的重要港口泉州和大量海舶，还获得了熟悉海外交通、国情和贸易的大批人才。元朝迅速在泉州设立了第一个市舶司，这也是元朝海外贸易的发端。

有元一代，经由朝廷指定先后开放的对外贸易港口，最多时有泉州、庆元、广州、上海、澉浦、温州、杭州等七处。但兴废不常，到元末，仅有泉州、广州、庆元三处。

> 琉球真腊接阇婆，日本辰韩涉貊倭。番船去时遗碇石，年年到处海无波。
>
> 朱张死去十年过，海寇凋零海贾多。南风六月到岸酒，花股篙丁奈乐何？
>
> 熏陆胡椒膃肭齐，明珠象齿骇鸡犀。世间莫作珍奇看，解使英雄价尽低。[1]

这是元人宋本笔下福建、浙江沿海一带泉州、庆元等重要港口的繁盛景象。

首先，这些港口本身具备适应进出口需要的经济功能，大多依托富庶的长江三角洲经济区，或者外贸历史悠久的闽、广沿海地带，农业、手工业、商业较为发达，有着广阔的经济腹地作为物质支撑。这就构成了元代海外贸易高度发展的物质基础。

其次，这些港口与政治中心大都之间有着较为畅达的水陆通道相连接。"明年归路蹋阳和，缺胯轻衫剪越罗。春风通惠河头路，还与官家得宝歌"[2]。忽必烈时期，完成了三大南北运输通道：京杭大运河；新贡道，即从泉州经福州、建宁越武夷山，循信江至鄱阳湖入长江，至真州再沿大运河北上大都；海运航道：从浙西刘家港沿海北上至天津直沽，再循运河将漕粮运抵大都，顺风十多天即可到达。同时，从直沽沿海道南下，"顺风半月到

---

[1] 《元文类》卷4《宋本：舶上谣·送伯庸以番货事奉使闽浙》。

[2] 《元文类》卷4《宋本：舶上谣·送伯庸以番货事奉使闽浙》。

闽海，只与七州通买卖"[1]。南北水陆通道的空前改善和全线贯通，使海外宝物贡货得以更为顺畅地运抵大都和上都，海外贸易地位进一步强化。[2]

在这些港口，元朝政府设置市舶提举司（简称市舶司），管理市舶即海外贸易事宜。最初，市舶司由朝廷指定有关行省的高级官员负责。后来，一度与盐运司合并，成立都转运司。不久，又将二者分开，以市舶司隶泉府司（院）和致用院。最后，改隶行省。

自唐、宋以来，广州一直是海外贸易的重要港口。元代，"广为蕃舶凑集之所，宝货丛聚，实为外府"。与之发生贸易关系的国家和地区"视昔有加焉"，"而珍宝之盛，亦倍于前志之所书者"[3]。广州和泉州港主要从事对东、西洋的贸易。浙东的庆元，则是对日本和高丽贸易的主要港口，同时也有部分从事东、西洋贸易的船舶由此进出。元人张翥写庆元港："是邦控岛夷，走集聚商舸，珠香杂犀象，税入何其多！"[4]

泉州在元代的对外贸易港口中占首要地位。旅行家马可·波罗和摩洛哥人伊本·白图泰等，都对这个海港的规模和繁荣情况称赞不已，认为是世界最大的海港之一。白图泰亲见此港大舶约百艘、小船多得无数。[5]元后期，与泉州进行海上贸易的国家和地区已经有百余个，除亚洲外还有非洲东海岸的许多国家，甚至到达地中海沿岸的欧洲国家。

"泉本海隅偏藩，世祖皇帝混一区宇，梯航万国，此其都会，始为东南巨镇，或建省，或立宣慰司，所以重其镇也。一城要

［1］ 《秋声集》卷5《直沽客》。

［2］ 参阅高荣盛：《元代海外贸易研究》，四川人民出版社，1998年，第5—6页。

［3］ 《元大德南海志残本（附辑佚）》卷7《舶货》。

［4］ 孙原理辑：《元音》卷9《张翥：送黄中玉之庆元市舶》，清文渊阁《四库全书》本。

［5］ 《伊本·白图泰游记》，第399页。

地，莫盛于南关，四海舶商，诸番琛贡，皆于是乎集"[1]。作为世界性的著名港口，泉州港每天吞吐着来自世界各地的奇珍异品，显然，马可·波罗也注意到了这一点。

> 应知刺桐港即在此城，印度一切船舶运载香料及其他一切贵重货物咸莅此港。是亦为一切蛮子商人常至之港，由是商货宝石珍珠输入之多竟至不可思议，然后由此港转贩蛮子境内。我敢言亚历山大或他港运载胡椒一船赴诸基督教国，乃至此刺桐港者，则有船舶百余，所以大汗在此港征收税课，为额极巨。[2]

刺桐是泉州的代称。马可·波罗是威尼斯商人出身，故而对商业现象特别关注。他离开中国之时曾取道泉州，在那里待过一段时间，对泉州港的观察也很仔细。据他估计，当时泉州的吞吐量，相当于亚历山大等其他地中海沿岸港口的一百倍。我们再看元中叶江南理学宗师吴澄的描述：

> 泉，七闽之都会也。番货远物、异宝奇玩之所渊薮，殊方别域、富商巨贾之所窟宅，号为天下最。[3]

"七闽"是福建的简称，此地南宋分为七州，元朝有时为七路，有时为八路，"七闽"乃其旧称。吴澄亦云泉州是东南福建的大都会，从海外来的奇珍异玩和富商巨贾都在这里聚集，号为天下之最。

---

[1]　庄弥邵：《罗城外壕记》，载怀荫布修，黄任、郭赓武纂：《[乾隆]泉州府志》卷11《城池》，上海书店，2000年影印本。

[2]　《马可波罗行纪》第156章《刺桐城》，第375—376页。

[3]　《吴文正公集》卷28《送姜曼卿赴泉州路录事序》。

马可·波罗和吴澄，一个是来华的威尼斯商贾，一个是江南的一代理学宗师。谁曾料，他们对泉州的描绘，居然惊人地相似！诚然，吴澄不是商人，他对商业贸易的具体情节不太关心，也不会对泉州港的贸易量进行估算，但我们还是能从中窥见泉州海外贸易的繁盛和商贾云集的状况。

毫无疑问，没有海陆"丝路"贯通背景下"梯山航海，以通互市"的通惠与流动，作为元朝第一个市舶司的泉州，就不会有元人笔下所描绘的那般丰富多彩的舶来品和开放、繁忙的商贸情景。正是缘于其作为海上丝绸之路起点的口岸意义，泉州在元代的发展臻至巅峰。

元代从事海外贸易的商人，称为舶商。元代以职业划分户计，舶商在国家户籍上称作舶户，或舶商户。舶商户中有不少自己拥有船只和雄厚资金的大商人。

元朝的贵族官僚，也常常经营海外贸易，牟取暴利。最有名的就是元前期的朱清、张瑄，他们以经营海道漕运得到元世祖的赏识，高官厚禄，利用职权，"巨艘大舶帆交番夷中""富过封君，珠宝番货，以巨万万计"[1]。

元代海上航行的商船被称为舶船，当时载重二三百吨的大型舶船已不罕见。这样规模的海舶，在当时世界上实居首位。无怪当时外国旅行家对中国海舶都感到惊异，大为赞赏。根据马可·波罗等外国旅行家的描述，当时中国海船大都以松木制成，船底二层、三层甚至还有四层的。普通四桅，也有五桅或六桅。每船分隔成十余舱或数十舱。附带小船，供碇泊时上岸采柴汲水之用。指南针已成为海舶必备之物。

由于元代海舶制造和航海技术都居于世界先进之列，再加上全国统一以后，农业、手工业都得到一定的恢复和发展，能

---

[1] 《南村辍耕录》卷5《朱张》；《农田余话》卷下。

够为海外贸易提供丰富的物资。因此，我国商舶东起高丽、日本，中经东南亚诸国、印度次大陆，西抵阿拉伯半岛、波斯湾沿岸、非洲沿海地区，十分活跃，贸易活动的范围远远超过了前代。

据《大德南海志》记载，当时与广州发生贸易关系的国家和地区，已有140处以上。不仅如此，书中还将所有这些国家和地区，划分为大东洋、小东洋、小西洋等几个区域。这说明，随着海外贸易的开展，中国人的海外地理知识也在不断丰富。

元朝通过海道出口的商品，主要有农产品和手工业品两大类。农产品主要是谷物稻米，但因政府屡加禁止，所以出口有限。在对外贸易中占主要地位的是手工业品，可分为如下几类：

纺织品。包括生丝以及苏、杭五色缎、䌷、绢、布（花布、青布）等。纺织品是传统出口物资，享有极高声誉，深受亚、非各国欢迎。

陶瓷。包括陶器和瓷器，如青白花碗、瓦瓮、粗碗、罐、壶、瓶等。著名的元青花瓷就是外销瓷，今天在伊朗、土耳其等国家的博物馆中都保存有元代青花瓷器，非洲不少地区也有元代瓷器遗物出土。伊本·白图泰说，中国瓷器品质最佳，远销印度和其他国家，直到他的家乡马格里布。[1]

金属和金属器皿。有铁条、铁块等半成品和锡器、铜器（鼎、锅）、铁器（碗、锅）等。元朝政府禁止金、银出口，但仍有不少金银被走私外流。

日常生活用品。如木梳、漆器、雨伞、席、针、帘子等。

文化用品。包括各种书籍、文具和乐器。书籍和文具主要对高丽和日本出口。

经过加工的副食品。如酒、盐、糖等。

[1]《伊本·白图泰游记》，第396页。

　　大体说来，上述各种商品的大多数在宋代甚至更早已成为我国的出口商品，但是元代质量有所改进，数量也有所增加。这些商品除了一部分系供各国上层社会消费之外，很大一部分都是民众生活和生产所必需的物资。[1]例如，周达观在真腊看到，当地人"盛饭用中国瓦盘或铜盘""地下所铺者，明州之草席"[2]。

　　还值得指出的是，当时中国若干手工业品的出口，对于有些亚非国家手工业技术的发展，起了一定的作用。如埃及的工人就仿制中国的青花瓷器，瓷胎用本地出产的陶土，瓷器上常有阿拉伯工人的名字。高丽原买中国的琉璃瓦，后自行燔制，"品色愈于南商所卖者"[3]。

　　元朝从亚、非各地进口的商品，种类极多。仅《[至正]四明续志》所载市舶物货就有220余种，既有来自东、西洋的货物，也包括自日本、高丽进口的商品。《大德南海志》也记载有70余种，主要是从东、西洋进口的。

　　这些进口商品中，象牙、犀角、珍珠、珊瑚等"宝物"和沉香、速香、檀香等"香货"占了很大一部分。这些贵重物品主要是为了满足皇室、贵族等上层社会奢侈生活的需要。张昱《宫中词》就描写了宫中宦官在徽仪殿添香的情景："徽仪殿里不通风，火者添香殿阁中。榻上重重铺设好，君王今夜定移宫。"[4]《大德南海志》载：

　　　　圣朝奄有四海，尽日月出入之地，无不奉珍效贡，稽颡称臣。故海人山兽之奇，龙珠犀贝之异，莫不充储于内府，

［1］　参阅陈高华：《元代的海外贸易》，《历史研究》1978年第3期。
［2］　周达观著，夏鼐校注：《真腊风土记校注》30《器用》，中华书局，2000年。
［3］　《高丽史》卷28《忠烈王世家一》，第892页。
［4］　《张光弼诗集》卷3《宫中词》。

畜玩于上林，其来者视昔有加焉。[1]

　　药材也是重要的进口物资。《大德南海志》载录了24种，《[至正]四明续志》所记更多。除了从东、西洋进口没药、阿魏、血竭等药物，还从高丽大量输入茯苓、红花等物。另外，部分香料也用作药材使用。

　　进口的其他物资还包括白番布、花番布、剪绒单、毛驼布等各种布匹，青铜器、藤席、椰簟等生活用具以及皮货、木材、漆等物。日本出产的木材深受欢迎，是建筑和造船的极好材料。高丽出产的新罗漆，质量很高，最适于饰蜡器。

　　以四明（今浙江宁波）为例，南宋《[宝庆]四明志》记载的市舶物货共160余种，而元代《[至正]四明续志》所记已有220余种，[2]多了60余种。《大德南海志》也说，元代"珍货之盛""倍于前志之所书者"。这些都雄辩地说明元代海外贸易比起前代来有更大的规模。

　　还应注意的变化是，自宋元以来，大宗出口商品中，丝绸因偶有禁断，比重有所下降，而瓷器出口的比重显著增加；进口商品中，珠宝的比重在逐渐降低，香料的比重却因需求的旺盛大大增长。这样，出口瓷器，进口香料，且由海路进行，因此，宋元时代的南海丝绸之路又称"香瓷之路"。

2. 整顿和繁荣市舶贸易

　　"职贡蛮夷通海徼，筇衣毳帽步逡巡。翠华阁下颁缯币，圣

---

[1]　《元大德南海志残本（附辑佚）》卷7《舶货》。

[2]　罗濬：《[宝庆]四明志》卷6《叙赋下·市舶》，宋刻本；王元恭：《[至正]四明续志》卷5《土产·市舶物货》，清徐氏烟屿楼刻本。

主曲恩柔远人"[1]。朝贡贸易是古代中国和周边宗藩国家的主要贸易交往形式，以厚往薄来为原则，目的无非是宣扬国威，怀柔远人。至元十五年（1278年），忽必烈借市舶司派出海外的蕃舶，向东南诸国传达了如下谕旨："诸蕃国列居东南岛屿者，皆有慕义之心，可因蕃舶诸人宣布朕意。诚能来朝，朕将宠礼之。其往来互市，各从所欲。"[2]

从这条谕旨我们可以看出，忽必烈和以往中原王朝的皇帝们做法不太一样。之前的海外贸易一般以朝贡为目的，后来的明朝也是如此。他们想要万国来朝，政治意义更大一些。忽必烈在这个谕旨上，除了宠礼东南诸国来朝外，还欢迎"往来互市，各从所欲"，鼓励海外贸易的政策倾向非常明显。这与当时阿合马等回回大臣柄国理财或有关系。

最初，泉州、庆元、上海、澉浦四个市舶司大体上是参照南宋旧制，每年招集舶商，赴南洋博易珠宝、翠玉、香料等物。第二年回帆，依例抽解，然后听其货卖。濒海商人贩卖国内的土货，也对照海外的舶商，实行"双抽"，收两份税钱。至元十三年（1276年），朝廷听从上海市舶司招船提控王楠的建议，对贩卖国内土货的商人，改收单份税。这样就减轻了国内贸易商的赋税负担，实际上是鼓励商人到海外去，用国内土货，去换取海外珠宝等商品。至元二十年（1283年），元朝廷正式规定了元代海外贸易市舶贸易的抽分：粗货和细货区别对待，粗货抽十五分之一，细货抽十分之一。所谓粗货，是指木材、土畜产品等体积大而价值轻的货物，而细货指丝织品、瓷器、香料等一些体积小而价值高的商品。

马可·波罗在谈到泉州市舶司税收时说：

---

[1] 《张光弼诗集》卷3《辇下曲》。
[2] 《元史》卷10《世祖纪七》。

大汗征收税课为额甚巨，凡商货皆值百抽十。顾商人细货须付船舶运费值货价百分之三十，胡椒百分之四十四，沉香、檀香同其他香料或商品百分之四十，则商人所缴副王之税课连同运费，合计值抵港货物之半价，然其余半价尚可获大利，致使商人仍欲载新货而重来。[1]

出身于威尼斯商人的马可·波罗，对泉州市舶司税收特别留意，所记税额也特别细致，这完全合乎商人的职业习惯。他的记述中，明显提到的"双抽"制和粗货、细货之别，可与汉文史料相互印证，足为信史。

至元二十一年（1284年）十一月，忽必烈任用卢世荣为中书右丞，全权负责掌管财政。翌年正月实施的"官本船"贸易，也是卢世荣聚敛财富，增加财政收入诸项方略的组成部分。它是市舶贸易的一种新体制，实以官府垄断为主。卢世荣主要采取了以下几项措施：

第一，在泉州、杭州设立市舶转运司，统一掌管原来四个市舶司的事务。实行官府造船舶、出资本，募人渡海入蕃贸易的新制度。据说，当时朝廷一次性提供了十万锭中统钞的资金，获取的海贸利润，按三七开分成，官取七分，商得三分。这和过去的体制不大一样，是官府垄断为主。

第二，禁止权势之家以私钱入蕃贸易，违令者没收家赀之半。

第三，因船是官方所出，用官船出去贸易，也代表着官方，

---

[1] 《马可波罗行纪》第156章《剌桐城》，冯承钧转引木剌学本《剌桐城港及亭州城》，第377页。

蕃商到官船上交易时，官船可代官府依例抽税。[1]

卢世荣实行"官本船"贸易来完成他承诺的三百万锭增课。不幸的是，官本船贸易和卢世荣理财一样短命。此项措施刚刚出台五个月，即遭到攻击和否定。至元二十二年（1285年）六月，几乎在卢世荣受到御史台监察官弹劾的同时，扈从忽必烈巡幸上都的中书省官员针对卢世荣禁止从事官本船以外的海外贸易的做法，奏请改弦易辙，允许商人从事市舶贸易，官府依旧例向他们征税抽分。这项奏议得到忽必烈批准。八月，忽必烈返回大都，随即正式宣布废罢有关民间从事海外贸易的禁令。掌管斡脱事务的泉府司也重新被恢复。[2]

于是，卢世荣的"官本船"贸易寿终正寝，朝廷又恢复了舶商下蕃贸易、官府统一按细货、粗货征税抽分的旧制。

至元二十二年十一月，卢世荣以"所行不符所言，钱谷出者多于所入，引用憸人，紊乱选法"等罪行伏诛。至元二十四年（1287年），"好言财利事"的吐蕃人桑哥踵继卢世荣理财柄国。其间掌管东南沿海市舶司贸易大权的，主要是回回官员沙不丁，其市舶政策总体上还是按照原南宋的体制，依例抽分。

至元二十八年（1291年）七月，桑哥因"专权黩货"[3]被杀。桑哥在江浙行省的爪牙党羽乌马儿、纳速刺丁灭里、忻都、王巨济等皆坐罪弃市。沙不丁却因中书省宰相的极力庇护例外地得到豁免。中书省的理由是，国家出财资助舶商前往南海贸易宝货，获利以亿万计。若沙不丁被黜被杀，舶商必定大多逃逸。此语不无道理，忽必烈亦信以为真。所以，当监察御史上言弹劾独免沙不丁欠妥时，忽必烈仍然坚持姑且释放沙不丁。

---

[1] 《元史》卷94《食货志二·市舶》、卷205《卢世荣传》；《元典章》22《户部卷八·课程·市舶·合并市舶转运司》。

[2] 《元史》卷13《世祖纪十》；《元典章》22《户部卷八·课程·市舶·合并市舶转运司》。

[3] 《元史》卷205《奸臣传·桑哥》。

至元三十年（1293年），忽必烈命令中书省制定了整顿市舶贸易的二十三条则法。这个则法非常重要，它奠定了元朝政府管理海外贸易的基本框架，使元代的市舶贸易在继承南宋旧制的基础上走向了成熟，有助于保证市舶贸易的正常进行。二十三条则法被比较稳定地执行，后来基本没有变化。内容主要有：

第一，取消了上海等市舶司正常抽分之外的三十取一的税课，一律实行泉州式的粗货十五分之一和细货十分之一的抽分旧制。

第二，将温州市舶司并入庆元，杭州市舶司取消，并入所在的税务，基本维持了原四市舶司的体制。

第三，禁止金银铜铁男女人口私贩入蕃，即禁止金属出口和奴隶下舶贩卖。

第四，规定行省、行泉府司和市舶司的官员，每年在舶商回帆之时，先期抵达港口，依例封堵，以次抽分，走漏者治罪。也就是不让舶商私自上岸，官方封堵以抽分，实为防走私措施。

二十三条则法推行以后，以泉州为中心的海外贸易达到了空前的繁荣。有学者曾推算，元中叶，每年从海外输入的珠宝有400斤，黄金多达3400两。仅黄金一项的收入，就相当于朝廷岁入黄金总数的六分之一。对于抽分所得的实物，除一部分上供皇室、贵族集团挥霍外，其余均由市舶司就地出售，"将民间必用并不系急用物色，验分数互相配答，须要一并通行发卖，作钞解纳"[1]。延祐七年（1320年）御史台臣奏言："比赐不儿罕丁山场、完者不花海舶税，会计其钞，皆数十万锭。"[2]仅赏赐给完者不花的海舶税就达数十万锭，可见市舶税所得收入相当可观。无怪乎元人将海外贸易看

[1]　《通制条格校注》卷18《关市·市舶》，第537页。
[2]　《元史》卷26《仁宗纪三》。

作“军国之所资”“国家大得济的勾当”[1]。

和平友好的海外贸易关系，也加深了中国同亚、非各国的友谊。当时东、西洋各国都称中国人为唐人，中国商船为唐舶。文老古人民“每岁望唐舶贩其地”[2]。浡泥人“尤敬爱唐人，醉也则扶之以归歇处”[3]。以商贩为生业的交趾各个港口，“饮食衣服皆仰北客（指中国商人）”，所以服饰日用都是元人风俗。[4]印度马剌八儿出口的粗货香料，大半运往中国，西运非洲和欧洲者不及东运的十分之一。[5]麻逸的商人将中国商舶的货物议价领去，“博易土货，然后准价舶商。守信事终如始，不负约也”[6]。

元代从事海外贸易的商船，不仅与亚、非各国直接贸易，而且在各国之间转贩各种商品，如将西洋诸国出产的布匹贩运到东洋各国出售，将北溜出产的𧴩子运到乌爹等处换米，贩占城布到吉兰丹等。对于促进这些国家和地区的经济交流，起了积极的作用。

忽必烈在位末年，曾一度“禁商泛海”[7]。但成宗即位，立即取消了这一禁令。大德七年（1303年），又“禁商下海”，取消市舶机构。武宗至大元年（1308年）恢复。至大四年，再次革罢市舶机构。仁宗延祐元年（1314年）复立。延祐七年，又“罢市舶司，禁贾人下番”。但到英宗至治二年（1322年），“复置市舶提举司于泉州、庆元、广东三路，禁子女、金银、丝绵下

[1]《元史》卷169《贾昔剌传》；《元典章》22《户部卷八·课程·市舶·市舶则法二十三条》。

[2]《岛夷志略校释·文老古》。

[3]《岛夷志略校释·浡泥》。

[4]《大越史记全书》卷5《陈纪》，第299页。

[5]《马可波罗行纪》第177章《马里八儿国》，第446页。

[6]《岛夷志略校释·麻逸》。

[7] 参阅陈高华：《元代的海外贸易》，《历史研究》1978年第3期。

番"[1]。前后四禁四开。此后，直至元末，海舶一直开放，再未禁
罢。元朝政府屡次取缔，主要出于政治上的暂时需要。而每次取
缔后不久又被迫重开，说明海外贸易已成为国计民生中相当重要
的组成部分。

元朝的海外贸易继承了唐宋以来的发展成果，而且规模更
大，更为繁盛。江南漕粮的海道运输和大规模海外征伐，同样也
是史无前例的。自忽必烈时代开始，元帝国从运输、军事和海外
贸易三个领域，大踏步地向海洋推进、发展。这也是蒙古军事征
服的一种继续和延伸。

日本京都大学的杉山正明教授曾提出一个观点：海外征伐和
鼓励海外贸易的政策，给蒙元帝国已有的游牧国家与农耕国家混
合体带来了海洋国家性质，从而使蒙元帝国的发展步入第二阶段，
即成为横跨欧亚、包括陆地海洋的前所未有的世界大帝国。[2]

3. 周达观、汪大渊的海外之旅

元灭南宋后，在南伐占城和安南的同时，也入侵了真腊，但
因受地理及气候所阻，并未成功。因此，元廷改用招抚方法。元
贞元年（1295年），成宗遣使说服真腊及邻近小国自动归附，周
达观便是使节团成员之一。周达观，字达可，号草庭逸民，温州
路永嘉县人。

元贞二年（1296年）二月，使节团于温州港放洋，三月
十五日抵占城。七月抵达真腊国都吴哥。真腊臣服，本次出使任
务顺利完成。因为要等待翌年西南季风起及大湖水涨才能回航，

[1] 《元史》卷18《成宗纪一》、卷94《食货志二》、卷27《英宗纪一》、卷28《英宗纪二》。
[2] [日]杉山正明：《游牧民から見た世界史》，东京：日经ビジネス人文库，2003年，第333—334页。

故在吴哥逗留约一年许，于大德元年（1297年）六月启程回国，并于八月返抵宁波，旅程历时一年半。

周达观回国后，根据亲身见闻，写成《真腊风土记》。该书详细描写了国都吴哥的伟大建筑和雕刻，并记述当地农业、手工业、贸易情况，以及当地民众的日常生活。这是存世有关吴哥文化极盛时代的唯一记载，历来为研究柬埔寨史学者所重视。本书记录的真腊与元朝的通商友好关系、风土人情、山川草木等，有着很高的地理学价值，是研究元朝与真腊交通和交往的重要参考资料。但书中对于奇风异俗的记述，有夸大当地落后的一面，并掺杂一些荒诞无稽的传闻。

民间航海家汪大渊，字焕章，江西南昌人。至顺元年（1330年），年仅20岁时首次从泉州搭乘商船出海远航，历经海南岛、占城、马六甲、爪哇、苏门答腊、缅甸、印度、波斯、阿拉伯、埃及，横渡地中海到摩洛哥，再回到埃及，出红海到索马里、莫桑比克，横渡印度洋回到斯里兰卡、苏门答腊、爪哇，经澳洲到加里曼丹、菲律宾返回泉州，前后历时5年。

后至元三年（1337年），汪大渊再次从泉州出航，历经南洋群岛、阿拉伯海、波斯湾、红海、地中海、非洲的莫桑比克海峡及澳大利亚各地，后至元五年返回泉州。

第二次远航回国后，汪大渊便着手编写《岛夷志》，他把两次航海所察看到的各地"山川、风土、物产之诡异，居室、饮食、衣服之好尚，与夫贸易费用之所宜"[1]一一采录。"皆身所游览，耳目所亲见。传说之事，则不载焉"[2]。明永乐十一年（1413年）跟随郑和下西洋的马欢，在自序其作《瀛涯胜览》时说："历涉诸邦，其天时、气候、地理、人物，目击而身履之，然后知《岛

---

[1] 《岛夷志略校释·张序》。

[2] 《岛夷志略校释·岛夷志后序》。

夷志》所著者不诬。"足证该书内容的真实可靠。

至正九年（1349年），泉州路官修《清源续志》，达鲁花赤偰玉立与主修吴鉴决定将《岛夷志》附录于《清源续志》之后。目的是希望士大夫能开阔海外视野，更重要的是，"表国朝威德如是之大且远也"[1]。

后汪大渊回到家乡南昌，将《岛夷志》节略成《岛夷志略》，以单行本刊出。

《岛夷志略》分为100条，其中99条为其亲历，涉及国家和地区220余个，对研究元代中西交通和海道诸国历史、地理有重要参考价值，引起世界重视。1867年以后，西方许多学者研究该书，并将其译成多种文字流传，公认其对世界历史地理的伟大贡献。西方学者称他为"东方的马可·波罗"。

有学者根据《岛夷志略》的相关记载，认为该书集中地反映了元代后期民间南海贸易中的商品以及货币问题，并得出如下结论。第一，元代南海各地大致形成了比较统一的货币体系。一般的贸易，主要以金银为一般等价物进行，同时还会使用南海地区比较普遍流通的货币——银钱以及贝子。此外，具有固定重量和形状的锡块以及布匹，有时也作为一般等价物来使用。第二，元代中国商人不但把大量的中国手工业制品带入南海地区，还在南海贸易中转贩别国的商品，成为南海各国贸易的中介者和主导者。[2]

---

[1]　《岛夷志略校释·岛夷志后序》。

[2]　参阅杨晓春：《元代南海贸易中的商品与货币问题——〈岛夷志略〉相关记载的归纳与讨论》，《元史及民族与边疆研究集刊》第36辑，上海古籍出版社，2019年。

三 13—14世纪来华的西方传教士和旅行家

在蒙古帝国崛起和对外征服的13—14世纪，以西欧基督教为主的西方世界开始与蒙古帝国产生联系，许多西方人来到远东出使、旅行或者经商。他们中的一些人，如尤里安、柏朗嘉宾、鲁布鲁克、海屯、马可·波罗、鄂多立克等，都留下了知名的游记。这些游记中有关蒙古帝国的记述，是西方获得东方和中国知识的主要来源。

1206年，成吉思汗统一了蒙古诸部，建立大蒙古国。1218年，又亲率蒙古大军进行第一次西征，灭花剌子模，直抵黑海、里海等地。1235—1242年，窝阔台汗发动"长子西征"，即第二次西征，蒙古铁骑征服了斡罗思各公国之后，又在今波兰境内击溃了波兰和普鲁士联军，踏进匈牙利，兵锋直逼德国边境，别部甚至挺进到维也纳附近。

蒙古铁骑的强悍攻势令罗马教廷和欧洲各国君主惊慌失措，恐惧难安。西方人不仅急于了解从东方草原崛起的蒙古人，也想利用宗教传播达到联合蒙古人夹击处于欧亚之间的穆斯林世界的目的。简言之，即是让蒙古人接受基督教的归化，并与蒙古人结盟共同抵御伊斯兰教的扩张。于是，基督教世界开始向蒙古帝国派遣传教士。

1235年和1237年，基督教多名我会会士尤里安受匈牙利国王贝拉四世的派遣，两次到达伏尔加河流域的钦察人驻地。尤里安在他用拉丁文写成的蒙古人西征报告中，最先使用了"鞑靼"一词指代蒙古人的族称。此后，这一词汇在意大利语、法语及英语中通行开来。这也是西欧有关蒙古人最早的文字材料之一。

1. 柏朗嘉宾、鲁布鲁克、海屯等人的蒙古之行

1245年，教皇英诺森四世召集全欧主教在法国里昂开会，商讨如何应对蒙古人的西进。有前线传来的信息说，蒙古贵族及其追随者中有许多人信仰基督教。于是，教皇英诺森四世决定派遣教士意大利人柏朗嘉宾出使蒙古。

1245年4月16日复活节这一天，柏朗嘉宾以65岁高龄从里昂出发出使蒙古。他1246年8月到达了哈喇和林，见到了贵由汗，并有幸见证了贵由汗的登基仪式。1247年11月，柏朗嘉宾回到欧洲，整个行程共历时两年半。柏朗嘉宾根据其出使经历写成一份旅行报告，中文译作《柏朗嘉宾蒙古行纪》，这是西方世界第一份关于远东地区的完整文字记载。

柏朗嘉宾在书中介绍了蒙古的地理位置，气候条件，蒙古人的相貌、性格喜好、衣食住行、宗教信仰等内容。特别对于蒙古国家政治、军事状况着墨尤多，如第五章"鞑靼帝国及其诸王的起源，皇帝及其诸王的权力"；第六章"关于战争、军队的结构和武器，关于战争的韬略和部队的集结，对战俘的残酷性，对堡寨的包围和对于投降者的背信弃义"；第七章"鞑靼人怎样媾和，他们所征服地区的名称，对自己臣民的压迫，勇敢抵抗他们的地区"；第八章"怎样同鞑靼人作战，他们的意图是什么？他们的武器和部队组织，如何对付他们的韬略，堡塞和城市的防御工事，如何处置战俘"，等等。可见，柏朗嘉宾的蒙古之行重点是力图摸清蒙古人的战争实力、作战特点、武器装备等。从这一点来说，其出使的军事意图远大于传教目的。

1251—1253年，成吉思汗之孙旭烈兀第三次也是最后一次西征，征服了巴格达、叙利亚、埃及等地，因为这些地区多信仰

仰伊斯兰教，这就进一步刺激了欧洲教俗要联络蒙古人遏制穆斯林世界的幻想。因此，法王路易九世于1253年派遣方济各派教士鲁布鲁克出使蒙古汗廷。如果说柏朗嘉宾出使蒙古是打听军情，这次鲁布鲁克出使就是试图传播福音。

1253年5月7日，鲁布鲁克从君士坦丁堡出发，经金帐汗国，抵达哈剌和林蒙古汗廷，受到蒙哥汗的接见。1254年，鲁布鲁克沿着一条比来路更北的路线折返，并于次年8月回到的黎波里（今利比亚首都），以上表的形式呈奏了其出使报告《Itinerary》，中文译本作《鲁布鲁克东行纪》，共38章。

鲁布鲁克出使蒙古是打着宣扬基督教的旗号而去的，他在报告中列专章介绍哈剌和林城中聂思脱里教徒（景教）及其寺庙，佛教的寺庙和偶像，以及他参加宗教论战的情况。当时，在蒙哥营帐中，佛教、伊斯兰教和基督教举行了一场世纪的宗教大辩论。然而辩论的最终结果是，谁也没有说服谁，而鲁布鲁克的辩论似乎占了上风。

鲁布鲁克对蒙古人的生活方式、性格和习俗等方面的记录非常详细。如妇女在游牧社会中的作用、中亚商人在蒙古的经商活动等，并留下了有关景教及其他宗教传播等极有价值的记载。鲁布鲁克首次准确地把契丹人和"古代的丝人"即"赛里斯"（Seres）人联系在一起，解决了"赛里斯"人即是契丹人的问题。

> 他们生产最好的丝绸（该民族把它称为丝），而他们是从他们的一座城市得到丝人之名。有人告诉我说，该地区有一个城市，城墙是银子筑成，城楼是金子。……他们是各种工艺的能工巧匠，他们的医师很熟悉草药的性能，熟练地按脉诊断；但他们不用利尿剂，也不知道检查小便。这是我亲眼所见。他们有很多人在哈剌和林，按他们的习惯作法，子

承父业。[1]

正如引文中所言，鲁布鲁克提到了中医和中草药，对哈喇和林的内地工匠也有介绍。

在西方人的眼里，丝绸一直是中国的代表，世界就是从丝绸开始认识中国的。而自从丝绸之路式微后，西方人对于中国的记忆逐渐褪色。鲁布鲁克等在其《行纪》中描述了契丹（中国），复活了西方文化传统中关于"赛里斯"古国的知识或幻想，西方一度中断的中国形象传统又承继上了。从此，欧洲人对于中国的记忆开始被打开，关于中国的信息迅速增加。

13世纪英国的思想家、科学家，同时也是一位基督教徒的罗吉尔·培根，在他的名作《大著作》里热情洋溢地赞美了鲁布鲁克的东方之行，将西方人对东方的想象推向了极致。在这种舆论环境下，东方的那个"丝儿国"牵动着无数欧洲人的心弦，当然也包括威尼斯的马可·波罗一家。

差不多与鲁布鲁克同时，小亚美尼亚国王海屯一世于1254—1255年间，经中亚到达蒙古地区，在哈喇和林拜见了蒙哥汗。海屯详细记述了其行程，写成《海屯行纪》，里面信息十分丰富。

小亚美尼亚是小亚细亚半岛东南部的基督教国家，1244年臣属蒙古。1254年春，海屯一世遵从拔都之命亲身入朝蒙古大汗。他与随臣经大亚美尼亚、谷儿只境，过高加索山，5月至拔都营帐谒见，然后渡扎牙黑河东行，9月到达蒙古汗廷哈剌和林，朝见和贡献之后，得到蒙哥汗颁赐的庇护诏书。同年11月，海屯一世离开汗廷西还，经畏兀儿、河中地区、波斯北境、阿塞拜疆和大亚美尼亚回到本国，行程8个月。这篇《海屯行纪》收

---

[1] 《柏朗嘉宾蒙古行纪 鲁布鲁克东行纪》第26章《吃父母的部族 大契丹》，第254页。

录在其随员、历史学家乞剌可思·刚扎克（1201—1272年）所著的《亚美尼亚史》中，因记载行程尤其是回途所经各地地名甚详，作为13世纪东西交通和中亚地理的重要资料早就受到学者的注意，先后被译成俄、法、英、德等多种文字。

鲁布鲁克等人出使蒙古时，蒙古的势力范围已经渗透到了欧洲东部，差不多蹂躏了半个东欧。广袤的亚欧大陆，悉数屈服于蒙古人的铁蹄和弯刀之下。蒙古帝国的统一给鲁布鲁克等人的旅行带来了和平稳定的环境，在某种程度上来说，一个横跨东西方的大帝国，就是一座沟通东西方的陆地大桥梁。

2. 马可·波罗和他的《寰宇记》

柏朗嘉宾、鲁布鲁克及海屯等人的蒙古之行，为中世纪西欧与蒙古帝国之间的政治文化联系奠定了基础，打开了东西方交流的一道大门，给了西方人一个全新的视角去看待东方，为西方人前往东方埋下了希望的种子。更多的西方人开始到远东出使、经商或者旅行。

1259年蒙哥汗去世前后，横跨欧亚的蒙古帝国分裂为元朝及察合台汗国、钦察汗国、伊利汗国和窝阔台汗国。元朝与四大汗国之间交通畅达，传驿制度完善，物品与人员的交流盛况空前。中国的雕版印刷术和火药就是此时经阿拉伯人传到西方的。他们把中国内地叫大契丹，"Cathay"后来成了西方对中国的称谓。同时，他们把原南宋统治的地区称作"蛮子省"。

1275年，马可·波罗跟随他的父亲尼柯罗和叔叔马菲奥，从威尼斯东抵元朝。此前他的父亲和叔叔已来过元朝，还曾奉忽必烈之命出使罗马教廷。马可一家三人依照忽必烈的旨意，顺路从耶路撒冷的耶稣圣墓中取了圣油，回来复命。

到达上都以后，年轻的马可·波罗就与忽必烈及元朝结下了不解之缘，在那里生活了17年之久。1291年初，他获得忽必烈的批准，利用伊利汗国迎娶蒙古女子伯岳吾氏阔阔真的机会，随同三位波斯使臣，从泉州港出发，辗转经过印度，到达波斯。然后又从波斯，回到了意大利威尼斯。马可·波罗回国以后，卷入威尼斯和热那亚发生的城邦战争，不幸被俘。马可·波罗在监狱里，向狱友比萨市人鲁思梯切诺口述了在元朝的经历。鲁思梯切诺擅长撰写传奇小说，遂将其口述整理并保留下来，就形成了流传至今的《寰宇记》，又名《马可·波罗行纪》。

《马可·波罗行纪》共分四卷，第一卷记载了马可·波罗诸人东游至上都沿途所见所闻。第二卷记载了蒙古大汗忽必烈及其宫殿、都城、朝廷、政府、节庆、游猎等事；马可·波罗诸人自大都南行至杭州、福州、泉州与东地沿岸及诸海诸州等事。第三卷记载日本、越南、东印度、南印度、印度洋沿岸及诸岛屿、非洲东部。第四卷记载君临亚洲的成吉思汗后裔诸鞑靼宗王的战争和亚洲北部。每卷分章，每章叙述一地的情况或一件史事，共229章。书中记述的国家、城市地名100余个。而这些地方的情况，综合起来，有山川地形、物产、气候、商贾贸易、居民、宗教信仰、风俗习惯等，也有关于一些国家的琐闻轶事。

马可·波罗特别关注金银、宝石、珍珠、盐、稻谷、大黄、姜、糖、香料等物品，当然还有中国的丝绸和瓷器，以及用树皮所造、能通行全国的纸币。元朝对于交通运输、关津道路、驿站以及物价的管理，南方居民的工艺和经商才能，宏大而美丽的城市与港口，所有这一切都令马可·波罗赞叹不已。他把西方人对东方的向往之情表达得淋漓尽致。

《马可·波罗行纪》问世后，先后在法国、意大利乃至整个欧洲流传，产生了巨大轰动，被称为"世界一大奇书"。700年来，该书在全世界范围内流传益广，版本和译本达数百种之多。

马可·波罗来华，是中西交通史上非常重要的事件。《马可·波罗行纪》架起了西方人认识中国、了解东方的桥梁。长期以来，西方人总是把马可·波罗和中国、和东方联系在一起，马可·波罗被后世称为"中西交通的友好使者"。

《马可·波罗行纪》向西方打开了神秘的东方世界的大门，是西方认识中国历程中里程碑式的著作，它是第一部较全面、深入地向欧洲人介绍了发达的中国物质文明和精神文明，将地大物博、文教昌明的中国形象展现在西方人面前。

马可·波罗不仅让西方发现了"契丹"，他的游记也成为激励西方努力发现新世界的重要推手，最终推动了新航路的开辟。发现美洲新大陆的哥伦布就是手握《马可·波罗行纪》寻找前往"契丹"的海洋之路的。而领导首次环球航行的西班牙人麦哲伦、绕过非洲好望角的葡萄牙人达·伽马等，都是《马可·波罗行纪》的忠实读者。

虽然《马可·波罗行纪》已经流传700年之久，但是马可·波罗来华问题一直存在着争论。争论的起因是，存世的中国汉文史籍中，没有关于马可·波罗本人的确切记载，没有留下马可·波罗的准确名字及详细行踪。

唯一能够从汉文史料中间找到马可·波罗在华行踪蛛丝马迹和比较确凿论据的，是已故著名历史学家杨志玖先生。他利用《永乐大典》所载《经世大典·站赤》中的一段公文，写成了一篇五千字的短文，把关于马可·波罗来华的问题考订得相当清楚。[1]

这段公文提到了至元二十四年（1287年）以后掌管市舶司事务的沙不丁。和沙不丁连在一起的，还有三个波斯使臣的名字，上面讲到他们要护送阔阔真公主从泉州回到波斯。《马可·波罗行纪》直接记载了马可·波罗跟随从波斯来的三个使

---

[1] 杨志玖：《关于马可波罗离华的一段汉文记载》，《文史杂志》，1941年第1卷第12期。

臣，离开泉州，到波斯伊利汗国去，他们的任务也是护送一位公主。杨先生通过对这三个使臣的名字对音勘同，发现它们和《马可·波罗行纪》记载的名字读音完全一样。而且事情发生的时间都是在世祖朝后期，离开的地点都是在泉州，目的地都是到波斯，使命也相同。由此也就确定了这三个使臣，确实就是马可·波罗提到的那三个人。通过这段不到200字的史料，杨先生考订出马可·波罗离华是确凿无疑的，而且离华的时间在1291年初。既然离华已经确凿无疑，那么，马可·波罗的来华也就不存在问题了。

那么，马可·波罗在华的身份是什么？

关于此问题，过去有很多种说法。在《寰宇记》中马可·波罗自称担任过扬州总管。因为扬州路是地处江淮水陆冲要的大路，该路总管比较显赫的。如果马可·波罗果真担任过扬州路总管的话，汉文记载中应该会留下一些痕迹。所以，这个扬州总管身份的疑点颇多。还有人附会说他是枢密副使孛罗，经学者考证，早已被否定。另有一种说法，是蔡美彪先生新提出来的，认为马可·波罗在华期间是斡脱商人。

斡脱商人之说法，摆脱了前人在马可·波罗的任官问题上纠缠不清的困境。从《寰宇记》本身的记载，结合元朝的实际情况来看，这个观点是很有见地的。马可·波罗信仰基督教，所以不能叫他回回商人，而应是西域商人。笔者个人认为，马可·波罗在元朝的身份，可能是斡脱商人兼宫廷外围侍从。主要有以下三条依据：

第一，元朝的斡脱商人，实际上是皇帝、皇后及宗王投下委托的一种私属商人。具体到马可·波罗，我们都知道他的父亲和叔父曾奉忽必烈之命出使罗马教廷，还被要求在耶路撒冷取圣油，这明显是属于忽必烈大汗位下的斡脱商人。既然隶属于皇帝，那他们完全有可能同时兼任宫廷的外围侍从，而且从《寰宇记》中可以发现，马可·波罗对宫廷的朝仪非常了解。他对大汗的行猎，对节庆宴饮的记载非常详细，可能他亲自参与或目睹过这些宫廷活动。而这些细节不是一般的斡脱商人所能见到的。马可·波罗在斡脱商之外兼做的可能是宫廷里不太亲近的侍从。在《寰宇记》中尚未见到马可·波罗做生意的记载，反而是受大汗派遣到许多地方出使的记述颇多。

第二，从《寰宇记》来看，马可·波罗并没有进入四怯薛的行列，他的身份可能是怯薛的外围，也就是一般侍从。一般的侍从有没有随大汗出征的先例呢？类似情况还是有的。比如忽必烈的谋臣姚枢，从征大理时即为王府"从卫后列"，这在姚枢碑传中有明确的记载。"从卫后列"不入怯薛番值，是指一般的、较为次要的侍从。忽必烈即皇帝位以后，宫廷侍从中应当仍有一些"从卫后列"。马可·波罗可能就是这些人中的一员。"从卫后列"亦容易兼领他务。若是四怯薛正式成员，就得三天一班轮值护卫，也难有机会去做买卖及出使了。

第三，关于马可·波罗在扬州任职的问题。亨利·玉尔说，《寰宇记》的一个比较古老的版本中，只提到马可·波罗在扬州城居住了三年，没有说任官。伯希和主张，马可·波罗在扬州的职务只是一个管理盐务的官员，不可能是总管。伯希和的推断是有道理的，因为当时的扬州是两淮盐转运司所在，为两淮榷盐的重镇。中唐以降，扬州一直是盐商的主要聚集地。马可·波罗在忽必烈时代在扬州待上三年，是极有可能的。不过，元朝的总管很多，不仅有路总管，投下的总管也很多。马可·波罗很可能是以宫廷侍从的身份，受忽必烈的委派，代表皇帝来这里监督盐课，这也是大蒙古国的惯例。尽管人们对马可·波罗在扬州担任的职务存在疑问，如果视之为斡脱商人兼宫廷一般侍从，他在扬州的活动倒是能说得过去。

另外，澳大利亚国立大学的罗依果教授，基本赞成蔡先生的斡脱商人一说，又认为马可·波罗在中国的主要角色，是皇帝的一个忠诚的视察员。看样子，罗依果并不满足于"斡脱商人说"，他认为马可·波罗能够代表皇帝，除了做斡脱商人以外，还负责收集情报，充当耳目。这属于何种身份呢？只能是宫廷侍从。在这一点上，罗依果和我们的看法或有暗合之处。

3. 鄂多立克和伊本·白图泰等人的元朝之旅

在13世纪末至14世纪初，欧洲方济各会会士孟特·戈维诺、鄂多立克、约翰·马黎诺里以及摩洛哥的穆斯林伊本·白图泰等人都曾来到元朝，孟特·戈维诺甚至终老大都。他们的信件及著述是中世纪西方了解中国的又一批材料。

孟特·戈维诺，意大利人，至元二十六年（1289年）奉教皇尼古拉四世之命携带给伊儿汗国君主阿鲁浑以及忽必烈的信出发前往远东，在桃里寺见过阿鲁浑后，前往印度；然后穿过马六甲海峡到广州，再从广州陆路北上大都。至元三十年（1293年），受到了元世祖的接见。他向忽必烈提出了传教的请求，得到了允许。

孟特·戈维诺在中国居住了30多年，在北京建有两所教堂，直接或间接施洗三万多人。大德十一年（1307年）被教皇任命为汗八里及东方总主教，成为中国第一个天主教区的创始人。他用蒙古文翻译了很多圣经的经文和诗篇，留有《书信》。

意大利人鄂多立克是自己旅行来到中国的西方传教士。鄂多立克在1318年开始东游，1321年抵达西印度，并由此从海道在1322年到达中国的广州，然后东行至泉州、福州，再到杭州和南京，再然后从扬州沿大运河北上，最后抵达大都。

鄂多立克在大都住了三年，受到了汗八里大主教孟特·戈维诺的赏识,让他协助管理教会事务。其间,他还进入宫廷,专为皇帝祝釐祈福。因为有过在宫廷服务的经历,所以鄂多立克对于大都宫殿的建筑和室内装饰、皇帝的宫廷生活等记述得相当翔实,包括皇帝的饮宴、巡幸上都、狩猎、节日盛会等场面十分生动逼真。

他描述宫中为皇帝服务的庞大人群,其中"乐人"有十三"土绵(万)";看管猎犬和野兽禽鸟的有十五"土绵";御医"四百偶像教徒、八名基督徒,及一名撒剌逊人"[1],反映了元廷允许多种宗教并存的宗教优容态度。此外,元朝发达的驿传系统包括驿站和急递铺也让鄂多立克感到惊奇:"皇帝在普通的一天时间中得知三十天旅程外的新闻。"[2]

鄂多立克高度肯定契丹和蛮子省的所见所闻,从风光景色到城市和财富,无不令他艳羡不已。他惊叹广州城市之大和有如此众多的船只,"一个比威尼斯大三倍的城市""整个意大利都没有这一个城的船只多"[3]。他赞叹杭州城是世界上最大和最高贵的城市,并且是最好的通商地。他还说南京城里竟然有360座石桥,"比全世界上的都要好"[4]。他介绍各地民俗和土特产时,以猎奇心态居多,如记录广州人以蛇肉为佳肴,妇女缠足,西藏地区的天葬风俗等。总之,中国的富庶、人口稠密、地域广大、物价低廉、人民的勤劳等,都给鄂多立克留下了深刻印象。

1328年,鄂多立克经天德、陕西、甘肃至西藏,然后经中亚、波斯、阿拉伯等地,于1330年回到意大利。

---

[1]　《鄂多立克东游录》38《该僧侣叙述汗廷的情况》,第75页。

[2]　《鄂多立克东游录》40《汗域之广大;其中的客栈怎样得到供给;消息怎样送给君王》,第77页。

[3]　《鄂多立克东游录》29《辛迦兰大城》,第64页。

[4]　《鄂多立克东游录》34《关于叫做金陵府的城市、塔剌伊大河,以及矮人》,第70页。

鄂多立克在病榻上口述了自己的东游经历，由他人笔录成书《鄂多立克东游录》。本书在欧洲流传广泛，藏于欧洲各国的拉丁、意大利、法、德等各种语言抄本有七八十种，对研究中世纪的中西交通史具有重要参考价值。1881年，国际地理学会在威尼斯为他建立了一尊铜像，表达敬仰之意。

后至元二年（1336年），元顺帝派遣拂郎（欧洲）人安德烈一行出使欧洲，致书罗马教皇，报告汗八里大主教孟特·戈维诺已经去世，请求速派继任者前来大都主持教务。教皇本笃十二世决定派遣圣方济各会士马黎诺里率领数十人的庞大使团出使元朝和蒙古诸汗国。

1338年底，马黎诺里一行从教皇驻地阿维尼翁启程，会齐元朝来使，先至钦察汗国谒见月即别汗，继续沿商路东行，经察合台汗国都城阿力麻里，于至正二年（1342年）七月抵达上都，谒见元顺帝，进呈教皇复信并献骏马一匹。顺帝大喜，命画工周朗作《天马图》，文臣揭傒斯、欧阳玄、周伯琦等皆应制写诗作赋，为一时盛事。

> 天子仁圣万国归，天马来自西方西。
> 玄云被身两玉蹄，高翰五尺修倍之。
> 七渡海洋身若飞，海若左右雷霆随。
> 天子晓御慈仁殿，西风忽来天马见。
> 龙首凤臆目飞电，不用汉兵二十万。
> 有德自归四海羡，天马来时庶昇平。
> 天子仁寿万国清，臣愿作诗万国听。[1]

明初朱有燉据此作《宫词》云："天马西来自佛郎，图成又

---

[1] 《圭斋文集》卷1《颂》。

敕写文章。翰林国语重翻译，袄鲁诸营赐百张。"[1]

马黎诺里在北京居留四年，1346年启程返国。行前元顺帝设宴欢送，赏赐物品、三年费用和良马二百匹。他们经杭州、宁波到达泉州，由泉州港沿海道西还，1353年返抵阿维尼翁，进呈元顺帝致教皇的国书。

1354年，马黎诺里被德皇召至布拉格，负责改修波希米亚编年史，著成《波希米亚史》三卷，最后一卷追忆其出使中国的见闻。1820年，德人梅纳特将这一部分辑出，题为《马黎诺里奉使东方录》即《马黎诺里游记》，刊于波希米亚科学学会会报，始为世人所知，并成为元代中西文化交流史上的一部名著。

摩洛哥旅行家伊本·白图泰是一位穆斯林学者。他于1325年22岁时去麦加朝圣，从此开启了一场约25年的旅行，途经现在40多个国家或地区。

伊本·白图泰是在后至元六年（1346年，对此学者有争论）到达中国泉州的，游览了泉州、广州、鄱阳、杭州等地。虽然在其游记中有关于中国北方，特别是大都的记载，但多数学者认为这是根据传闻杜撰而成的。

伊本·白图泰钦羡于元代中国社会的繁荣和稳定。在他看来，中国地域辽阔，物产丰富，"各种水果、五谷、黄金、白银，皆是世界各地无法与之比拟的"。他们生活富裕，重视金银器皿。交易时使用纸币，商人习惯于把金银熔铸成锭块。中国的北方是"世界上房舍最美好的地区。全境无一寸荒地"，沿河两岸都是花园、村落和田禾。南方也是如此，水车林立，人烟稠密。泉州的"港口是世界大港之一，甚至是最大的港口"。杭州是他"在中国地域所见到的最大城市，全城长达三日程"，该城"每人有自己的花园，有自己的住宅"。

[1] 朱有燉：《元宫词一百首》，载《辽金元宫词》，第25页。

伊本·白图泰高度评价中国的农业生产，中国不但出产大量品质极高的蔗糖，还有葡萄、梨和西瓜，"我国出产的水果，中国不但应有尽有，而且还更加香甜。小麦在中国也很多，是我所见到的最好品种。黄扁豆、豌豆亦皆如此"。

对于元朝的手工业水平，他也表示了钦佩，说中国人是各民族中"最精于工艺者"。在杭州，他看到有很多制造场，规模很大，多能工巧匠，有1600名师傅，每一名师傅都带有三四名徒工。他发现中国的金银器皿、竹器、漆器制作极为精巧，而丝绸和瓷器更堪称一绝。泉州和广州的瓷器，价廉物美，除了内销，还远销印度、也门等地，甚至到达他的家乡马格里布。丝绸极多，价钱也不贵，一件布衣可换多件绸衣。而泉州和广州制造的大船，"有十帆，至少是三帆。帆系用藤篾编织，其状如席，常挂不落"，大船上有海员600名，战士400名。"船上造有甲板四层，内有房舱、官舱和商人舱。官舱内的住室附有厕所，并有门锁，旅客可携带妇女、女婢，闭门居住"，还可以"在木槽内种植蔬菜鲜姜"。而中国人在"交易时使用纸币，将金银熔铸成锭保存起来"。中国的治安措施非常到位，对商旅来说，"中国地区是最安全最美好的地区。一个单身旅客，虽然携带大量财物，行程九个月也尽可放心"。

伊本·白图泰还对当时中国穆斯林的生活做了详细的考察。他发现中国各城市都有专供穆斯林居住的地区，区内有大清真寺。每一城市都设有谢赫伊斯兰，总管穆斯林事务。[1]

约半年后，伊本·白图泰离开中国。他的中国之行，沟通了中国与非洲和阿拉伯世界的友好交往。《伊本·白图泰游记》中记载的关于中国的部分，为研究中国伊斯兰教史、中外关系史等提供了重要参考。

---

[1] 《伊本·白图泰游记》，第357—406页。

四 中外物质文化技术交流

1. 宫衣新尚高丽样

元人虞集有言："高丽于国家有甥舅之好，是以王国得建官拟于天朝，他属国莫之敢也。"[1]在元代，高丽既是元朝的藩属国，又是元朝的征东行省，一直履行着纳贡、质子、置驿、输粮、驻军等义务，正所谓"自被天兵都破碎，称臣纳质兵弗退"[2]。伴随双方宗藩关系的确立和政治联姻的稳固，高丽定期或不定期向元朝献纳高丽女子，逐渐形成高丽贡女制度。这些贡女兼具役使和通婚的双重作用，主要集中于元朝社会的中上阶层，尤以宫廷为多。

"初，世祖皇帝家法，贱高丽女子，不以入宫"[3]。但是至元以来，随着高丽贡女制度的确立和完善，作为一种国家行为，一批批高丽女子开始进入元朝宫廷。尤其是到了元顺帝时期，由于第二皇后奇氏的发迹，入宫的高丽贡女数量激增，"自至正以来，宫中给事使令，大半为高丽女"[4]。

　　　　昨朝进得高丽女，太半咸称奇氏亲。

---

[1]《道园学古录》卷5《送宪部张乐明大夫使海东诗序》。

[2]《陵川集》卷10《高丽叹》。

[3]《庚申外史笺证》卷上。

[4]《庚申外史笺证》卷下。

最苦女官难派散，总教送作二宫嫔。[1]

以贡女身份进入元朝宫廷的高丽女子，主要职责是服侍皇帝和皇室成员，她们的青春和技艺自然也就成了皇室贵族享乐的工具。一些贡女甚至得到皇帝的宠幸，位居后妃之列。除了众所周知的顺帝奇皇后，还有高丽文献中记载的元仁宗伯颜忽笃（本高丽王氏）皇后和泰定帝时册封的达麻实里（本高丽金氏）皇后。[2]而伯颜忽笃的外甥女卢氏又是顺帝宠妃。还有一位权氏，是皇太子爱猷识理达腊的妃子。

"高丽女婉媚，善事人，至则立见夺宠也"[3]。高丽贡女，特别是进入宫廷的贡女，都是经过精挑细选的，她们容颜姣好、性格温婉，大多有一技之长，或有良好的文化修养，能够吸引蒙古皇室、贵族和各级官僚的极大兴趣，并作为可以对外炫耀的资本，于是在元朝中上阶层，形成了聘娶、购买、使唤高丽女子的炽烈风气，"北人女使，必得高丽女孩童。家僮，必得黑厮。不如此谓之不成仕宦"[4]。权衡《庚申外史》也言："京师达官贵人，必得高丽女，才为名家。"

由于元朝国内对高丽贡女有着极大的需求市场，所以征选高丽贡女的活动愈演愈烈，"如此者岁再焉，或一焉，间岁焉，其数多者至四五十"[5]。高丽政府出台多项政策，禁止国内未婚女子擅自结婚。高丽忠烈王元年（元至元十二年，1275年）十月，

[1] 朱有燉：《元宫词一百首》，载《辽金元宫词》，第26页。
[2] ［朝鲜］李齐贤：《益斋乱稿》卷7《王顺妃许氏墓志铭》，清艺海楼抄本；《高丽史》卷35《忠肃王世家二》。
[3] 《庚申外史笺证》卷下。
[4] 《草木子》卷3下《杂制篇》。
[5] 《高丽史》卷109《李毅传》。

"以将献处女于元，禁国中婚嫁"[1]。忠烈王三十三年（1307年，大德十一年）九月，"前王命都评议司，女年十六岁以下、十三岁以上，毋得擅嫁，必须申闻而后许嫁，违者罪之"[2]。

贡女制度给高丽王国的贵族官僚和平民百姓的日常生活带来了严重影响。元末名臣苏天爵曾上疏道："比年以来，朝廷屡遣使者至于其国，选取子女，求娶妾媵，需索百端，不胜其扰。至使高丽之民，生女或不欲举，年长者不敢适人，愤怨感伤，无所伸诉。"[3]对于那些养育女孩的家庭，无异于一场社会灾难。

那些进入元朝上层社会的高丽贡女，由于族源、血缘或姻亲等因素，同气连枝，织成一张张盘根错节的利益关系网，甚至结为贡女势力团体，在后宫中有着不可忽视的政治影响。尤其是元后期，一些由皇宫进入元朝贵族家庭的高丽女子地位不断提高。她们的政治、经济实力也越来越强，影响力越来越大，"今高丽妇女，在后妃之列，配王侯之贵，而公卿大臣多出于高丽外甥者"[4]。于是对元朝与高丽的两国关系、两国各自政坛，乃至对元宫廷生活和社会文化都产生了重要影响。

顺帝时，以秃鲁帖木儿为首的十倚纳，屡次向顺帝举荐西蕃僧，教以"演揲儿"等房中术令顺帝习之。十倚纳用高丽姬为耳目，"刺探公卿贵人之命妇。市井臣庶之丽配，择其喜悦男事者，媒入宫中，数日乃出"，致使后宫淫乱不堪。奇皇后甚至还利用贡女来笼络大臣，"多蓄高丽美人，大臣有权者辄以此女送之"[5]。高丽贡女成了宫廷政治斗争的一柄工具。

［1］《高丽史》卷28《忠烈王世家一》。

［2］《高丽史》卷32《忠烈王世家五》。

［3］《滋溪文稿》卷26《章疏·灾异建白十事》。

［4］《高丽史》卷109《李榖传》。

［5］《元史》卷43《顺帝纪六》；《庚申外史笺证》卷上、卷下。

（1）接受和迎合蒙古与汉文化的高丽女性

高丽贡女进入元朝后，同元帝国主流社会的蒙古、色目人和汉人相比，无论是人群数量还是社会身份，都是处于从属地位的少数族群。为了生存和发展，他们不得不改变自身的文化而去适应元朝主流社会文化模式，成为被同化的对象。[1]例如在取名上，一些进入蒙古贵族家庭的高丽贡女，改取蒙古名字，如仁宗皇后伯颜忽笃、顺帝第二皇后奇氏名完者忽都等，不胜枚举。

事实上，被元朝同化的远不仅仅只有高丽贡女，还包括高丽的皇室成员。法国东方学家古恒曾论述道："高丽成为蒙古帝国的一个行省。这些国王们和蒙古公主结了婚，有蒙古籍母亲，以蒙古官员为顾问，他们听任大汗的支配，召往北京，流放或免职。他们讲说蒙古话，穿元朝衣服，忘记了高丽的一切。"[2]

孛儿扎宴，意为许婚宴，是流行于蒙古草原地区的古老习俗。《高丽史》云："所谓孛儿扎者，合姻亚之欢，为子孙之庆。"[3]《元史·太祖本纪》作"布浑察儿"，注曰"许亲酒"。《蒙古秘史》作"不兀勒札儿"，旁译"许婚筵席"。

"不兀勒札儿"的原义为"羊的颈喉"，因为羊的颈喉筋肉坚韧，颈骨坚硬，意示持久不离，许婚筵上吃"不兀勒札儿"，表示男女两家的婚事不再翻悔，夫妻成婚后百年好合，其义也就演变成吃许婚筵的意思。[4]

顺帝朝，高丽贡女奇氏先是恃宠而骄，后又生皇太子爱猷识理答腊，母以子贵，得封第二皇后。一人得道，鸡犬飞升，奇氏

[1]　参阅喜蕾：《元代高丽贡女制度研究》，民族出版社，2003年，第238页。

[2]　《17—18世纪的中亚细亚、卡尔梅克帝国或满清帝国》，转引自［法］勒尼·格鲁塞著，魏英邦译：《草原帝国》，青海人民出版社，1991年，第319页注释。

[3]　《高丽史》卷131《叛逆传五·奇辙》。

[4]　参阅余大钧译注：《蒙古秘史》第168节注释1，河北人民出版社，2001年。

家族在高丽的权势地位也随之水涨船高，父母兄弟皆得封赠。元廷还多次遣使到高丽，赐奇氏家族衣、酒等物。明朱有燉《元宫词》有："奇氏家居鸭绿东，盛年才得位中宫。翰林昨日新裁诏，三代蒙恩爵禄崇。"[1] 说的就是此事。

至正十三年（高丽恭愍王二年，1353年）八月，应恭愍王所请，顺帝遣峦峦太子、定安平章到高丽，赐孛儿扎宴于皇后奇氏之母荣安王大夫人李氏。

宴会在延庆宫举行，恭愍王及王后鲁国大长公主与宴。公主与峦峦太子坐北面南，恭愍王坐西面东，奇氏母李氏坐东面西。恭愍王行酒，先跪献太子，太子立饮。太子行酒，献李氏，次王及公主。宴罢，众人皆下庭联袂而立，使者在西，奇氏诸弟辙、权、谦等在东，"各奏胡歌，蹈舞而进"。又齐聚庭院中心，用纻丝一匹连执环立，"歌舞旋回者数四"，最后将所执纻丝剪成若干段，分之乃罢。

这场"穷极奢侈"的孛儿扎宴耗费极大，"剪布作花"计5140余匹，"他物称是"，致使本就"国用罄竭"的高丽物价腾涌，不得不下令禁公私宴及斋筵油密果，然元廷仍然"遣使锡宴无虚岁"。

次月，恭愍王遣密直副使李也先帖木儿诣元廷谢赐孛儿扎宴，进表中有"眷言出日之邦，生我倪天之妹。美钟坤顺，遵母仪于六宫；庆毓离明，固邦本于万岁。于是降璇源之贵戚，驰玉节之重臣，陈饮食以赐欢，赍金缯而将意。既饱以德，为永好于舅甥；不显其光，想歆观于夷夏"[2] 等句，极尽对奇氏的赞美，并表达了对元廷的臣顺之意和惠赐孛儿扎宴的感激之情。

蒙古服饰对高丽影响很大，《高丽史》载："事元以来，开剃

---

［1］ 朱有燉：《元宫词一百首》，载《辽金元宫词》，第22页。

［2］ 《高丽史》卷38《恭愍王世家一》、卷131《叛逆传五·奇辙》。

辫发，袭胡服。"至元十五年（1278年），忽必烈问高丽大臣康守衡："高丽服色何如？"康回答："服鞑靼衣帽。至迎诏、贺节等时，以高丽服将事。"[1]姑姑冠是蒙古贵族妇女身份地位的象征，"元朝后妃及大臣之正室，皆带姑姑衣大袍。其次即带皮帽。姑姑高圆二尺许，用红色罗盖"[2]。高丽国内贵族女性十分渴望能够佩戴此冠，以彰显身份地位的特殊。

至大四年（1311年），高丽忠宣王向答己皇太后为自己的宠妃淑妃请得允许戴姑姑冠，"元皇太后遣使赐妃姑姑"。忠宣王的另一宠妃顺妃十分嫉妒，于是利用女儿伯颜忽笃的仁宗皇后身份，也为自己争得了同等荣誉，"元遣使赐妃姑姑"，当时百官皆前来府第"用币以贺"[3]。

历史上，高丽由于和中国唇齿相依的地理位置，受中原汉文化影响较深，长期倾慕汉风，故有"小中华"之称。作为东亚文化圈的一员，高丽士人亦习学四书五经。不少高丽贡女出身名门，能够识文断字，有一定的汉文化修养，自觉遵守儒家传统道德规范。奇皇后就是个中典型。《元史》载："后无事，则取《女孝经》、史书，访问历代皇后之有贤行者为法。四方贡献，或有珍味，辄先遣使荐太庙，然后敢食。"[4]奇皇后十分崇尚儒家孔孟之道，曾驳斥帝师说："我虽居于深宫，不知道德。尝闻自古及今，治天下者须用孔子之道，舍此它求，即为异端。佛法虽好，乃余事耳，不可以治天下。安可使太子不读书？"[5]

儒家从一而终的贞节观念亦深深影响到高丽女性。元中书平章阔阔歹的侧室高丽氏，"有贤行"。平章死后，"誓弗贰适"。

————————

[1]　《高丽史》卷72《舆服志一》、卷28《忠烈王世家一》。

[2]　《草木子》卷3下《杂制篇》。

[3]　《高丽史》卷89《后妃传二》。

[4]　《元史》卷114《后妃传一》。

[5]　《南村辍耕录》卷2《后德》。

平章的正室儿子拜马朵儿赤垂涎小母美色，多方用计，欲收继之。高丽氏誓死不从，最后"削发为尼"[1]。

（2）高丽贡女熏风下的元代后宫生活

文化的交流往往是双向的。在元朝文化影响、涵化高丽的同时，高丽的服饰文化和生活习俗等也传入了元朝，反向地影响到元朝的服饰文化和生活习俗。由于元丽之间错综复杂的宗藩和政治联姻关系，在多位元朝公主下嫁高丽国王的同时，政府行为之下，高丽世子们需入质汗廷，高丽使臣要长住大都及上都，高丽贡女散布于元朝宫廷和贵族家庭，高丽宦官入侍掖庭，此外还有大批游学的高丽文人和贸易商人。这些数量可观的人群，民族相同、语言相通，原乡的生活方式和习俗相近，这自然形成了一股不可忽视的势力，影响到元朝宫廷中的其他人，以至在宫廷内部，都城大都、上都，甚至民间社会都流行起了一股"高丽之风"。

这其中，纳入宫廷的众多高丽贡女，成了蒙汉文化与高丽文化相互传播和交流的最重要媒介。她们出于对原乡服饰、饮食、歌舞等的留恋，将本国传统文化和民族生活习惯带入元朝后宫，使得元朝的宫廷文化更加丰富多彩。

不少高丽贡女由于出身较为高贵，或受过良好训练，在音乐、舞蹈、茶道、烹饪等方面拥有较高才艺。宋人徐兢曾于北宋宣和五年（1123年）奉使高丽，归国后撰成《宣和奉使高丽图经》，书中特别记录了高丽的茶具和茶道。茶具有金花乌盏、翡色小瓯、银炉汤鼎，这些都是仿效中国的。"凡宴则烹于廷中，覆以银荷，徐步而进，候赞者云：茶遍，乃得饮，未尝不饮冷茶矣。馆中以红俎布，列茶具于其中，而以红纱巾幂之。日尝三供

[1] 《南村辍耕录》卷15《高丽氏守节》。

茶，而继之以汤"[1]。

高丽茶知名度很高，而且是进贡元廷的贡品。忽必烈重要谋臣刘秉忠品尝过后，就赞不绝口："含味芳英久始真，咀回微涩得甘津。翠成海上三峰秀，夺得江南百苑春。香袭芝兰开窍气，清挥冰雪爽精神。平生尘虑消融后，余韵骎骎正可人。"[2]

奇皇后最初做宫女时，"主供茗饮，以事顺帝"[3]。最终能够得宠上位，首先靠的就是一手好茶艺。当然了，"杏脸桃腮弱柳腰"[4]，奇皇后的容貌和身材亦是绝妙无匹。

顺帝有嗜茶的习惯，可以从《元史·哈麻传》得到佐证："一日，哈麻服新衣侍侧，帝方啜茶，即喷茶于其衣。"元时宫内各处应该都有专职司茶的侍女，明初朱有燉《元宫词》中记载："自供东苑久司茶，览镜俄惊岁月加。纵使深宫春似海，也教云鬓点霜华。"[5]

元朝后期，宫廷中最盛行的应该是服饰上的"高丽风"。权衡《庚申外史》载："自至正以来，宫中给事使令，大半为高丽女，以故四方衣服靴帽，大抵皆依高丽矣。"

> 宫衣新尚高丽样，方领过腰半臂裁。
> 连夜内家争借看，为曾着过御前来。[6]

从诗中看，"高丽样"的宫衣款式就是半臂。半臂又称半袖，是从魏晋以来的上襦发展而出的一种无领或翻领、对襟或套头短

---

[1] 徐兢：《宣和奉使高丽图经》卷32《器皿三·茶俎》，清知不足斋丛书本。

[2] 《藏春集》卷1《试高丽茶》。

[3] 《元史》卷114《后妃传一》。

[4] 朱有燉：《元宫词一百首》，载《辽金元宫词》，第21页。

[5] 朱有燉：《元宫词一百首》，载《辽金元宫词》，第22页。

[6] 《张光弼诗集》卷3《宫中词》。

外衣，袖长及肘，身长及腰。隋唐时期，宫中内官、女史皆服之。后传至民间，历久不衰。顺帝朝后宫妃嫔流行穿戴的这个"高丽样"的半臂，主要特征就是带有过腰的大方领。为什么在宫中流行呢？因为这种款式在皇帝御前穿着过，肯定吸引了皇帝的目光，所以宫中妃嫔都来抢着观摩仿制。

> 天街如水夜初凉，照室铜盘璧月光。
> 别院三千红芍药，洞房七十紫鸳鸯。
> 绣靴蹋鞠句骊样，罗帕垂弯女直妆。
> 愿尔康强好眠食，百年欢乐未渠央。[1]

"句骊"就是高丽。这里的高丽靴并非仅仅是蹴鞠的专用鞋子，也是平常时日的男士用履。元人有诗："紫藤帽子高丽靴，处士门前当怯薛。"陶宗仪解释说："用紫色棕藤缚帽，而制靴作高丽国样，皆一时所尚。"[2]可见高丽靴是元时男子乃至宫中怯薛的最爱，风行一时。

> 绯国宫人直女工，衾禂载得内门中。
> 当番女伴能包袱，要学高丽顶入宫。[3]

诗中说的是来自绯国的宫女将做好的被褥等女红，用车载入宫门，值班的女伴将这些女红打成包袱，然后学高丽人的样子头顶包袱搬进宫殿。用头部顶物携载而行，本是高丽妇女的日常生活习惯。徐兢的《宣和奉使高丽图经》就特别记录了高丽妇人头

---

[1] 《元音》卷12《杨维桢：无题四首》。
[2] 《南村辍耕录》卷28《处士门前怯薛》。
[3] 《张光弼诗集》卷3《辇下曲》。

顶铜罍而行的样子："水米饭歠并贮铜罍，不以肩舁，加于顶上。罍有二耳，一手扶持，抠衣而行。"[1]

这种妇女头顶物品，一手扶持，抠衣而行的场景，在今天的朝鲜半岛也是司空见惯的。

> 天下承平近百年，歌姬舞女出朝鲜。
>
> 燕山两度逢元夕，不见都人事管弦。[2]

高丽的音乐歌舞久负盛名，高丽乐在南北朝时即已传入中国，隋唐时期为宫廷乐舞的九部乐、十部乐之一。元时，宫廷常备高丽女乐供帝王后妃欣赏，并多次遣使到高丽征求女乐。据《高丽史》记载，恭愍王二年（元至正十三年，1353年）七月，"元御香使、宦者崔伯帖木儿以处女六人及琴瑟等乡乐还"。恭愍王四年四月，"元遣使来求女乐"[3]。

李宫人本高丽贡女，至元十九年（1282年）以良家子入宫得幸，善琵琶，忽必烈将她比作王昭君。袁桷写诗称赞她的演技："先皇金舆时驻跸，李氏琵琶称第一。"[4]至大中，入事兴圣宫，因足疾，得赐归侍母，"给内俸如故"[5]。李宫人在掖庭伴驾三十几年，以高超的琵琶演技赢得了无数赞誉，诗人纷纷写诗称扬："琼花春岛百花香，太液池边夜色凉。一曲《六么》天上谱，君王曾进紫霞觞。"[6]杨维桢《宫词》："北幸和林幄殿宽，句丽女侍婕妤好

---

［1］　《宣和奉使高丽图经》卷20《妇人·戴》。

［2］　《师山集》遗文卷5《元宵诗用仲安韵》，清文渊阁《四库全书》本。

［3］　《高丽史》卷38《恭愍王世家一》。

［4］　《清容居士集》卷8《李宫人琵琶行》。

［5］　《揭傒斯全集》诗集卷4《李宫人琵琶引》。

［6］　《皇元风雅》卷12《王士熙：李宫人琵琶引》，元建阳张氏梅溪书院刻本。

官。君王自赋昭君曲，敕赐琵琶马上弹。"[1]说的也是李官人。

> 朝鲜儿发绿，初剪齐双眉。芳筵夜出对歌舞，木绵裘软铜镮垂。轻身回旋细喉转，荡月摇花醉中见。夷语何须问译人，深情知诉离乡怨。……我忆东藩内臣日，纳女椒房被祎翟。教坊此曲亦应传，特奉宸游乐朝夕。[2]

　　高丽的歌儿舞女凭借其婉转的歌喉和高超的舞技，赢得了众多达官贵人的追捧，过上了纸醉金迷，腰缠万贯的生活，"恨身不作三韩女，车载金珠争夺取。银铛烧酒玉杯饮，丝竹高堂夜歌舞"[3]。这自然在社会上引起了很多元人的羡慕，一些元人争相把女儿送到高丽学习歌舞。"女儿未始会穿针，将去高丽学语音。教得新番鹧鸪曲，一声准拟直千金"[4]。说的就是这件事。

　　由于宫廷内高丽宫女和宦官人数众多，加之高丽歌舞的魅力，高丽语自然也在宫内流行起来。一些宿卫怯薛也学起了高丽语和高丽歌舞，"玉德殿当清灏西，蹲龙碧瓦接榱题。卫兵学得高丽语，连臂低歌井即梨"[5]。

　　《元史·舆服志》记载百官的夏季质孙服有"高丽鸦青云袖罗"一种，不能确定这种质孙服是用高丽所产的"罗"制成的，还是指"高丽鸦青"这种颜色。不管是颜色也好，还是纺织品也好，肯定都与高丽有关。事实上，高丽的麻织品苎布最负盛名，闻名遐迩，元朝政府多次遣使来高丽求取，或者高丽主动进贡，"元遣使来索纹苎布""元遣太府少监宦者安童来求纹苎布""遣

［1］《复古诗集》卷4《宫词》。
［2］高启：《高太史大全集》卷2《朝鲜儿歌》，《四部丛刊》初编本。
［3］迺贤：《金台集》卷1《新乡媪》，明末汲古阁刻本。
［4］刘基：《太师诚意伯刘文成公文集》卷10《山鹧鸪》，《四部丛刊》初编本。
［5］《张光弼诗集》卷3《辇下曲》。

密直副使崔仁远如元献纹苎布"[1]。苎布就是苎麻布，又叫麻布、漂白布、白布、木丝布（没丝布），高丽人称为毛施布。

除了政府，元代民间对高丽苎布也有很大的需求市场，很多高丽商人携带高丽苎布前往元朝境内贩卖。成书于元明时代的朝鲜汉语教科书《老乞大》就有这样一段情节：高丽商人用马匹驮着130匹毛施布到京城贩卖，店主人招引几位购买毛施布的客人来，双方开始讨价还价：

你这毛施布细的价钱、粗的价钱要多少？
细的上等好布要一两二钱，粗的要八钱。
……
你休胡讨价钱，这布如今见有时价。我买时不是买自穿的，一发买将去，要觅些利钱。我依着如今的价钱还你，这毛施布高的一两，低的六钱。[2]

从对话中可知，中国客人买毛施布并非自用，而是拿去贩卖盈利。高丽苎布在元朝市场流通应该较多，是比较常见之物，这点从元杂剧中也能佐证。如《朱太守风雪渔樵记杂剧》第二折："旦儿云：'你将来波！有甚么大绫大罗、洗白复生高丽毯丝布、大红通袖膝襕，仙鹤狮子的胸背，你将来！我可不会裁，不会剪，我可是不会做！'"[3]

当然，元朝宫中所用的高丽苎布质量自非寻常市卖可比。来自高丽的另一种织品高丽花席，常常作为元朝宫中的贵重卧具。陶宗仪《元氏掖庭记》记载，元顺帝为后宫"七贵"之一的才

［1］ 《高丽史》卷37《忠穆王世家》、卷38《恭愍王世家一》。
［2］ 《老乞大谚解》，（台北）联经出版事业公司影印本，1978年，第346—347页。
［3］ 臧懋循：《元曲选》，浙江古籍出版社，1998年。

人英英在琼华岛造了一座采芳馆，"内设唐人满花之席，重楼金线之衾，浮香细鳞之帐，六角雕羽之屏"。满花是一种草，"性柔，折屈不损，光泽可佳，土人编之为席"。唐人满花席，就是产自高丽的一种草席，是非常名贵的一种手工艺品。直到清代，朝鲜仍然向清朝进贡高丽苎布和满花席。清太宗皇太极崇德八年（1643年）十一月，朝鲜国王李倧向清中宫皇后进献的礼品清单中，就有细红苎布10匹，白细苎布10匹，白细绵绸20匹、黑细麻布20匹、满花席10张、杂花席10张。[1]

"包髻团衫别样妆，东朝谒罢出宫墙。内中多有亲姨嫂，潜与交州百和香"[2]。香料是元朝宫廷和贵族之家的必备物，尤其是安南等地进贡的香料深受妃嫔和宗戚女眷的喜爱。元代宫廷中还使用一种黑玉香，是由高丽进贡而来的。在元廷赏赐给纳款的南宋谢、全二太后和幼主赵㬎的丰厚赐物中，就有高丽黑玉香：

> 雪里天家赐炕羊，两壶九酝紫霞觞。
> 三宫夜给千条烛，更赐高丽黑玉香。[3]

黑玉香是一种珍贵香料，又有麻醉、止痛等药用功效，但摄取过多则会使人上瘾，类似鸦片。

从上述内容可以看出，从生活起居到服饰、语言、歌舞艺术、物产等诸多方面，无不体现了高丽文化给元朝宫廷生活带来的显著影响。这种特殊背景下形成的异族文化影响，以宫廷为中心，向整个元代社会漫延，成为元代中国文化中的独特现象。

当然了，元朝宫廷的后妃宫女绝不仅仅只有高丽女子，还有

---

[1]　北平故宫博物院文献馆编：《朝鲜国王来书》，民国22年（1933年）铅印本。

[2]　朱有燉：《元宫词一百首》，载《辽金元宫词》，第23页。

[3]　《增订湖山类稿》卷2《湖州歌九十八首·其八十六》。

来自蒙、汉、女真、色目等多个民族和多个地域的年轻女性。

> 梨花素脸髻盘龙，南国娇娃乍入宫。无奈胡姬皆笑倒，
> 乱将脂粉与添红。
>
> 江南名伎号穿针，贡入天家抵万金。莫向人前唱南曲，
> 内中都是北方音。
>
> 月钱常是散千缗，大例关支不是恩。南国女官呼姓字，
> 只愁国语不能翻。
>
> 河西女子年十八，宽着长衫左掩衣。前向拢头高一尺，
> 入宫先被众人讥。[1]

这些来自不同地区和民族的年轻少女，习俗迥异，千姿百态，又风情万种，用她们的青春、才艺、欢笑和泪水共同构建了元朝宫廷多元风貌的美丽画卷。

2. 织物尚金"纳失失"

纳失失，是波斯文字的蒙古语音译，也译作纳石失、纳赤思、纳什失、纳阇赤、纳奇锡、纳赤惕、纳瑟瑟等，清代又常作纳克实，是一种以加金艺术为主体表现的丝织物，包括片金线或圆金线为纹纬的织金锦或织金缎，以及绣金锦缎。[2]

关于纳失失的织金面貌，元末江南学者叶子奇曾有言及："衣服贵者用浑金线为纳失失"[3]，语焉颇不详。虞集则具体得多："纳赤思者，缕皮傅金为织文者也。"[4] 然而虞集说的只是片

---

[1] 朱有燉：《元宫词一百首》，载《辽金元宫词》，第22、24、25页。

[2] 《中国大百科全书·纺织卷》，中国大百科全书出版社，1984年，第197页。

[3] 《草木子》卷3下《杂制篇》。

[4] 《道园学古录》卷24《曹南王勋德碑》。

金（又叫平金）线的技法，就是将金箔黏附于薄羊皮，再切割成极窄的长片制成显花的金纬线。而圆金（又叫捻金、撚金）线是将片金线搓捻在丝线上制成显花的金纬线。

虞集曾任职奎章阁侍书学士，并于元统二年（1334年）受赐"金织文锦二"[1]。以其身份地位，切身接触过纳失失毫无疑问。

纳失失图案主纹采取严格的对称形式，辅纹则一般精巧细密，有浓郁的伊斯兰艺术风格。其最初应产自西亚、中亚和西域一带。《元朝秘史》记载绰儿马罕征服巴黑塔惕国后，窝阔台命绰儿马罕"每年把黄金、黄金制品、浑金、织金、绣金、珠子、大真珠、长颈高腿的西马、骆驼、驮用的骡子送来"[2]。

对纳失失有大量记载的是众多外文史料，其中志费尼的《世界征服者史》就有几处记载了旭烈兀西征时用纳失失制作的营帐。

　　帐篷应由一匹有两面的料子制成。在完成它的织染中，他们已超过了萨那匠人的手艺：前后协调，里和外在色彩和图案的严格对应方面，像纯洁的心那样相互补充。剪刀的齿因裁它而变钝。那镀金的圆屋顶和天宫般的帐篷，也就是太阳的圆盘，因妒忌这座营帐的构造，失掉它的光亮，而因它的完美无缺，灿烂的满月露出愠色。[3]

这座营帐是蒙哥汗让异密阿儿浑为旭烈兀准备的，富丽堂皇不难想见。蒙哥汗时期，可能从西亚、中亚或西域等地收集了不

[1] 《元史》卷181《虞集传》。
[2] 《蒙古秘史》第274节。
[3] 《世界征服者史》第3部《6.世界王子旭烈兀出征西方诸国》，第684页。

少纳失失等织金织物。法国传教士鲁布鲁克一行来到蒙古汗廷时，蒙哥皇后就送给了他们一匹硬麻布和一张纳失失，"那是一匹宽若被单、长亦相当的料子"。后来随行的译员收下了这块纳失失布料，并把它一路带到塞浦路斯，尽管在路上已经磨损破旧，但仍然卖得了八十个塞浦路斯钱币。[1]

（1）纳失失工艺的传入与生产管理机构

纳失失既然原为西域等地所产织物，那么它是通过哪些途径传入漠北草原和中原汉地的呢？

首先应该是西域贡献。成吉思汗对西夏战争期间，畏兀儿的亦都护（高昌回鹘国王）派遣使臣向成吉思汗输诚，成吉思汗回复说："朕把女儿赐嫁给你，让你做朕的第五个儿子，亦都护你把金、银、珍珠、东珠，金缎、浑金缎等缎匹送来吧！"1211年，亦都护亲自带着这些珠宝、缎匹前来觐见成吉思汗，由是高昌内附。[2]其次应该是通过蒙元统治者与回回商人之间的商业贸易，这种商业贸易早在成吉思汗西征之前就已经开始。再次是元朝统治者在对外征服战争的过程中，把西域各地、辽金统治区域及中原、江南广大地区俘获的手工艺匠人集中起来，建立起规模庞大的官府手工业局院，专门从事包括纳失失在内的各项手工业生产。

《元史》有明确记载专门生产纳失失的官营机构中，属于工部的主要有两处：别失八里局和纳失失、毛段二局。属于徽政院管辖的有弘州、荨麻林纳失失局。

别失八里局。至元十二年（1275年）将别失八里田地人匠迁移至京师，次年，置别失八里诸色人匠局，"掌织造御用领袖

[1]《柏朗嘉宾蒙古行纪 鲁布鲁克东行纪》第29章《在蒙哥宫廷的见闻》，第272页。
[2]《蒙古秘史》第238节。

纳失失等段"。秩从七品，置大使一员、副使一员。[1]可见别失八里局是专为织造皇帝龙袍的衣领、衣袖等处纳失失布料而设置的。

纳失失、毛段二局，设院长一员。局址不明，但因隶属工部，应该也在大都。

弘州、荨麻林纳失失局，秩从七品。二局各设大使一员，副使一员。至元十五年（1278年），"招收析居放良等户，教习人匠织造纳失失，于弘州、荨麻林二处置局"[2]。

按，弘州和荨麻林在大蒙古国时期即是官府纺织业的重要中心。《元史·镇海传》载："先是，收天下童男童女及工匠，置局弘州，既而得西域织金绮纹工三百余户，及汴京织毛褐工三百户，皆分隶弘州，命镇海世掌焉。"这说明弘州织局不仅工匠数量众多，而且民族构成复杂，且来源区域广泛，应包括被蒙古统治者先后征服的北中国、原西夏、中亚、亡金各地区的汉人、回回、女真等民族。中统三年（1262年）朝廷曾下令"徙弘州锦工绣女于京师"[3]，显然是要引进弘州织造技术充实大都，说明弘州织匠技术水平相当高超。

再看荨麻林局。窝阔台汗时，曾命哈散纳"领阿儿浑军，并回回人匠三千户驻于荨麻林"[4]。荨麻林显然是当地手工业中心。拉施特《史集》中也有关于荨麻林的记载："有另一城，名为荨麻林，此城大多数居民为撒麻耳干人，他们按撒麻耳干的习俗，建立起很多花园。"显然荨麻林的回回人匠大多来自中亚的撒麻耳干。另外，《马可波罗行纪》描写到，在马可·波罗离开天德州之后，"由此州东向骑行七日，则抵契丹（Cathay）之地。此

---

[1]　《元史》卷85《百官志一》。

[2]　《元史》卷89《百官志五》。

[3]　《元史》卷5《世祖纪二》。

[4]　《元史》卷122《哈散纳传》。

七日中，见有城堡不少，居民崇拜摩诃末，然亦有偶像教徒及聂思脱里派之基督教徒。以商工为业，制造金锦，其名曰纳石失（nasich）、毛里新（molisins）、纳克（naques），并织其他种种绸绢，盖如我国之有种种丝织毛织等物，此辈亦有金锦同种种绸绢也"[1]。马可·波罗七日程当中所见能织造纳失失等金锦的城堡无疑包括弘州和荨麻林。

研究以上几处纳失失局院，可以得出如下结论：其一，从人匠构成看，纳失失的来源与西域、中亚、西亚国家、北方乃至西北民族有着密切联系；其二，从局院的地理设置看，基本集中在以大都、上都为中心的两都地带，说明这种纺织品主要用来供应官廷皇室贵族使用。

元代以职业划分户计，匠户亦为诸色户计之一，从事织造纳失失的匠户被称为纳失失户，设有专人管领。据《元统元年进士录》载，元统元年（1333年）进士别罗沙，本贯西域别失八里人氏，后徙居龙兴（治今江西南昌）。其曾祖木八剌，"管领纳失失户计；祖别鲁沙，管领织匠户计"。

上述的几处纳失失局院主要是负责纳失失的织造。元代还设有专门负责出纳成品纳失失的管理机构，由宦官统领，这就是隶属于太府监的内藏库，秩从五品，"掌出纳御用诸王段匹、纳失失、纱罗、绒锦、南绵、香货诸物"。设官提点四员、大使二员、副使二员。至元二年（1265年），置署上都。十九年，始署大都，以宦者领之。[2] 由元人增补的宋人著作《事林广记》中，就记载有中书省给皇帝的新春贡献，其中就有纳阇赤九匹、金段子四十五匹，估计都应该收贮在了内藏库。

---

[1]　《马可波罗行纪》第73章《天德州及长老约翰之后裔》，第166页。

[2]　《元史》卷90《百官志六》。

（2）纳失失的功用与质孙宴服

由于纳失失用料贵重，织造费工，为珍稀难得之物，自然非平民百姓所能觊觎一二，这就限定了它的物流范围和使用场所相当狭窄，一般仅仅局限在皇室贵族、文武重臣、高僧大德等地位尊崇者之间。事实上，纳失失主要用于皇室贵族的服饰器用、宫廷祭祀、丧葬仪式以及宫廷赐赉。

因为纳失失绚烂华丽的视觉效果和较高的技术含量，崇尚织金织物的蒙古宫廷和贵族常用来作为服饰器用。天子冕服，天子质孙；百官朝服、百官质孙，甚至命妇礼服、冠饰，多用纳失失做衣料或装饰。

据《元史·舆服志》，天子冕服主要由冕、衮、带、绶、履等几部分组成，其中玉环绶，"制以纳石失，上有三小玉环，下有青丝织网"。履，"制以纳石失，有双耳二，带钩，饰以珠"。

元廷尤重祭祀，主祭的官员三献官及司徒、大礼使祭服包括冠、服、裙、中单、绶绅、象笏、银束带等各五副，其中绶绅用红组金制成，"红组金，译语曰纳石失，各佩玉环二"[1]。

公服之外，官僚贵族们还有用纳失失缝制的便服。一些贵族以黑貂毛饰以纳失失做衣，黑貂"黑而毛厚者为上"，一般用来镶饰领缘。如果整衣用貂，则在前面衿处饰以纳失失，"间丝之异表而出之"[2]，可谓相映生辉。

贵族妇女们也用纳失失做礼袍。袍服的面料花色很多，"袍多是用大红织金缠身云龙，袍间有珠翠云龙者，有浑然纳失失者，有金翠描绣者，有想其于春夏秋冬绣轻重单夹不等，其制极宽阔"[3]。"浑然纳失失"就是整衣用纳失失作面料，相当豪奢。

［1］《元史》卷78《舆服志一》。
［2］《析津志辑佚·物产》。
［3］《析津志辑佚·风俗》。

"宝殿遥闻珮玉珊，侍朝常是奉宸欢。要知各位恩深浅，只看珍珠罟罟冠"[1]。蒙古贵族妇女的重要冠饰——罟罟冠，也常用纳失失做材料。

> 又有速霞真，以等西蕃纳失今为之。夏则单红梅花罗，冬以银鼠表纳失，今取其暖而贵重。然后以大长帛御罗手扡重系于额，像之以红罗束发，峨峨然者名罟罟。以金色罗拢髻，上缀大珠者，名脱木华。以红罗抹额中现花纹者，名速霞真也。[2]

脱木华和速霞真只是罟罟冠的两种不同款式而已，而用纳失失装饰罟罟冠则尤显华贵。

"双柳垂鬟别样梳，醉来马上倩人扶。江南有眼何曾见，争卷珠帘看固姑"[3]。罟罟冠是蒙古贵族妇女彰显身份地位最重要也最独特的冠饰，中原和江南的汉人、南人自然鲜得一见，故而才会出现诗中"争卷珠帘看固姑"的热闹场景。但是在大都宫殿里，除了蒙古族嫔妃之外，罟罟冠也被后宫其他各民族嫔妃所佩戴，《析津志》作者熊梦祥感叹道："宫墙内妃嫔媵嫱罟罟皮帽者，又岂三千之数也哉？可谓伟观宫庭，具瞻京国，混一华夷，至此为盛！"[4]

纳失失还被用来缝制高僧大德的法衣。元仁宗曾有旨赐一僧金襕袈裟，负责织造的金玉府声言需用丝120斤，红花、紫草各60斤，金18两。时宣徽使买奴"止用红注丝一缣，纳瑟瑟五

[1] 朱有燉：《元宫词一百首》，载《辽金元宫词》，第26页。
[2] 《析津志辑佚·风俗》。
[3] 《南村辍耕录》卷8《聂碧窗诗》。
[4] 《析津志辑佚·岁纪》。

尺，而所制未尝不如其法"[1]，节省了很多经费。另据周密《云烟过眼录》所载，道教三十八代天师张广微收藏有纳失失法衣一领，"皆织浑金之凤，下阑皆升龙"。前者的金襕袈裟仅用纳失失五尺，说明纳失失可能仅被作为袈裟领缘等处的装饰之用，而非袈裟的主体衣料。后者张天师的法衣则明显是用纳失失作为主体衣料，其文章黼黻，可以想见。

从上列几种服饰可以看出，除张天师的法衣等个别情况外，所用纳失失的织物面料大都只是小范围零星地应用，主要起装饰衬托作用，以彰显华美贵重。事实上，大规模使用纳失失做衣料的还是"只孙服"。

"诈马筵开醉绿醽，只孙盛服满宫廷"[2]。只孙服，又作"质孙服"，是元代宫廷中最具特色的服饰。《元史·舆服志》："质孙，汉言一色服也，内庭大宴则服之。冬夏之服不同，然无定制。凡勋戚大臣近侍，赐则服之。下至于乐工、卫士，皆有其服。精粗之制，上下之别，虽不同，总谓之质孙云。"

《马可·波罗行纪》也曾对质孙宴服有过较为详细的描述："君主颁赐一万二千男爵每人袍服十三袭，合计共有十五万六千袭，其价值甚巨，前已言之，带、靴之价亦巨。大汗之颁赐诸物者，盖欲其朝会之灿烂庄严。"

据《元史·舆服志》，元朝皇帝冬季穿的质孙服有以下十一等："服纳石失（金锦也）、怯绵里（翦茸也），则冠金锦暖帽。服大红、桃红、紫蓝、绿宝里（宝里，服之有襕者也），则冠七宝重顶冠。服红黄粉皮，则冠红金答子暖帽。服白粉皮，则冠白金答子暖帽。服银鼠，则冠银鼠暖帽，其上并加银鼠比肩（俗称曰襻子答忽）。"

[1] 《金华黄先生文集》卷24《宣徽使太保定国忠亮公神道第二碑》。
[2] 陆长春：《辽金元三朝宫词·元宫词》，载《辽金元宫词》，第83页。

　　皇帝夏季穿的质孙服包括答纳都纳石失（缀大珠于金锦）、速不都纳石失（缀小珠于金锦）、纳石失等十五种，每种衣服要搭配相应的冠饰。

　　百官冬季的质孙服有九等：大红纳失失，大红怯绵里，大红、桃红、蓝、绿、紫、黄、鸦青官素服各一。百官夏季质孙服则包括素纳失失、聚线宝里纳失失、枣褐浑金间丝蛤珠服等十四等。

　　如前所述，百官的质孙服皆为受赐所得。《元史》中皇帝赐服的记载不胜枚举，如至元十三年（1276年）五月，宋平，伯颜复拜同知枢密院，"赐银鼠青鼠只孙二十袭"[1]。仁宗即位，赐宠臣张珪"只孙衣二十袭、金带一"[2]。文宗时，秦起宗为中台御史，"赐只孙服，令得与大宴"[3]。皇帝赏赐质孙服，表示对臣僚的恩宠，受赐者也引为殊荣，质孙服成了大臣们眷渥恩荣的身份象征。

　　"传宣太府颁官锦，近侍承恩拜榻前。制得袍成天未晚，着来香殿贺新年"[4]。与赏赐质孙服相似，纳失失也常常作为宫廷赐赉之物，以表示皇帝对功勋卓著的臣僚之眷宠。拔都儿从征李璮，围济南，身二十余战，世祖嘉其能，"赏纳失思段九，命领阿速军一千，常居左右"[5]。至元五年（1268年），塔不已儿入觐，世祖嘉其功，"赐白金、纳失失段及金鞍弓矢等"[6]。

　　纳失失除了作为衣服冠饰等布料，也常用于内廷大殿、寝宫中日常起居的帷幔、裀褥、靠垫以及皇帝出行的舆辂、仪仗等。

---

[1]　《元史》卷127《伯颜传》。

[2]　《元史》卷175《张珪传》。

[3]　《元史》卷176《秦起宗传》。

[4]　《丹邱生集》卷3《宫词十五首》。

[5]　《元史》卷132《拔都儿传》。

[6]　《元史》卷123《塔不已儿传》。

明初奉命毁元大都宫殿的萧洵记载，大都大明殿"至寝处床座，每用褥褥，必重数叠，上盖乃纯织金纳失失，再加金贴，薰以异香，始邀临幸"[1]。熊梦祥《析津志·岁纪》也记，每年八月，大都宫中怯薛官与留守官要"日陈铺设金绣茵褥，请诣赴锦褥纳失失、胖褥"。元内廷寝宫用织金褥褥的事实还见于《元史·后妃传》中，太子真金妃阔阔真天性孝谨，善事中宫，忽必烈每称之为贤德媳妇。一日，真金有疾，世祖往视探望，见床上设织金卧褥，忽必烈愠而语之曰："我尝以汝为贤，何乃若此耶？"阔阔真跪答道："常时不曾敢用，今为太子病，恐有湿气，因用之。"即时撤去。世祖朝尚俭朴，故内廷寝宫有织金被褥而不常用，后来诸帝则以奢侈铺张为多，日常起居用织金褥褥恐怕就不会这么小题大做了。

纳失失还用于宫廷的祭祀和丧葬等仪式中，以充分彰显仪式的庄严隆重和身份尊崇。大德二年（1298年）三月十五日，成宗遣必阇赤阿合马、翰林院直学士王德渊致祭于中镇崇德应灵王，其物事就有"纳失失黄幡一合"[2]。另外，凡宫车晏驾，"舆车用白毡青绿纳失失为帘，覆棺亦以纳失失为之"。有蒙古巫媪一人骑马前行，"牵马一匹，以黄金饰鞍辔，笼以纳失失，谓之金灵马"[3]。

蒙古族本是草原游牧民族，经济文化发展原本落后于周边农业和商业文明的地区，衣着服饰也非常简朴。随着对外征服的展开，生活习俗日益受到其他民族的影响，服饰也日趋华丽。"旧以毡毳、革，新以纻丝、金线，色以红紫绀绿，纹以日月龙凤，无贵贱等差"[4]。当年，成吉思汗坐在阿勒泰山上，就曾发誓，

---

[1] 萧洵：《元故宫遗录》，载曹昭撰，王佐增：《新增格古要论》卷13，清惜阴轩丛书本。

[2] 李修生主编：《全元文》卷692《元成宗二·祭中镇文》，凤凰出版社，2004年，第237页。

[3] 《元史》卷77《祭祀六》。

[4] 《黑鞑事略笺证》。

要把他的士兵卫队、妻妾媳女"从头到脚用织金衣服打扮起来"。他还说："我们的后裔将穿戴织金衣（qa bā），吃鲜美肥食，骑乘骏马，拥抱美貌的妻子。"[1]作为一个民族的领袖、精英和偶像，成吉思汗如此热衷于穿戴织金衣服，自然与其所代表的蒙古族所处的社会环境、自身的民族特性和文化传统有直接关系。

成吉思汗的继承者们承袭了这一尚金风习。蒙、元入主中原后，集各地的能工巧匠，在全国范围内建立起包括纺织业在内的庞大官府手工业局院，专门从事各种手工业制作，"而给之食，复其户，使得以专于其艺"，故而元代的各项手工业无论从技术上还是质量上，都达到了一个相当高的水平。尤其是纺织业，"其染夏之工，织造之制，刺绣之文，咸极其精致焉"[2]。

而最能体现元代纺织技术水平的代表性织物，就是纳失失。可以说，纳失失是元代加金织物在技术和艺术成就上最高，也是最具时代特色的精品。

元朝开辟了中西交融、胡越一家的空前大一统格局，由此呈现出多元文化相生共存，又各绽姿彩的时代特色。作为中西物质、文化、技术交流的硕果之一，纳失失这种精美绝伦的纺织品的诞生，在中国纺织史上无疑具有里程碑意义。它不仅标志着织物织金技术在元代臻于顶峰，而且推动了中原和江南地区纺织业在技术、纹样、色彩等方面的改革与创新，并对明清后世纺织业影响深远。

3. 烧酒"阿剌吉"

元代酿酒技术与前代相比，一个重要的发展就是由域外传入

---

[1] 《史集》第1卷第2分册，第357、359页。

[2] 《元文类》卷42《杂著·诸匠》《杂著·丝枲之工》。

的烧酒技术已经"汗漫天下"了。

"烧酒"一词在元代开始专指蒸馏酒，或称之为火酒、酒露和烧刀，晚清时期始称"白干"。元代的蒸馏酒最初以外来语的形式流行，称之为阿刺吉酒，源自阿拉伯语"araq"，又译作阿里乞、哈刺吉、哈刺基、轧赖机、答刺吉等。[1]

元人黄玠有咏阿刺吉酒诗："阿刺吉，酒之英。清如井泉花，白于寒露浆。一酌咙胡生刺芒，再酌肝肾犹沃汤。三酌颠倒相扶将，身如瓠壶水中央。天地日月为奔忙，经宿不解大苍黄。阿刺吉，何可当。"[2]将烧酒阿刺吉的色泽清冽和辛辣醉人描绘得淋漓尽致。

烧酒是用普通酒"蒸熬取露"而成，故而被认为是酒之精华。元宫廷医生忽思慧《饮膳正要》指出，烧酒，其性"味甘、辣，大热，有大毒。主消冷坚积，去寒气"[3]。养生家贾铭《饮食须知》亦言烧酒"味甘辛，性大热，有毒。多饮败胃伤胆，溃髓弱筋，伤神损寿，有火证者忌之"[4]。可见元人对烧酒的品性已经有了深刻认识。

（1）烧酒技术传入中国的两条路径

元佚名氏《居家必用事类全集》在论述烧酒工艺时，起名为"南番烧酒法"，并注明"番名'阿里乞'"。可见，元人把蒸馏酒称作烧酒，主要还是受外来语的影响。南番烧酒的做法如下：

> 右件不拘酸甜淡薄，一切味不正之酒，装八分一甏，上斜放一空甏，二口相对。先于空甏边穴一窍，安以竹管作嘴，下再安一空甏，其口盛住上竹嘴子。向二甏口边，以白磁碗

[1] 参阅黄时鉴：《阿刺吉与中国烧酒的起始》，《文史》第31辑，中华书局，1988年。
[2] 黄玠：《弁山小隐吟录》卷2，清文渊阁《四库全书》本。
[3] 忽思慧：《饮膳正要》卷3《米谷品·酒》，明景泰七年（1456年）内府刻本。
[4] 贾铭：《饮食须知》卷5《味类·烧酒》，清学海类编本。

楪片，遮掩令密，或瓦片亦可，以纸筋捣石灰厚封四指。入新大缸内坐定，以纸灰实满，灰内埋烧熟硬木炭火二三斤许，下于甃边，令甃内酒沸。其汗腾上空甃中，就空甃中竹管内却溜下所盛空甃内。其色甚白，与清水无异。酸者味辛，甜淡者味甘。可得三分之一好酒。此法腊煮等酒皆可烧。[1]

南番大致指今东南亚、南亚一带。元人李杲编辑的《食物本草》记载："又有暹罗酒，以烧酒复烧二次，入珍宝异香。其坛每个以檀香十数斤烧烟，薰令如漆，然后入酒蜡封，埋土中二三年，绝去烧气，取出用之。曾有人携至舶，能饮三四杯即醉，价值数倍也。"[2] 清人屈大均在《广东新语》一书中据此书引述说："烧酒之法自元始。有暹罗人，以烧酒复烧入异香，至三二年，人饮数盏即醉，谓之阿剌吉酒。元盖得法于番夷云。"[3] 暹罗以善酿闻名，明人罗日裦《咸宾录》载："四夷中酒以暹罗为第一。"[4] 马欢《瀛涯胜览》也记载暹罗国："酒有米酒、椰子酒，二者俱是烧酒，其价甚贱。"[5]

屈大均所记元代"得法于番夷"的烧酒就归于南番烧酒之属。它表明了东南亚海路是元代烧酒技术传入中国的一条路径。

但是，元代烧酒技术传入中国还有另外一条路径。元人许有壬云："世以水火鼎炼酒取露，气烈而清，秋空沆瀣不过也，虽败酒亦可为。其法出西域，由尚方达贵家，今汗漫天下矣。译曰

———————————

[1]　佚名：《居家必用事类全集》己集《曲酒类》，明刻本。

[2]　李杲编辑，李时珍参订，姚可成补辑，郭君双等点校：《食物本草》卷15《味部一·造酿类·烧酒》，人民卫生出版社，2018年。

[3]　屈大均：《广东新语》卷14《食语·酒》，中华书局，1985年。

[4]　罗日裦著，余思黎点校：《咸宾录》南夷志卷6《暹罗》，中华书局，1983年。

[5]　马欢著，冯承钧校注：《瀛涯胜览校注》"暹罗国"条，华文出版社，2019年。

'阿剌吉'云。"[1]根据许氏所言，中国烧酒技术的传入是通过丝绸之路由西域陆路传入皇室宫廷，再由皇室宫廷传入达官显贵之家，最后流入民间，"汗漫天下"的。但他没有说明烧酒由西域传入中国的时间。

明人李时珍也持此路径说。他在《本草纲目》中记述了葡萄烧酒的技术和起始："烧者，取葡萄数十斤，同大曲酿酢取入甑蒸之，以器承其滴露，红色可爱。古者西域造之，唐时破高昌始得其法。"他还认为用烧酒法制成的葡萄酒"有大毒"[2]。

高昌就是今天的新疆吐鲁番，该地很早就以种植葡萄和盛产葡萄酒而享誉四方。北宋类书《太平御览》："蒲萄酒，西域有之，前代或有贡献，人皆不识。及破高昌，收马乳蒲萄实于苑中种之，并得其酒法，（唐）太宗自损益造酒，为凡有八色，芳辛酷烈，味兼醍盎。既颁赐群臣，京师始识其味。"[3]

依据上述文献，葡萄烧酒技术自唐代即由西域传入了中国。

1255年来到漠北汗廷的法国传教士鲁布鲁克，当喝到蒙哥汗赏赐的米酒时，说"它像白酒一样清澈和芬香"[4]。这里的白酒显然是现代意义上的白酒，也就是烧酒。这说明当时他在欧洲，或者从君士坦丁堡出发经金帐汗国抵达哈剌和林，这一由西向东的陆路旅行中，已经品尝过烧酒。这也从侧面佐证了烧酒是由西方或西域传入中国的说法。

综上，烧酒技术传入中国应该是通过两条路径：一条是东南亚海路，另一条为西域陆路。

但是，烧酒"阿剌吉"传入中国是在元代抑或更早，是学界

[1] 《至正集》卷16《咏酒露次解恕斋韵》。
[2] 李时珍：《本草纲目》卷25《谷之四·葡萄酒》，清文渊阁《四库全书》本。
[3] 李昉：《太平御览》卷972《果木部九·蒲萄》，《四部丛刊》三编本。"盎"原作"益"，据卷844《饮食部二》改。
[4] 《柏朗嘉宾蒙古行纪 鲁布鲁克东行纪》第28章《蒙哥的宫廷》，第264页。

颇有争议的问题，目前尚无定论。但有一点可以确定，元代，烧酒技术无论在宫廷还是民间，都已经得到相当程度的普及，传世文字和考古发现，都证实了这已经是不争的事实。

（2）元代的葡萄烧酒和粮食烧酒

首先看元代葡萄酒的烧酒技术。

元代山西地区是葡萄酒的重要产地，而且一度进贡给朝廷。马可·波罗描述太原府"其地种植不少最美之葡萄园，酿葡萄酒甚饶"[1]。叶子奇《草木子》记载了冀宁等路（原平阳路，治临汾）葡萄酒已使用烧酒技术：

> 法酒，用器烧酒之精液取之，名曰哈剌基。酒极浓烈，其清如水，盖酒露也。每岁于冀宁等路造葡萄酒，八月至大行山中，辨其真伪。真者不冰，倾之则流注。伪者杂水即冰凌而腹坚矣。其久藏者，中有一块，虽极寒，其余皆冰而此不冰，盖葡萄酒之精液也，饮之则令人透液而死。二三年宿葡萄酒，饮之有大毒，亦令人死。此皆元朝之法酒，古无有也。

这段材料中，叶子奇在把葡萄烧酒神秘夸张化的同时，一口咬定葡萄烧酒始自元代，而且随后又言之凿凿地重复了一遍："葡萄酒答剌吉酒自元朝始"[2]。

传统中医认为，葡萄酒有益气调中，耐饥强志的功效。"酒有数等：有西番者，有哈剌火者，有平阳、太原者"。忽思慧在比较了各地所产的葡萄酒后，总结说："其味都不及哈剌火者田

［1］《马可波罗行纪》第106章《太原府国》，第264页。
［2］《草木子》卷3下《杂制篇》。

地酒最佳"。[1]

"哈剌火"就是今天的新疆吐鲁番。元人熊梦祥《析津志》特别详细地介绍了哈剌火州葡萄酒的酿制方法：

> 葡萄酒，出火州穷边极陲之地。酝之时，取葡萄带青者。其酝也，在三五间砖石甃砌干净地上，作甃甕缺嵌入地中，欲其低凹以聚，其甕可容数石者。然后取青葡萄，不以数计，堆积如山，铺开，用人以足揉践使之平，却以大木压之，覆以羊皮并毡毯之类，欲其重厚，别无曲药。压后出闭其门，十日半月后窥见原压低下，此其验也。方入室，众力拼下毡木，搬开而观，则酒已盈甕矣。乃取清者入别甕贮之，此谓头酒。复以足蹑平葡萄滓，仍如其法盖，复闭户而去。又数日，如前法取酒。窨之如此者有三次，故有头酒、二酒、三酒之类。直似其消尽，却以其滓逐旋澄之清为度。上等酒，一二杯可醉人数日。复有取此酒烧作哈剌吉，尤毒人。[2]

从上面材料可以看出，哈剌火州葡萄酒的生产主要利用葡萄皮上带有的天然酵母菌，采用多次压榨等方法，自然发酵而成。不仅生产技术相当熟练，而且生产规模亦相当大，葡萄酒的品质也因提取酒汁的先后而分作三种不同的等级。文中最后，熊梦祥也提到了"哈剌吉"葡萄酒，说它"尤毒人"，即是因经过蒸馏后，酒精度数高，容易醉人。

"汉家西域一朝开，万斛珠玑作酒材。""几年西域蓄清醇，万里鸥夷贡紫宸。"[3]元代出镇西域的宗王每年都有向朝廷进

---

[1]　《饮膳正要译注》卷3《米谷品·酒》。

[2]　《析津志辑佚·物产·异土产贡》。

[3]　《至正集》卷20《和明初蒲萄酒韵》《谢贺右丞寄蒲萄酒》。

贡葡萄酒的义务。《元史》有多处记载，尤以文宗一朝甚详，如至顺元年（1330年）三月，"木八剌沙来贡葡萄酒""西番哈剌火州来贡葡萄酒""诸王哈儿蛮遣使来贡葡萄酒"。至顺二年十二月，"西域诸王秃列帖木儿遣使献西马及葡萄酒"。至顺三年二月，"诸王答儿马失里、哈儿蛮各遣使来贡葡萄酒、西马、金鸦鹘"[1]。西域的葡萄酒进贡一直持续到元末。

除葡萄酒外，元代其他果实类酒也采用了烧酒技术，如枣酒，"京南真定为之，仍用些少曲蘖，烧作哈剌吉，微烟气甚甘，能饱人"[2]。可见烧酒技术的成熟。

再看酿制粮食酒的烧酒技术。

李杲《食物本草》记载：烧酒，"其酒始自元时创制，用醲酒和糟入甑，蒸令气上，用器承取滴露。凡酸坏之酒，皆可蒸烧。近时惟以糯米或粳米，或黍米，或秫，或大麦蒸熟，和曲酿瓮中七日，以甑蒸取。其清如水，味极浓烈，盖酒露也。"[3]可以看出烧酒最初主要是为了处理酸败酒开始研发的。

元后期，一些个人通过使用蒸馏器具，已经有自制烧酒的行为了，但制作规模应该不大。参加过顾瑛玉山草堂雅集的卞思义，写过一首《汗酒》诗："水火谁传既济方，满铛香汗滴琼浆。开樽错认蔷薇露，溜齿微沾菡萏香。水泄尾闾知节候，津生华盖识温凉。千钟鲁酒空劳劝，一酌端能作醉乡。"[4]卞思义吟咏的汗酒一定为烧酒，这是确定无疑的。无独有偶，至正甲申（1344年）冬，推官冯仕可馈赠著名书画家朱德润以阿剌吉酒，朱氏为此作《轧赖机酒赋》，详细描述了蒸馏酒器和蒸馏酒的全过程。

---

[1]　《元史》卷34《文宗纪三》、卷35《文宗纪四》、卷36《文宗纪五》。

[2]　《析津志辑佚·物产·异土产贡》。

[3]　《食物本草》卷15《味部一·造酿类·烧酒》。

[4]　顾瑛辑，杨镰等整理：《草堂雅集》卷14《卞思义：汗酒》，中华书局，2008年。

生与侪辈洗爵莫斝，提壶挈觞。汲瓮底之新篘，沸醅余之宿尝。法酒人之佳制，造重酿之良方，名曰轧赖机。而色如酊，贮以札索麻，而气微香。卑洞庭之黄柑，陋列肆之瓜姜，笑灰滓之采石，薄泥封之东阳。观其酿器，扃钥之机，酒候温凉之殊。甄一器而两圈，铛外环而中洼，中实以酒，仍械合之无余。少焉，火炽既盛，鼎沸为汤。包混沌于郁蒸，鼓元气于中央。薰陶渐渍，凝结为炀。瀹渤若云蒸而雨滴，霏微如雾融而露瀼。中涵既竭于连㶇，顶溜咸濡于四旁。乃泻之以金盘，盛之以瑶樽，开醴筵而命友，醉山颓之玉人，但见酡颜眩耀，余嗽淋漓，乱我笾豆，屡舞傲傲。

朱德润在文序中还感慨道："噫！当今之盛礼，莫盛于轧赖机。"[1]可见当时文人士大夫皆以馈赠烧酒阿剌吉为时尚，烧酒在当时应该还是比较贵重，而非唾手可得之物。

但是，用上述蒸馏器皿制作的烧酒，只能暂时解决个人或小群体的"口腹之欲"，显然不能满足广大民间市场的普遍需求。幸好，元代已经存在了较大的烧酒作坊，可以大规模生产烧酒以供应市场，实现真正意义上的"汗漫天下"。

2002年6月，位于江西省南昌市进贤县李渡镇（元时隶江西行省龙兴路）的江西李渡酒业有限公司在改建老厂无形堂生产车间时，发现地下埋有古代酿酒遗存，面积约15 000平方米。后经江西省文物考古研究所考古研究发掘，李渡（无形堂）烧酒作坊遗址酿酒的历史源于元代，历经明清，连续不断，发展至今。这不仅是目前我国仅见的年代最古老的一处白酒作坊遗址，而且是我国发现的第一家小曲工艺白酒作坊遗址。它为我国白酒

---

[1] 《存复斋文集》卷3《至正甲申冬推官冯仕可惠以轧赖机酒命仪赋之盖译语谓重酿酒也辞以末学荒芜措辞弗精承教再四勉掇古人余韵而为之赋曰》，明刻本。

酿造工艺的起源和发展至迟在元代或更早，提供了珍贵的实物资料和有力证据。[1]

元代粮食酒和葡萄酒的酿制，不仅使用了传统的黄酒技术和自然发酵法，还应用了域外传入的烧酒阿剌吉技术。以江西李渡（无形堂）烧酒作坊为代表，民间酒坊生产的烧酒进入市场流通，实现了烧酒真正意义上"汗漫天下"的局面。烧酒在元代酒品行列中的清新亮相，标志着中国传统酿酒技术进入了一个质变飞跃的崭新阶段。

---

[1] 参阅樊昌生、杨军：《李渡（无形堂）烧酒作坊遗址考古取得重大突破》，《农业考古》2003年第1期。

元代文化的独特魅力，就是在其中西交融、华夷一家的空前大一统格局下，多元文化相生共存，又各绽姿彩的鲜明时代特色。

忽必烈创立并实施"内蒙外汉"二元文化模式或政策，其核心部分是蒙古草原文化占据主体地位，汉地文化居于外围。事实上，这种二元模式在时间和空间层面亦存在等差：元前期和北方草原地带及两都等域境，蒙古草原文化的比重偏大；元后期和南方等域境，汉地先进文化仍居主流。与此同时，以色目人为主导的西域文化亦占有一席之地。

元朝政府实行宗教优容政策，"三教九流，莫不崇奉"，使多种宗教相生共存。理学北传和杂剧南移，虽然呈现出的是两种不同的发展动向，然殊途而同归，实质上反映的是在元朝大一统格局下，南北文化的交流互动、融会贯通。这些都进一步促进了元代多元文化的繁荣与发展。

一　三教九流，莫不崇奉

　　成吉思汗及其子孙的军事征服，将欧亚大陆的大部分文明国家和地区都收入版图之中。元朝以前，基督教、伊斯兰教、犹太教等宗教虽已有东渐，但传播规模有限。到了元代，西域各种宗教的传教士和信徒随着蒙古西征大批东来，上述宗教在汉地取得了长足的发展，并且与本土道教和汉地佛教产生了交流或碰撞。伊斯兰教更是在这一时期，以回回人为载体，基本完成了中国化的过程。

　　忽必烈在皈依藏传佛教的同时，元廷的宗教政策仍然遵循了成吉思汗早年的遗训：每个人都可以有自己的信仰，保持自己祖先的宗教规矩。[1]同时尊重所有的宗教，"一面优礼相待穆斯林，一面极为敬重基督教徒和偶像教徒"[2]，但不令其中之一享有优先权。诚如王恽所言："三教九流，莫不崇奉。"[3]佛教、伊斯兰教、基督教、道教和儒学，多种宗教文化兼容并蓄，同等对待。后人有诗赞曰："太祖雄姿自圣神，一时睿断出天真。要将儒释同尊奉，宣谕黄金塑圣人。"[4]

---

[1]　《史集》第1卷第2分册，第253页。

[2]　《世界征服者史》第1部《2.成吉思汗制定的律令和他兴起后颁布的札撒》，第27页。

[3]　《秋涧集》卷85《立袭封衍圣公事状》。

[4]　《张光弼诗集》卷3《辇下曲》。

1. 龙虎山中有道家

清光绪《畿辅通志》论及元代道教的流派分野时说："其时推崇释老，黄冠之徒，各立名号，凡有五宗。丘处机学于王重阳，号全真教；张宗演传其祖道陵之学，号正一教；张留孙实正一徒派，以受时王宠异，别其称为玄教；郦希诚学于刘德仁，号真士教（即真大道）；萧道辅学于萧抱珍，号太一教。"[1]

五宗之中，全真教显于元初，玄教显于中晚，其盛时皆参与朝政。与传统道教正一教相比，金元之际，北方道教中最为显赫的三大教派全真教、太一教和真大道，实际上是在吸收了佛教和儒学的基础上发展起来的新教派。尤其是王重阳等人建立的全真道教，以苦修奇行而著称，宣扬戒酒、戒色、戒财、戒气。在金元战乱之际，颇受寻常百姓的信服，发展最为迅速。

全真教的迅速崛起，乃至成为北方最为盛行的道教，与第二代教主邱处机较早应诏西行觐见成吉思汗直接相关。当时，金朝和南宋双方屡次向他发出征聘邀请，但丘处机以"我之行止，天也。非若辈之所及知"为辞，纷纷予以谢绝。1219年，成吉思汗遣侍臣刘仲禄悬虎头金牌传旨敦请，邱处机审时度势，于1220年以七十古稀之龄，携18名门人弟子长途跋涉万余里，耗时一年，到达中亚大雪山行营觐见成吉思汗。他的随行弟子李志常，将西行见闻和在燕京的活动撰写成《长春真人西游记》一书。

成吉思汗万里迢迢诏请邱处机，目的是求得"长生之药"，但丘处机据实回答："有卫生之道，而无长生之药。"三次为成

[1] 李鸿章修，黄彭年等纂：《[光绪]畿辅通志》卷139《金石略二·顺天府二·大兴宛平下·元·制赠大道正宗四世称号碑》，上海商务印书馆民国二十三年（1934年）影印清光绪十年（1884年）刻本。

吉思汗讲授如何养生，成吉思汗呼其为"神仙"[1]，并命令他掌管当时北方汉地所有的道教及其他宗教，甚至代管燕京儒学。全真道教也因此获取了压倒儒学和佛教的地位。元末张昱有诗赞曰：

> 运际昌期不偶然，外臣豪杰得神仙。
> 一言不杀感天听，教主长春亿万年。[2]

邱处机劝诫成吉思汗不乱杀人，福泽实广。事实上，邱处机并没有完全改变成吉思汗的征服、屠城行为。不过，全真道教在保全民众、保护汉地文化和减低蒙金战争破坏方面，仍然发挥了一定积极作用。

前四汗时期，全真道教因为最早投效蒙古统治集团，获得了远比太一、真大道教以及佛教、儒学等更为优越的地位，"设教者独全真家"[3]，在北方诸宗教派系中臻于鼎盛，传播发展最为迅速广泛，甚至还网罗不法之徒，欺压佛教和儒学，或改寺为观，种下了激化佛道矛盾的祸根，因而也引起了蒙古汗廷的猜忌。

全真道教受到的第一次挫折，发生在蒙哥汗时期。蒙哥汗五年（1255年）八月，少林寺的福裕长老北上和林，通过阿里不哥向蒙哥汗状告全真道教："道士欺谩朝廷辽远，倚着钱财壮盛，广买臣下，取媚人情，恃力凶悖，占夺佛寺，损毁佛像，打碎石塔"[4]，历数全真道教对佛教的欺压和损害。蒙哥汗责成断事官和来自克什米尔的那摩国师来处理此事，结果全真教只得退还霸占的寺院寺产。

---

[1] 《长春真人西游记》上卷，第5、70页。
[2] 《张光弼诗集》卷3《辇下曲》。
[3] 《秋涧集》卷40《真常观记》。
[4] 释祥迈：《大元至元辨伪录》卷3，元刻本。

　　蒙哥汗一改成吉思汗对全真教的支持和保护政策，是全真道教由盛而衰开始走下坡路的一个转折。

　　1258年，蒙哥汗亲征川蜀前夕，下令让赋闲养病的忽必烈在开平主持了一次佛道辩论。佛道双方各有17人参加。佛教方面有吐蕃萨迦派的领袖八思巴，还有那摩国师、福裕长老等名僧，忽必烈的亲近侍臣刘秉忠也在僧人代表之列。道教方面的代表是全真道教的新任掌教张志敬等人。忽必烈藩邸的儒士姚枢、窦默、廉希宪、张文谦等也出席了辩论，与会人员总数有700人，规模很大。双方辩论的核心就是道教的《老子化胡经》的真伪问题。

　　佛教徒对这次辩论作了充分准备，他们抓住道教的几个弱点。第一，《老子化胡经》所说的老子出关化胡的故事，并无正史依据。第二，老子化胡的故事，同为"胡人"的蒙古人是不喜欢的。佛教僧侣们从先秦以来的典籍层层追究，追问道士经书出现的时间，证明《老子化胡经》为后世杜撰。道士们虽有抗辩，但节节败退。最后，忽必烈裁定《老子化胡经》为伪书。

　　蒙古人尤为忌讳做贼和说谎。这次辩论之后，忽必烈对全真教的惩罚非常严厉，强命道士樊志应等17人削发为僧，焚毁了《老子化胡经》等45部道家的经书，还命令他们归还霸占的寺产200多区。第一次佛道辩论以道教的败北而告终。

　　至元十八年（1281年），忽必烈又主持举行了第二次佛道大辩论。起因是至元十七年（1280年），大都的长春宫和佛教徒们为争夺观院发生冲突。这次辩论中，忽必烈的倾向更为明显。因为道士们号称不惧水火，忽必烈给了参加辩论的道士们一个下马威。他对这几个全真道教、太一道教的首领说：你们不是不怕火吗？那烧一大堆火，你们进到这个火场里，让我们看看是否灵验。道士们不敢自试其术，被迫同意继续焚烧《老子化胡经》等经书以换取生路。

此次辩论，差不多将《道德经》两篇以外的其他道教经书都焚毁一空，对全真道教的打击尤为沉重。就连元大都的全真道教祖庭长春宫，也被禁止举行醮祠之类的宗教活动长达十余年。

到成宗大德年间，全真教的门徒在山西最南端今三门峡一带建成永乐宫，全真道教的活动中心也由都城大都转移到了晋南。与此同时，藏传佛教也开始在五台山修建寺院，察合台后王阿只吉及其部众等蒙古人也长期驻扎在晋中和晋北一带，蒙古人的势力以及藏传佛教在山西的中部和北部得到快速发展。从中可以窥见全真道教的衰落，以及全真道教和藏传佛教在北方的消长关系。

再看正一道教。

"龙虎山中有道家，上清剑履绚晴霞。依然进谒棕毛殿，坐赐金瓶数十茶"[1]。正一道教是传统的道教，也就是所谓符箓派，主要以画符念咒、修炼外丹、驱鬼降魔、祈福禳灾等活动为特点，继承了自东汉以来的道教传统。从活动区域上来说，全真道教等三个新教派的活动区域在北方，而正一道教的中心却在原南宋统治地区。

正一道教之所以能够在元代复兴，而且后来的发展势头好过全真道教，纯属事出偶然。1258年，忽必烈奉汗兄蒙哥之命代替塔察儿攻打鄂州。成功渡江后，他派遣了一个叫王一清的道士，到江西龙虎山去参见正一道教第三十五代天师张可大。张可大让王一清给忽必烈传话："后二十年天下当混一。"说来也巧，到至元十三年（1276年）的时候，忽必烈果然灭亡南宋，统一了南北。忽必烈认为张可大的"神仙之言"非常灵验，于是派遣使者邀请张可大之子，第三十六代张天师张宗演北上大都，并安排文武百官郊迎，规模隆重。此次北行，张宗演获得总领江南道

----

[1]《张光弼诗集》卷3《辇下曲》。

教的权力。

此次觐见后，张宗演留下弟子张留孙作为在大都的常驻代表，服务于皇室贵族。由于张留孙法术灵验，大为忽必烈赏识，连年被派往各地代替皇帝祭祀山岳河渎，甚至在晚年请其卜筮决策是否任用完泽为丞相。至元十五年（1278年）"加玄教宗师，授道教都提点，管领江北、淮东、淮西、荆襄道教事，佩银印"[1]。由此，道教的新支派——玄教形成。

为复兴道教，张留孙凭借特殊身份，积极奔走于蒙古权贵中间，加之圣眷优渥，声誉日隆。至延祐二年（1315年），头衔已累增为"开府仪同三司、辅成赞化保运玄教大宗师、特进上卿、志道弘教冲玄仁靖大真人、知集贤院事、领诸路道教事"[2]，在元代道教领袖中可谓超越常伦。

与那些从基层发展起来的教派不同，张留孙开创的玄教，先是由朝廷确认，然后自上而下，分派骨干力量，到各地吸收信徒。在发展壮大过程中，组织制度不断健全完善。至治元年（1321年）张留孙去世后，又经历了五任教主，尤以继任教主吴全节在位时间最长，达25年之久。此间，玄教不仅在政治地位上延续了先前的尊崇显贵，在思想文化上更注重兼容并蓄，儒化程度越来越深，进入了发展的鼎盛时期。直至元朝灭亡，玄教依托的政治土壤不复存在，才又回到龙虎宗正一教的旗帜下。[3]

今北京朝阳门外的东岳庙，号称正一道教在华北地区的第一大丛林，即为英宗朝张留孙及弟子吴全节所倡导兴修。庙中由赵孟頫撰写和书丹的《张天师神道碑》，被誉为元代书法艺术的珍品，至今矗立在东岳庙大殿旁。

[1] 《清容居士集》卷34《有元开府仪同三司上卿辅成赞化保运玄教大宗师张公家传》。

[2] 《贞一稿》卷1《故保和通妙宗正真人徐公行述》。原书"玄""弘"避讳作"元""宏"，今改正。

[3] 参阅陈高华、张帆、刘晓：《元代文化史》，广东教育出版社，2009年，第204页。

2. 释氏掀天官府

嗟彼西方教，崇盛何炜煌。

至尊犹弟子，奴隶视侯王。

禅衣烂云锦，走马趋明光。

民赋耗太牢，永言奉祈禳。

寂寂东家老，弦歌守其常。[1]

元朝佛教各派中，藏传佛教在朝廷的地位最高。但就全国而言，最为流行的却是禅宗。同时，从佛教派生出来的白云宗、白莲教等教团，在南方也拥有越来越多的徒众。

佛教在元朝的势力非常大，尤其是藏传佛教，几乎达到了历史上前所未有的鼎盛。事实上，蒙古人在入主中原的过程中，最早接触的是汉地佛教。当时汉地佛教主要分作禅宗、教、律三派，以禅宗为大宗，在民间流行最广，教、律二家则逐渐逊色。禅宗内部又有曹洞宗、临济宗等派别。

曹洞宗在元初北方势力较大，以万松行秀及其弟子福裕为领袖。万松行秀曾被成吉思汗召见，住持燕京万寿寺，晚年退居从容庵，号"万松老人"。著有《祖灯录》《从容庵录》《辩宗论》等，耶律楚材曾追随他学禅。弟子福裕是少林寺的长老，曾在蒙哥汗时期亲自到和林去状告全真道教。当时，福裕显然是代表禅宗等汉地佛教去和全真道教等论辩争锋的。

临济宗以海云印简法师最为著名。海云和蒙古人的接触最早，关系也最为密切。忽必烈尚在藩邸之时，就曾召海云法师到漠北去，询问佛法大意。海云法师向忽必烈宣讲人天因果之教，对他进行了佛教的启蒙。如今北京的白塔寺，虽然是藏传佛教的

---

[1] 《纯白斋类稿》卷2《京华杂兴诗二十首·其六》。

遗存，里面还存有一尊元代海云法师的雕像。

藏传佛教俗称喇嘛教，受密教影响极深，又吸收了吐蕃本地宗教苯教的成分。元代藏传佛教主要有萨斯迦、噶举、噶当、宁玛等派别。它与汉地佛教虽然在教义上不尽相同，但在两次佛道大辩论中的立场则是同气连枝的。蒙古上层接触藏传佛教，肇基于窝阔台之子阔端和萨迦班智达的凉州会面。双方经过谈判后，结成政治联盟，蒙古皇子阔端成为萨斯迦派在吐蕃世俗的支持者。

这是一次有重大历史意义的会面。以此为契机，蒙古帝国的势力逐渐延伸到了吐蕃地区；而萨斯迦派也依仗蒙古的势力，在和其他教派的角逐中脱颖而出，成为吐蕃的主流教派，在元前中期势力最大，直至元后期风头才被噶举派盖过，但帝师一职始终控制在萨斯迦派手中。

阔端去世后，其子蒙哥都继续负责经略当地。萨迦班智达离世后，他的侄子八思巴继承了第二任教主之位，留在蒙哥都身边。忽必烈在远征大理途径六盘山时，见到八思巴，对这位年轻的吐蕃僧人非常欣赏，于是用100名蒙古骑兵与蒙哥都交换，将八思巴收到了麾下。后来，忽必烈征服大理北返时，八思巴主动赶到忒剌去见他，让忽必烈大为感动。在开平的佛道辩论中，八思巴表现出色，为佛教压倒道教发挥了不容小觑的作用。

早在1254年，忽必烈和他的正妻察必及子女都皈依了藏传佛教，八思巴还为他们举行了灌顶仪式。这样，忽必烈和八思巴初步结成施主与福田的关系。忽必烈是世俗的施主、供奉人，八思巴负责为忽必烈祈祷。元朝建立后，忽必烈又为八思巴上尊号，先是尊为国师，后来又加封帝师。忽必烈还帮八思巴在吐蕃地区建立了一套政教合一的体制。政治方面，八思巴是吐蕃地区的元首；宗教方面，八思巴是吐蕃地区所有藏传佛教的首领，同时还以帝师的身份兼任宣政院使。"于是帝师之命，与诏敕并行于西土"[1]。 帝师不仅是吐蕃地区的政、教首领，而且是元帝国佛教的最高统领。

> 华缨孔帽诸番队，前导伶官戏竹高。白伞葳蕤避驰道，帝师辇下进葡萄。
>
> 炉香夹道涌祥风，梵辇游城女乐从。望拜彩楼呼万岁，柘黄袍在半天中。[2]

八思巴在元大都大明殿的御座之上设置了白伞盖，并举行"游皇城"等宗教活动，更在崇天门建起了高达数丈，意为"金轮转王统制四海"的大金轮。在元大都皇宫中，都能建立如此显赫的藏传佛教的标志性设施，可见其在元朝宫廷中的地位。一些西番僧人可以自由出入掖庭宫闱，"西天呪师首蜷发，不澡不颒身亦殷。倒垂璎珞披红羼，出入宫闱无觍颜"[3]。

作为施主，忽必烈为藏传佛教在汉地的传播尽了很多义务。他出资修建了中原汉地最早的一批藏传佛教寺院，如大都的大护国仁王寺、大圣寿万安寺，上都的大干元寺、涿州的护国寺等。忽必烈还给以八思巴为首的喇嘛巨额的赏赐。对喇嘛的赏赐和奉献也因此成为元朝财政方面一个非常沉重的负担。

> 西番灯盏重百斤，刻铭供佛题大臣。
> 黄酥万瓮照无尽，上祝皇厘下己身。[4]

世祖时，醮祠佛事之目才百余项，成宗大德年间增至500

---

[1] 《元史》卷202《释老传》。
[2] 《张光弼诗集》卷3《辇下曲》。
[3] 《张光弼诗集》卷3《辇下曲》。
[4] 《张光弼诗集》卷3《辇下曲》。

余项，武宗以后，"不知几倍"。一些僧徒贪利无已，营结近侍，欺昧奏请，布施莽斋，所需非一，"岁费千万"。延祐四年（1317年），宣徽使核算每年内廷佛事所供费用，计用面439 500斤，油79 000斤，酥21 870斤，蜜27 300斤。[1]

汪元量有"释氏掀天官府"[2]之句，真切反映了藏传佛教进入蒙元宫廷并得到了皇族崇奉之后的显赫地位。《元史·释老传》云：

> 百年之间，朝廷所以敬礼而尊信之者，无所不用其至。虽帝后妃主，皆因受戒而为之膜拜。正衙朝会，百官班列，而帝师亦或专席于坐隅。且每帝即位之始，降诏褒护，必敕章佩监络珠为字以赐，盖其重之如此。其未至而迎之，则中书大臣驰驿累百骑以往，所过供亿送遗。比至京师，则敕大府假法驾半仗，以为前导，诏省、台、院官以及百司庶府，并服银鼠质孙。

随着藏传佛教逐渐进入了元朝的宫廷，西番僧人的势力越来越大，帝师诸弟子之号司空、司徒、国公，佩金玉印章者，前后相望。为其徒者，"怙势恣睢，日新月盛，气焰熏灼，延于四方，为害不可胜言"。

臭名昭著的江南释教总统杨琏真加，发掘南宋皇陵和大臣冢墓凡101所，戕杀平民4人，受人献美女宝物无算。攘夺盗取财物，总计金1700两、银6800两、玉带9、玉器大小111、杂宝贝152、大珠50两、钞116 200锭、田23 000亩，私庇平民不输公赋者23 000户，"他所藏匿未露者不论也"。

---

[1]　《元史》卷202《释老传》。

[2]　《增订湖山类稿》卷3《自笑》。

曾经代元成宗出家的国师必兰纳识里，至治三年（1323年）因与安西王子月鲁帖木儿等谋不轨，坐诛。有司籍之，"得其人畜土田、金银货贝钱币、邸舍、书画器玩以及妇人七宝装具，价值巨万万云"，堪称富可敌国。

泰定二年（1325年），西台御史李昌言："尝经平凉府、静、会、定西等州，见西番僧佩金字圆符，络绎道途，驰骑累百，传舍至不能容，则假馆民舍，因迫逐男子，奸污女妇。奉元一路，自正月至七月，往返者百八十五次，用马至八百四十余匹，较之诸王、行省之使，十多六七。"[1]西番僧人利用特权，严重干扰了元朝驿站的正常业务。

相比于佛教，忽必烈接触儒学和道教也很早，他还被尊为"儒教大宗师"。那么，忽必烈为什么没有完全儒化汉化，而是皈依了藏传佛教呢？这主要是因为，游牧民族的蒙古族和半游牧、半农耕的吐蕃人在习俗上比较接近，文化亲和力颇多，其原始宗教萨满教和吐蕃的苯教或有相通。

还有藏传佛教的追求来世及神秘性也很关键。元顺帝太子爱猷识理达腊先学儒而后"崇尚佛学"，颇能说明问题。爱猷识理达腊开始跟着进士李好文学儒读经，后来师从喇嘛学习佛学。他曾经大发感慨道："李好文先生教我儒书多年，尚不省其义。今听佛法，一夜即能晓焉。"[2]由于儒学追求现世的仁义道德约束来规范自身的思想行为，那么，在现世规范道德和个人本欲不相符合时，只有压抑或改变个人本欲，以服从现世的仁义道德。而佛教追求来世和赎罪，对现世的束缚不直接，离世俗远一些，神秘感颇强，也更容易被粗犷率直的民众所认同。于是，忽必烈和爱猷识理达腊等蒙古人，自然愿意接受和其文化根基及本性更贴近的藏传佛教。

---

[1] 《元史》卷202《释老传》。
[2] 《元史》卷46《顺帝纪九》。

3. 伊斯兰教的蔓延

成吉思汗及其子孙的多次西征，征服了中亚、西亚各国，也打通了中西交往的通道，大批阿拉伯、波斯和伊斯兰化的突厥人以及西域各族纷纷东来，或随军，或经商，或从政，足迹几乎遍布中国各地，其人数远超唐宋以来客居中土的"土生蕃客"。尽管元代回回人种族繁多，来源不一，甚至语言各异，但是他们在"回回"称号下，以伊斯兰教为纽带，被松散地组合在一起，使得伊斯兰教在唐宋东传的基础上，在元代又有了更为充分的发展和传播。

元代是伊斯兰教在中国大发展的时期，这主要与回回大臣在元廷中的显赫地位密切相关。蒙古国时期燕京的断事官牙鲁瓦赤、大兴扑买的商人奥都剌合蛮，还有忽必烈时期专权20年的阿合马，泰定帝时期的倒剌沙等，都是回回人。尤其是阿合马和倒剌沙，二人合计当权近25年，占了元朝国祚的四分之一。若干回回大臣在元廷柄国，给伊斯兰教在东土的传播发展提供了优渥的政治文化环境。不过，伊斯兰教地位的升降也与回回权臣地位的变化密切相关，但总体来说是受到特殊照顾的。

元代的穆斯林活动具有如下几个特点。

首先是享有充分的宗教信仰自由，伊斯兰教得到官方支持。答失蛮（伊斯兰教士）不仅宗教活动自由，而且可以享受免除赋税的特权。

其次，元时"回回遍天下"，清真寺的建设也如雨后春笋一般遍布各地。至正八年（1348年），中山府《重建礼拜寺记》碑载："今近而京城，远而诸路，其寺万余，俱西向以行拜天之礼。"[1]清真寺中的神职人员配备齐全，有主教"谢赫·伊斯

[1] 孙贯文：《重建礼拜寺记碑跋》，《文物》1961年第8期。

兰"、神职人员"亦绵""没塔完里""谟阿津"等。伊本·白图泰说中国每一座城市都设有谢赫伊斯兰,"总管穆斯林的事务"。全国穆斯林的首领是谢赫鲍尔汗丁·萨额尔智,由皇帝任命,"并以萨德尔·吉汗称呼他"[1]。可见元代伊斯兰教与佛、道一样,也有全国性组织和机构。

再次,伊斯兰教教义、教法的解释开始儒化。元中后期,大批回回人在姓氏、语言等方面逐渐汉化,儒家学说也渗透进入伊斯兰教教义中,这实际上是明中叶"以儒释教"运动的滥觞。中山府《重建礼拜寺记》碑文云:

> 其奉正朔,躬庸租,君臣之义无所异;上而慈,下而孝,父子之亲无所异;以至于夫妇之别,长幼之序,朋友之信,举无所异乎。夫不惟无形无像,与《周雅》无声无臭之旨吻合;抑且五伦且备,与《周书》五典五惇之义文符契,而无所殊焉。

元廷主要设立回回哈的司,由哈的大师来管辖本教事务以及回回人的户婚、钱粮等诉讼。哈的司是官方管理伊斯兰教徒的一个专门性机构,它和管佛教的宣政院、管基督教的崇福司等各司其职,分别管领本教事务。

从现存记载来看,元朝时期,中亚、西亚的一些伊斯兰教派别也开始在中国本土出现。例如泉州一带,就有回回什叶派和苏菲派的某些活动,还留下了一些文物遗存,有些陵墓题铭上也显示出什叶派或苏菲派的文化特征。据学者推测,元末泉州的什叶派和苏菲派之间还出现过教派纷争,甚至发生械斗。相关记载虽只是蛛丝马迹,但也反映出当时伊斯兰教的繁荣态势。

[1]《伊本·白图泰游记》,第400、406页。

拉施特《史集》载，忽必烈之孙嗣安西王阿难答就是穆斯林。其麾下的15万蒙古军多数皈依了伊斯兰教。从时间和进度来看，这个说法不无部分夸张之嫌，但陕、甘、宁地区的蒙古探马赤军兵士在元朝中叶逐步伊斯兰化，还是完全可能的。相对而言，回回人在陕、甘、宁一带的分布较为集中。如甘南临夏，元朝时名河州，至今清真寺林立，风情独特，号称中国的"小麦加"。现临夏城外的东乡，是东乡族所在。东乡族民众从形貌来看，色目人的特征比较明显，身材一般较高，成年男子多蓄大胡子、浓眉毛、肤色偏白。研究表明，东乡族族源主要是信仰伊斯兰教的色目人和蒙古人，语言属于蒙古语族。讫元末，河州地区一直驻扎蒙古探马赤军的重兵。元末明初吐蕃宣慰司都元帅索南普率领所部河州蒙古探马赤军兵士归降明朝，被编为河州卫，世代驻屯于城外东乡的山地上。今东乡族近30万人，大抵是元末明初河州蒙古探马赤军兵士的世代繁衍群体。而元代河州蒙古探马赤军恰隶属于皇子安西王麾下。如果他们在元末前后已经伊斯兰化，那么，前述《史集》中阿难答军中15万人多半皈依伊斯兰教，殆非虚言。

回回人散布于全国南北各地，在江南定居者尤其多。元朝实行"教诸色人户，各依本俗行者"的政策，回回人"惟其国俗是泥"[1]，继续崇奉伊斯兰教。

> 花门齐候月生眉，白日不食夜饱之。
> 缠头向西礼圈户，出浴升高叫阿弥。

这是诗人张昱描述的大都城内伊斯兰教徒封斋节的真实情

---

[1] 《元典章·新集至治条例·刑部·诉讼·约会·回回诸色户结绝不得的有司归断》；《至正集》卷53《西域使者哈只哈心碑》。

景。他还记载了当时穆斯林们庆祝开斋节的热闹场面：

> 高昌之神戴羖首，仗剑骑羊势猛烈。
> 十月十三彼国人，萝葡面饼贺神节。[1]

回回人在全国范围内是分散各地的，但在某一个区域内他们又是聚居的，即所谓"大分散，小聚居"。他们固守伊斯兰教的教俗，在民间与汉人杂居，语言、文化上较多吸收汉民族的东西，逐渐形成了这样一个特殊的族群。

4. 基督教的东传

> 十字寺神呼韩王，身骑白马衣戎装。
> 手弹箜篌仰天日，空中来仪百凤凰。[2]

基督教自唐初就开始传入中国，被称为"景教"或"波斯经教"，教堂名"波斯寺"，属于基督教的聂思脱里派。会昌五年（845年）唐武宗灭佛，景教在中国内地趋于灭绝。但在西北少数民族如克烈、汪古、乃蛮、畏兀儿人中，景教一直有所活动。

忽必烈的母亲唆鲁禾帖尼就是克烈部人，信奉聂思脱里教。聂思脱里教又称也里可温，是传到中国和突厥人中间的老式基督教教派之一。除克烈部以外，元代在汪古部居地、原西夏地区及大都，还有江南的镇江、杭州、泉州等地，都有也里可温的活动。《马可·波罗行纪》中记载，忽必烈平定东道乃颜叛乱之时，

---

[1] 《张光弼诗集》卷3《辇下曲》。
[2] 《张光弼诗集》卷3《辇下曲》。

叛军中有打着十字架旗的。十字架是基督教的图案。追溯成吉思汗对诸弟分封，东道宗王的有些部众或来自信奉聂思脱里教克烈人，故而打出十字架图案的旗帜也不足为奇。

随着蒙古对中原地区的征服，信奉聂思脱里教的部分突厥、蒙古部民散居内地。同时，蒙古西征后掳回的战俘、工匠等人口中也有很多的西亚、东欧天主教徒。再有罗马教廷派出东来和元政权联络的天主教传教士，使得罗马天主教也传入中国。

元朝曾经在至元二十六年（1289年）设置过一个品级较高的机构——崇福司，专门管理全国的聂思脱里教的传教礼拜等事，各地也有几十个也里可温掌教司。和其他宗教人士一样，基督教士都享有减免差发的优待。

严格地说，也里可温专指基督教中的聂思脱里支派，并不包括天主教。在宋代以前，很少见到天主教东传的迹象和记载。但是，元代天主教在中土的传播，也有新的发展和推广。从1307年开始，孟特·戈维诺接受天主教罗马教廷的派遣，被委任为大都和整个东方的主教。他在元大都修建了几座天主教堂，在泉州一带也指派了主教，直接受孟特·戈维诺洗礼的不下6000人。据说，原先信奉聂思脱里教的汪古部，后来也在该部首领阔里吉思驸马的说服之下多改宗天主教。阔里吉思，即西方人常用名乔治，成宗初在抵御察合台叛王笃哇时被俘杀。阔里吉思死后，汪古部其他部众又转而信奉原来的聂思脱里教，颇有周折。在元朝，信天主教的主要是西征时掳掠来的阿兰人和突厥人，汉人和蒙古人中的天主教信众并不多。

基督教在元朝的传播过程中间，有两个人物的作用比较突出：一个是马薛里吉思，另一个是爱薛。

马薛里吉思是西域撒麻儿干人。在蒙古西征的时候，他们家是世袭的"舍里八赤"。"舍里八"是一种用香果、蜂蜜混合而成的饮料，而为皇家配制和酿造这种饮料的人，被称为"舍里八赤"。南宋平定后，马薛里吉思于至元十四年（1277年）担任了镇江路的副达鲁花赤。他在江南地区为传播基督教不遗余力，"连兴土木之役"，在镇江、杭州等地修建了七个"十字寺"[1]，同时置办教徒墓地，集中埋葬该地区的教民。马薛里吉思的做法引起了佛教僧侣的不满和愤懑。因为镇江地处东南佛教的中心地带，佛教势力根深蒂固。马薛里吉思卸职后，镇江路的佛教僧众就在宣政院、功德使司的支持下，状告他擅作十字寺和侵占佛教寺产。可见，元中叶镇江和杭州一带基督教传播，得到了很大的发展。

爱薛为西域弗林（今叙利亚）人，是与忽必烈关系最为密切的基督教亲近侍从。爱薛精通西域诸国语言，擅长星历医药，他最早的职务就是掌管星历、医药二司。

世祖朝和四大汗国的关系中，与伊利汗国最为密切。世祖朝中期，爱薛奉命和孛罗丞相出使伊利汗国。后来，孛罗滞留在伊利汗国担任丞相，爱薛则辗转两年多回到大都向忽必烈复命。忽必烈对这件事很感慨，他说，孛罗是蒙古人，"生吾土，食吾禄"，却"安于彼"；而爱薛是西域人，已经西归故乡叙利亚，却又回来侍奉我，"忠于我"。从此，忽必烈更加宠信爱薛，还授权他可以随时向皇帝进奏。

按照元朝宫廷制度，在万人怯薛里并不是所有人都跟皇帝亲近，只有经常服侍皇帝的少数执事和怯薛长才有机会。爱薛在出使伊利汗国以前并不能亲近服侍大汗，有了忽必烈授权才得以升格为近侍。

由于忽必烈的宠幸，爱薛逐渐成为基督教徒在元廷中官职最高的人物。他担任过广惠司、秘书监官，而后领崇福司事，掌管

---

[1] 《至顺镇江志》卷9《僧寺·大兴国寺》，第365—366页。

全国的也里可温事务，还加封翰林学士承旨，兼修国史。[1]此翰林学士承旨是蒙古翰林院的长官，秩从二品，级别很高。回回人和蒙古人担任此官职者，肯定是宫廷宿卫士中掌文书的必阇赤长，地位更为显要，和皇帝非常亲近。爱薛曾多次劝导忽必烈不要过分倚重藏传佛教，应该给道教等一些优惠或特权，实际上也是为基督教争取更大的传播发展空间。

爱薛还介入忽必烈时期一场基督教徒和伊斯兰教徒的冲突中。这场冲突的焦点是"抹杀羊"。至元十六年（1279年），一些从北边运送海东青的回回人，在沿途的驿站拒绝食用管理人员提供的羊肉，要求用自己"抹杀"的方法来宰杀羊。忽必烈听说后非常愤怒，降旨所有的回回人，不允许食用以"抹杀"形式宰杀的羊。

回回人和蒙古人在宰杀羊的习俗上确有差别。所谓的"抹杀羊"，俗称抹脖子，割断喉咙气管以宰杀羊，这是回族的习俗。而蒙古人杀羊，则是直接刺破羊的心脏，且取羊血做血豆腐。忽必烈没有尊重回回人的风俗习惯，他之所以强令回回人采用蒙古式的杀羊法，主要是本着奴随主俗的理念。忽必烈认为，回回人都是黄金家族西征时掳掠过来的奴隶，宰羊方法就得遵从主人的风俗。"禁抹杀羊"命令下达后，还鼓励回回人的奴婢告密，凡告密者可以放免为良人，甚至转赐所没收的回回人的财产。

据拉施特《史集》的说法，在这次禁止穆斯林以"抹杀"的形式食用羊肉的事件中，身为基督教信徒的爱薛起了推波助澜的作用。这项禁令的实施从至元十六年直到至元二十二年，长达七年之久。后来桑哥充任丞相，收受了穆斯林的贿赂，才在忽必烈面前替回回人说情。桑哥借口"抹杀羊"禁令实行后，境外的穆斯林商人都不愿东来贸易，关税收入随之减少，西域珍宝也无法

[1]　《程钜夫集》卷5《拂林忠献王神道碑》。

输入，这才让忽必烈回心转意，撤销了禁令。这是在伊斯兰教和基督教大规模地传入元廷及民间之际，所发生的一次宗教冲突。实际上是基督教徒爱薛等借助忽必烈的权威，来制裁和压抑伊斯兰教势力。

二 百年礼乐付儒官

1. 理学北传和官学化

靖康之变，衣冠南渡，理学亦随之图南，"自伊洛入于江汉，自江汉入于闽越。百有余年之间，蝉联荆楚，蔓衍巴蜀，蜂涌旁魄，弥亘岭海"[1]。在南宋理学不断流布蔓延的同时，与南宋相对峙的金朝则由于"南北道绝，载籍不相通"[2]，其统治下的中原地区理学发展十分缓慢。

蒙古灭金后，奄有中原广大地区，兵锋直指南宋。窝阔台汗七年（1235年），蒙古大军攻占德安，姚枢于军俘中解救出江汉先生赵复，并携至燕京，请其讲学于太极书院。

太极书院为中书令杨惟中所创。郝经《太极书院记》载：

> 庚子、辛丑间，中令杨公当国，议所以传继道学之绪，必求人而为之师，聚书以求其学，如岳麓、白鹿，建为书院，以为天下标准，使学者归往，相与讲明，庶乎其可。乃于燕都筑院，贮江淮书，立周子祠，刻《太极图》及《通书》《西铭》等于壁，请云梦赵复为师儒，右北平王粹佐之，选俊秀之有识度者为道学生。推本谨始，以"太极"为名，

[1]《陵川集》卷24《与汉上赵先生论性书》。
[2]《元史》卷189《儒学传一·赵复》。

于是伊洛之学遍天下矣。[1]

赵复以其所记程朱所著诸经传注，选取遗书八千卷，又著《传道图》《伊洛发挥》《师友图》《希贤录》等书，全面阐述孔孟之道、程朱理学的书目、宗旨、师承关系，一时如姚枢、窦默、许衡、郝经、刘因、杨奂辈，或亲传其学，或得其书而尊信之，"由是北方之学郁起，如吴澄之经学，姚燧之文学，指不胜屈，皆彬彬郁郁矣"[2]。

郝经对赵复在理学北传中的开山之功评价至高：

> 于是近岁以来，吴楚巴蜀之儒与其书浸淫而北，至于秦雍，复入于伊洛，泛入三晋齐鲁，遂至燕云辽海之间。而先生巍然以师道自处，学者云从景附。又为《伊洛发挥》一书布散天下，使孔孟不传之绪，家至日见。则道之复北，虽存乎运数，其倡明指示，心传口授，则自先生始。呜呼！先生之有功于吾道，德于北方学者，抑何厚耶！[3]

理学北传在当时蒙古初定中原之际无疑具有积极意义，郝经指出："今也传正脉于异俗，衍正学于异域，指吾民心术之迁，开吾民耳目之蔽，削芜漫，断邪枉，破昏塞，俾六经之义、圣人之道，焕如日星，沛如河海，巍如泰华，充溢旁魄，大放于北方。"[4]理学"开北方之草昧"[5]之功实为至大。

─────────────

[1] 《陵川集》卷26《太极书院记》。

[2] 《元史》卷189《儒学传一·赵复》；黄宗羲原著，全祖望补修，陈金生、梁运华点校：《宋元学案》卷90《鲁斋学案·隐君赵江汉先生复》，中华书局，2007年。

[3] 《陵川集》卷24《与汉上赵先生论性书》。

[4] 《陵川集》卷30《送汉上赵先生序》。

[5] 孙奇逢：《夏峰先生集》卷11《元儒赵江汉太极书院》，清道光二十五年（1845年）大梁书院刻本。

理学能够在北方迅速传播，首先与北方儒士的推动密不可分。姚枢、许衡、窦默等在北方汉地具有重要影响力的儒士们，一方面积极保护从南方来的理学家和理学文献，另一方面招徒设学，口传身授。

姚枢从子姚燧曾列举姚枢四条"大益斯世"的事迹，"其一"便是"倡鸣斯道，使今天下乡校童蒙之师，犹知以《小学》《四书》为先，虽戴惠文身，为刀笔筐箧之行，与非华人，亦手披口诵是书。求厕士列者，往往多然"[1]。可见能够"手披口诵"儒家经典的并不仅仅局限于"华人"范围，在向非汉人范围的传播方面也颇有建树。

再看许衡。虽然忽必烈对许衡并不十分宠信，但许衡等对儒学向蒙古贵族的传播浸润始终持积极态度，认为要使蒙古统治者接受儒学，非两三代人的努力不可，所以格外用心地教育真金太子以及其他蒙古、色目年轻人。经过这些努力，蒙古人和色目人的一批贵胄，如不忽木、安童等及其后裔，儒化和汉化的程度都比较深。尽管他们在蒙古、色目人中的比例较小，但是对儒学的跨族群传播发展及"多族士人圈"的形成，意义深远。

明太祖朱元璋有言："当是时，元得一士而立纲纪，明彝伦，半去胡俗，半用华仪，中国得生全者，我汉儒许衡是也。如此者不三十年之间，华夷儒风竞起。人虽不为名儒，昔之不效者，今识字矣。"[2]

朱元璋认识到，经过许衡等汉儒的努力，整个元朝，包括蒙古人和色目人，大体上是"半去胡俗，半用华仪"，"昔之不效者，今识字矣"，蒙古人、色目人至少懂得一些汉文了。元代儒学的这类跨族际传播，意义匪浅。

---

[1] 《牧庵集》卷15《中书左丞姚文献公神道碑》。

[2] 朱元璋：《明太祖文集》卷16《辩答禄异名洛上翁及谬赞》，清文渊阁《四库全书》本。

其次，离不开最高统治者的支持。

前四汗时期，最早将儒学传播到蒙古上层的是崇佛宗儒的耶律楚材。他追随成吉思汗多年，颇受器重。窝阔台继位后，对他亦是信任有加。但是在蒙古统治者中，能够主动积极吸收儒学和任用儒士的，当属忽必烈。

1252年，北方名士元好问、张德辉欲尊其为"儒教大宗师"，忽必烈愉快地接受下来。[1]忽必烈也曾在潜邸召见赵复，对理学在北方传播显然是支持的。在此前后，忽必烈的金莲川幕府中也曾会集了一批汉族儒士。这些儒士学术虽志趣不尽相同，但无不殚精竭虑地向忽必烈献上儒学治国之道。王鹗进讲《孝经》《尚书》《易经》和古今之变、齐家治国的道理。赵璧把《大学衍义》译为蒙语，在骑马时为忽必烈陈说。窦默则首论三纲五常，还引起了忽必烈"人道之端，无大于此"[2]的共鸣。忽必烈先后任命名儒许衡为京兆儒学教授，张德辉为提举真定路学校，又根据张德辉的请求，颁降令旨让地方官府严格执行蠲免儒户兵赋的条例。[3]忽必烈藩邸分地京兆和代答剌罕管辖的邢州，实际上主要是以儒士和儒术来治理的。忽必烈还接受高智耀"以儒为驱，古无有也。陛下方以古道为治，宜除之，以风厉天下"的建议，命令高循行州县，释放四川和淮河一带被掳为奴的儒士数千人。[4]

儒学和儒士为忽必烈提供了来自汉地王朝非常丰富的政治经验，提供了直接治理汉地的基本蓝图和有效方略。这对忽必烈成为少数族君主中统一南北和以汉法治汉地的第一人，无疑具有非常重要的意义。

[1] 《元朝名臣事略》卷10《宣慰张公》。

[2] 《元史》卷160《王鹗传》、卷159《赵璧传》，《元朝名臣事略》卷8《内翰窦文正公》。

[3] 《元朝名臣事略》卷8《左丞许文正公》、卷10《宣慰张公》。

[4] 《元史》卷125《高智耀传》。

"圣代崇儒意匪轻，征车相望半诸生"[1]。忽必烈即汗位后的最初一两年，不少藩邸儒士被委以重任，担任了中书省宰执和宣抚使等。譬如中书省平章赵璧、右丞廉希宪、左丞张文谦、燕京路宣抚使李德辉、副使徐世隆、益都济南等路宣抚使宋子贞、副使王盘、北京等路宣抚使杨果、平阳太原路宣抚使张德辉、真定等路宣抚使刘肃、东平路宣抚使姚枢等。[2]他们占当时中书省正副宰相的一半，占十路正、副宣抚使的五分之二强。

尤其可贵的是，忽必烈还特意命令皇子真金从名儒姚枢、窦默受《孝经》。至元八年（1271年）又降旨新任国子祭酒许衡教蒙古生四人，后增至七人。这几名蒙古生又都是忽必烈亲自拣选出来的。坚童、太答、秃鲁及康里人不忽木均在受业行列。忽必烈曾亲自观赏他们所书字，亲自试验所学成效，对优良者予以嘉奖。忽必烈还特意嘱咐许衡用心辅导怯薛长、中书省右丞相安童。若干年以后，真金、不忽木、安童等均得到不同程度的儒化，并成为朝廷中儒士的政治代表或支持者。

然而，这只是事情的一个方面。应该承认和正视，忽必烈对儒学始终没有完全信奉和尊崇，而仅仅是有选择地学习和吸收。

元朝混一南北后，以吴澄为首的南方理学家，开始大批地到北方去宣讲理学。于是之前在南方流行的理学，也较多传播到北方，南北理学最终逐渐融为一体。

事实上，元代理学家的政治态度和理学特点也并非完全一致。许衡、郝经、窦默等人，积极用世，身显廊庙，在理学只是"承流宣化"，不重玄奥；刘因、吴澄、许谦等人，高蹈不仕，闭门冥索，其理学趋于幽玄，走的是所谓"上达"一路；而陆学人物如陈苑、赵偕、郑玉等更是屏迹山林，玩性理，索

---

[1] 《秋涧集》卷15《送王子初总管奉诏北上》。
[2] 《元史》卷4《世祖纪一》。

诸天，其势力虽不及朱学，但他们终生不改陆学"自识本心"的宗旨。

这些理学家之中，又以许衡、刘因、吴澄最有影响，被称为元代三大学者。而许衡、刘因又是"元之所藉以立国者也"[1]，许衡及其门徒在理学传播中的最大之功，就是积极促成了理学在元代的官学化，对理学的发展影响深远。

首先，在元前中期不行科举、却积极兴办儒学的政策环境下，理学家们所做的努力，便是力求用理学来统一儒学教育内容，无论官方儒学还是各地书院，大体皆以讲授朱熹理学为主。

其次，仁宗延祐年间重开科举之际，明经考试的内容，以程朱注解为主，《四书集注》被定为科场程序。这样，理学在统一官方儒学教育内容的基础上支配了延祐以后的科举，进而完成了官学化的过程。尽管元朝科举开得很晚，元代几个理学宗师的理论建树也难望程朱陆王项背，但就儒学自身的发展而言，元代儒学的一个非常重要的动向就是理学官学化，其意义重大而深远。

但是，理学官学化所派生的消极影响也不容忽视。

官学化等于被国家和皇权所收编，这不仅束缚了儒士的思想自由和活力，而且在儒学、儒士与国家、君主的复杂关系中，以道和道统抗衡君权的意识也被削弱。这也是元后期以及明清，君统和君权上升、士人地位下降的不可忽视的一个文化环境。官学化，意味着儒学丧失自由发展的空间和地位。从孔孟时代开始，儒学的道和道统，拥有至高无上的地位，程朱理学本身就具有很强的批判性。他们认为，三代以后，君统和道统是分离的。士大夫作为道的载体，对专制君主能够进行建议和批评，即所谓"致

[1] 《宋元学案》卷91《静修学案·文靖刘静修先生因》。

君行道"。这是长期以来，儒士们运用道和道统批评君权、挑战君统的一个重要理论依据。理学被收编后，在"天地君亲师"的纲常秩序下，君统或被置于道统之上，敢于在朝堂上公开谏诤皇帝的士大夫虽不乏见，但是谏诤之后往往要挨板子受廷杖，甚至被诛杀。这是在唐宋较为少见的。

2. 儒学、儒士的境遇

已见前说，耶律楚材是最早将儒学传播到蒙古上层的。他先后辅弼成吉思汗父子30余年，担任中书令达14年之久，倡行儒家治国之道，开启了蒙古帝国文治的开端。

> 楚材又请遣人入城，求孔子后，得五十一代孙元措，奏袭封衍圣公，付以林庙地。命收太常礼乐生，及召名儒梁陟、王万庆、赵著等，使直释九经，进讲东宫。又率大臣子孙，执经解义，俾知圣人之道。置编修所于燕京、经籍所于平阳，由是文治兴焉。[1]

为了让窝阔台认识到培养儒臣的重要性，耶律楚材又向窝阔台提出了科举取士的建议。他说："制器者必用良工，守成者必用儒臣。儒臣之事业，非积数十年，殆未易成也。"

1238年，大蒙古国在完成儒士的登记工作后，"命宣德州宣课使刘中随郡考试，以经义、词赋、论分为三科，儒人被俘为奴者，亦令就试，其主匿弗遣者死"。这场考试，得士凡4030人，如东平杨奂等人，"皆一时名士"[2]。

---

[1] 《元史》卷146《耶律楚材传》。

[2] 《元史》卷146《耶律楚材传》、卷81《选举志一·科目》。

　　"戊戌选试"拯救了大批沦为奴隶的儒士命运，恢复了自由身，为传承中原儒学文脉作出了贡献。至少有1000多名儒士不但脱离了奴籍，还成为理政一方的官员。同时也为蒙古帝国的部分上层贵族灌输了以儒治国的思维观念，为忽必烈后来的"汉化"提供了条件。

　　可惜的是，这次"选试"并未在大蒙古国形成定制，在此后长达70余年的时间里，科举一直处于停罢状态，直至1314年元仁宗的"延祐开科"才得以恢复。

　　儒学在元代发生的重要变化，就是其独尊地位的丧失。

　　从汉武帝开始，儒学占据了独尊的地位。经过魏晋南北朝，道、释兴起，三教冲突和角逐，儒学的地位虽受到挑战，但在唐宋又重新巩固了其尊崇的地位。入元以后，忽必烈在治国过程中任用儒士，吸收了一些儒学理念，但因未能早开科举，"士失其业，志则郁矣"[1]。儒学和儒士的地位，与唐宋时代相比，自然不可同日而语。以宋遗民身份自居的郑思肖曾说："鞑法：一官、二吏、三僧、四道、五医、六工、七猎、八民、九儒、十丐。"认为儒士的地位不过是比乞丐稍高罢了。

　　和文天祥一起抗元的谢枋得也跟着郑思肖随声附和："滑稽之雄，以儒为戏者曰：'我大元制典，人有十等，一官二吏，先之者贵之也，贵之者谓有益于国也。七匠八娼、九儒十丐，后之者贱之也，贱之者谓无益于国也。'嗟乎卑哉，介乎娼之下丐之上者，今之儒也。"

　　郑思肖和谢枋得都是南宋遗民，始终对元廷抱着敌视和偏见，对元朝的政策素无好感，所以两人的口吻很像是在跟朝廷赌气，发泄内心怨懑。

---

[1] 郑经：《青楼集序》，载夏庭芝著，孙崇涛、徐宏图笺注：《青楼集笺注》，中国戏剧出版社，1990年，第20页。

事实上，两人的说法并非官方的规定，而是大体按户计名称排序。郑思肖紧接着又说："各有所统辖。僧为僧官统僧，道士为道官统道士。"[1]某种程度上当是折射元诸色户计各有所辖。所以，"九儒十丐"之说，并不能全面反映儒士和儒学的实际地位。

我们知道，儒户是元代诸色户计的一种，凡是祖先父辈中有名儒身份或是从事儒业的，可定为儒户，世袭充任。朝廷对儒户有一些优待，如免除徭役、差役，但赋税照缴。儒户固定化，是元朝的一项特殊的政策，也是对儒士的一种优待。

但儒士和儒学被边缘化又是显而易见的。从忽必烈开始，出现了一个奇怪的现象，朝廷虽然大规模地官办儒学，设书院，却迟迟不开科举。这一政策部分受到许衡等理学家的影响。因为程朱理学家，如朱熹等，对唐宋科举颇不以为然，认为它禁锢了思想和学术，主张以书院自由讲学的形式传播理学。当然，元代不开科举政策的核心背景，还是因为开科考试，蒙古人肯定比汉人逊色，更考不过南人，他们把持军政要职等政治特权就有丧失的危险。这种危险前景，忽必烈当然不愿意看到。所以明人程敏政议论说："观元之君，其贤者盖莫如世祖，然犹徇其国俗，内亲而外疏，抑儒而尚吏，重北而轻南。"[2]

由于赖以登龙仕进之途被长期堵塞，大多数儒士只能栖身于吏员和教官等卑下官职。而在地方教官中，唯教授有资品（从八品、正九品），每月薪俸亦不过才粮五石，钞五两。而学正、学录、直学、书院山长、县学教谕等均属无资品的流外职，薪俸更少，月领粮米三石、钞三两至米一石、钞一两不等。[3]更有甚

［1］《郑思肖集·大义略叙》，第186页；谢枋得：《叠山集》卷6《送方伯载归三山序》，《四部丛刊》续编本。

［2］程敏政：《篁墩程先生文集》卷37《题雪楼遗墨后》，明正德二年（1507年）刻本。

［3］《庙学典礼》卷2《学官职俸》。

者，多数下层教官升迁极慢，进入流品的机会渺茫，不免有"热选尽教众人取，冷官要耐五更寒"[1]之类的哀叹牢骚。就仕进只限于中下层教官及吏员的大多数儒士来说，其地位确实是比较低的。儒士虽然未必卑下到第九位，但比僧、道肯定是低的。汪元量"释氏掀天官府，道家随世功名。俗子执鞭亦贵，书生无用分明"[2]的诗句，并非无根之说。

总体而言，儒学和儒士的处境是喜忧福祸交参。一方面，元中前期，元代儒士阶层由于科举的停罢，仕进无门，从而缺席了像唐宋士人那样能够直接参与到高层政治权力的机会，社会地位大幅度跌落，甚至遭遇了更多的尴尬，"武夫豪卒诋诃于其前，庸胥俗吏姗侮于其后"[3]。他们饱读诗书，却很难见用于世，"淡文章不到紫薇郎，小根脚难登白玉堂"[4]。即使是极少数跻身集贤院、翰林院、秘书监等统治阶级上层的汉族士大夫，也大都"列在外廷，非召对不得宴见"[5]，很难在政治生活中拥有话语权。元中叶以后，随着理学的官学化，儒士处境有所改善，但毕竟丧失了独尊的地位。

另一方面，由于儒士享有较为宽松的政治和社会环境，较少受到政治权力的束缚，所以他们的个体意识倾向于追求独立和自适的精神风貌，反映在诗文、书画、戏曲等的创作上呈现出"大俗大雅"的极致特征。同时士人的职业趋向于多元选择，除了传统的以儒为业，还从事医生、术士、乐伎等。即使是郭守敬这样杰出的科学家，也往往被蒙古统治者视为术士。乐伎在历史上的地位，向来很低。隋唐前后，乐户曾属于半贱民。然而，在都市

---

[1]《稼村类稿》卷1《送余仲谦赴江州教》。

[2]《增订湖山类稿》卷3《自笑》。

[3]《墙东类稿》卷6《送萧仲坚序》。

[4] 张可久：《张小山小令》卷上《水仙子·归兴》，明嘉靖四十五年（1566年）李开先刻本。

[5] 虞集：《道园类稿》卷41《焦文靖公神道碑铭》，明初翻印至正刊本。

民众勾栏中，以关汉卿为首的杂剧创作者和演出者异常活跃。元杂剧繁盛一定意义上亦是元朝迟迟不开科举的副产品。众多精英之士，被迫在杂剧和科技的舞台上展示自己的才华。

我们更需要重视，不少汉人、南人儒士相继与大蒙古国和元政权合作，在中央和地方做官。这种合作肇始于耶律楚材。许衡和郝经二人，也竭力为之寻找理论依据。他们提出"能行中国之道，则中国主之也"等命题，奉道和道统为至上，少数民族君主入主中原后只要行中国之道，同样能成为正统君主，汉族士大夫也就可以归顺臣服，与其合作联盟。这样，他们就在"华夷""正统"等观念上予以变通，以扫清汉族儒士出仕元朝的思想或舆情障碍。后来，江南理学宗师吴澄和许、郝二人大同小异，他遵循"出处进退必有道"的信条，仕进也好，退隐也好，都以儒学的"道"为转移。当意见被采纳和"道"能兑现时，他出来做官。反之，则退隐田园。这实际上是《论语》用行舍藏说的翻版。

三　传奇乐府时新令

1. 元杂剧的繁盛

元人陶宗仪言："唐有传奇，宋有戏曲、唱诨、词说，金有院本、杂剧、诸宫调。"[1]

元杂剧就是在宋金杂剧、说唱诸宫调的基础上发展起来的。宋代在汴梁和临安城内的勾栏瓦舍中，皆有"戏曲、唱诨、词说"的演出，但这些杂剧"大抵全以故事，务在滑稽唱念，应对通遍"[2]，与唐代的参军戏相差无几。南宋周密《武林旧事》记载临安演出的杂剧剧目已有280本之多。[3]

> 传奇杂剧竞排场，末旦装成出教坊。
> 踏索上竿陈百戏，隔墙又听打连厢。[4]

宋杂剧又逐渐吸收融合金中都的院本和诸宫调元素，摆脱了专以诙谐为主的程序，转以表现人物和表演故事为主。宋金杂剧主要有五种角色：副净、副末、引戏、末泥、孤装。"末泥为长，每四人或五人为一场，先做寻常熟事一段，名曰艳段；次做正杂剧，通名为两段。末泥色主张，引戏色分付，副净色发乔，副末

---

[1]　《南村辍耕录》卷25《院本名目》。

[2]　吴自牧：《梦粱录》卷20《妓乐》，清学津讨原本。

[3]　《武林旧事》卷10《官本杂剧段数》。

[4]　陆长春：《辽金元三朝宫词·金宫词》，载《辽金元宫词》，第69页。

色打诨，又或添一人装孤。其吹曲破断送者，谓之把色"[1]。

金时的院本和杂剧原本是一回事，入元以后，"始厘而二之"[2]。元人胡祗遹阐释这种变化说："乐音与政通，而伎剧亦随时所尚而变。近代教坊院本之外，再变而为杂剧。"[3]

元杂剧又称北杂剧，以歌曲（唱）为主，唱词由同一宫调的套曲组成，句尾入韵；宾白（白）、舞蹈动作（科）加以配合。一本剧本通常分为四折，剧前或两折之间可加"楔子"。曲词一般由一个演员演唱，角色分旦、末、净、杂。演唱的演员男称"正末"，女称"正旦"，"旦本女人为之，名妆旦色；末本男子为之，名末泥。其余供观者，悉为之外脚"[4]。

元杂剧的兴盛与散曲的繁荣息息相关，而散曲的繁荣则与契丹、女真、蒙古等少数民族乐曲向中原的大量传入有关。这些少数民族乐曲，从行腔歌辞到作奏乐器，都给中原人以耳目一新之感。于是中原士人便将北来之乐与中原的民间小调融汇在一起，创造了一种新声新词的新诗体——元散曲。正如明人王世贞所言：

> 曲者，词之变。自金元入中国，所用北乐，嘈杂凄紧，缓急之间，词不能按，乃更为新声以媚之。而诸君如贯酸斋、马东篱、王实甫、关汉卿、张可久、乔梦符、郑德辉、宫大用、白仁甫辈，咸富有才情，兼喜声律，以故遂擅一代之长。所谓宋词、元曲，殆不虚也。[5]

---

[1]《南村辍耕录》卷25《院本名目》；灌圃耐得翁：《都城纪胜》"瓦舍众伎"条，清康熙四十五年（1706年）扬州诗局刻本。

[2]《南村辍耕录》卷25《院本名目》。

[3]《胡祗遹集》卷8《赠宋氏序》。

[4]《青楼集志》，载《青楼集笺注》，第43页。

[5] 王世贞：《弇州四部稿》卷152《艺苑卮言附录一》，明万历刻本。

明人徐渭在《南词叙录》里曾对由乐曲的变化导致词的衰落、曲的繁兴有过精辟的表述:"今之北曲,盖辽、金北鄙杀伐之音,壮伟狠戾,武夫马上之歌,流入中原,遂为民间之日用。宋词既不可被弦管,南人亦遂尚此,上下风靡,浅俗可嗤。"[1]

元王朝华夷一统,疆域辽阔,国势威猛豪放,朔风劲吹。虞集以时代人的切身感受总结了散曲能够超越宋词流行于元世的根本缘由:"我朝混一以来,朔南暨声教,士大夫歌咏,必求正声,凡所制作,皆足以鸣国家气化之盛,自是北乐府出,一洗东南习俗之陋。"[2]

开国遗音乐府传,白翎飞上十三弦。

大金优谏关卿在,《伊尹扶汤》进剧编。[3]

杂剧题材十分广泛,内容异常丰富。"上则朝廷君臣政治之得失,下则闾里市井父子、兄弟、夫妇、朋友之厚薄,以至医药、卜筮、释道、商贾之人情物理,殊方异域风俗语言之不同,无一物不得其情、不穷其态"[4]。依照内容的不同,夏庭芝大致将杂剧归纳为以下科目:"驾头、闺怨、鸨儿、花旦、披秉、破衫儿、绿林、公吏、神仙道化、家长里短之类。"[5]驾头就是帝王戏;鸨儿就是风月戏;披秉就是大臣戏;破衫儿就是贫苦、乞丐类戏,始困终亨;公吏就是公案戏,其他几种顾名思义,毋庸赘解。

---

[1] 徐渭:《南词叙录》,民国六年(1917年)董氏刻读曲丛刊本。

[2] 虞集:《中原音韵原序》,周德清:《中原音韵》,清文渊阁《四库全书》本。

[3] 《复古诗集》卷4《宫词》。

[4] 《胡祇遹集》卷8《赠宋氏序》。

[5] 《青楼集志》,载《青楼集笺注》,第43页。

今人徐征等主编的《全元曲》，依据元末钟嗣成《录鬼簿》、元末明初贾仲明《录鬼簿续编》、明初朱权《太和正音谱》等书所载，共收录了元代278位曲作者的存世作品，计完整杂剧162种，残剧46种，并著录佚目429种，共637种。[1]从中可以窥见元杂剧的大致数量。

"我皇元初并海宇，而金之遗民若杜散人、白兰谷、关已斋辈，皆不屑仕进，乃嘲风弄月，留连光景，庸俗易之，用世者嗤之"[2]。元杂剧的创作者中，确有一部分是像杜仁杰、白朴、关汉卿这样"不屑仕进"的。但更多是由于科举停罢，仕进无门，不得已而为之。

明鸿胪少卿胡侍言：元时，"台省元臣、郡邑正官及雄要之职，尽其国人为之。中州人每每沉抑下僚，志不获展。如关汉卿入太医院尹，马致远江浙行省务官，宫大用钓台山长，郑德辉杭州路吏，张小山首领官，其他屈在簿书，老于布素者，尚多有之。于是以其有用之才，而一寓之乎声歌之末，以舒其怫郁感慨之怀，盖所谓不得其平而鸣焉者也。"[3]

由于科举的长期停罢，加之汉族文人士大夫长期被边缘化，处境尴尬。虽然主流士人仍能坚守儒学本业，但部分失意文人士大夫开始纷纷走向市井勾栏，成为"书会才人"，投身于元曲杂剧的创作，直接提升了杂剧的作品质量。当时有名的书会有玉京书会、元贞书会、武林书会等。贾仲明曾为赵子祥、李时中作吊词云：

　　一时人物出元贞，击壤讴歌贺太平，传奇乐府时新令，

---

［1］　参阅徐征等主编：《全元曲·凡例》，河北教育出版社，1998年版。

［2］　郑经：《青楼集序》，载《青楼集笺注》，第20页。

［3］　胡侍：《真珠船》卷4《元曲》，中华书局，1985年版。

锦排场起玉京。《害夫人》《崔和担生》，白仁甫、关汉卿，丽情集，天下流行。[1]

元贞书会李时中，马致远、花李郎、红字公，四高贤合捻《黄粱梦》，东篱翁头折冤，第二折商调相从，第三折大石调，第四折是正宫，都一般愁雾悲风。[2]

元代杂剧作家荟萃云集，最知名者如关汉卿、马致远、白朴、郑光祖等，被称为"元曲四大家"。

关汉卿是大都人，出身太医院户，"生而倜傥，博学能文。滑稽多智，蕴藉风流，为一时之冠"[3]。通晓五音六律，"会插科、会歌舞、会吹弹"[4]，不仅致力于创作，还"躬践排场，面傅粉墨"[5]，亲自登台表演。贾仲明吊词云他："珠玑语唾自然流，金玉词源即便有，玲珑肺腑天生就。风月情忒惯熟，姓名香四大神洲。驱梨园领袖，总编修帅首，捻杂剧班头。"[6]

关汉卿所在的玉京书会，是元大都一个集创作和表演杂剧的团体。他们是失意文人的代表，仕进无望或沉抑下僚，迫于生计，只好浮沉在民间艺人活动的场所，以雅就俗，为演唱的艺人编曲目、写剧本，提升演出质量。同时，在与下层百姓密切接触以后，得到了鲜活的创作源泉。

正是由于书会才人的非凡创作，加之朱帘秀等优秀勾栏艺人的优秀演出，两者完美结合，推动了杂剧艺术的繁荣，也把中国的戏曲表演艺术推进到一个金声玉振的新时期。《窦娥冤》《西厢

[1] 《新校录鬼簿正续编》卷上《赵子祥》。

[2] 《新校录鬼簿正续编》卷上《李时中》。"冤"疑"充"字之误。

[3] 《析津志辑佚·名宦》。

[4] 郭勋辑：《雍熙乐府》卷10《一枝花·汉卿不伏老》，《四部丛刊》续编本。

[5] 臧懋循：《元曲选序》，《元曲选》。

[6] 《新校录鬼簿正续编》卷上《关汉卿》。

记》《汉宫秋》《墙头马上》等一大批剧目，脍炙人口，广为传唱，无论是艺术性，还是现实性，都达到了前所未有的巅峰。

《青楼集》共记载元代杂剧、南戏、诸宫调等各类艺妓152人，其中女艺人117人，男艺人35人。女艺人中，容貌秀丽，演技精湛的比比皆是。

> 教坊女乐顺时秀，岂独歌传天下名。
> 意态由来看不足，揭帘半面已倾城。[1]

歌妓顺时秀本名郭芳卿，"性资聪敏，色艺超绝"，有教坊"白眉"之称。元文宗时常常被召入宫闱表演，"仗中乐部五千人，能唱新声谁第一？燕国佳人号顺时，姿容歌舞总能奇"。顺时秀有弟子陈氏、宜时秀，也都是教坊优伶，名擅一时。[2]

除了顺时秀外，他如张怡云"能诗词，善谈笑，艺绝流辈，名重京师"；珠帘秀被尊称"朱娘娘"，姿容姝丽，"杂剧为当今独步；驾头、花旦、软末泥等，悉造其妙"；李芝秀"记杂剧三百余段"。

朱锦绣"杂剧旦末双全，而歌声坠梁尘"。在花容月貌的女艺人群中，朱锦绣不过中人之姿，然"高艺实超流辈"。朱的丈夫侯耍俏也是杂剧艺人，工副净，"又善院本，时称负绝艺者"。与侯、朱比肩的夫妻档还有前辈樊亭阑奚、赵偏惜夫妇。[3]

> 愁的是抹回廊暮雨萧萧，恨的是筛曲槛西风剪剪，爱的是透长门夜月娟娟。凌波殿前，碧玲珑掩映湘妃面，没福怎

---

[1]　《张光弼诗集》卷3《辇下曲》。

[2]　《南村辍耕录》卷19《妓聪敏》；《高太史大全集》卷8《听教坊旧妓郭芳卿弟子陈氏歌》；杨基：《眉庵集》卷2《听老京妓宜时秀歌慢曲》，《四部丛刊》三编本。

[3]　《青楼集笺注》"张怡云""珠帘秀""李芝秀""朱锦绣"条，第64、82、165页。

能够见？十里扬州风物妍，出落着神仙。[1]

这是关汉卿写给杂剧女艺人珠帘秀的套曲《[南吕] 一枝花·赠珠帘秀》中的句子，足见一往情深。元时，书会才人、作曲家、官员等和勾栏艺人之间的关系往往十分密切，彼此能够互相欣赏，以便更好合作。如顺时秀称剧作家杨显之为"伯父"，且与散曲家王元鼎过从甚密。[2]天然秀，姓高氏，"闺怨杂剧为当时第一手。花旦、驾头，亦臻其妙"。高氏性格高洁凝重，"尤为白仁甫、李溉之所爱赏"[3]。李芝秀和散曲名家张可久交往甚契，张作《鹧鸪天·贻乐府李芝秀》，中有"秀结梨园五色芝，瑞云婀娜玉参差"之句。[4]

世祖朝曾官荆湖北道宣慰副使、浙西提刑按察使的胡祗遹十分喜爱和杂剧艺人交往，几次为艺人诗集作序，如《朱氏诗卷序》《优伶赵文益诗序》等。[5]对珠帘秀"极钟爱之，尝拟《沉醉东风》小曲以赠"。翰林待制冯海粟亦为珠帘秀填词《鹧鸪天》，珠帘秀"由是声誉益彰"[6]。

李娇儿本王德名妻，"姿容姝丽，意度闲雅，时人号为'小天然'。花旦杂剧特妙"，深得江浙驸马丞相眷宠，每逢生日，则有贺礼相赠。"至今歌馆，以为盛事"。[7]

文人士子与市井勾栏艺人的珠联璧合，赋予了杂剧艺术以常演常新的生命力。上自宫廷，下至平民社会，观赏戏剧演出成为

[1]《关汉卿集校注》，第1705—1706页。
[2]《新校录鬼簿正续编》卷上《杨显之》；《青楼集笺注》"顺时秀"条，第102页。
[3]《青楼集笺注》"天然秀"条，第128页。
[4] 唐圭璋编：《全金元词》下册"张可久"条，中华书局，2000年，第933页。
[5]《胡祗遹集》卷8《赠宋氏序》。
[6]《南村辍耕录》卷20《珠帘秀》。
[7]《青楼集笺注》"李娇儿"条，第179页。

一种娱乐习惯。而演出的商业化带来的竞争性，又进一步促进了
杂剧艺术的繁盛。

2. 杂剧南移和南戏的勃兴

元杂剧最早流行于腹里地区的山西、河北和大都等处。由于
金末战乱频仍，山西乃多山之地，更适合民众逃避战乱。一些文
人在避乱山西的过程中相继参与了民间的杂剧创作。后来，随着
局势的稳定而转移至河北一带。元朝定都燕京后，杂剧的创作和
演出中心也跟着移到了大都。

随着南北统一和京杭大运河的开通，大批名公才人如宫天
挺、郑光祖、曾瑞等纷纷南下，促使了南北曲的相互交融，为杂
剧艺术增添了新的活力，同时也对南地戏曲产生了影响。

杂剧南移的路线，主要沿大运河和长江水路而行，以杭州为
最盛，它如扬州、建康、苏州、松江等江南各地，也成为杂剧汇
聚之地。约成宗时期，以杭州为中心的南地杂剧作家群形成，如
金仁杰、范康、沈和、鲍天佑、陈以仁、范居中、施惠、黄天
泽、沈拱、吴本世等，皆是杭州本地人士。

也有一些寓居杭州的少数民族作曲家。如杨讷"故元蒙古
氏，因从姐夫杨镇抚，人以杨姓称之。善琵琶，好戏谑，乐府出
人头地"[1]。杨讷杂剧作品多达18种，知名者有《翫江楼》《西游
记》《盗红绡》等。

丁野夫是来自西域的色目人，元国子监生，爱羡钱塘山水之
胜，因而家焉。"动作有文，衣冠济楚。善丹青，小景皆取诗意。
套数、小令极多，隐语亦佳，驰名寰海"[2]。作品有《俊憨子赏西

[1]　《新校录鬼簿正续编》续编《杨景贤》。
[2]　《新校录鬼簿正续编》续编《丁野夫》。

湖》《清风岭》《浙江亭》《碧梧堂双鸾栖凤》等。

　　云南行省丞相赛典赤·赡思丁的曾孙、浙江行省平章乌马儿之子赛景初，也是一位回回剧作家，幼从嶻嶻学书法，"极为工妙"。后遭世多故，"老于钱塘西湖之滨"[1]。

　　追随北地杂剧作家南移的，还有大批杂剧表演艺人，如被艺人尊称"朱娘娘"的珠帘秀，就曾一度在扬州献艺，后嫁与钱塘道士洪丹谷，晚年流落并终老杭州。

　　到元朝中后期，杂剧女艺人多为元前期显赫京城的女艺人的徒弟及遍布运河一线的江淮、金陵、江浙等地的杂剧名角，如小玉梅、翠荷秀、平阳奴、郭次香、韩兽头、赵偏惜、李真童、芙蓉秀等，她们中有的人甚至杂剧与南戏兼擅。这些驰名的杂剧名角，顺着运河到达商业繁华的运河周边城市，用色艺双全的绝美技艺，为杂剧的传播和南移作出了巨大贡献。[2]

　　杂剧传到南方以后，又和当地的南戏相互交流和吸收，对后来明朝时期传奇戏曲的问世，作了很好的铺垫。

　　宋元南戏发源于浙江，大抵脱胎于温州地区的民间歌舞小戏，其曲是由宋人词益以里巷歌谣、村坊小曲而形成的村坊小戏发展起来的。由宋入元的刘埙言："至咸淳，永嘉戏曲出，泼少年化之而后淫哇盛，正音歇。"[3]明人徐渭《南词叙录》也云："永嘉杂剧兴，则又即村坊小曲而为之，本无宫调，亦罕节奏，徒取其畸农市女顺口可歌而已。"

　　　　江南名伎号穿针，贡入天家抵万金。
　　　　莫向人前唱南曲，内中都是北方音。[4]

---

[1]　《新校录鬼簿正续编》续编《赛景初》。

[2]　参阅陈京荣：《元代大运河的开通与北杂剧重心的南移》，《文教资料》2013年第26期。

[3]　《水云村稿》卷4《词人吴用章传》。

[4]　朱有燉：《元宫词一百首》，载《辽金元宫词》，第24页。

据夏庭芝《青楼集》载："龙楼景、丹墀秀，皆金门高之女也，俱有姿色，专工南戏。龙则梁尘暗簌，丹则丽珠宛转。后有芙蓉秀者，婺州人，戏曲小令，不在二美之下，且能杂剧，尤为出类拔萃云。"

南戏的活动中心在杭州、苏州一带。元初，北方杂剧兴盛，南戏一度衰落。元中期后，随着杂剧中心逐渐南移至杭州，南戏在吸收北方杂剧演唱艺术的基础上开始勃兴，发展成为更成熟的剧种。元末苏州就有吴中九山书会、敬先书会等创作南戏的书会组织。

杂剧大多限于四折，每折限于一种宫调，又限一人演唱，其律至严，不容逾越。南戏则比较自由灵活，一本剧没有一定的出数，一出中也不限于通押一韵、一个宫牌的曲牌；登场演唱的角色可生可旦，不必一人独唱到底，甚至二人互唱，或数人互唱，不受约束。同时，它的声腔也有了发展，出现了弋阳、余姚、海盐、昆山等腔。其中，昆山腔为昆山顾坚所创，流行于苏州一带，流丽悠远，出乎弋阳、余姚、海盐三腔之上，"听之最足荡人"[1]。

现存宋元南戏存目213种，存世完整剧本约10种，失传极为严重。南戏发展到元末，形式上已经比较成熟、稳定，这就形成了新的戏曲形式——传奇。元人高则诚创作的南戏《琵琶记》被誉为"传奇之祖"，具有较强的艺术性。元末明初，《荆钗记》《拜月亭记》《白兔记》《杀狗记》合称"四大传奇"。

元杂剧的南移和理学的北传，虽然呈现出的是两种不同的发展动向，然殊途而同归，实际反映的是在元代大一统格局下，南北文化的交流互动、融会贯通，有力地促进了元代多元文化的丰富发展。

---

[1] 徐渭：《南词叙录》，民国六年（1917年）董氏刻读曲丛刊本。

四 《蒙古秘史》与八思巴字

1. 源于"脱卜赤颜"的《蒙古秘史》

《蒙古秘史》又称《元朝秘史》或《元秘史》，其原文本为大蒙古国和元朝时期宫廷用畏吾体蒙古文所修国史"脱卜赤颜"的一部分。脱卜赤颜从大蒙古国时期开始修纂，中间可能有过辍修，但至少直至元文宗至顺三年(1332年)朝廷仍在续修。

脱卜赤颜是皇家秘籍，由翰林国史院掌管，"非可令外人传者"[1]，外人一律不得窥见。1368年闰七月，元顺帝妥欢帖睦尔仓皇逃往上都，八月明军占领大都后，脱卜赤颜连同其他内府秘籍一起并归明廷。

明初，朝廷为了培养通事、译字生等汉蒙翻译人才，翰林院译员们便将脱卜赤颜中成吉思汗和窝阔台的事迹部分选作教材进行加工，制成了一部特殊形式的汉籍。全书由正文、傍译、总译三部分组成，其中正文是用汉字音写的蒙古语，正文右侧逐词注有汉译即傍译，每隔一段长短不一的内容后附有汉文缩译即总译。

---

[1] 《元史》卷181《虞集传》。但元代可能有非皇室成员见过"脱卜赤颜"。在蔡巴·贡嘎多杰《红史》"八、蒙古（元朝）简述"中，作者就蒙古源流之叙述的前半部分，即从孛儿帖·赤那到忽必烈时期的史料来源作了极为明确的交代，称："以上是从《脱卜赤颜》一书中摘要抄录。"学者可以推测，蔡巴·贡嘎多杰所见《脱卜赤颜》是在忽必烈之后经过修正、续写的又一种畏吾蒙古文原始抄本。参见白·特木尔巴根：《元代学者著述中所见〈脱卜赤颜〉考述》，《中央民族大学学报(哲学社会科学版)》2014年第3期。

　　同样于明初成书的《华夷译语》，其编译形式和目的都与《蒙古秘史》相近，"以华言译其语，凡天文地理、人事物类、服食器用，靡不具载""自是使臣往复朔漠，皆能通达其情"。[1]

　　《蒙古秘史》全书共分为282"节"，内容主要分为三大部分：1—58节，记自成吉思汗二十二世祖孛儿帖·赤那至其父也速该·把阿秃儿以来的世系谱；59—268节，记成吉思汗的生平事迹；269—281节，记窝阔台即位后的简史(未提及他的去世)。282节为跋文，记此书"写毕"的时间和地点为"鼠儿年七月，于客鲁涟河阔迭额·阿剌勒地面处下时"。关于"鼠儿年"，除1240年外，还有1252年、1264年等说法。[2]

　　《蒙古秘史》目前流行的版本，分为以洪武刻本为祖本的12卷本和以《永乐大典》抄本为祖本的15卷本两个系统。这两个系统的版本，总的内容一样，节的划分亦同，只是分卷不同。12卷是最初的划分，15卷划分是后来在流传过程中出现的。

　　《蒙古秘史》原文所使用的文字，学术界普遍认为是畏吾体蒙古文。畏吾体蒙古文的原文已经散佚，流传下来的只是根据原文用汉文做成的教材，即这部题名为《元朝秘史》的书。把蒙古语原文作为正文，采用汉字音写，是为了汉人学习蒙古语的发音。旁边加注汉译，是为了学习者掌握蒙古语的词义，傍译当中还以特定用字表示蒙古语数、格、时制、语态、人称变位等特征，是为了便于学习者正确理解文中的语法现象。总译采用通顺的汉语翻译，是为了方便人们对该段原文的内容有一个总的了解。

　　皇家史乘"脱卜赤颜"在元廷退出中原迁回蒙古高原后，以

---

[1]　《明太祖实录》卷141，"洪武十五年春正月丙戌"条。

[2]　参阅余大钧：《〈蒙古秘史〉成书年代考》，《中国史研究》1982年第1期。

某种传抄本或异本的形式在草原上留存下来。虽然今天尚未看到这类本子的全貌，但幸运的是，17世纪的罗桑丹津《黄金史》中保留了大量的移录。与《元朝秘史》的量相比较，罗桑丹津《黄金史》大概收录了相当于其三分之二的内容。可以说，罗桑丹津《黄金史》和《元朝秘史》是"脱卜赤颜"的两个主要流传方向，罗桑丹津《黄金史》在内容上相对间接，但是保留了蒙古文的形式，有助于后人了解蒙古文的特征及变化；《元朝秘史》在内容上相对直接，又经过加工，有助于后人确认其读音和语义。[1]

《蒙古秘史》语言简洁明快，音韵节奏感强，具有鲜明的草原生活特色。它以人物传奇和民族崛起为叙事主线，包容着大量社会变迁史、军事斗争史、文化风俗史、宗教信仰史和审美精神史等资料，保存了蒙古族及中亚诸民族神话、传说、宗教信念和仪式、故事、寓言、诗歌、格言、谚语等内容，是一部非常重要的蒙古学文献。

清朝以来，中国学者对《蒙古秘史》的注释笺证、史地考证、版本源流、成书年代等方面的研究论著不断问世。从19世纪起，《蒙古秘史》开始流传到国外，有日、俄、德、英、法、匈、土、捷克等多种文字的译本。世界各国学者纷纷从史学、语言学、文学、军事学、民俗学等方面对《秘史》进行研究，如今早已发展为一门单独的国际性学术领域——"秘史学"。

2. 蒙古国字——八思巴字

八思巴师释之雄，字出天人惭妙工。

---

[1] 参阅乌兰：《〈元朝秘史〉版本流传考》，《民族研究》2012年第1期。

龙沙仿佛鬼夜哭，蒙古尽归文法中。[1]

忽必烈登基伊始，即命八思巴制蒙古新字，又名蒙古国字。"其字仅千余，其母凡四十有一。其相关纽而成字者，则有韵关之法；其以二合三合四合而成字者，则有语韵之法；而大要则以谐声为宗也"。实际上是用藏文字母来拼写成吉思汗时命塔塔统阿创制的畏兀儿体蒙古文。

至元六年（1269年），诏颁行八思巴字于天下。诏曰：

我国家肇基朔方，俗尚简古，未遑制作，凡施用文字，因用汉楷及畏吾字，以达本朝之言。考诸辽、金，以及遐方诸国，例各有字，今文治浸兴，而字书有阙，于一代制度，实为未备。故特命国师八思巴创为蒙古新字，译写一切文字，期于顺言达事而已。自今以往，凡有玺书颁降者，并用蒙古新字，仍各以其国字副之。"[2]

八思巴字之所以会成为一种官方通行的文字，因为它可以译写旧蒙古文、汉文、波斯文等其他文字，相较于畏兀体蒙古文，还有拼音准确等优点。从形式上看，八思巴字的原形是藏文，但是拼写的最基础的文字是蒙古文，动机也含有传播蒙古文化，最终目的是统一所有的文字。在当时来说，八思巴字的面世，确实为元朝统一多民族国家内部的语言交流提供了一定的便利。

裹头保母性温存，不敢移身出内门。

---

[1] 《张光弼诗集》卷3《辇下曲》。
[2] 《元史》卷202《八思巴传》。

寻得描金龙凤纸，学模国字教皇孙。[1]

忽必烈等元朝皇帝推行八思巴字的决心力度很大，就连皇室成员都要身体力行学习八思巴字。至元六年（1269年）七月，忽必烈下令设立诸路蒙古字学，专门负责八思巴字的教学和训练。南宋平定之后，蒙古字学又进一步推广到了江南地区。直到世祖朝后期，忽必烈对八思巴字仍很重视，不断重申和强调：各处文书必须广泛地使用八思巴字，各路和各按察司的官员要负责监督实施，各路的教授，各衙门的必阇赤，还有翰林院都要具体负责八思巴字的教学。

当时不少汉人、南人都进入蒙古字学去学习八思巴字。当然，他们带有功利的目的，想借此找到一条仕进的捷径。所以，八思巴字的传播和汉人的竞相学习，实际上也是元代汉人受蒙古文化影响的一个重要组成部分。

八思巴字还折射出汉人对于蒙古文化扩散的态度。尤其让人感到意外的是，许多元代儒学的代表人物，他们对八思巴字的推广和传播，都显得格外开放和变通。比如大儒许衡，虽然现存的资料没有见到许衡评论八思巴蒙古字的直接记载，但他的亲侄儿许师义的墓志——《大元故承务郎新济州脱脱禾孙副使许公墓志铭》上，明确写着"尤精于国字与言"[2]，即精于八思巴字和蒙古语。许师义学八思巴字之际，许衡尚且在世，而且很受伯父器重。有意思的是，许师义后来没有做儒士，却去当了一个检查驿站的脱脱禾孙。这是一个蒙古游牧官，和汉人的传统儒学没有一点联系。另外，许衡还主动向忽必烈推荐过一个人才，那就是熟谙八思巴字的马充实。马充实后来任职许衡故乡怀孟路的蒙古字

---

[1] 《张光弼诗集》卷3《辇下曲》。

[2] 索全星：《许衎、许师义墓志跋》，《华夏考古》1995年第4期。

学教授。

又如程钜夫，这是忽必烈在南人中间较早起用且颇为信任的重要官员。程担任过御史台的侍御史，曾奉旨到江南去寻访儒士贤才，帮忽必烈搜罗到了赵孟頫、叶李、吴澄等人才。程钜夫从政治层面议论过"制蒙古字，与正朔同被"。他的意思非常明白，强调文字统一与政治统一的同步。他还说八思巴字与《周易》卦画相表里，"变动周流，天造神化"[1]，可以看出他对八思巴字的认同和赞赏态度。而旧宋宗室赵孟頫更是把八思巴字拔高到前所未有的程度："圣朝混一区宇，乃始造为一代之书，以文寄声，以声成字，于以道达译语，无所不通，盖前代之所未有也。"[2]

南方理学宗师吴澄也对八思巴字有过议论，而且，他的态度相较程钜夫，显得层次更深，对八思巴字的评价更为系统全面。吴澄肯定八思巴字是"国音之舟车"，"欲达一方之音于日月所照之地"。"国音"指蒙古语，"舟车"是承载蒙古语的形式。也就是说，通过八思巴字，蒙古语便可推广到普天之下了。吴澄还从语言文字类别特征上，仔细分析和对比了八思巴字与汉字的优劣长短，认为汉字"主于形"，而八思巴字"主于声"。所以汉字虽然数目繁多，但是发音不统一，即"字虽繁而声不备"。又襃扬八思巴字"字不盈千，而唇齿舌牙喉所出之音无不该"。言下之意，这种蒙古新字的数量虽少，但是它具备各种发音，可以拼出所有的读音。吴澄赞扬八思巴创制是"以开皇朝一代同文之治者也"[3]。作为南方的一代理学宗师，他似乎意识到忽必烈是想把八思巴字作为统一的文字，推广到整个元帝国，对此，他抱

[1] 《程钜夫集》卷11《同文堂记》。

[2] 《松雪斋文集》卷6《皇朝字语观澜纲目序》。

[3] 《吴文正公集》卷25《送杜教授北归序》、卷50《南安路帝师殿碑》。

422 | 第六章 多元文化绽异彩 |

有认同的态度。

许衡、程钜夫、赵孟頫和吴澄，他们都没有固守汉字文化本位，而是对八思巴字持有积极肯定的态度。这既是不得已的顺应，也是对一种文化现象的宽容面对。尤其是许衡和吴澄，在南北士大夫中的影响非常大，分别位列南北的儒学宗师，在理学的传播和造诣上，无人逾越。所以，许衡和吴澄的这番议论，也引导着元中后期汉人士大夫的主流舆论。

元朝一些中下层的汉人、南人们积极学习八思巴字，很多是为了谋求更好的出路，受到蒙古文化的影响还是其次。翰林官员贡奎曾写诗赠送习学八思巴字的周教授："知君达时尚所学，落笔星斗光森罗。蒙恩千领教职，养育多士培菁莪。谐音正译妙简绝，究究根本芟繁柯。牙签玉轴点画整，照耀后世推名科。愧予鄙俚事章句，儒冠多误将如何。"[1]自嘲为儒冠所误，研究四书五经不如学习八思巴字。因为学习八思巴字，在仕途晋升上更有前途，而习儒却找不到更好出路。当时甚至有个别儒士抱有这样的幻想，认为儒学可以借助八思巴字传到中国以外的地方去。

虽然忽必烈推广八思巴字有"书同文"的意图，但是这个使命终究没有完成。八思巴字只是在元朝的官方文书中间大量流行，元朝灭亡以后，连蒙古人都不再使用这种文字了。据有些蒙古人说，马背上的游牧民书写这种带直角的文字很不方便，还是竖向草体连写的畏兀体蒙古文较为实用。所以，他们还是习惯性地回归使用了畏兀体的旧蒙文。到明代，八思巴字在漠北的蒙古人中间也逐渐失传了。

---

[1] 贡奎：《云林集》卷3《赠送蒙古字周教授》，明弘治三年（1490年）范吉刻本。

五 领先世界的天文"双子星"

1."巧思绝人"郭守敬

历法是依据日月星辰的运行而推算年月日时的记法，不仅影响人们的生活起居和农耕节令，也直接关系到王朝的正朔和正统，向来为统治者所重视。

窝阔台时期，耶律楚材吸收西域历法的长处，"自算、自印造、自颁行"新历书，流行于北方部分地区，号称"麻答把历"[1]。元初历法沿用金代的《大明历》,但因"岁久浸疏""气朔加时渐差"，历法与天象不符的弊病日益明显，给社会生产和生活带来很大影响，当时参领中书省事刘秉忠几次欲修正却不幸病逝。

至元十三年（1276年），元灭南宋，世祖"以海宇混一，宜协时正日"，遂下诏编制新历，成立太史局，由张文谦、张易总领其事。太子赞善王恂因"以算术冠一时,故以委之"[2]。王恂又举荐了能推明"历理"的前中书左丞许衡。"习识水利，且巧思绝人"的郭守敬这时也由工部调入太史局，参与新历的修订，和王恂一起"率南北日官，分掌测验推步于下"。另有集贤学士杨恭懿、工部尚书段贞、巧匠阿尼哥等人也应诏参与改历相关的工作。一时太史局荟萃了大批天文观测人员和能工巧匠，开始了我

---

[1] 《黑鞑事略笺证》;《南村辍耕录》卷9《麻答把历》。
[2] 《元史》卷164《王恂传》、卷158《许衡传》。

国乃至世界天文史上规模空前的天文测量和历法修订工作。

制历之初，郭守敬提出"历之本在于测验，而测验之器莫先仪表"[1]。当时大都沿用的司天浑仪，系宋朝皇祐年间在开封所造，由于地理纬度的差异和年久倾斜，"规环不协，难复施用"。为了提高观测天象的精密度，在参考原有仪器的基础上，郭守敬开始了新天文仪器的创制。三年之中，共设计研制出简仪、高表、候极仪、浑天象、玲珑仪、仰仪、立运仪、证理仪、景符、窥几、日月食仪以及星晷定时仪等近20种新天文仪器。为了去外地观测便于携带，又研制了正方案、丸表、悬正仪和座正仪。同时又绘制《仰规覆矩图》《异方浑盖图》《日出入永短图》，以便在使用上述仪器时互相参考。

郭守敬创制的这些仪器，"皆臻于精妙，卓见绝识，盖有古人所未及者"[2]。其中，又以简仪的研制最独具匠心。郭守敬把传统的赤道式装置仪器——浑仪上的地平坐标与赤道坐标分为两个独立的装置，精简黄道坐标，这样就避免了环圈层层遮掩，观测不清的弊病，扩大了天体观测范围。它由四根斜立的支柱托着一根正南北方向大轴，围绕着这根轴旋转的是赤经双环。赤经双环的两面刻着度数，最小分格是三十六分之一度。赤经双环的中间夹着窥管，窥管可以绕着赤经双环的中心旋转。窥管两端架有十字线，只要转动赤经双环和窥管，就可以观测天空任何一个方位的天体，并从环面的刻度上读出天体的赤纬数值。赤经数值则由旋转轴南端的赤道环上读出。紧挨赤道环的里面，固定着百刻环，环上刻着十二个时刻，以测定时间。为了便于赤道环旋转，简仪还应用了滚珠轴承装置，使之转动灵活。

简仪之外，郭守敬还利用高表和景符巧妙地解决了圭表测

---

[1] 《元史》卷164《郭守敬传》。
[2] 《元史》卷48《天文志一》。

量精度的难题。他把宋代遗留的圭表高度由原来的8尺增加到36尺，圭长增加到128尺，圭的刻度由尺、寸、分、厘，精确到毫。表上再用两条铜龙抬起一根很细的横梁，使梁心到圭面达40尺，由于高度增加，投影差别明显，测定的精度就大大提高了。郭守敬又根据小孔成像的原理，创制了景符，和高表配合使用，解决了宋代圭表的影虚问题，进一步提高了测量的精度。还有一种辅助仪器——窥几，与圭表、景符共同使用，观测者可不受时间限制，在夜晚能直接观测星光比较微弱的恒星和月亮。时人杨桓对高表、景符、窥几三种仪器尤为赞叹："器术之密，推步之精，历古于今，斯毕其能。"[1]

郭守敬创制的石圭原物，现仍存于河南登封元代观星台。它由36方青石圭面和砖砌圭座组成，长31.19米，宽0.53米，高0.56米，石圭水平良好。这是我国现存最早的天文台建筑，也是世界上重要的古天文遗迹之一。

此外，郭守敬研制的立运仪克服了古代仪器中经纬"结而不动"的不足；候极仪解决了观测中定极位的困难；浑天象和玲珑仪能逼真地模拟群星在天空的位置随天球运动。"日有中道，月有九行，守敬一之，作证理仪……历法之验，在于交会，作日月食仪。天有赤道，轮以当之，两极低昂，标以指之，作星晷定时仪"[2]。如此等等，举不胜举。

这些仪器测望精切，"智巧不能私其议，群众无以参其功"，受到当时同在太史院共事的王恂、许衡等人交口称赞。一向刚愎自用的王恂，独对郭守敬叹服有佳。大儒许衡，"言论为当代法"，每谈及郭守敬，辄以手加额说："天佑我元，似此人世岂

[1]《元文类》卷17《杨桓：高表铭》。
[2]《元史》卷164《郭守敬传》。

易得？"[1]钦佩之情，溢于言表。

至元十六年（1279年），郭守敬将所制仪表式样进呈给元世祖，并一一指点说明，从早朝开始直到日暮，忽必烈听得兴味盎然，丝毫不知疲倦。

新仪器的创制为大规模的天文观测和新历法的制订提供了保证。至元十五年（1278年），太史局改太史院，给印章，立官府，掌天文历数之事。计有大小官吏70多员，星历生40多人。下设推算、测验、漏刻、印历等局，各司其职。[2]王恂为太史令，郭守敬任同知太史院知事。[3]

至元十六年，郭守敬上奏元世祖："唐一行开元间令南宫说天下测景，书中见者凡十三处。今疆宇比唐尤大，若不远方测验，日月交食分数时刻不同，昼夜长短不同，日月星辰去天高下不同，即目测验人少，可先南北立表，取直测景。"[4]为此，郭守敬主持并亲自参加了全国规模的天文观测工作。他挑选出14名监侯官，分道相继而出，"东极高丽，西至滇池，南踰朱崖，北尽铁勒"[5]，进行四海测验。共在全国建立了27个观测台、站，除大都外，计有南海、衡岳、岳台、和林、铁勒、北海、上都、北京、益都、登州、高丽、西京、太原、安西府、兴元、成都、西凉州、东平、大名、南京、阳城、扬州、鄂州、吉州、雷州、琼州等处。据推算，最北的北海测景所，应在北纬64°5′的地方，接近北极圈；最南的南海测景所当在占城。其测量范围之广，可谓前无古人。其中，郭守敬亲自参加了上都、大都、阳

---

[1] 《元朝名臣事略》卷9《太史郭公》。

[2] 《元史》卷88《百官志四》。

[3] 《元史》卷164《王恂传》。

[4] 《元文类》卷50《齐履谦：知太史院事郭公行状》。

[5] 《元史》卷48《天文志一》。

城、南海等处的晷景（日影）测验。[1]

四海测验，主要测定了日影，北极出地高度和二分二至日昼
夜时刻。郭守敬和王恂会同来自南、北方掌管天文历数的官员
陈鼎臣、邓元麟、刘巨渊、王素、岳铉等，参考累代历法，反
复核定日月星辰消息运行的变化，参酌同异，精密计算，取得
准确的数据，至元十七年（1280年）二月，历时四年之久，一
部新的历法诞生了。"公所为历，测验既精，设法详备，行几
五十年，未尝一有先后天之差，去积年日法之拘，无写分换母之
陋。"[2]"自古及今，其推验之精，盖未有出于此者也"[3]。

因《尚书·尧典》中有"敬授民时"之语，世祖特赐新历名
曰《授时历》，次年颁行全国。

《授时历》的编订，开创了我国天文历法的新纪元。"施行于
世垂四百年，可谓集古法之大成，为将来之典要者矣。自三统以
来，为术者七十余家，莫之伦比也"[4]。《授时历》不仅是我国流
行时间最长（1281—1643年）的一部历法，而且还被朝鲜、日
本等国采用，影响范围相当广泛。

> 授时历进当冬至，太史旻官近御前。
> 御用粉笺题国字，帕黄封上榻西边。[5]

元朝宫中有定制，每年冬至这一天，太史官都要进呈来岁新
历，皇帝御览后再颁赐宗王、大臣。柯九思也有宫词记此事：

---

[1] 《元史》卷10《世祖纪七》。
[2] 《元文类》卷50《齐履谦：知太史院事郭公行状》。
[3] 《元史》卷52《历志一》。
[4] 阮元：《畴人传》卷25《元二·郭守敬》，清文选楼丛书本。
[5] 《张光弼诗集》卷3《辇下曲》。

珠宫锡宴庆迎祥，丽日初随彩线长。

太史院官新进历，榻前一一赐诸王。[1]

《授时历》和之前的历法颇有不同。第一，因为经年累积，传统的上元纪年误差越来越大，《授时历》废除了上元纪年。非常有新意，它以至元十八年（1281年）冬至为新的起点来推测天文周期，由此形成一个天文的常数系统。第二，最先采用万分为日法。将365天后的小数点，精确到了万分之两千四百二十五。第三，发明三次差内插法，解决了前人有关日、月的非均速天体运动计算等方面的一些难题。第四，创立弧矢割圆术。就把球面的弧线段，画成弦、矢这样的直线段来计算，这和球面三角学公式有许多相似之处。为了解决天文问题，郭守敬等人在历法的编制过程中，大量地运用数学，使元代数学的发展水平往前推进了一大步。所以，《授时历》不仅是天文观测的结晶，同时也是数学科学发展的成果。

郭守敬在观测天体上，也成就斐然。比如，关于黄赤交角、二十八宿距度、恒星的数目、星表的测定等。星表就是恒星，郭守敬不仅记载和测定了当时已发现的1464颗恒星，还重新测定和发现了未定名的1000多颗恒星，使人类有史以来的恒星记录达到了2500多颗。

郭守敬既是世界天文史上当之无愧的伟人，也是中国人在天文学领域中令后人引以为自豪的杰出偶像。他在天文学上的成就，创制天文仪器和《授时历》，以及对星球的记载和发现，直接代表着元朝在当时世界范围内的领先水平。

晚年，郭守敬还创制了大明殿灯漏等仪器。大明殿灯漏又称"七宝灯漏"，是一种以水力推动的自动报时钟，高一丈七尺，

---

[1] 《丹邱生集》卷3《宫词十五首》。

以黄金为架，曲梁上设日月云珠，其下又悬一珠。曲梁两端饰以张吻转目的龙首，"可以审平水之缓急"。中梁上又有两条戏珠龙，"随珠俯仰，又可察准水之均调"。这是灯漏的附件部分，主要利用重力下垂原理测量仪器水平。

下部灯球是灯漏的主体部分，分为四层，顶层环布四神，"旋当日月参辰之所在"，每日左转一周。二层置龙、虎、鸟、龟四动物，方位固定，按时跳跃，"铙鸣以应于内"。三层布列十二神，各执一时牌，按时通报时刻。四层是声响报时装置，四角各站一木人，前置钟、鼓、钲、铙四乐器，"一刻鸣钟，二刻鼓，三钲，四铙，初正皆如是"。灯漏的整个机关隐藏在柜中，"以水激之"[1]。

这架富丽堂皇、结构复杂的灯漏，采用了齿轮系统和凸轮机构，已经初步脱离了天文仪器的范围，是我国最早的机械报时钟。它运用重力垂直原理来测量仪器的水平度，而抛弃传统的水平槽方法，是我国仪器制造史上关于水平装置的一次重大变革。而灯漏本身，也是一件精美绝伦的工艺品杰作。文宗时，龙榻旁就放置了一座灯漏，"直御床立"，宠臣柯九思赋诗云：

玉漏藏机水暗流，真珠射日动灯球。
偶人自解开青琐，高拱龙床报晓筹。[2]

大德二年（1298年），太史院在大都建灵台，备观测天象。郭守敬作"水浑、运浑、天漏大小机轮，凡二十有五，皆以刻木为冲牙，转相拨击"。上部浑象"点画周天星度"，又有日月二环斜络其上，在漏壶中水流的冲击下，浑象"随天左旋"，日月

[1]《元史》卷48《天文志一》。
[2]《丹邱生集》卷3《宫词十五首》。

二环各依行度"退而右转"。这样，天空中星辰的隐现和日、月的东升西落，就可形象地表现出来。

除上述外，郭守敬还向忽必烈进呈过木牛流马，"亦自机妙"。成宗朝进屏风、香漏、行漏，以备郊庙从幸之用。又欲仿效西汉张衡作地动仪，候气密室，事虽未就，"莫不究极指归"[1]。

2. "回回为星学者"札马鲁丁

札马鲁丁，回回人，来自波斯大不里士附近的马拉加城。早在忽必烈即位以前，札马鲁丁就以"回回为星学者"[2]应征东来，充当忽必烈王府的一名回回技艺侍臣。

札马鲁丁最主要的科技贡献，就是将西域先进的天文历法成就引入东土，使郭守敬等人的天文观测和历法编制，能够大量吸收来自西域的科技营养和元素。

札马鲁丁在华期间最有意义的工作，是在至元四年（1267年）创制了七件西域天文仪器。一是咱秃哈剌吉，汉文译作浑天仪。据研究，这是一种源自古希腊托勒密式黄道浑天仪的仿制品。二是咱秃朔八台，是一种测量周天星的器具，酷似古希腊托勒密发明的观察天体的长尺。三是鲁哈麻亦渺凹只，汉名叫春秋分晷影堂，用来确定春分、秋分的时刻。四是鲁哈麻亦木思塔余，汉名叫冬夏至晷影堂，是确定冬至和夏至时刻的仪器。五是苦来亦撒麻，即浑天图，一种不能转动窥测的浑天仪。六是苦来亦阿儿子，汉名地理志，即地球仪。它第一次将西方的经纬度和地球的概念介绍给了中国，纠正了"天圆地方"的传统误解，将地球

---

[1] 《元文类》卷50《齐履谦：知太史院事郭公行状》。

[2] 《元史》卷90《百官志六》。

是球形的观念带入了中国。七是兀速都儿剌不定，昼夜时刻的仪器。[1]

至元八年（1271年）忽必烈在上都设立回回司天台，任命札马鲁丁为提点。上述七件天文仪器，就放置在回回司天台内。这些天文仪器，在构造和功能上基本反映了欧洲和西域的先进水平，开阔了郭守敬等人的眼界。郭守敬在所制简仪和立运仪中将管状的"窥管"改成了铜片状的"窥衡"，应该就是受了札马鲁丁的启发和影响。他俩同朝为官，一个执掌汉人的司天台，一个管领回回司天台，这两个机构在元朝是并行的。元人张昱有诗为证：

> 仪台铁表冠龙尺，上刻横文暑度真。
> 中国失传求远裔，犹于回纥见斯文。[2]

札马鲁丁的另一项重要成就，就是编制《万年历》，也就是回回历。《万年历》由官方颁发，主要用于做礼拜的回回族群。已见前说，元代信仰伊斯兰教的回回人遍布各地，他们一直保持伊斯兰教的宗教祭仪等风俗习惯。查询伊斯兰教的宗教节日，《万年历》是不可或缺的，因此使用范围颇广，常有盗印盗卖的行为。据史料记载，文宗天历元年（1328年）朝廷印制发行的回回历达5257册。明代在颁行《大统历》的同时，也依然参用回回历。[3]

回回历有很多先进之处，它大大丰富了元人对西方历法的认识。耶律楚材评价说："西域历，五星密于中国。"[4]到过西域的

---

[1] 《元史》卷48《天文志一》。

[2] 《张光弼诗集》卷3《辇下曲》。

[3] 《元史》卷94《食货志二·额外课》；《明史》卷31《历志一》。

[4] 《元文类》卷54《宋子贞：中书令耶律公神道碑》。

耶律楚材曾想参照西域历法知识编制新历，可惜没有杰出的数学人才合作，未能成功。况值蒙古西征和攻打金朝，没有组织天文观测的条件。只有在元朝大统一以后，郭守敬及札马鲁丁才继续完成其未竟的事业。

札马鲁丁还主持编纂了《元一统志》。先是，至元二十二年（1285年），忽必烈命"大集万方图志而一之，以表皇元疆理，无外之大"[1]。次年三月，秘书监长官札马鲁丁奏言曰："今尺地一民，尽入版籍，宜为书以明一统。"[2]《秘书监志》记载的奏言版本是这样的：

> 在先汉儿田地些小有来，那地里的文字册子四五十册有来，如今日头出来处、日头没处都是咱每的，有的图子有也者，那远的他每怎生般理会的？回回图子我根底有，都总做一个图子呵，怎生？

不难看出，札马鲁丁的奏言充分领略了忽必烈的意旨：为适应元统一后版图疆域的变化，组织编纂全国一统志，并绘制与之配套的地图。

忽必烈以"编类地理图书"的圣旨，欣然批准了札马鲁丁的计划，命令他和秘书监少卿虞应龙等负责此项工作。

至元二十八年（1291年）初稿完成，计755卷，名曰《大元大一统志》。成宗大德七年（1303年）又补充云南、甘肃、辽阳等行省材料，增修至1300卷。这部远迈前人的地理文献，有两大特点。

---

[1] 王士点、商企翁编次，高荣盛点校：《秘书监志》卷4《纂修》，浙江古籍出版社，1992年。

[2] 《至正集》卷35《大一统志序》。

第一，它以地图为本，图文并茂，"备载天下路府州县古今建置沿革及山川、土产、风俗、里至、宦迹、人物"[1]，既绘制成图，又附与地图内容相关的文字叙述，各地分图之外，又有全国地理总图。

第二，包含广袤，四极之远，混而一之。既有汉唐以来的原有疆域，又收录钦察汗国、伊利汗国、察合台汗国等西域版图。其首次以《一统志》为名，不仅名实相副，而且直接影响到明清两代。

札马鲁丁在《元一统志》中绘制了一幅全国总地图，实乃蒙古世界帝国地图形式的展现。现在的很多学者都把它当作成吉思汗征服缔造的世界帝国的一个物证。因为这个版图，将中亚、西亚，甚至东欧都包罗进来了。

现日本京都大学博物馆还藏有一幅明初高丽人绘制的地图，实际上是《元一统志》地图的翻版，它把阿拉伯湾、黑海、察合台汗国、钦察汗国、伊利汗国乃至北非的一些地方，都包含了进来，尽管画得相对较小。元朝时，高丽既是内属国，又是它的征东行省，所有公文都要发布到高丽。所以，明初高丽的地图，应是参照札马鲁丁的《元一统志》绘制的。不同之处是，他们把朝鲜半岛画得很大，比例有些失调。这也符合古人绘制地图的习惯。

---

[1] 《秘书监志》卷4《纂修》。

参考文献

一、古籍

司马迁.史记［M］.北京：中华书局，1959.

许慎.说文解字［M］.北京：中华书局，1963.

司马光.资治通鉴［M］.北京：中华书局，1956.

李昉.太平御览［M］.《四部丛刊》三编本.

赵珙.《蒙鞑备录》笺证［M］.王国维，笺证//王国维.王国维遗书.上海：上海古籍书店，1983.

彭大雅.《黑鞑事略》笺证［M］.徐霆，疏.王国维，笺证//王国维.王国维遗书.上海：上海古籍书店，1983.

宇文懋昭.大金国志校证［M］.崔文印，校证.北京：中华书局，2011.

佚名.蒙古秘史［M］.余大钧，译注.石家庄：河北人民出版社，2001.

脱脱，等.宋史［M］.北京：中华书局，1985.

脱脱，等.金史［M］.北京：中华书局，1975.

宋濂，等.元史［M］.北京：中华书局，1976.

元典章［M］.陈高华、张帆、刘晓、党宝海，点校.北京：中华书局，天津：天津古籍出版社，2011.

通制条格校注［M］.方龄贵，校注.北京：中华书局，2001.

韩国学中央研究院.至正条格［M］.韩国城南影印元刊本.2007.

赵世延、虞集，等.经世大典辑校［M］.周少川、魏训田、谢辉，辑校.北京：中华书局，2020.

刘孟琛.南台备要［M］.明《永乐大典》本.

庙学典礼（外二种）［M］.王颋，点校.杭州：浙江古籍出版社，1992.

王士点、商企翁，编次.秘书监志［M］.高荣盛，点校.杭州：浙江古籍出版社，1992.

胡广，等纂修.明太祖实录［M］.台北："中央研究院"历史语言研究所，1962.

张廷玉，等.明史［M］.北京：中华书局，1974.

鄂尔泰、张廷玉，纂修.清世宗实录［M］.台北：新文丰出版公司，1978.

柯劭忞.新元史［M］.张京华、黄曙辉总校，上海古籍出版社，2018.

魏源.元史新编［M］.清光绪三十一年（1905年）邵阳魏氏慎微堂刻本.

仓宗巴·班觉桑布.汉藏史集［M］.陈庆英，译.拉萨：西藏人民出版社，1999.

汉译蒙古黄金史纲［M］.朱风、贾敬颜，译.北京：中国国际广播出版社，2016.

［伊朗］志费尼.世界征服者史［M］.何高济，译.北京：商务印书馆，2004.

［波斯］拉施特.史集［M］.余大钧、周建奇，译.北京：商务印书馆，1983.

柏朗嘉宾蒙古行纪 鲁不鲁克东行纪［M］.耿昇，何高济，译.北京：中华书局，2002.

马可波罗行纪［M］.冯承钧，译.上海：上海书店出版社，2001.

马哥孛罗游记［M］.张星烺，译.北京：商务印书馆，1937.

［意］鄂多立克.鄂多立克东游录［M］.何高济，译.北京：中华书局，1981.

［摩洛哥］伊本·白图泰.伊本·白图泰游记［M］.马金鹏，译.北京：华文出版社，2015.

柳永.乐章集校笺［M］.陶然、姚逸超，笺注.上海：上海古籍出版社，2019.

徐兢.宣和奉使高丽图经［M］.清知不足斋丛书本.

吴自牧.梦粱录［M］.清学津讨原本.

周密.武林旧事［M］.钱之江，校注.杭州：浙江古籍出版社，2011.

周密.癸辛杂识［M］.吴企明，点校.北京：中华书局，1988.

灌圃耐得翁.都城纪胜［M］.清康熙四十五年（1706年）扬州诗局刻本.

汪元量.增订湖山类稿［M］.孔凡理，辑校.北京：中华书局，1984.

郑思肖.郑思肖集［M］.陈福康，校点.上海：上海古籍出版社，1991.

谢枋得.叠山集［M］.《四部丛刊》续编本.

陈元靓.纂图增新群书类要事林广记［M］.北京：中华书局，1999.

罗濬.［宝庆］四明志［M］.宋刻本.

刘一清.钱塘遗事校笺考原［M］.王瑞来，校笺.北京：中华书局，2016.

元好问.遗山先生文集［M］.《四部丛刊》初编本.

李志常.长春真人西游记［M］.党宝海，译注.石家庄：河北人民出版社，
2001.

刘敏中.平宋录［M］.清守山阁丛书本.

刘敏中.中庵集［M］.北京：北京图书馆古籍珍本丛刊.

刘秉忠.藏春集［M］.明刻本.

耶律铸.双溪醉隐集［M］.清文渊阁《四库全书》本.

郝经.陵川集［M］.清文渊阁《四库全书》本.

许衡.鲁斋遗书［M］.清文渊阁《四库全书》本.

程钜夫.程钜夫集［M］.王齐洲、温庆新，点校.武汉：湖北人民出版社，
2018.

王恽.秋涧集［M］.《四部丛刊》初编本.

王义山.稼村类稿［M］.清文渊阁《四库全书》补配清文津阁《四库全书》本.

刘因.静修集［M］.《四部丛刊》初编本.

姚燧.牧庵集［M］.《四部丛刊》初编本.

胡祗遹.胡祗遹集［M］.魏崇武、周思成，校点.长春：吉林文史出版社，
2008.

赵孟頫.松雪斋文集［M］.《四部丛刊》初编本.

吴澄.吴文正公集［M］.元人文集珍本丛刊本.

张宪.玉笥集［M］.清粤雅堂丛书本.

王结.文忠集［M］.文渊阁《四库全书》本.

元明善.清河集［M］.清光绪刻藕香零拾本.

马祖常.马祖常集［M］.王媛，校点.长春：吉林文史出版社，2010.

王逢.梧溪集［M］.清知不足斋丛书本.

戴良.九灵山房集［M］.《四部丛刊》初编本.

戴良.九灵山房集补编［M］.清文渊阁《四库全书》本.

司农司.农桑辑要［M］//丛书集成初编本.北京：商务印书馆，1936.

王祯.王祯农书［M］.孙显斌、攸兴超，点校.长沙：湖南科学技术出版社，2014.

赵世延.大元海运记［M］.清抄本.

郑元祐.侨吴集［M］.清文渊阁《四库全书》本.

柳贯.柳待制文集［M］.《四部丛刊》初编本.

张翥.张蜕庵诗集［M］.《四部丛刊》续编本.

胡助.纯白斋类稿［M］.清文渊阁《四库全书》补配清文津阁《四库全书》本.

黄镇成.秋声集［M］.元人文集珍本丛刊.

程端学.积斋集［M］.民国四明丛书本.

赵文.青山集［M］.清文渊阁《四库全书》本.

袁桷.清容居士集［M］.《四部丛刊》初编本.

戴表元.剡源集［M］.《四部丛刊》初编本.

萨都拉.雁门集［M］.殷孟伦、朱广祁，校点.上海：上海古籍出版社，1982.

萨都拉.萨天锡诗集［M］.《四部丛刊》初编本.

傅若金.傅与砺文集［M］.北京图书馆古籍珍本丛刊.

陈基.夷白斋稿［M］.《四部丛刊》初编本.

鲁贞.桐山老农集［M］.清文渊阁《四库全书》本.

蒋易.皇元风雅［M］.元建阳张氏梅溪书院刻本.

陆文圭.墙东类稿［M］.元人文集珍本丛刊.

张可久.张小山小令［M］.明嘉靖四十五年（1566年）李开先刻本.

杨翮.佩玉斋类稿［M］.清文渊阁《四库全书》本.

赵汸.东山存稿［M］.清文渊阁《四库全书》补配清文津阁《四库全书》本.

王礼.麟原文集［M］.清文渊阁《四库全书》本.

刘埙.水云村稿［M］.清文渊阁《四库全书》本.

揭傒斯.揭傒斯全集［M］.李梦生，标校.上海：上海古籍出版社，2012.

张养浩.张养浩集［M］.李鸣、马振奎，校点.长春：吉林文史出版社，2008.

欧阳玄.圭斋文集［M］.《四部丛刊》初编本.

周南瑞.天下同文集［M］.清文渊阁《四库全书》补配清文津阁《四库全书》本.

马臻.霞外诗集［M］.清文渊阁《四库全书》本.

王冕.竹斋诗集［M］.清光绪邵武徐氏丛书本.

陈旅.安雅堂集［M］.清文渊阁《四库全书》补配清文津阁《四库全书》本.

许有壬.至正集［M］.北京图书馆古籍珍本丛刊.

迺贤.金台集［M］.明末汲古阁刻本.

张昱.张光弼诗集［M］.《四部丛刊》续编本.

苏天爵.元朝名臣事略［M］.姚景安，点校.北京：中华书局，1996.

苏天爵.滋溪文稿［M］.陈高华、孟繁清，点校.北京：中华书局，1997.

苏天爵.元文类［M］.上海：上海古籍出版社，1993.

周伯琦.近光集［M］.清文渊阁《四库全书》本.

周伯琦.扈从集［M］.清文渊阁《四库全书》本.

杨允孚.滦京杂咏［M］.北京：中华书局，1985.

杨维桢.东维子文集［M］.《四部丛刊》初编本.

杨维桢.复古诗集［M］.明成化刊本.

贡师泰.玩斋集［M］.明嘉靖刻本.

黄溍.金华黄先生文集［M］.元抄本.

张之翰.西岩集［M］.清文渊阁《四库全书》本.

吴师道.吴礼部文集［M］.民国续金华丛书本.

赵天麟.太平金镜策［M］.元刻本.

陈孚.陈刚中诗集［M］.明抄本.

宋褧.燕石集［M］.清文渊阁《四库全书》补配清文津阁《四库全书》本.

柯九思.丹邱生集［M］.清光绪三十四年（1908年）柯逢时刻本.

柯九思等.辽金元宫词［M］.陈高华，点校.北京：北京出版社，1984.

虞集.道园学古录［M］.《四部丛刊》初编本.

虞集.道园类稿［M］.明初翻印至正刊本.

虞集.道园遗稿［M］.清文渊阁《四库全书》补配清文津阁《四库全书》本.

白珽.湛渊集［M］.清文渊阁《四库全书》本.

朱思本.贞一稿［M］.清嘉庆宛委别藏本.

陈基.夷白斋稿［M］.《四部丛刊》三编本.

释祥迈.大元至元辨伪录［M］.元刻本.

释大䜣.蒲室集［M］.清文渊阁《四库全书》本.

释念常.佛祖历代通载［M］.元至正七年（1347年）释念常募刻本.

朱德润.存复斋集［M］.明刻本.

曹伯启.曹文贞诗集［M］.清文渊阁《四库全书》本.

郑玉.师山集［M］.清文渊阁《四库全书》本.

杨瑀.山居新话［M］//宋元笔记小说大观.上海：上海古籍出版社，2001.

叶子奇.草木子［M］.北京：中华书局，1959.

张羽.静居集［M］.《四部丛刊》三编本.

安熙.默庵集［M］.清文渊阁《四库全书》本.

贡奎.云林集［M］.明弘治三年（1490年）范吉刻本.

刘鹗.惟实集［M］.清文渊阁《四库全书》本.

李士瞻.经济文集［M］.湖北先正遗书本.

郑玉.师山集［M］.清文渊阁《四库全书》本.

余阙.青阳先生文集［M］.《四部丛刊》续编本.

长谷真逸.农田余话［M］.明宝颜堂秘籍本.

忽思慧.饮膳正要［M］.明景泰七年（1456年）内府刻本.

贾铭.饮食须知［M］.清学海类编本.

佚名.居家必用事类全集［M］.明刻本.

李杲，编辑.李时珍，参订.姚可成，补辑.食物本草［M］.郭君双等，点校.北京：人民卫生出版社，2018.

顾瑛，辑.草堂雅集［M］.杨镰等，整理.北京：中华书局，2008.

黄玠.弁山小隐吟录［M］.清文渊阁《四库全书》本.

朱德润.存复斋文集［M］.明刻本.

周德清.中原音韵［M］.清文渊阁《四库全书》本.

夏庭芝.青楼集笺注［M］.孙崇涛、徐宏图，笺注.北京：中国戏剧出版社，1990.

关汉卿.关汉卿集校注［M］.蓝立蓂，校注.北京：中华书局，2018.

钟嗣成、贾仲明.新校录鬼簿正续编［M］.浦汉明，校.成都：巴蜀书社，1996.

陶宗仪.南村辍耕录.［M］.北京：中华书局，2004.

陶宗仪辑.草莽私乘［M］.清初抄本.

陶宗仪.元氏掖庭记［M］.《香艳丛书》本.

陶宗仪.书史会要 [M].清文渊阁《四库全书》本.

权衡.庚申外史笺证 [M].任崇岳,笺证.郑州:中州古籍出版社,1991.

陈大震.元大德南海志残本(附辑佚)[M].广州市地方志编纂委员会办公室,编.广州:广东人民出版社,1991.

杨印民,辑校.大德毗陵志辑佚(外四种)[M].南京:凤凰出版社,2013.

俞希鲁.至顺镇江志 [M].杨积庆等,校点.江苏古籍出版社,1999.

张铉.至正金陵新志 [M].田崇,校点.南京出版社,1991.

王元恭.[至正]四明续志 [M].清徐氏烟屿楼刻本.

熊梦祥.析津志辑佚 [M].北京图书馆善本组,辑.北京:北京古籍出版社,1983.

李京.云南志略辑校 [M].王叔武,校注.昆明:云南民族出版社,1986.

周达观.真腊风土记校注 [M].夏鼐,校注.北京:中华书局,2000.

汪大渊.岛夷志略校释 [M].苏继庼,校释.北京:中华书局,1981.

朱元璋.明太祖文集 [M].清文渊阁《四库全书》本.

朱元璋.御制大诰三编 [M].明洪武内府刻本.

宋濂.宋濂全集 [M].杭州:浙江古籍出版社,2014.

高启.高太史大全集 [M].《四部丛刊》初编本.

刘基.太师诚意伯刘文成公文集 [M].《四部丛刊》初编本.

王祎.王忠文公集 [M].清文渊阁《四库全书》补配清文津阁《四库全书》本.

杨基.眉庵集 [M].《四部丛刊》三编本.

解缙等.永乐大典 [M].北京:北京图书馆出版社,2003.

徐一夔.始丰稿校注 [M].徐永恩,校注.杭州:浙江古籍出版社,2008.

萧洵.元故宫遗录 [M]//曹昭.新增格古要论.王佐,增.清惜阴轩丛书本.

丘濬.大学衍义补 [M].长春:吉林出版集团有限责任公司,2005.

程敏政.篁墩集 [M].明正德二年(1507年)刻本.

王世贞.弇州四部稿 [M].明万历刻本.

徐渭.南词叙录 [M].民国六年(1917年)董氏刻读曲丛刊本.

孙原理,辑.元音 [M].清文渊阁《四库全书》本.

胡侍.真珠船 [M].北京:中华书局,1985.

郭勋,辑.雍熙乐府 [M].《四部丛刊》续编本.

李伯玙、冯厚,辑.文翰类选大成 [M].明弘治十四年(1501年)淮府刻本.

李时珍.本草纲目［M］.清文渊阁《四库全书》本.

臧懋循.元曲选［M］.杭州：浙江古籍出版社，1998.

陈子龙，辑.明经世文编［M］.明崇祯平露堂刻本.

黄淮、杨士奇，编.历代名臣奏议［M］.上海：上海古籍出版社，2012.

田汝成.西湖游览志［M］.明嘉靖本.

严从简.殊域周咨录［M］.余思黎，点校.北京：中华书局，1993.

罗日褧.咸宾录［M］.余思黎，点校.北京：中华书局，1983.

马欢.瀛涯胜览校注［M］.冯承钧，校注.北京：华文出版社，2019.

孙晓，主编.大越史记全书［M］.重庆：西南师范大学出版社，北京：人民出版社，2015.

王夫之.读通鉴论［M］.舒士彦，点校.北京：中华书局，2013.

顾嗣立.元诗选［M］.北京：中华书局，1987.

黄宗羲.宋元学案［M］.全祖望，补修.陈金生、梁运华，点校.北京：中华书局，2007.

孙奇逢.夏峰先生集［M］.清道光二十五年（1845年）大梁书院刻本.

阮元.畴人传［M］.清文选楼丛书本.

顾祖禹.读史方舆纪要［M］.贺次君、施和金，点校.北京：中华书局，2019.

赵翼.廿二史札记校证［M］.王树民，校证.北京：中华书局，2013.

秦蕙田.五礼通考［M］.清文渊阁《四库全书》本.

屈大均.广东新语［M］.北京：中华书局，2006.

李洊德修，汪壎纂.［乾隆］浮梁县志［M］.清乾隆刻本.

怀荫布，修.［乾隆］泉州府志［M］.黄任、郭赓武，纂.上海书店，2000.

李鸿章，修.［光绪］畿辅通志［M］.黄彭年，等纂.上海商务印书馆民国二十三年（1934年）影印清光绪十年（1884年）刻本.

唐执玉、李卫，修.［雍正］畿辅通志［M］.陈仪，纂.清乾隆刻本.

沈涛.常山贞石志［M］.台北：艺文印书馆影印本，1976.

［高丽］李齐贤.益斋乱稿［M］.清艺海楼抄本.

［高丽］郑麟趾.高丽史［M］.孙晓，主编.重庆：西南师范大学出版社，北京：人民出版社，2014.

佚名.老乞大谚解［M］.台北：联经出版事业公司，1978.

北平故宫博物院文献馆，编.朝鲜国王来书［M］.民国22年（1933年）铅印本.

［越］黎崱.安南志略［M］.武尚清，点校.北京：中华书局，1995.

唐圭璋，编.全金元词［M］.北京：中华书局，2000.

李修生，主编.全元文［M］.南京：凤凰出版社，2004.

杨镰，主编.全元诗［M］.北京：中华书局，2013.

徐征，等.全元曲［M］.石家庄：河北教育出版社，1998.

张星烺，编注.中西交通史料汇编［M］.北京：华文出版社，2018.

熊月之，总主编.中国华东文献丛书［M］.北京：学苑出版社，2010.

江苏通志稿，编.江苏金石志［M］.台北：艺文印书馆，1976.

河北省佛教协会.大正新修大藏经.2008.

二、今人论著

陈垣.元西域人华化考［M］.上海：上海古籍出版社，2000.

白寿彝.中国通史［M］.上海：上海人民出版社，1997.

杨志玖.元代回族史稿［M］.天津：南开大学出版社，2003.

王辅仁、陈庆英.蒙藏关系史略［M］.北京：中国社会科学出版社，1985.

陈庆英.雪域圣僧——帝师八思巴传［M］.北京：中国藏学出版社，2002.

方龄贵.大理五华楼新出元碑选录并考释·大理路兴举学校记［M］.昆明：云南大学出版社，2000.

邱树森.元朝简史［M］.福州：福建人民出版社，1999.

邱树森.元代中国少数民族新格局研究［M］.海口：南方出版社，2002.

萧启庆.内北国而外中国：蒙元史研究［M］.北京：中华书局，2007.

陈高华、张帆、刘晓.元代文化史［M］.广州：广东教育出版社，2009.

高荣盛.元代海外贸易研究［M］.成都：四川人民出版社，1998.

方铁.西南通史［M］.郑州：中州古籍出版社，2003.

马大正.中国边疆经略史［M］.郑州：中州古籍出版社，2000.

杨镰.元诗史［M］.北京：人民文学出版社，2003.

喜蕾.元代高丽贡女制度研究［M］.北京：民族出版社，2003.

党宝海.蒙元驿站交通研究［M］.北京：昆仑出版社，2006.

中国大百科全书总编辑委员会《纺织》编辑委员会编.中国大百科全书·纺

织卷［M］.北京：中国大百科全书出版社，1984.

［法］勒尼·格鲁塞.草原帝国［M］.魏英邦，译.西宁：青海人民出版社，1991.

［日］木宫泰彦.日中文化交流史［M］.胡锡年，译［M］.北京：商务印书馆，1980.

［日］杉山正明.游牧民から見た世界史［M］.东京：日经ビジネス人文库，2003.

吴志坚.元代杭州：融合南北的文化之都［M］//马可波罗游历过的城市——元代杭州研究文集.杭州：杭州出版社，2012.

到何之.关于金末元初的汉人地主武装问题［M］//元史论集.北京：人民出版社，1984.

黄时鉴.阿剌吉与中国烧酒的起始［M］//文史：第31辑.北京：中华书局，1988.

孟繁清.试论忽必烈与阿里不哥之争［M］//元史论丛：第2辑.北京：中华书局，1983.

史卫民.元岁赐考实［M］//元史论丛：第3辑.北京：中华书局，1986.

张帆.元代经筵述论［M］//元史论丛：第5辑.北京：中国社会科学出版社，1993.

刘晓."南坡之变"刍议——从"武仁授受"谈起［M］//元史论丛：第12辑.呼和浩特：内蒙古教育出版社，2010.

杨晓春.元代南海贸易中的商品与货币问题——《岛夷志略》相关记载的归纳与讨论［M］//元史及民族与边疆研究集刊：第36辑.上海：上海古籍出版社，2018.

杨志玖.关于马可波罗离华的一段汉文记载［J］.文史杂志，1941（12）.

余大钧.《蒙古秘史》成书年代考［J］.中国史研究，1982（1）.

陈高华.元代的海外贸易［J］.历史研究，1978（3）.

何兹全.中国社会发展史中的元代社会［J］.北京师范大学学报，1992（5）.

乌兰.《元朝秘史》版本流传考［J］.民族研究，2012（1）.

申万里.元代江南儒士游京师考述［J］.史学月刊，2008（10）.

黄纯艳."汉唐旧疆"话语下的宋神宗开边［J］.历史研究，2016（1）.

白·特木尔巴根.元代学者著述中所见《脱卜赤颜》考述［J］.中央民族大

学学报(哲学社会科学版)，2014(3)．

邱江宁．海陆"丝路"的贯通与元代诗文的独特风貌[J]．文学评论，2017(5)．

邱江宁．元代西域人的华化进程与作家群体发展阶段述论[J]．西北师大学报（社会科学版），2019(1)．

陈新元．《元史》列传史源新探[J]．中国史研究，2020(2)．

陈京荣．元代大运河的开通与北杂剧重心的南移[J]．文教资料，2013(26)．

杨亮．从权力边缘到话语中心：元代南士北游及诗坛图景演进[J]．哈尔滨工业大学学报(社会科学版)，2016(1)．

孙贯文．重建礼拜寺记碑跋[J]．文物，1961(8)．

索全星．许衎、许师义墓志跋[J]．华夏考古，1995(4)．

[日]山本隆义．元代に於ける翰林學士院について[J]．东方学，1955(11)．

樊昌生、杨军．李渡（无形堂）烧酒作坊遗址考古取得重大突破[J]．农业考古，2003(1)．

后记

2019年底，接到人民教育出版社历史编辑室李卿主任的电话，邀请我们来撰写《印象·中国历史·元朝卷》，并希望在2020年底前交稿。

接下这个重任后，我们便开始着手搜集史料，共同撰写书稿提纲。至2020年6月，初稿大体成形，之后便开始深度修改。在写作和修改过程中，随着史料阅读的大量增加，思路和眼界也在不断开阔，因此原提纲中部分章节的调整变动和增补删减一直在持续进行。12月中旬，书稿如期交给出版社，这中间正好是一年的时间。

元朝留给我们的突出印象就是它的"疆理无外之大""尽日之所出与日之所没"，大大超越了秦、汉、隋、唐等统一王朝。境内不同民族、不同地域甚至不同宗教的人们彼此杂居共处，风月同天，文化习俗交融汇聚，且具有较强烈的国家认同意识。所以，元朝在中国历史上的重要建树，就是将秦以来的华夏一统再造为华夷大一统。

本书围绕"华夷大一统"这一主题，重点讲述蒙元统治者开疆拓土，完成统一；杂糅蒙汉，治国理政；南北一家，民族交融；丝绸之路，中外交流；文化多元，科技领先等内容。元朝的独特魅力，尽在其中，相信读者诸君自能领略一二。

　　最后，衷心感谢学界已取得的各项研究成果为拙稿的创作提供了丰厚的营养。衷心感谢人民教育出版社李卿主任和编辑李倩等诸位老师为本书出版付出的心血和汗水！

李治安　杨印民

2021年2月3日立春